THE CRIME BOOK 犯罪学大図鑑

犯罪学大図鑑

DK社 編

宮脇孝雄・遠藤裕子・大野晶子 訳

THE CRIME BOOK

三省堂

Original Title: The Crime Book

Copyright © 2017 Dorling Kindersley Limited

A Penguin Random House Company

Foreword © 2016 Peter James / Really Scary Books Ltd

Japanese translation rights arranged with

Dorling Kindersley Limited,London

through Fortuna Co., Ltd. Tokyo.

For sale in Japanese territory only.

Printed and bound in China

A WORLD OF IDEAS:
SEE ALL THERE IS TO KNOW
www.dk.com

執筆者紹介

マイケル・ケリガン

オックスフォード大学ユニバーシティ・カレッジで学ぶ。*A History of Punishment*、*The War on Drugs*、『図説アメリカ大統領：権力と欲望の230年史』、*The Catholic Church: A Dark History*、*A Handbook of Scotland's History* 等、著書多数。「タイムズ文芸付録」に定期的に寄稿している。

キャシー・スコット

「ロサンゼルス・タイムズ」紙のベストセラー・リスト入りした作家。犯罪ライターとして定評があり、「ニューヨーク・タイムズ」紙とロイター通信社に寄稿する調査報道ジャーナリストでもある。*The Killing of Tupac Shakur* と *The Murder of Biggie Smalls* の2作品でよく知られ、*Murder of a Mafia Daughter* で描いたマフィアの娘スーザン・バーマンや、大物麻薬売人〈フリーウェイ〉・リック・ロス等、ストリートギャングと組織犯罪を幅広く題材にする。犯罪実録本としては、*The Rough Guide to True Crime*、*The Millionaire's Wife*、*Death in the Desert* 等を執筆。

シャーナ・ホーガン

豊富な受賞歴を持つジャーナリスト。*Picture Perfect : The Jodi Arias Story* 等、複数の犯罪実録本で「ニューヨーク・タイムズ」紙のベストセラー・リスト入りしている。アリゾナ州立大学でジャーナリズムの学位を取得し、特集記事や調査報道等、さまざまな作品で20以上の賞を受賞。*The View*、*Dateline*、*20/20*、*CNN*、*Oxygen*、*Investigation Discovery* 等、数多くのTV番組にも出演。

リー・メラー

犯罪学者、講演家、音楽家、作家。現在、モントリオールのコンコルディア大学博士課程で、異常殺人と性犯罪を専攻。*The American Investigative Society of Cold Cases* の学術委員会委員長として、米ペンシルヴェニア州、ミズーリ州、オハイオ州、英ロンドン、カナダ・オンタリオ州の警察で、未解決事件の助言役を務めている。

レベッカ・モリス

グレッグ・オルセンとの共著 *A Killing in Amish Country*、*If I Can't Have You* で「ニューヨーク・タイムズ」紙のベストセラー・リスト入りした作家。経験豊富なジャーナリストで、*Ted and Ann: The Mystery of a Missing Child and Her Neighbor Ted Bundy* 等のベストセラーも執筆している。

訳者

宮脇孝雄（みやわき・たかお）

翻訳家・エッセイスト。主な著書に、『書斎の旅人』（早川書房）、『翻訳の基本』『続・翻訳の基本』『英和翻訳基本辞典』（以上、研究社）、『翻訳地獄へようこそ』（アルク）など。主な訳書に、『死の蔵書』『幻の特装本』『異邦人たちの慰め』（以上、早川書房）、『ソルトマーシュの殺人』（国書刊行会）など。「誘拐・脅し」「殺人」「連続殺人者」「暗殺と政治的陰謀」担当。

遠藤裕子（えんどう・ゆうこ）

翻訳家。主な訳書に、『ルクンドオ』（書苑新社）、『ジョン・レノン　アメリカでの日々』（WAVE出版）、『テレンス・コンランの収納術』（エクスナレッジ）など。共訳書に、『世界シネマ大事典』（三省堂）、『世界アート鑑賞図鑑』（東京書籍）など。「強盗、泥棒、放火魔」「詐欺師たち」「知能犯」担当。

大野晶子（おおの・あきこ）

翻訳家。主な訳書に、『天国からの電話』（静山社）、『切り裂きジャックを追いかけて』（Kindle版）、『メッセージ・イン・ア・ボトル』（SBクリエイティブ）など。共訳書に、『世界の名言名句1001』『世界シネマ大事典』（以上、三省堂）など。「組織犯罪」「犯罪録」担当。

目次

はじめに 10

強盗、泥棒、放火魔

元祖・反逆罪
トーマス・ブラッド 18

礼儀正しく親切な泥棒
ジョン・ネヴィソン 19

地獄に堕ちても貴様に情けはかけぬ
エドワード・〈黒髭〉・ティーチ 20

バークは肉屋、ヘアは盗人、
ノックスは坊やで牛肉買うよ
バークとヘア 22

勇敢な奴らだ。男の中の男だ
ジェイムズ=ヤンガー・ギャング団 24

いつかは死ななければならないの、
ひとりの男への愛のために
ボニーとクライド 26

信じないだろうが、
奴らは列車を盗んだんだ
大列車強盗 30

スリルに夢中
ビル・メイソン 36

おれにとっては
金のくずみたいなもんだから
ワールドカップ盗難事件 37

お嬢さん、
さっきのメモを読んだほうがいいですよ
D・B・クーパー 38

武器もなく、憎しみもなく、暴力もなく
ソシエテ・ジェネラル銀行強盗 44

俺は金持ちから盗んだ、
だから奴らみたいな生活ができたんだ
ジョン・マクリーン 45

私の行いをたたえ、
私の闘いを語れ……私の過ちを赦せ
プーラン・デヴィ 46

炎は愛人、炎は恋人
ジョン・レナード・オール 48

完全犯罪だった
アントワープのダイヤモンド強盗 54

犯人は警報システムの専門家
チェッリーニの塩入れ盗難事件 56

浮世離れした信じがたい話だろうが、
本当に実際にあった事件なんだ
**ロシア - エストニア間
ウォッカ・パイプライン** 57

昔気質のロンドン犯罪紳士たち
ハットン・ガーデン強盗事件 58

詐欺師たち

ろくでもない助言に影響されて……
私は野心に殉じたのです
首飾り事件 64

人々はその金額に度肝を抜かれた
クロフォード家の相続財産 66

世界一如才ない詐欺師
エッフェル塔売却事件 68

ドメラの逸話から感じられる
とてつもない狂気は、
よくできた道化芝居のそれと同じである
ハリー・ドメラ 70

私の絵が美術館にずっと飾られれば、
その絵は本物になったということだ
エルミア・デ・ホーリー 74

盗みじゃないわ、
あちらがくだすったものを持って帰ろう
としているだけよ
ドリス・ペイン 78

奴らはゴムボートを膨らませて島を去った
そのあと何が起こったかは
誰にもわからないらしい
アルカトラズからの脱出 80

あのころ、良いことをするということは、
私にとっての良いことのうちに
入らなかったのです
フランク・アバグネイル 86

私は嘘の列車に乗っていた
飛び降りるなんてできなかった
クリフォード・アーヴィング 88

もともとはヒトラーの生涯を本から
写し取っていたが、そのうち自分が
ヒトラーであるような気がしはじめた
コンラート・クーヤウ 90

こいつが替え玉でないとしたら、
俺はここにいる資格がない
ファインコットン号事件 94

知能犯罪

金というものは……
往々にして人々が騙される原因となる
ミシシッピ計画 100

なくしたものは自尊心だけ
ブラック・フライデー 金買い占め事件 101

毎度おなじみの自転車操業というゲーム
チャールズ・ポンジ 102

大金持ちに対して有罪判決は出せまい
ティーポット・ドーム事件 108

人々は今もあちこちで死に瀕している
ボパール化学工場事故 110

史上最大の強盗事件
シティ・オブ・ロンドン債券強奪事件 114

ひとつの大きな嘘なんだ
バーニー・メイドフ 116

犯罪と呼ばれることは何もしなかったと
私自身は思っています
エンロン社事件 122

彼があの銀行を危険に陥れたんだ
ジェローム・ケルヴィエル 124

贈収賄は大目に見られていたし……
見返りがあった
シーメンス社贈賄事件 126

家の地下室でいたずらを企んでいる
ただのオタク青年とは違うのです
**SpyEye マルウェアによる
データ盗難** 128

フォルクスワーゲン社は
いかなる不正行為も容認しない
**フォルクスワーゲン社
排ガス不正事件** 130

組織犯罪

悪徳商人の中でも最悪なのは、
密輸業者だ
ホークハースト・ギャング 136

シチリアには盗っ人一味がいる
シチリア・マフィア 138

どんなことでもやってのける連中だ
三合会 146

ここまで凶悪なごろつき集団が
結成されたことはなかった
ワイルドバンチ 150

禁酒法はトラブルしか生まなかった
ビール戦争 152

親分が空を飛ぶカラスを白いと言えば、
白いのだ
ヤクザ 154

われわれが正しいことをしても
誰も覚えていないが、悪いことをすれば
誰も忘れない
ヘルズ・エンジェルス 160

あれはわれわれにとって
人生最良の年月だった
クレイ兄弟とリチャードソン兄弟 164

すべての帝国は血と炎で造られている
メデジン・カルテル 166

以前からこれはビジネスであり、
ギャング稼業だったことは一度もない
〈フリーウェイ〉・リック・ロス 168

誘拐・脅し

彼女は古い剣よりも価値がなかった
ポカホンタスの誘拐 176

驚くべき虚言癖
ティッチボーン詐称事件 177

アン、ぼくたちの赤ん坊が盗まれた！
リンドバーグ愛児誘拐事件 178

月曜日からぼくは
誘拐犯たちに捕まっています
ジョン・ポール・ゲティ三世誘拐事件 186

私は臆病者だ。私は死にたくなかった
パティ・ハースト誘拐事件 188

今でも常夜灯をつけて寝ています
地下鉄には乗れません
チャウチラ誘拐事件 190

鶏小屋に閉じ込められた鶏みたいに
みじめでした
ナターシャ・カンプッシュ誘拐事件 196

殺人

まるで「銃口から煙が出ている銃」が
見つかったようなわかりやすい殺人事件
ネアンデルタール人の殺人 202

正義の剣により
ジャン・カラス事件 203

精神の異常により無罪
ダニエル・マクノートン 204

ケイトに暇を出す
ドリッピング殺人者 206

リジー・ボーデン斧を取り
母の頭を狙っては40回も切りつけた
リジー・ボーデン 208

指紋のみが
絶対確実かつ実行可能な識別法である
ストラットン兄弟 212

ありがたい、やっと終わった
どうなるか不安で仕方なかった
クリッペン医師 216

私自身の意志を乗っ取った別の意志が、
私を駆り立てました
カイヨー夫人 217

彼女は黒髪がきれいな美女だった
ブラック・ダリア事件 218

画家は薬物に詳しかった……
恐ろしいまでに
平沢貞通 224

まともでない不合理な思いに、
私はずっと苛まれてきた
テキサス・タワー乱射事件 226

さあヘルター・スケルターのときがきた
マンソン・ファミリー 230

ディンゴがうちの赤ん坊を連れていった!
アザリア・チェンバレンの死 238

ぼくは無名だった
世界で一番有名な誰かさんを殺すまでは
ジョン・レノン殺害事件 240

誰に送り込まれた?
誰に言われて私にこんなことをする?
ロベルト・カルヴィ殺害事件 241

無実なのに、私は死刑囚だった
カーク・ブラッズワース 242

前代未聞の邪悪な行為
ジェイムズ・バルジャー殺害事件 244

いつかこの男に殺されるような気がして
怖い
O・J・シンプソン 246

スパイ技術専門店での犯罪
クレイグ・ジェイコブセン 252

関係者は怖がっていて、
警察とは話したがらない
**トゥパック・シャクールと
ビギー・スモールズ殺害事件** 254

連続殺人者

侯国の民を殺す……遊びとして
劉彭離 262

デイム・アリスには
ある種の悪魔が憑いておる
アリス・カイトラー 263

処女の生き血で
彼女はいつまでも若さを保つだろう
エリザベート・バートリ 264

今度また内臓の一部を送ってやろう
切り裂きジャック 266

私と一緒にいるくらいなら、
彼女らは死んだほうがましだったんです
ハーヴェイ・グラットマン 274

私は殺すのが好きだっただけだ
テッド・バンディ 276

計算ずくの、残虐で、冷酷な殺人
**イアン・ブレイディと
マイラ・ヒンドリー** 284

言葉にできないおぞましさ
フレッド&ローズマリー・ウェスト 286

これはゾディアックからの電話だ
ゾディアック事件 288

彼の目に映った自分の姿は
医療の神だった
ハロルド・シップマン 290

造化の出来損ない
アンドレイ・チカチーロ 292

おれは病気か悪魔か、
あるいはその両方だ
ジェフリー・ダーマー 293

若い女性への脅威
コリン・ピッチフォーク 294

あなたの求人広告を見ました
そのことでご相談があります
ジョン・エドワード・ロビンソン 298

暗殺と政治的陰謀

見下げ果てた飽くなき金銭欲
ローマ皇帝ペルティナクスの暗殺 304

職人技としての殺人
暗殺教団 305

暴君は常にかくのごとし!
エイブラハム・リンカーンの暗殺 306

ドレフュスは無実だ。誓っていえる!
命を賭けてもいい、名誉を賭けてもいい!
ドレフュス事件 310

わが血を流す者の手には、
一生消えない汚れがつくだろう
ラスプーチン暗殺 312

まだほかに隠された真相があるはずだ
ジョン・F・ケネディの暗殺 316

最後にもう一度キスをします
アルド・モーロの誘拐 322

野蛮行為は
私たちのまわりに満ちています
イングリッド・ベタンクールの誘拐 324

野蛮で無慈悲
アレクサンドル・リトビネンコの毒殺 326

犯罪録 332

索引 344

訳者あとがき 350

引用出典一覧・図版出典一覧 351

序文

作家として私が今ここにあるのは、いろいろな意味で、犯罪のおかげである。1982年、私の最初の長編小説であるスパイ・スリラーが出た直後、ブライトンの我が家に泥棒が入った。指紋を採りにやってきたマイク・ハリスという若い刑事がたまたまその本を目にして、小説の取材でサセックス州警察に問い合わせたいことがあったら、協力しますから、私に電話してください、といってくれた。

マイクの夫人、レイナーテもやはり警察官で、その当時一緒にいた前の妻と私は、以後、二人と親しく付き合うようになった。二人の友人や知人にも警察関係者が多く、通報担当、殺人課、交通課、児童保護班、古物取引犯罪担当、経済犯罪班と、その職務はありとあらゆる分野に広がっていた。そういった人たちと話をしているうちにはっきりわかってきたのは、人が30年仕事をするとして、そのあいだに警察官ほど人間を見つめてきた人たちはいない、ということである。人間とはいかなるものか、警察官はそのあらゆる側面を目のあたりにしている。

発覚した犯罪には、犯人・被害者・警察の三位一体が例外なく関わっている。レイプや、家庭内暴力、慈善事業からの盗み、高齢者、幼児への虐待といった胸糞が悪くなるような犯罪でさえ、もっと「魅力的な」事件と同様に、私たちを惹きつける。それどころか、私たちの好奇心をつかんで放さない犯罪もある。そういう犯罪には必ず魅力的な犯人がいて、被害者が悲惨なめにあおうが、破滅しようが、たとえ殺されようが、それを超えて私たちは犯人の性格に魅せられる。たとえば、私がひそかに敬愛しているのは、エッフェル塔を廃物処理業者に売りつけた天才詐欺師のヴィクトル・ルースティヒや、大胆不敵かつ巧妙な、しかし、ほとんどコメディ映画のような、ハットン・ガーデン宝石強奪事件の犯人たちである。

同じように、1963年の大列車強盗は国民的な関心を集めた。その大胆な手口といい、奪った金額の大きさといい、当時は前例のない犯行だった。

その強盗団で逃亡用車両の運転役をつとめたロイ・ジョン・ジェイムズとは、一緒に昼食をとったことがある。ジェイムズは数年間服役して、刑務所を出たばかりで、カー・レーサーの仕事に復帰するためのパトロンを探していた。なかなかカリスマ性のある人物だったが、もしも犯行時に列車の運転士を殴って、生涯癒えることのない傷を負わせなければ、自分たちは英雄扱いされていただろうと悔やんでいた。しかし、現実の犯罪の問題点はそこにある——誰かが必ず傷つくのだ。アメリカの強盗犯、ボニーとクライドの話は今でも華々しく語り継がれているが、銃弾の嵐の中で平凡なむごい結末を迎えた。

しかし、それでも私たちは怪物のような犯罪者に心を惹かれる。実在の人物であろうが、物語の登場人物であろうが関係はない。切り裂きジャックがそうだし、100人以上の女子学生を殺害したといわれる知的でハンサムなテッド・バンディもそうだろう。そもそもみんな犯罪が好きなのだ。なぜ私たちは犯罪に魅了されるのだろう。小説でもTVドラマでも映画でも犯罪ものは大人気だし、新聞やTVのニュースでも真っ先に報じられる。

その理由はこうだと一言で説明できるものではなく、答えはいろいろあると思う。たとえば私は、人間の遺伝子には生存本能が組み込まれていると考える。犯罪の犠牲者の運命や犯人の気質を知ることで、いかにして生き延びるか、私たちは多くを学ぶのである。

そして、人間の本性には、決して変わることのない性質がある。たとえば、銀行強盗犯のスティーヴ・ツーリーから、私はじかにこんな話を聞いた。まだ10代のころ、窃盗で初めて刑務所に入ったツーリーは、有名なギャング、レジー・クレイと出会って、ぜひ弟子にしてください、知っていることをぜんぶ教えてください、と頼み込んだ。58歳になったツーリーは、収入も途絶え、ブライトンの一間の安アパートで暮らしていた。これまで一度に稼いだ額で一番多かったのはいくらか、と私は尋ねた。銀行強盗で得た5万ポンドだ、とツーリーは答えた。その金は何に使ったか、と尋ねたところ、ブライトンのメトロポール・ホテルのスイート・ルームを借りたんだ、と楽しそうに答えた。そしていわく、「すっからかんになるまで半年間、おもしろおかしく暮らしたよ」

もう一度人生をやり直せるとしたら、今度は違う人生を送りたいか？ そう尋ねたら、「とんでもない」と、目を輝かせた。「またおんなじ人生を送りたいよ。だって、わくわくするもんな！」

ピーター・ジェイムズ
（ベストセラー作家。警視ロイ・グレイス・シリーズで有名）

はじめに

はじめに

法律によって起訴され処罰される可能性のある不法行為、すなわち犯罪は、私たちのまわりに常に存在する。比較的軽微なものから、極悪非道な犯人による憎むべき犯罪まで、その種類はさまざまである。

そうした多様な逸脱行為に走るのはどういう人間か。学者にせよ、一般の人々にせよ、昔からそれが関心の的だった。はたしてほかの者と比べて犯罪を犯しやすい人間が存在するのか。犯罪者固有の特徴が存在するのか。

古代ギリシャ人は、観相学という「科学」に熱中していた。それによれば、人間の顔の特徴を研究すると、その人の性格や本質がわかるという。今では眉唾物のように思われるが、観相学は古代ギリシャで広く信じられていて、その後、数百年のあいだに何度か復活した。1770年代の流行が顕著な例で、スイスのヨハン・カスパー・ラヴァーターの著作がそのきっかけだった。

本書で取り上げた犯罪に共通するのは、悪事であるにもかかわらず、あるいは悪事であるがゆえに、いずれも世評が高いことだろう。犯行の息を呑むような鮮やかさ、唖然とするような行き当たりばったりの手口、マキャベリ風の権謀術策、おぞましいまでの悪意。それによって何百年も語り継がれるはずの犯罪である。虫酸が走るほど嫌われている犯罪者も多いが、その反抗的な物腰や反権力の気概が美化されてきた犯罪者もいる。重罪を犯したにもかかわらず喝采を浴びている例として、ボニーとクライドや、大列車強盗、プーラン・デヴィなどが挙げられる。

こうした事件がきっかけになって、社会が新しい一歩を踏み出し、国民の生命を守って同種の犯罪を防止するための新法が成立することもある。1932年のリンドバーグ愛児誘拐事件では、捜査が進むにつれて国民の怒りが高まり、事件からわずか1か月後に連邦誘拐法が成立した。リンドバーグ法としても知られるその法律は、誘拐を連邦犯罪と見なし、死刑もあり得ると規定したものである。

法的責任能力の概念を推し進めるきっかけになった事件もある。英国司法史に残る1843年のダニエル・マクノートンの裁判では、人々の耳目を集めた事件であったにもかかわらず、心神喪失状態にあったと見なされて無罪になり、マクノートンは国立精神療養施設に送られ、死ぬまでそこで過ごした。

時代の変遷と犯罪

歴史の転換点が訪れると、新種の犯罪が表舞台に登場する。たとえば、19世紀後半には、町や都会の発展につれて無法状態が広まっていった。発展に警察力が追いつかず、無法者を逮捕して裁判にかけることが難しくなったのがその理由のひとつである。アメリカ西部開拓時代のジェシー・ジェイムズと悪名高いジェイムズ＝ヤンガー・ギャング団がそのいい例で、白昼堂々と列車や銀行を襲う犯罪集団の草分けになった。

1920年から1933年まで続いたアメリカの禁酒法時代には、組織犯罪が蔓延し、シカゴ南西部のアイルランド移民居住地区では、犯罪集団シェルドン・ギャングが酒の違法販売を一手に引き受けていた。

> 法律は蜘蛛の巣のようなもので、小さな蠅は捕らえることができるが、狩蜂や雀蜂は難なくそれを突き破る。
> **ジョナサン・スウィフト**

はじめに

その時期、アメリカの犯罪発生率が急上昇したので、それがきっかけになって国際警察署長協会は犯罪の統計を取るようになった。それが統一犯罪報告書の発刊につながり、第1号は1930年1月に発表された。町や郡や州の法執行機関が自主的に協力して編纂する白書である。今では全米で発生する犯罪の種類や件数を知るには欠かせない資料になっている。世界各国の法執行機関もそれに刺激されて同じような資料を発行するようになった。

究極の犯罪

殺人という犯罪は野蛮で嫌なものである。犯罪組織による殺しであれ、痴情のもつれであれ、通り魔的犯行であれ、取り返しのつかない悲劇であることに変わりはない。

人類史上初の殺人は、43万年ほど前に起こったといわれている。しかし、それがわかったのは2015年になってからである。スペインのアタプエルカ山地で調査中の考古学者たちがそこで見つけたネアンデルタール人の頭蓋骨をつなぎ合わせた結果、性別不明のその人物が撲殺されて洞窟の縦穴に投げ込まれていたことが判明した。

一般大衆が連続殺人者(シリアル・キラー)に惹かれるのは否定できない事実である。とくに犯人が捕まっていない場合は想像力を刺激される。ロンドンでの切り裂きジャック事件や、カリフォルニアでのゾディアック事件は、今でも分析と推理の対象になっている。中には残虐極まりない事件もあって、犯人の名前を聞くだけで、人面獣心の鬼畜を思い浮かべる。1970年代に太平洋岸北西部で数十人の若い女性を殺害したテッド・バンディがその例である。見た目は魅力的で品行方正そうな人物だったため、衝撃は大きかった。怪物のようなシリアル・キラーのイメージとはかけはなれていたからである。

不正を行う者は惨めである。
不正を行われた者以上に
惨めである。
プラトン

犯人逮捕の技術

1962年、アルカトラズ連邦刑務所で発生した脱獄事件は世界的な話題を呼んだ。捜査当局が出した結論では、逃亡した囚人はサンフランシスコ湾を泳いで渡るときに溺死したことになっているが、2015年に新たな証拠が発見されて、その結論は疑問視されている。もしも今、そのような事件が起こったら、大がかりな捜索の様子がインターネット上でライブ配信され、脱獄犯も遠くまでは逃げられないだろう。

DNA鑑定など捜査と逮捕に役立つ技術が進歩するにつれて、犯罪が行われたり、逮捕を逃れたりするときの技術も同じように精巧化してきている。2011年、ロシアのハッカー、アレクサンドル・パーニンは5000万台以上のコンピューターの機密情報にアクセスできるツールを開発した。2016年2月には、ハッカー集団が、バングラデシュに一歩も足を踏み入れることなく、その中央銀行から8100万ドルを盗み取った。犯罪の手口は時とともに進歩するかもしれないが、これからも私たちは犯罪や犯罪者に強い関心を持ち続けるだろう。■

強盗、泥棒、放火魔

はじめに

アイルランド人トーマス・ブラッドが、イングランドの**戴冠宝器**をロンドン塔から盗み出そうとした。

1671年

海賊エドワード・〈黒髭〉・ティーチがカリブ海とアメリカ東海岸沿いで**船を襲った**。

1716–18年

ジェシー・ジェイムズ率いる「ジェイムズ＝ヤンガー・ギャング団」が、アメリカ中西部で**列車強盗や銀行強盗**を働いた。

1866–82年

1676年

追い剥ぎジョン・ネヴィソンが、イングランドで320キロメートルを一日で馬で走り、アリバイ工作を行った。

1827–28年

スコットランド人の死体泥棒、ウィリアム・バークとウィリアム・ヘアが、解剖用に**遺体を売って**儲けようと殺人を手がけはじめた。

1930–34年

ボニーとクライドが短期間のうちにアメリカの複数の州で**次々と犯罪を重ね**、追い詰められると誘拐や殺人を犯した。

大衆が強盗たちを美化しはじめて久しい。彼らの勇気、大胆さ、他人の決めたルールに従って生きるなどまっぴらごめんという姿に人々は憧れた。こうした強盗たちの多くはありきたりの犯罪者ではなく、向こう見ずな命知らずとして大衆の目に映る。ボニー・パーカーとクライド・バロウの人気がその好例で、1930年代のアメリカで活躍したこの無法者たちは、ビュイックのセダンで移動し、アパートメントや空いた納屋に潜伏し、盗みや殺人を重ねた。二人の犯罪は残酷極まりなかったが、大衆の心をとらえた。

同じことが大列車強盗団にもいえる。15人がグラスゴーからロンドンに向かう郵便列車を狙ったのは、1963年のことだった。ヘルメットとスキー用の覆面マスクと手袋で身を固めた彼らは、260万ポンドを超える現金の入った郵袋を120袋も盗み、列車の運転士ジャック・ミルズに重傷を負わせた。しかし英国の一般大衆の中には、強盗団を褒めたたえ、一味のうちの何人かが追手から逃れたことを喜び、その暴力行為と違法行為に目をつむる者たちもいた。

大列車強盗団やボニーとクライドの逸話も、他の有名な犯罪者同様に映画化され、悪党好きの大衆を引きつける作品となった。

魅力的な悪党という考え方は、現実の世界にも十分当てはまる。ジョン・ネヴィソンという1670年代に活躍した英国人の追い剥ぎは、紳士的な振る舞いで名高かった。彼は馬に乗って駅馬車を襲い、犠牲者に詫びてから金を奪った。人々にとってネヴィソンに襲われることは名誉といってもよかった。彼は、自分の犯した強盗事件のアリバイ作りのため、320キロメートルもの距離をケントからヨークまで走り抜けるという離れ業をやってのけた。これにより伝説の犯罪者となり、「快速ニック(スウィフト)」との異名を得た。

奇抜な犯罪

犯罪の中には思わず感服してしまうような、息を呑むほど大胆なものがある。現代の強盗事件の中でももっとも大それた犯罪のひとつは、1971年11月にアメリカ北西部のはるか上空で起きた。ボーイング727型機の乗っ取り犯はD・B・クー

強盗、泥棒、放火魔

大列車強盗団が、260万ポンドを超える現金を、英国グラスゴーからロンドンへと向かう郵便列車から強奪した。

1963年

インドのウッタル・プラデーシュ州で**「盗賊の女王」**として知られるプーラン・デヴィが多数の追い剥ぎ行為を働いた。

1979–83年

ベルギーで窃盗団がアントワープ・ダイヤモンド・センターの地下金庫に押し入り、1億ドル相当の**ダイヤモンドを盗み出した。**

2003年

1971年

米ワシントン州でD・B・クーパーと名乗る男が**飛行機をハイジャック**し、身代金20万ドルを奪い、パラシュートで逃亡した。

1984–91年

ジョン・レナード・オール放火捜査官の裏の顔は放火魔で、カリフォルニア南部で**死者を出す火事**をいくつも起こした。

2015年

老練な泥棒たちがロンドン中心部のハットン・ガーデン・セーフ・デポジット社で盗みを働き、**英国史上最大の盗難事件**となった。

パーと名乗り、犯行現場からパラシュートで逃亡し、身代金20万ドルを20ドル札で持ち去った。数年後のフランスの町ニースでは、盗賊たちが史上最大の銀行破りを企てて、町の下水道から侵入路を掘削し、ソシエテ・ジェネラル銀行に忍び込んだ。2003年にはある窃盗団が、難攻不落と思われたアントワープ・ダイヤモンド・センターの地下2階の金庫を破り、本人たちがいうところの「完全犯罪」を成し遂げた。盗品はおよそ1億ドルに相当した。しかし首謀者は事件現場付近に自分のDNAを残すという致命的なミスを犯していた。

美術品泥棒もまた人々の好奇心を刺激する。彼らは図々しいほどの御都合主義者で、盗んだあとのことを何も考えていない者が多いからだ。たとえば2003年に起きた事件では、犯人ローベルト・マングが美術館の外の足場をのぼり、割れた窓から中に入り込んで、イタリア人金細工師ベンヴェヌート・チェッリーニの手による、数百万ドル相当の作品を1点盗み出した。ところが、この小さな大傑作をさばける市場がなかったので、結局は盗品を森に埋めるしかなかった。

陰惨な所業

当然のことながら、人々から尊敬されない犯罪者もいる。死体泥棒のウィリアム・バークとウィリアム・ヘアは、19世紀初期のエジンバラで、人を殺してはその遺体をロバート・ノックス医師の解剖学の授業に提供していた。ジョン・レナード・オール放火捜査官が犯したカリフォルニアでの放火事件は、とりわけ陰惨だ。

ボニーとクライドなどのメディアの寵児とは異なり、オールは自分で自分を伝説的存在へと押し上げた。しかし、彼の大胆不敵ぶりと人を操るスキルの高さには、本章の他の犯罪者と相通じるものがある。こうした犯罪者たちは、その悪名高さゆえに犯罪史に名を連ね、いくつかの事件は神話化されている。■

元祖・反逆罪
トーマス・ブラッド（1671年）

事件のあとさき

場所
英国、ロンドン塔

テーマ
宝石泥棒

以前
1303年 英国の貧しい羊毛商リチャードは、エドワード一世の宝石、金、硬貨といったきわめて貴重な宝飾品一式を、ウェストミンスター寺院から盗み出した。

以後
1972年9月11日 泥棒たちがパリの王室宝物庫に押し入り、フランス王家伝来の宝石の大半を盗んだ。盗難品の大部分がのちに取り戻された。

1994年8月11日 3人の男が、4800万ポンド相当の宝石、貴石の類を、仏カンヌのカールトン・ホテルの展示会場から持ち去った。

アイルランド生まれのトーマス・ブラッド（1618～80）は、イングランド内戦（1642～51）でチャールズ一世の王党派と戦った。この戦いで勝利を収めたオリヴァー・クロムウェルは、彼の地元の所領の一部を褒美としてブラッドに与えた。だがそれらの土地はチャールズ二世の王政復古期に没収された。自分から土地を没収するなど間違っている、この間違いは正されねばならないと考えたブラッドは、戴冠宝器を盗む計画を立てた。王から戴冠宝器を奪うことで象徴的に王の首を刎ね、チャールズ一世と同じめにあわせようとしたのだ。

1671年、偽の聖職者「アイロフィ」師になりすまし、女の共犯者に妻のふりをさせたブラッドは、王室の宝物庫の管理人、老タルボット・エドワーズに宝物庫を見せてほしいと頼んだ。アイロフィは訪問を重ねてエドワーズの信頼を得ていった。5月5日、アイロフィはエドワーズを説き伏せて宝石類を持ち出させると、待ち構えていた仲間たちを呼んだ。一味はエドワーズを殴りつけ、王冠をぺちゃんこに潰し、王権の象徴である笏を半分に切って運びやすくした。そして馬で逃げようとしたところを捕らえられた。

王はブラッドに恩赦を与えて国民を困惑させた。王がブラッドの大胆不敵さをおもしろがったから、とも、王がブラッドをスパイとして雇ったともいわれた。いずれにせよ、ブラッドは最終的には宮廷の人気者となった。■

> 雄々しき試みではあったが
> 実らなかった！
> 王冠を狙うとは！
> **トーマス・ブラッド**

参照 ソシエテ・ジェネラル銀行強盗 44 ■ アントワープのダイヤモンド強盗 54-55 ■ 首飾り事件 64-65

強盗、泥棒、放火魔　19

礼儀正しく親切な泥棒
ジョン・ネヴィソン（1676年）

事件のあとさき

場所
英国、ケント州
ロチェスター近くのギャッズ・ヒル

テーマ
追い剝ぎ

以前
1491～1518年　ハンフリー・キナストンは英国の名家出身の追い剝ぎで、イングランド中部スロップシャーを旅する人々から金品を奪い、貧しい者たちに与えていたといわれている。

以後
1710年代　「カルトゥーシュ」の名で知られる追い剝ぎが、パリとその周辺に出没した。

1735～37年　追い剝ぎディック・ターピンは大ロンドンで多くの盗みを働き、1739年にヨークで捕らえられ、馬泥棒の罪で処刑された。

　追い剝ぎジョン・ネヴィソン（1639～94）がチャールズ二世から「快速ニック」の異名を得たのはこういうわけだ。ケント州ロチェスターの近くで旅人を襲ったネヴィソンは、アリバイを確保しようとして、うまい計画を思いついた。テムズ川を渡って全速力で馬を駆り、一日で320キロメートルの距離をヨークまで駆け抜け、ヨーク市長と会話を交わし、ボウルズ〔訳注：偏心球を使って行うイギリス発祥の球技〕で賭けをし、市長に時間（午後8時）を確かめさせたのだ。この企みが奏功し、市長はのちに法廷でネヴィソンのアリバイを証言した。陪審には、ネヴィソンが一日で走りきった距離が実際に可能かどうか判断できず、その結果、無罪となった。

　ネヴィソンには1658年のダンケルクの戦いで戦った経験があり、馬と武器の扱いはお手の物だった。また礼儀正しく品があり、それゆえに周囲は彼のことをありきたりの泥棒より格上の存在と考えていたし、本人もそれを自覚していた。伝説的な犯罪者たちの所業を詳しく記した

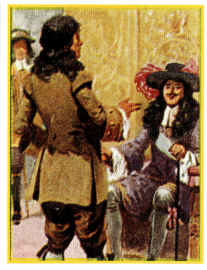

ネヴィソンの華やかな出で立ちと洗練された物腰は、1680年のチャールズ二世謁見時の姿といわれるこの絵からも明らかだ。

出版物《ニューゲート・カレンダー》には、彼の丁寧な物腰と品のよさが「女性にとりわけ好印象を与えた」とまで書かれた。これにより彼の名声がさらに高まり、彼に盗みを働かれることを名誉とする奇妙な効果が生じた。■

参照　大列車強盗 30-35

地獄に堕ちても貴様に情けはかけぬ

エドワード・〈黒髭〉・ティーチ（1716～18年）

事件のあとさき

場所
カリブ海及び北米東海岸沿い

テーマ
海賊行為

以前
1667～83年 ウェールズ出身の私掠船船長で、のちに英国海軍提督となったサー・ヘンリー・モーガンは、カリブ海でのスペイン領への攻撃でその名を馳せた。

1689～96年 スコットランド出身の私掠船船長キャプテン・ウィリアム・キッドは、海賊狩りを任され、カリブ海で船や島々から略奪を行った。

以後
1717～18年 バルバドス島出身の〈海賊紳士〉・スティード・ボネットは、カリブ海で船からの略奪を行った。その異名は裕福な地主であった彼の過去に由来する。

1719～22年 バーソロミュー・〈ブラック・バート〉・ロバーツはウェールズ出身の海賊で、何百隻もの船を南北アメリカ及び西アフリカで襲撃した。

　もっとも成功した海賊とは言い難いものの、間違いなくもっとも悪名高いのがエドワード・〈黒髭〉・ティーチである。もともとはアン女王戦争（1702～13）で私掠船船長として活動した英国人で、戦争が終わった時点で海賊へと商売替えをした。

　1716年、黒髭は「海賊共和国」であるバハマのナッソーへと向かった。そこでキャプテン・ベンジャミン・ホーニゴールドと出会い、ホーニゴールドは大型帆船（スループ）1隻を黒髭の指揮下に置いた。そして共にキューバ及びバーミューダ周辺、さらにはアメリカの東海岸沿いで船からの略奪を行った。

　二人はバルバドス島出身の〈海賊紳士〉・スティード・ボネットと出会った。ボネットはスペインの軍艦との戦いで深手を負っており、彼の下の乗組員の半数は死に、残る70人の乗組員はボネットへの忠誠心を失いかけていた。3人の海賊は手を組んだ。そしてボネットは一時的に彼の大型帆船「復讐号（リベンジ）」の指揮権を黒髭に譲った。

実権を握る

　1717年11月、マルティニーク島近海で

黒髭の恐ろしげな見た目は世間のイメージと一致していたが、力に訴えるのは最後の手段だった。命知らずという人となりが、死後大いに誇張された。

の海賊行為で、ホーニゴールドは200トン規模の快速帆船「ナントのラ・コンコルド号」を拿捕した。そしてこの船を黒髭の指揮下に置いた。黒髭は船名を「アン女王の復讐号（リベンジ）」と改めた。

　12月、国王ジョージ一世が免責法を承認し、これによりすべての海賊が罪を免

強盗、泥棒、放火魔　21

参照 ホークハースト・ギャング 136-37

除され、建前としては海賊としての生活を捨てることとなった。ホーニゴールドは、この時点で自分と黒髭の部下たちにキャプテンの地位を取って代わられていた。というのも黒髭たちの、英国の船を含むどんな船でも襲いたければ襲う、という決定に、ホーニゴールドが反対したからだった。彼は国王から赦免を得て、黒髭と袂を分かった。

最終的にボネットの部下たちは彼を見捨て、黒髭の配下で働くことを選んだ。黒髭は「復讐号」の指揮を代理に任せ、ボネットを「客」として船上に留め置いた。黒髭はサウスカロライナに向かい、チャールストン港を封鎖して船9隻を拿捕し、裕福な商人で政治家でもある人物の身代金を手に入れた。

チャールストンを発った「アン女王の復讐号」は座礁した。ボネットと黒髭は陸づたいにノースカロライナのバースに向かい、その地で1718年6月に英国総督チャールズ・エデンから赦免を得た。しかしボネットがその地に残ったのに対し、

> 飛び移れ、
> そしてやつらを切り刻め。
> エドワード・〈黒髭〉・ティーチ

黒髭は船に戻り、「復讐号」と船団中のほか2隻から略奪を行い、分捕り品を自分の大型帆船「アドベンチャー号」に移した。赦免の条件に違反した黒髭の首には多額の懸賞金がかけられた。1718年11月22日、ロバート・メイナード大尉率いる英国海軍の大型帆船団が、オラコーク湾で「アドベンチャー号」に追いついた。

最後の抵抗

英国海軍の裏をかき、黒髭は相手の船を砂洲へと追い込み、一斉射撃を浴びせた。硝煙が晴れてみると、甲板に残っていたのは大尉と乗組員数人だけだった。黒髭は自分の手下の海賊23人に、敵の船に移るよう命じた。

手下が船にあがるや、武装した水兵30人が甲板の下から現れた。血みどろの戦いが始まった。メイナードと黒髭は銃で互いを狙い合い、発砲した。黒髭の弾は外れたが、メイナードのそれは敵の腹を直撃した。黒髭は被弾をものともせず、メイナードの剣をみずからの剣の強烈な一撃で二つに折った。しかしメイナードの部下たちが黒髭の肩に槍のひと突きを見舞った。黒髭の手下たちは降伏した。黒髭本人はなおも戦い続け、5発の弾と20か所への太刀傷を受けてようやく絶命した。

メイナードは黒髭の首を船首斜檣(しゃしょう)に吊るした。のちにその首は見せしめとして、米ヴァージニア州ハンプトン川近くの磔柱(たっちゅう)に移された。■

私掠船船長サー・ヘンリー・モーガンがキューバのプエルト・デル・プリンシペの町を襲撃し略奪する様子を描いた1754年ごろの版画。

「合法的な」海賊行為

社会学者は以前から、何が犯罪か、何が社会的逸脱行為なのかは、状況に左右される、との見解を示してきた。海賊行為はその好例だ。

13世紀半ば、イングランド王ヘンリー三世は敵船捕獲の特許を発行し、これにより水兵による外国船の攻撃と略奪が可能となった。1295年以降、これらの免許は私掠免許という名称で呼ばれた。私掠船の数は16〜18世紀にかけて激増した。中には王の同意なしに狼藉を働く船もあり、フランシス・ドレイクによるスペイン船奇襲はその一例だ。アン女王戦争中は、英国の私掠船が折あるごとにフランスやスペインの船から略奪を行った。しかし、国家間の戦争が終結すると、これらのプロの略奪者たちは、一転して違法行為を働く側にされてしまった。何を犯罪と見なすかは社会構造の変化に左右され、社会構造の変化は政治・経済の現実に影響を受けるのである。

バークは肉屋、ヘアは盗人、ノックスは坊やで牛肉買うよ
バークとヘア（1827〜28年）

事件のあとさき

場所
英国、スコットランド、エジンバラ

テーマ
死体泥棒及び大量殺人

以前
1825年11月 死体泥棒トーマス・タイートはアイルランドのダブリンで歩哨に捕らえられた。このとき死体5体と歯を一揃い所有していた。

以後
1876年11月7日 偽金造りの一団が米イリノイ州スプリングフィールドのオーク・リッジ墓地に押し入り、エイブラハム・リンカーンの死体を盗み出して身代金を要求した。この計画は失敗に終わった。秘密捜査官が仲間の一人になりすましていたのだ。

19世紀のスコットランドで、アイルランドからの移入者2人組が、欲に負けて墓盗人になり、しまいには殺人を犯した。

ウィリアム・バークとウィリアム・ヘアはエジンバラの労働者だった。二人が出会ったのは1827年、バークが愛人のヘレン・マクドゥガルとエジンバラの下宿に移り住んだときのことで、その下宿を営んでいたのがヘアと妻のマーガレットだった。

年老いた下宿人が家賃を滞納したまま自然死したので、バークとヘアは墓地に忍び込み、老下宿人の死体を盗み出し、エジンバラ大学の医学校へと運んだ。解剖学講師のロバート・ノックス医師は、解剖の授業のために死体が必要だったので、7ポンド10シリングを支払ってその死体を引き取った。

独創的なビジネス

容易に収入を得られるとあって、二人は新たに埋められた棺を盗んでは死体をノックスに売りつけた。しかし、二人はまもなく真夜中の墓場で土を掘り返すのが嫌になった。そこで、1827年11月、ある下宿人が病気になると、バークはその男の死を早めるため、体を押さえつけて口元と鼻を覆った。人を窒息させるためのこの技は「バーキング」として知られるようになった。

これが一連の殺人の皮切りとなり、エジンバラの浮浪者や娼婦が標的となった。彼らのやり方は、犠牲者に酒をしつこく勧めて眠らせるというものだった。

ヘア（左）とバーク（右）は、合法的に供給される解剖用の遺体が足りないことを金儲けに利用した。これには当時のエジンバラが解剖学研究で欧州の最先端を行っていた点も寄与した。

強盗、泥棒、放火魔　23

参照　切り裂きジャック 266-73

ロバート・ノックスは優れた解剖学者だったが、そのキャリアはバークとヘアの事件に巻き込まれたことで傷がついてしまった。

そしてバークが独自の技を使って息の根を止めた。死体は茶箱に入れ、夜になってからノックス医師の解剖室まで運んだ。そして死体1体につき7〜10ポンドを受け取った。

バークとヘアの悪事は長らく表に出なかったが、ある日、アイルランド人女性マーガレット・ドチャーティの遺体を、ヘアの下宿の客であるグレイ夫妻に見られてしまう。夫妻から連絡を受けた警察は、調べを進めるうちにノックス医師にたどり着いた。ドチャーティの遺体はすでにノックスの解剖室へと運ばれてしまっていた。

新聞が事件の顛末を報じると、バークとヘアを死刑に処すべきとの世論が高まった。その後ウィリアム・バーク、ウィリアム・ヘア、ヘレン・マクドゥガル、マーガレット・ヘアが逮捕され、殺人罪に問われた。ノックス医師は取り調べを受けたが、表向きは法を犯したわけではなかったので、逮捕はされなかった。

誰でも自分が大事

有罪判決には証拠がさらに必要だったため、本法廷の法務総裁は4人のうちの誰かから自白を取ろうとし、ヘアに白羽の矢を立てた。彼は検察から訴追免除を受け、バークが諸々の殺人を遂行したと

> この国の全史を通じ、いかなる点においても、この事件と並び称されるほどの事件はなかった。
> **メドウバンク卿**

証言した。バークはその後3人を殺した廉(かど)で有罪となり、1829年1月28日に、2万5000人の大衆の煽り立てる前で絞首刑に処せられた。人々は処刑台を見下ろすいい場所を取るために、最高1ポンドを支払ったという。

バークの遺体は、ノックス医師のライバルだったモンロー医師により、エジンバラ大学オールド・カレッジの解剖室で公開解剖された。彼の骨格一式はエジンバラ医学校に寄付された。ヘアは共犯者であるとの自白にもかかわらず釈放され、イングランドへと逃げた。評判が地に堕ちたノックスは、ロンドンに移って医師としてのキャリアの回復に努めた。

バークとヘアによる殺人は全部で16人の犠牲者を出し、ウェストポート連続殺人事件とも呼ばれた。この殺人事件が契機となって、1832年に解剖法が承認された。救貧院から回ってきて48時間経った、引き取り手のない遺体の解剖を許可したのである。■

サイコパシーの評定

ヘア・サイコパシー・チェックリスト（カナダの心理学者ロバート・ヘアにちなむ）は、精神病の傾向を明らかにするための診断ツールだ。もともとは罪に問われた人々の評定のために開発されたもので、インタビューを通じて20項目の性格特性を評価していく。被験者は各性格特性について、それがどれだけ自分に当てはまるかによって点を割り当てる。これらの特性には、良心の呵責の欠如、共感の欠如、自分の行動の責任を受け入れる力の欠如、衝動性、病的虚言などがある。サイコパスが犯罪を犯すとき、目的があって犯罪を犯している可能性が高い。精神病質の殺人者の動機には、支配欲やサディスティックな欲望を満足させたいという気持ちが絡んでいることが少なくない。暴力的な犯罪者がすべてサイコパスというわけではないが、FBIの捜査によれば、精神病質の犯罪者は犯罪歴もいっそう深刻で、慢性的な暴力になりやすいという。

勇敢な奴らだ 男の中の男だ
ジェイムズ＝ヤンガー・ギャング団
（1866〜82年）

事件のあとさき

場所
アメリカ合衆国、ミズーリ州、カンザス州、ケンタッキー州、アーカンソー州、アイオワ州、テキサス州、ウエストヴァージニア州

テーマ
武装強盗

以前
1790〜1802年 サミュエル・〈狼男〉・メイソンと、その手下の一団の餌食となったのは、オハイオ川及びミシシッピ川を舟で渡る旅人たちだった。

1863〜64年 ウィリアム・〈ブラディ・ビル〉・アンダーソンは、南北戦争時代の南軍支持派ゲリラのリーダーで、無法者たちを率いてミズーリ州やカンザス州で北軍兵士を狙った。

以後
1897年 アル・ジェニングスは元検察官の無法者で、ジェニングス・ギャング団を結成し、オクラホマ州で列車強盗を働いた。

1866年2月から1876年9月にかけて、ジェイムズ＝ヤンガー・ギャング団が銀行12行、列車5台、駅馬車5台を襲い、切符売り場を爆破した。一連の犯罪は、南北戦争（1861〜65）の直後、ジェシーとフランクのジェイムズ兄弟が、コール、ジム、ジョン、ボブのヤンガー兄弟と手を組んだところから始まった。南北戦争中は南軍支持のゲリラ兵として、北軍支持の一般人を攻撃した。戦後はジェシー・ジェイムズの方針転換により銀行強盗団となった。

歴史家の中には、1866年にミズーリ州リバティーでクレイ郡貯蓄組合を狙った事件を挙げて、彼らがアメリカで昼日中に武装強盗を働いた最初のギャング団であるという者もいる。列車強盗では乗客から二度、金品を取り上げただけで、成果はかなり少なかった。2か月おきのペースで盗みを働き、次の犯罪までは当局の目を逃れるために潜伏した。支持者が家や隠れ場所を提供したのだ。彼らは地図や方位磁石を使いこなし、交通量の多い道を避けて追跡を困難にした。中西部の州のあいだを行き来しながら、ミズーリ州、カンザス州、ケンタッキー州、アーカンソー州、アイオワ州、テキサス州、ウエストヴァー

ポーズを決めるジェシー・ジェイムズ（左）とヤンガー兄弟。ジェシーのイメージは義賊化されてロビン・フッドと比較されたが、実際に貧しい者たちに戦利品を与えたという証拠はない。

ジニア州で銀行強盗、列車強盗、駅馬車強盗を成功させた。1871年6月3日、アイオワ州コリドーンで銀行強盗を働き、彼らが容疑者とされたことがきっかけで、ジェイムズ＝ヤンガー・ギャング団として世に知られるようになった。

追跡
1874年、ミズーリ州で列車強盗が起き

強盗、泥棒、放火魔 **25**

参照 ボニーとクライド 26-29 ■ ワイルドバンチ 150-51

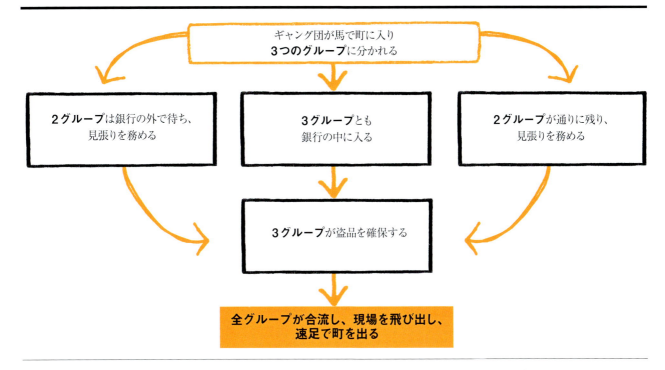

た。この事件で最大の損失を被ったアダムズ・エクスプレス社は、ピンカートン探偵社にギャング団を捕まえるよう依頼した。

1874年3月、探偵社の創設者アラン・ピンカートンは、探偵ジョゼフ・ウィッチャーを送り込んでジェイムズを追わせたが、ウィッチャーは現地に到着した翌日に死体となって発見された。そこでピンカートン社は1875年1月、複数の探偵にギャング団を追跡させた。しかし、ジェシーと親違いの8歳の弟を殺し、ジェシーの母親に発火装置で傷を負わせたのみで、失敗に終わった。これを受けてピンカートン社が捜査から手を引いたので、ギャング団は勢力を保ち続けることができた。

ジェイムズ＝ヤンガー・ギャング団は1876年に解体となった。ヤンガー兄弟がミネソタ州のノースフィールド第一国定銀行に押し入ろうとしていたところを逮捕されたのだ。ジェイムズ兄弟はどちらも脚を負傷したが馬で逃げおおせた。3年後、ジェシーは新たなギャング団を結成した。しかしジェイムズ・ギャング団の時代は1882年に幕を閉じた。仲間のロバート・フォードがジェシーを背後から撃ったのだ。ジェシーの首にかかった賞金1万ドルを手に入れるためだった。■

無法者の義賊化

オールド・ウエストの無法者の所業は、彼らの多くが殺人犯だったにもかかわらず、誇張され美化されてきた。人の心をとらえる犯罪者たちの魅力は、興味と反感、愛情と憎悪といった対立する感情の双方を基盤としているようだ。

無法者たちは法に従うことを拒む中で自由を体現し、ある種の少年らしさを残す姿として人々の目に映った。彼らがときおり見せる慈悲深さがまた賛辞の対象となった。礼儀正しい追い剝ぎやロビン・フッドのような人物は、利他的な動機から盗みを働き、人々に「奉仕している」と思われていたため、人気があった。

1882年のロバート・フォードによるジェシー・ジェイムズ殺害への人々の反応はその好例で、この事件はアメリカ合衆国全体に衝撃を与えた。《ニューヨーク・タイムズ》紙をはじめ、事件の記事を掲載した新聞が国中で発行された。ジェイムズの人気は非常に高かったので、人々はあちこちからこの伝説の泥棒の遺体を見にやってきた。

いつかは死ななければならないの、ひとりの男への愛のために

ボニーとクライド（1930～34年）

事件のあとさき

場所
アメリカ合衆国中央部

テーマ
ギャング

以前
1889年2月3日 ベル・スターの名で知られるマイラ・メイベル・スターが、オクラホマ州キング・クリークの近くで銃弾に斃れた。

以後
1934年7月22日 大恐慌時代のギャングであり悪名高き銀行強盗ジョン・デリンジャーが、逮捕されまいと逃げようとしたところを捜査官たちに殺された。

1934年11月27日 FBI捜査官がジョージ・〈ベイビーフェイス〉・ネルソンを殺した。銀行強盗でありギャングでもあった彼には「社会の敵ナンバーワン」というレッテルが貼られていた。

1933年4月13日の深更、警察の車が2台、米ミズーリ州ジョプリンの、オーク・リッジ・ドライブに面したアパートメント前に乗りつけた。中で暮らしていたのは、バロウ・ギャングの名で知られた5人の無法者で、その中にはボニー・パーカーとクライド・バロウもいた。ここに潜伏して12日目だったが、それ以前にはミズーリ州などの近隣の州で強盗や誘拐をくり返していた。

警察が声をかけると、バロウは気に入

強盗、泥棒、放火魔 **27**

参照　ジェイムズ=ヤンガー・ギャング団 24-25　■　ワイルドバンチ 150-51

葬儀屋以外の誰も
おれのことを捕まえられない……
おれはみずから命を絶つ。
クライド・バロウ

小銃を手にし、盗んだ車の前に立ってポーズを取っていた。パーカーが煙草をくわえて片手に銃を構えている写真もあった。この無法者カップルの話題は、すぐに全米の新聞の第一面を飾った。

犯罪者はスーパースター

彼らは4年のあいだに次々と犯罪を重ね、アメリカ市民に衝撃を与えた。

当時はFBIが創設まもなく、州をまたいで銀行強盗や誘拐犯と戦う権限がなかった。1931年から35年のあいだは、大恐慌を背景に、派手な手口の犯罪者たちが国中に深刻な被害を与え、「〈社会の敵〉の時代」と呼ばれた。

1930年に初めて会って以来、パーカーはバロウの忠実な相棒となった。二人が恋愛関係になってすぐに、バロウは押し込み強盗で逮捕され、テキサス州のイースタム刑務所に送られた。そこで彼は初めての殺人を犯した。自分を暴行した受刑者を鉛のパイプで殴り殺したのだ。パーカーがこっそり刑務所に持ち込んだ銃でバロウは逃亡するが、再度捕らえら

りのブローニングM1918自動小銃を手に取り、割れた窓から発砲した。愛人パーカーは援護射撃をし、その弾で周囲の木々がずたずたになった。この銃撃戦でハリー・マクギニス刑事とJ・W・ハーリーマン巡査の2名の命が奪われた。

ボニーとクライドは逃げたが、大量の武器とパーカーの手書きの詩数編、未現像のフィルム数本等を残していった。こ

トレードマークのハイヒールを履いたボニーが、ふざけて散弾銃をクライドに向けている1932年の写真。ボニーはのちに車の事故で片脚にひどい火傷を負うが、なんとか歩けるまでに回復した。

れらの所持品により、この若い恋人たちは伝説的存在となり、やがて破滅していった。

写真の中の二人はふざけた様子で自動

ボニーとクライド

れた。

最盛期の幕開け

1932年2月、仮釈放となって刑務所から出てきたバロウは、冷酷な犯罪者となっていた。そして、自分を獄中で虐待した行刑組織に復讐を誓った。パーカーと合流してギャング団を形成し、盗みを働き、追い詰められると誘拐や殺人を犯した。

1932年から34年にかけて、このギャング団は民間人数名と警察官9名を殺したといわれている。バロウは1932年4月に初めて正式に殺人罪に問われた。盗みを働いたあとに店主を撃ち殺したのだ。数か月後、バロウとギャング団は、自分たちに近づいてきた保安官補を殺し、保安官に傷を負わせた。これが、彼らが警察官を殺した最初である。

1933年4月、クライドの兄バックが釈放された。バックと新妻ブランチは、ミズーリ州ジョプリンのアパートメントでギャング団に合流した。彼らは酒の入った騒々しいパーティーを12日間続け、そのせいで警察の注意を引きつけてしまった。警官との撃ち合いの後は、ますます逃亡が難しくなった。新たな悪評のおかげで警察に探しまわられ、マスコミに追われ、ギャング団を熱心に支持する大衆につきまとわれるようになったからだ。

続く3か月間はテキサス州からミネソタ州、インディアナ州へと移動し、野営場で眠った。逃亡者の追跡中に警官が州境を越えることはできないという、FBIの前身組織が掲げていた「州境ルール」を利用するため、もっぱら州境の近くで

ボニーとクライドの死を報じた《ダラス・モーニング・ニューズ》紙は50万部を売り上げた。ボニー・パーカーの葬式に届けられた一番大きな献花は、ダラスの新聞売りの少年たちからのものだった。

犯罪を犯した。

世論の変化

二人の犯罪が冷酷さの度合いを増していくと、人々の共感は冷めていった。テキサス矯正局は、バロウ・ギャング団を追いつめる特別な任務を、元テキサス・レンジャーのキャプテン、フランク・A・ヘイマーに託した。ヘイマーは警備隊を組織し、テキサス州とルイジアナ州の警察官による独自の協力体制を敷いた。

1933年の夏にはギャング団は崩壊しはじめていた。6月10日、テキサス州ウェリントンの近くで車を走らせていたバロウは、小さな谷に車を突っ込み、パーカーの右脚にⅢ度の火傷を負わせてしまった。

それからひと月後、7月19日のミズーリ州での警察との銃撃戦で、バックが頭部を撃たれた。ブランチも負傷し、片目を失明した。重傷にもかかわらず、バックは一命をとりとめ、仲間と共に逃亡した。

追跡の終わり～ボニーとクライドの物語

数日後の7月24日、バックは別の銃撃戦で背中を撃たれ、ブランチと共に捕まった。バックは病院に運ばれ、そこで手術を受けたのちに肺炎で亡くなった。

バロウとパーカーの追跡が終わりを迎えたのは、ルイジアナ州サイラスの南、

二人とも殺されてよかったのよ、生け捕りにされるくらいなら。
ブランチ・バロウ

強盗、泥棒、放火魔　29

州道154号線沿いにあるパイニーフォレストを突っきる道でのことだった。ヘイマー率いる警官隊は二人の動きを追い、捜査を重ねた末、ギャング団が州境の際で野宿をすることに気がついた。

ヘイマーは彼らの行動パターンを予測し、待ち伏せ地点をルイジアナの州道の外れに定めた。1934年5月23日午前9時15分、茂みに隠れていた6人の警官が、バロウの乗った盗難車フォードV8がスピードを上げて近づいてきたところに、合計130発の銃弾を浴びせた。バロウとパーカーは何十発もの弾丸を身に受け、複数の致命傷を負った。弾の穴だらけのフォードは二人の遺体を乗せたまま町まで牽引され、興味津々の見物人が群れをなして車を取り囲んだ。人々はパーカーの血まみれの服や髪を記念に持ち去った。ある男などはバロウの引き金を引く指を切り取ろうとさえした。二人の所持品は、盗品である銃やサキソフォンも含め、すべて警備隊のメンバーが自分たちのものとし、記念品として売却された。

待ち伏せというやり方は大いに物議を醸し、二人を生きたまま捕らえる努力はできなかったのか議論になった。ルイジアナ州の警察官で最初に銃を撃ったプレンティス・オークリーは、のちに後悔をにじませながら、自分たちは無法者たちに降伏するチャンスを与えなかったと語った。

血にまみれたボニーとクライドの最期は、1930年代の「〈社会の敵〉の時代」の終わりでもあった。1934年の夏、連邦政府は誘拐や銀行強盗を連邦法違反行為と定めた法を施行した。これによりFBIは州境を越えた場所で犯罪者を逮捕できるようになった。■

二人が殺されたときに乗っていた死の車は大いに人々の興味をそそり、しまいには偽物まで現れた。地元の保安官はこの車を保管しようとしたが、車の所有者に訴えられた。現在はネヴァダ州のカジノに展示されている。

二人の犯罪は1967年に映画に翻案された。ウォーレン・ベイティとフェイ・ダナウェイ主演の本作は、二人を魅力的かつ洒落た存在として描いた。

著名な犯罪者たち

ボニーとクライドは大恐慌時代の最初の有名な犯罪者として登場した。これには、彼らの犯罪を熱心に取り上げる新聞やラジオが一役買ったところもあった。ジョージ・〈ベイビーフェイス〉・ネルソンや〈プリティーボーイ〉・フロイドといった無法者たちが伝説的存在となったのも、彼らの命知らずの犯罪実話が新聞の第一面を飾って国中に広まったからだ。この間、失業や極貧状態に直面して幻滅し、怒りに燃えていた大衆は、雑誌、新聞、ラジオなどで無法者たちの日々の犯罪が取り上げられる中、彼らへの支持を強めていった。

ボニーとクライドの伝説は、アカデミー賞を獲得した1967年作の映画『俺たちに明日はない』でさらに美化され、この映画により若い世代が二人の生涯に触れることとなった。本作はセックスと暴力を正面から描いた点で革新的だったとされる。しかし、二人を美化するような描き方は、厄介な問題を引き起こした。複数のカップルが、この有名な無法者たちに刺激されたといって、彼らと同様の犯罪に手を染めようとしたのである。

信じないだろうが、奴らは列車を盗んだんだ

大列車強盗（1963年8月8日）

大列車強盗

事件のあとさき

場所
英国、バッキンガムシャー、レッドバーン

テーマ
列車強盗

以前

1855年5月15日 約91キログラムの金が、ロンドン・ブリッジとフォークストーンのあいだを走行中の、サウス・イースタン鉄道の車両内の金庫から盗み出された。

1924年6月12日 ニュートン・ギャング団が米イリノイ州ロンダウト近くで郵便列車を襲い、約300万ドルを強奪し、当時史上最大の列車強盗事件を起こした。

以後

1976年3月31日 アイルランドのコークからダブリンへと向かう列車が、サリンズの村近くで強盗にあった。犯人はアイルランド共和社会党のメンバーだった。

19 60年代初頭、多くのロンドン市民にとって、日々の暮らしはひどく貧しく単調であった。終戦からわずか6年とあって、戦後の厳しい配給生活も記憶に新しかった。

ソーセージ工場での立場を利用して闇市で肉を売り、あぶく銭を得ていたロナルド・クリストファー・〈バスター〉・エドワーズは、次第に友人のゴードン・グディーと共に強盗を働くようになった。二人は司法当局とのいざこざを通じて法律事務所の事務員ブライアン・フィールドと知り合った。ブライアンの仕事は二人の弁護の準備に留まらなかった。儲けの分け前を得るために、彼はこの二人組に、将来の標的となりそうな顧客の情報を流した。

1963年前半、フィールドは二人に「ウルスターマン」という名で知られる男を紹介した。北アイルランドのベルファスト生まれのパトリック・マッケンナと思われるその男は、マンチェスターの郵便局員で、耳寄りな知らせを届けてくれた。巨額の現金を、夜行の郵便列車がグラス

> 私は少数派の一人だろうか、大列車強盗の陰にある技術と勇気に感嘆してしまうのだが。
> **グレアム・グリーン**

ゴーからロンドンまで運ぶというのだ。魅力的な話ではあったが、グディーとエドワーズには荷が重かった。そこで彼らはこの情報を経験豊富なロンドン南部の犯罪者、ブルース・リチャード・レイノルズのもとに持ち込んだ。その後数か月で、レイノルズはその場かぎりのギャング団をまとめあげた。

よく練られた計画

レイノルズたちが列車を止めようとした場所は、信号の操作が可能なシアーズ

ロニー・ビッグズ

ロニー・ビッグズはギャング団の雑用係と見なされるのを嫌がったが、彼がこの大列車強盗に貢献したとは言い難い。1929年にロンドン南部ストックウェルで生まれたビッグズは、ぱっとしない押し込み強盗や武装強盗だったころに、ワンズワース刑務所でブルース・レイノルズと出会った。大列車強盗はビッグズにとって初めての、そして唯一の大がかりな仕事だった。彼の主な責務は「スタン・アゲイト」を仲間に引き入れ、列車の運転士の交代要員とすることだった。この運転士は実際には列車を動かせなかった。当日の列車の車種に慣れていなかったからだ。ビッグズの指紋が隠れ家のケチャップ瓶から見つかったため、彼は事件の3週間後に逮捕された。しかし1965年7月8日に縄梯子を使ってワンズワース刑務所から脱走した。ブリュッセルに渡り、次いでオーストラリアに移ってから1970年にブラジルに落ち着いた。当時のブラジルには英国とのあいだに犯罪者引渡条約がなかった。最終的には英国に戻ってきたが、そのときの飛行機代は、彼の逃避行の歴史を独占的に掲載する権利と引き換えに、《ザ・サン》紙が支払っている。2001年5月7日、ビッグズは英国のRAFノースホルト空軍基地に到着した数分後に逮捕された。

強盗、泥棒、放火魔　33

参照　ジェイムズ＝ヤンガー・ギャング団 24-25　■　ワイルドバンチ 150-51

列車をブライドゴウ鉄道橋の手前で止めると、ギャング団は土手の上から道路まで列を作った。そして戦利品を、写真の黒い車があるところに停めておいたトラックに積み込んだ。

踏切だった。この踏切はバッキンガムシャーの、見通しのよい田舎の地にあり、レッドバーンの村にほど近かった。しかし土手が高く、戦利品を下ろすのには向いていなかった。そのため、列車をブライドゴウ鉄道橋まで移動することに決めた。郵便列車は長い編成で、最高80人の郵便局員が手紙や小包を仕分けしながら移動した。ギャング団は前から2番目の車両に高価な貨物が載せられていることを調べ上げ、前から2車両分の連結だけを解く計画を立てた。ブライドゴウ鉄道橋にたどり着けば、書留郵便の袋を手から手へと受け渡しながら、下の道で待っているトラックへと下ろすことができると考えた。

強奪した列車の運転士が自分たちの要求を拒んだ場合に備え、レイノルズはギャング団の一人に数か月かけて機関車の操縦を研究させた。その男は学校教師のふりをして郊外線の運転士に頼み込み、運転を間近で眺めて基本を飲み込んだ。レイノルズは念のために経験豊かな運転士も雇った。フィールドは放置されていたレザーズレイド農場の購入の交渉に当たり、シアーズ踏切から約50キロメートルの場所にあるこの農場を隠れ家とした。

大勝利

8月7日水曜日の午後7時、目当ての列車がグラスゴーを発った。運転席にはベ

テランのジャック・ミルズが、そのかたわらには交代要員のデイヴィッド・ウィットビーが乗っていた。高価な貨物の載せられた車両には、予想の30万ポンドをはるかに上回る、260万ポンドを超える現金があった。先の月曜日が公休日で銀行が閉まっていたからだ。

列車がシアーズ踏切に差しかかるころには、強盗団は青信号に手袋をかけて覆

あんたの目の前にいる
「伝説的人物」を作ったのは
英国のマスコミだ。
だからおれは、自分が誰だか
あんたに訊くべきなんだろうよ。
ロニー・ビッグズ

い隠し、「止まれ」の赤信号を外付けのバッテリーに繋ぎおえていた。ミルズは列車を停止させ、ウィットビーは信号を調べに行った。線路脇の電話で連絡を取ろうとしたが、線が切られているのに気がついた。

列車に戻ろうとしたウィットビーは、バイクのヘルメットとスキーマスクをつけた男たちに、急勾配の土手から投げ落とされた。一方、マスクと手袋をつけた別の男たちはミルズのいる車両によじ登り、彼を鉄の棒で殴って意識を失わせた。ほかの者たちは高価な貨物を載せた車両の後部で連結を外し、郵便局員たちを拘束した。

運転士の交代要員は、「スタン・アゲイト」という呼び名の退職した運転士だったが、彼には最先端のクラス40ディーゼル電気機関車を操縦できなかった。ミルズを失神させたものの、ブライドゴウ鉄

34 大列車強盗

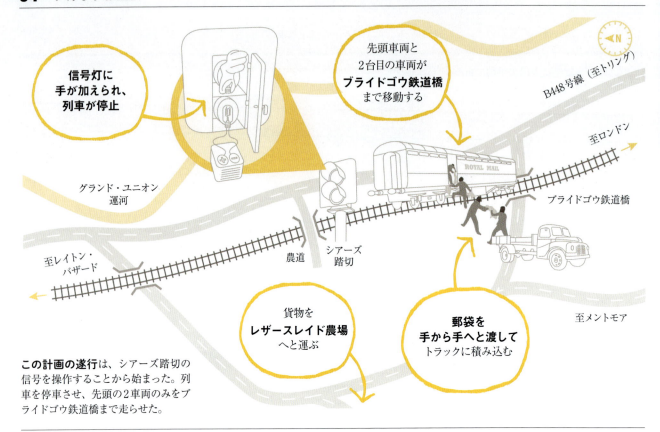

この計画の遂行は、シアーズ踏切の信号を操作することから始まった。列車を停車させ、先頭の2車両のみをブライドゴウ鉄道橋まで走らせた。

道橋に至る線に列車を入れるためには、彼の意識を回復させなければならなかった。移動後、強盗団は郵袋を土手から下ろし、手早くトラックに積み込んだ。30分間は警察に連絡するなと郵便局員たちに言い置き、意気揚々とレザースレイド農場の隠れ家へと去っていった。

避けられない過ち

この事件が「大列車強盗」そのもので、すべてが映画然としているのには理由がある。ここ数十年で、こうした念入りに計画された犯罪が、犯罪者ではなく映画製作者のおかげで世間に広まっていたからだ。

この手の犯罪はリスクが高いうえ、多くの人手が必要だ。この事件には最高で17人が関わっているはずなのだが、今日まで身元の割れないままのメンバーも数人いる。彼らは戦利品を均等に分かち合い、仲間割れの原因を作らないようにした。捕まる危険性を減らすためだ。

もちろん金が好きだから
泥棒になるんだが、
二番目の理由は
泥棒が刺激的で楽しいからだ。
〈バスター〉・エドワーズ

しかし、関わる人数が多いほどリスクは高まった。盗品の扱いが軽率であったり、犯罪についてしゃべったりする可能性があった。結局は、首謀者の知り合いが——この男自身も刑務所にいて、司法取引を望んでいた——人づてに聞いた話として情報提供し、それが決定的な糸口となった。

企ての露見

1週間は身を潜める計画だったが、すぐに警察が近くまで迫ってきた。刑事たちは、強盗団が郵便局員たちに30分は連絡するなといった点に注目し、車で30分の圏内に隠れ家があると踏んだのだ。警察はレザースレイド農場を捜査した。近隣住民が農場でいつもと違う動きが

強盗、泥棒、放火魔 35

のちにマスコミから「泥棒小屋」と呼ばれるようになるレザースレイド農場は、農夫ジョン・メイリスの密告により、泥棒たちがそこに隠れているとの確信のもとに警察が捜査を行った。

あったと報告したからだ。強盗団は逃げたあとだったが、指紋がモノポリーゲームやケチャップの瓶から見つかった。強盗団のうちの11人が、ロンドン南部で一斉に捕まった。

11人のうちの大多数が30日間投獄され、殺人を伴わない犯罪の割には厳しい判決を受けた。その事実が彼らへの同情を生んだ。そして1964年8月、強盗団の一員であるチャーリー・ウィルソンの友人たちが、バーミンガムのウィルソン・グリーン刑務所に押し入り、ウィルソンを連れ去った。そして次の年の7月、ロニー・ビッグズがロンドンのワンズワース刑務所の壁を乗り越えていった。

神話化

列車の乗組員たちが負ったトラウマは、あまり顧みられることがなかった。ミルズは残りの人生を外傷性の頭痛に悩まされ続け、完治することはなかった。ウィットビーは数年後に34歳で心臓発作で亡くなった。こうした悲劇的な側面が霞んでしまったのは、当局が盗まれた260万ポンドのほんの一部しか回収できなかったという事実も手伝って、犯罪が美化されてしまったからだった。この事件が起きたのは、旧態依然とした権威を面と向かって軽んじる態度が流行った時代であり、芸術家アンディ・ウォーホルが誰でも15分間だけ有名になれると言った時代でもあった。ビッグズはセックス・ピストルズと曲を作り、エドワーズは『フィル・コリンズ in バスター』(1988)の主人公のモデルとなり、彼の役をロックスターのフィル・コリンズが演じた。事件から3年後、重大犯罪は喜劇にもなりうるとして、『聖トリニアンズ女学院の大列車強盗』が公開された。■

温情措置による釈放

2009年8月6日、重い肺炎を患った80歳のロニー・ビッグズが「温情」により釈放された。これは英国では稀なことだ。英国の刑務所のルールでは、受刑者に「痛ましい家庭の事情」がある場合、または受刑者本人が末期疾患の状態にあり、数か月のうちに死を迎える可能性がある場合にのみ適用される。ビッグズは2013年12月まで生き延びたが、適用の是非をめぐっての論争はほとんどなかった。対照的だったのは、ビッグズの2週間後に釈放されたアブデルバセット・アル・メグラヒだ。1988年にパンナム103便を爆破した罪で投獄されていた彼を、スコットランドの司法長官は温情措置により釈放したが、その判断が英国と米国のマスコミから叩かれた。

メグラヒは末期の前立腺がんと診断されていた。しかし、彼の病院からの釈放は、本国に送還するためにカダフィ大佐の専用機が到着したり、リビアに戻った彼が英雄扱いで歓迎されたりしたため、激しい非難の的となった。

この強盗事件に関連して逮捕された3人の男たちが、頭に毛布を被せた状態で警察に連れられていく。マスコミの熱狂的な注目ぶりは、写真の左上の様子からも明らかだ。

スリルに夢中
ビル・メイソン（1960年代～1980年代）

事件のあとさき

場所
アメリカ合衆国、フロリダ州南部、ドクター・アーマンド・ハマーのアパートメント

テーマ
宝石泥棒

以前
1950～98年 北アイルランドの強盗ピーター・スコットは、1952年に捕まるまで150件もの盗みを働いた。1960年には女優ソフィア・ローレン所有の26万ドル相当のネックレスを盗んだ。

以後
2004～06年 スペイン出身の凄腕の泥棒イグナチオ・デル・リオは、たった2年のあいだにロサンゼルスで1000件以上の盗みを働いたと告白した。200万ドル相当の宝石と、1000万ドル相当のドガの絵画1枚がその成果であった。

ビル・メイソンは昼間は平凡な不動産業者、夜は悪名高き忍び込み強盗であった。壁をよじのぼり、忍び足で胸壁を渡り、バルコニーに上がり、わずかに開いた窓にそっと体を滑り込ませた。

ある夜、メイソンは数週間かけて練り上げた計画を実行に移した。あらゆる筋肉を酷使して15階分ものアパートメントの外壁をのぼったのは、そこが石油王ドクター・アーマンド・ハマーの部屋で、バルコニーの扉の鍵が開いていたからだった。彼は数百万ドル相当のハマー夫人の宝石箱の中身を、ピローケースの中へと放り込んだ。

逃げる途中でメイソンは、玄関扉がピッキング可能なシングルロックであることに気がついた。だが3階の窓から外に出て、鉤縄で地面まで降りた。こまめに足跡を隠していったので、警察は一人の容疑者も挙げられなかった。彼は20年以上ものあいだ、有名人や金持ちばかりを狙った。水泳選手であり俳優でもあった

> 持ち主は唖然として、宝石が蒸発してしまったかのように思っただろう。
> **ビル・メイソン**

ジョニー・〈ターザン〉・ワイズミュラーは、オリンピックの金メダルを失った。メイソンの盗んだ宝飾品はおよそ1億2000万ポンドに相当した。強盗を働いている最中に感じるアドレナリンの高まりや、スターたちをこっそりと垣間見ることの華々しさには中毒性があった。

メイソンは最終的にはおとり捜査で捕まり、のちに回想録『宝石泥棒の告白──怪盗メイソン』を2003年に出版した。■

参照 ジョン・マクリーン 45 ■ アントワープのダイヤモンド強盗 54-55 ■ ドリス・ペイン 78-79

強盗、泥棒、放火魔　37

おれにとっては金のくずみたいなもんだから
ワールドカップ盗難事件（1966年3月）

イングランドのサッカーファンは、1966年という年を、チームがワールドカップで優勝した唯一の年として記憶している。有名なジュール・リメ・トロフィーの盗難は、そのトーナメント戦の始まる4か月前に起こり、イングランド主将ボビー・ムーアは、祝賀会で模造品のトロフィーを抱える羽目になるところだった。

ロンドンのウェストミンスターのセントラル・ホールに展示されていたカップには護衛もついていたが、窃盗団は巡回のあいまに忍び込み、ガラスケースをこじ開けた。徹底した捜査にもかかわらず、首都警察は事件を解決できず、トロフィーの無事の帰還と引き換えに1万5000ポンドを要求する手紙が届いた。

手紙を送りつけた者をわなにはめたところ、エドワード・ベッチリーという小物が引っかかったが、トロフィーを取り戻すには至らなかった。コリー犬ピクルスが飼い主のデイヴィッド・コルベット氏と散歩していた際、ロンドン南部のアッパー・ノーウッドにある飼い主の家の、外の生垣の下から包みを掘り出したおかげで、ようやく消えたトロフィーが見つかった。

この事件は、犯罪を犯すだけの「価値」があるかという視点で見ると、さらに興味深い。件のトロフィーには、金銭的な価値はほとんどなかった。しかし象徴としての重要性には計り知れないものがあった。オリジナルのトロフィーの代わりにつくられたレプリカには、1997年のオークションで25万4000ポンドの値がついた。■

事件のあとさき

場所
英国、ロンドン、ウェストミンスター、セントラルホール

テーマ
トロフィーの窃盗

以前
1964年10月9日　サーフィン・チャンピオンのジャック・ローランド・マーフィーは、アメリカ自然史博物館の宝石・鉱物ホールからJ・P・モルガンの宝石コレクションを盗み出した。

以後
1983年12月19日　ジュール・リメ・トロフィーがまたも盗まれた。このときはブラジルサッカー連盟から盗み出され、今もまだ見つかっていない。

2014年12月4日　F1のトロフィー60個が7人組の男たちに盗まれた。犯人たちはイングランドのレッドブル・レーシング本社の扉をバンで破って入ってきた。

犬のピクルスは飼い主に5000ポンドの謝礼金をもたらし、飼い主はサリー州に家を買うことができた。ピクルス自身には、犬の愛護団体ナショナル・ケーナイン・ディフェンス・リーグから銀メダルが贈られた。

参照　トーマス・ブラッド 18　■　チェッリーニの塩入れ盗難事件 56

お嬢さん、さっきのメモを読んだほうがいいですよ

D・B・クーパー（1971年11月24日）

D・B・クーパー

事件のあとさき

場所
アメリカ合衆国、オレゴン州ポートランドとワシントン州シアトルのあいだ

テーマ
航空機のハイジャック

以前
1969年10月31日 ラファエレ・ミニチェロは叙勲を受けた経験もあるアメリカ海軍兵だったが、ロサンゼルスでトランス・ワールド航空機をハイジャックし、イタリアのローマで逮捕された。

以後
1972年11月10日 サザン航空49便が3人組の男たちにハイジャックされ、1000万ドルを要求された。犯人たちは最終的にキューバのハバナで逮捕された。

1972年6月3日 ウィリー・ロジャー・ホルダーがロサンゼルスからシアトルへ向かうウェスタン航空701便をハイジャックし、身代金50万ドルと、投獄中の黒人活動家アンジェラ・デイヴィスの釈放を求めた。

1968年オレゴン州ポートランド空港に駐機中の、D・B・クーパーがハイジャックしたノースウェスト・オリエント航空ボーイング727型機。後部のエアステアは尾翼の真下に位置している。

1971年11月24日の午後、ダークスーツに黒のクリップ式ネクタイを身につけて黒の書類カバンを持った身元不明の40代の男が、犯罪者列伝に名を連ねた。のちにD・B・クーパーという名前で呼ばれることになるその男は、オレゴン州ポートランド発ワシントン州シアトル行きのノースウェスト・オリエント航空305便に搭乗した。飛行中、男は客室乗務員フローレンス・シャフナーに、自分は書類カバンの中に爆弾を持っていると記したメモを渡した。そしてこの客室乗務員に爆破装置を見せ、パラシュートを4本用意すること、シアトル・タコマ空港到着時に給油用のトラックを待たせておくこと、20万ドルを20ドル紙幣で用意することを要求した。そしてこれらを呑めない場合は飛行機を吹き飛ばすと告げた。

パラシュートでの逃亡

飛行機がシアトルに着陸すると、クーパーは、乗客全員と、客室乗務員3名のうちの2名を飛行機から降ろした。当局が身代金とパラシュートを手渡した。クーパーはパイロットたちにメキシコ・シティに向かうよう、その際の高度は最高3000メートル、飛行速度は失速しないぎりぎりの最低速度で飛ぶよう指示した。南に向かって45分ほど飛行を続けたのち、クーパーは客室乗務員をコックピットに送り込み、自分はパラシュートを装着した。ポートランド北部のどこかで、彼は後部のエアステアを下ろし、このボーイング727型機から暗い雨の夜の中へと飛び出した。あとに残したものはパラシュート2本とネクタイだけだった。

FBIは大規模な犯人の捜索を開始し、軍部も召集された。ヘリコプターと千人規模の人海戦術で、クーパーが着陸したと思われるエリアを捜索し、ローラー作戦を展開した。軍のスパイ機により、当のボーイング727型機の全航路が撮影さ

70年代の初期や60年代後半を振り返ってみると、ハイジャックは滅多に起きなかった。当時の信条は、「犯人に協力して要求に応じろ、飛行機の着陸の際には当局が対処する」だった。
ラリー・カー

れていた。それでも何も見つけることができなかった。

当局が手がかりとすべきはただひとつ、その身元不明の男が飛行機のチケットをダン・クーパーまたはデイル・クーパーのいずれかの名前で購入したらしい、という点だった。事件当日、警察が搭乗券の販売担当者に、怪しげな乗客はいなかったかと訊くと、担当者は躊躇なく「はい、デイル・クーパーという乗客です」と答えた。警察はその後、ある記者に容疑者の名前を「D・クーパー」と伝えた。しかし記者は名前をうまく聞き取れず、「Dですか、それともB?」と聞き返した。これに対し警察は誤って「そうだ」と答えてしまい、こうしてD・B・クーパーという名の男の伝説が生まれたのだった。

クーパーのプロファイリング

シャフナー客室乗務員は、警察にハイジャック犯の身体的特徴に関する情報を提供した。40代半ば、身長は170センチメートルから2メートルのあいだ、体重は77～81キログラム、目と目のあいだは狭く、瞳は茶色であった。彼女によれば、ハイジャック犯は品のいい話し方で、礼儀正しく、穏やかだったという。バーボンを飲み、酒の勘定を払い、釣りを彼女に渡そうとさえした。さらにシャフナーは、このハイジャック犯が、シアトルでの駐機中にフライトクルー用の食事はいるかと訊いてきたことも明かした。ハイジャック犯はマコード空軍基地がシアトル・タコマ空港から車で20分だと発言したというが、これは民間人が知るはずのない情報だった。ボーイング727-100という機種の選択も、パラシュートによる緊急脱出にはうってつけだった。これらの点から、犯人はアメリカ空軍の退役軍人である可能性も考えられた。

しかし、安全装置、断熱服、ヘルメットといったものを持たず、マイナス57度の体感温度から身を守る術がほとんどなかったことから、彼を軍人とみることには疑問も生じた。事件当時のFBI捜査官からは、飛行機から飛び降りた犯人が生存している可能性は低いとの見方が出されていた。

紙幣発見

10年近くたった1980年2月、8歳のブライアン・イングラムは、家族と共にワシントン州バンクーバーに近いコロンビア川へピクニックにやってきた。一家がキャンプファイヤーのためにあたりを片づけていたとき、ブライアンが川の近くの砂地から紙幣の包みを見つけた。この世にも珍しい掘り出し物は、20ドル紙幣で総額5800ドルもあり――そのうちの2850ドルを少年が受け取った――、そのシリアルナンバーはクーパーがシアトルの滑走路上で受け取った身代金と一致していた。

FBIは川岸を調べ、川底をさらったが、ほかには何も見つからなかった。それでもなお、この捜査は、人々の好奇心をふたたびD・B・クーパーの伝説と、いまだ見つからない14万4200ドルに向けさ

> 私にはあまり納得がいかないのだ、捜査が完全に打ち切りだとか、本件がどう見ても終わってしまっているということには。
> **ジェフ・グレイ**

えば貨物の積み込みを担当していたのではないかとも考えられた。1970年から71年にかけて航空業界の景気が悪化した際に失業し、金銭問題からこの犯罪を犯したのかもしれない。

FBIには、ハイジャック直後にこの地域から姿を消した地元の人間を見つけ出せなかった。このことにより、非常に興味深い仮説も立てられた。つまり、D・B・クーパーは地元の人間で、事件後は家に戻り、いつもどおり月曜の朝には通常の仕事をしていたという可能性だ。

1972年にFBIが作成したD・B・クーパーの似顔絵は、乗務員や乗客の記憶を基にしたものだ。

犯罪者プロファイリング

犯罪者プロファイリングとは、ある犯罪をもっとも犯していそうな人物的特徴を割り出す工程を指す。捜査官(プロファイラー)は行動、人柄、年齢、人種、居住地等を含む人口統計学的変数を見て、容疑者の心のあり方を組み立てる。D・B・クーパーの場合は、航空業界とボーイング727型機に関する彼の知識から見て、空軍に籍を置いていた可能性があると思われたが、スカイダイビングの技術のなさから見ると、航空機まわりで補助的な仕事、たと

D・B・クーパー

14:50
離陸後まもなくクーパーが
バーボンのソーダ割りを
注文する。

15:05
クーパーがパイロットらに、
20ドル紙幣で20万ドルと
4本のパラシュートがほし
いと航空管制に伝えるよ
う命じる。

17:24
クーパーの要求が認めら
れ、飛行機はシアトル・タ
コマ空港に着陸すること
となる。

15:00
クーパーが客室乗務員
フローレンス・シャフナー
に「私は書類鞄の中に爆
弾を持っている」と書か
れたメモを渡す。

19:00
クーパーに4本のパラ
シュートと20万ドルの
入った鞄が渡される。

14:15
D・B・クーパーがポートランドで
シアトル行きのボーイング727型
機に搭乗する。

せる結果となった。

　D・B・クーパーによるハイジャック事件には、伝説となるあらゆる要素が詰まっている――処罰を逃れていること、誰も怪我を負っていないこと、犯人のその後がまったくわからないままであること。人々の興味は、FBIが依然としてD・B・クーパーを追っているというニュースによって、くり返しかき立てられた。FBIは、関連情報をなんとか提供してもらおうと、それまで伏せていた事実、たとえば犯人の身につけていたクリップ式のネクタイに関する情報などを公開した。おかげでD・B・クーパー熱はふたたび盛り上がりはじめた。

漫画がきっかけ？

　2008年にFBIから捜査を引き継いだシアトルの特別捜査官ラリー・カーは、この事件を解決しないでほしいと望む人々もいることを明らかにした。D・B・クーパーは、一部の人々にとっては英雄となっていたのだ。

　にもかかわらず、カーはこつこつと尽力した。ハイジャック犯はその名前をフランス系カナダ人の漫画作品から取った可能性がある、というのが彼の考えだった。その漫画は英訳のないフィクションで、カナダ空軍のテストパイロットであるダン・クーパーが、宇宙空間で冒険し、その時代の歴史的な出来事に一役買うという物語だった。このハイジャック事件の日付近くに発行されたあるエピソードでは、表紙にパラシュートで降下するダン・クーパーの姿が描かれていた。このことによりカーは、ハイジャック犯は元空軍ではないか、さらには海外でこの漫画本を読んだ可能性があるのではないか、とも考えた。

　DNAプロファイリング技術の発展を受け、FBIはクーパーが機内に残したクリップ式ネクタイを改めて調べた。結果、部分的なDNA紋が見つかったが、長年追いかけてきた容疑者たちのいずれにも一致しなかった。

有力な手がかり

　容疑者の一人に、ベトナム帰還兵のL・D・クーパーという人物がいた。2011年、マーラ・クーパーという女性が、おじのリン（L）・ドイル（D）・クーパーこそがハイジャック犯だとFBIに打ち明けたのだ。1971年の感謝祭の翌日か翌々日、おじはひどい怪我をして帰宅し、自動車事故に遭ったせいだと説明した。さらにマーラはおじが「金の問題はなくなった」と話したのを聞いている。このL・D・クーパーはすでに亡くなっていたが、測量士という職業柄、飛行機から飛び降りるに近いことを経験していたり、着地にもっとも安全な場所を知っていたりしたのではないかとされた。

　マーラ・クーパーはおじのDNAが含

強盗、泥棒、放火魔　43

20:00 警告灯が点滅し、パイロットらは飛行機の後部のエアステアが開いて下りていることに気づく。

22:15 飛行機は無事にリノ空港に着陸し、警察官と軍当局が調べに入る。

19:40 飛行機は給油を受けてふたたび飛び立つ。クーパーは飛行計画をパイロットらに説明し、着陸するまではコックピットに残っているよう命じる。

20:13 飛行機が突然上方へ跳ね上がる。パイロットらが機体を水平に戻す。

1971年11月24日の一連の出来事は、目撃者らの証言により明らかになったが、飛行機から飛び降りたD・B・クーパーのその後はいまだに謎のままだ。

まれると思われるギター・ストラップをFBIに貸し出したが、DNAは見つからなかった。さらに彼女は捜査官をおじの娘と接触させたが、娘とクリップ式ネクタイから採取したDNA紋とは一致しなかった。結局、捜査官たちは、L・D・クーパーとハイジャック犯とを結びつけることができなかった。

生き続ける遺産

　D・B・クーパー事件は模倣犯罪を次々と引き起こした。とりわけ事件直後の2年間は顕著で、1972年だけでも15件の飛行機乗っ取り事件が企てられ、犯人はすべて捕まった。1961年から1973年のあいだ、全部でおよそ160機の飛行機がア

メリカ領空内でハイジャックされた。こののち安全対策が著しく改善され、乗客と荷物の双方をスクリーニングするようになった。

　飛び降りたD・B・クーパーが生き延びていようといまいと、彼の遺したものは、その名前にちなんだ飛行機のコンポーネントによって生き続けている。1972年、連邦航空局はすべてのボーイング727型機に、のちに「クーパー・ベイン」と呼ばれる装置をつけるよう命じた。この装

置により、飛行中に後部のエアステアが下げられるのを防ぐことができるのだ。D・B・クーパー事件は、世界でも唯一の未解決の飛行機乗っ取り事件だ。45年以上の時を経て、FBIは2016年7月に自発的な捜査を終了すると発表した。しかしこれは完全な捜査打ち切りではない。D・B・クーパーの伝説は音楽、映画、ドキュメンタリー、多数の書籍の中に、そして多くの素人探偵たちの中に生き続けている。■

ダン・クーパーとは、件の身元不明の男が空港の会計で名乗った名前である。クリップ式のネクタイと1980年に回収された紙幣と共に、この搭乗券は彼が存在したことを示すたったひとつの証拠といえる。

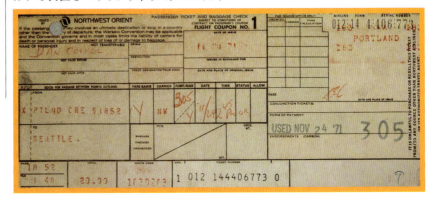

武器もなく、憎しみもなく、暴力もなく
ソシエテ・ジェネラル銀行強盗
（1976年7月16〜20日）

事件のあとさき

場所
フランス、ニース

テーマ
銀行の金庫破り

以前
1976年1月 レバノンのベイルートに位置する中東英国銀行から、2200万ポンド相当の内容物が収められた貸金庫が、ゲリラにより持ち去られた。

以後
2004年12月19〜20日 武装ギャングが、北アイルランドのベルファストに位置するノーザン銀行のドニゴール・スクエア支店内の複数の金庫から、現金2650万ポンドを盗み出した。

2005年8月6日 窃盗団が、ブラジルのフォルタレザにあるブラジル中央銀行の支店の金庫にトンネルを掘って忍び込み、6500万ドルを超える額の現金を盗んだ。

1976年のパリ祭の週末、フランスのニースで、フランス人写真家であり元落下傘兵のアルベール・スパジアリに率いられた20人の男たちが、ソシエテ・ジェネラル銀行に押し入った。彼らは2か月かけて、金庫に通じる7.5メートルのトンネルをドリルで掘っておいたのだ。

金庫に到達したギャング団は、4日をかけて400個の貸金庫をこじ開け、その

盗人の生活に伴うあらゆる楽しみは、多くの犠牲の埋め合わせとなるものだ。
**スパジアリの一団の一員
「アミーゴ」**

あいだに食事を作り、ワインを飲み、アンティークの銀のスープ入れを便器として使った。この「下水道ギャング」は800万から1000万ドル相当の金、現金、宝飾品、宝石を持って逃げた。逃げる前にスパジアリは金庫の壁にフランス語で「武器もなく、憎しみもなく、暴力もなく」と走り書きを残し、格上の犯罪者であるところを示した。

マスコミに「世紀の強盗」と呼ばれたこの事件は、当時、史上最大の銀行強盗だった。1976年10月の末にスパジアリは逮捕され、罪を告白した。公判中、彼は判事の気をそらせて逃亡を図った。窓から飛び出して停車中の車の上に降り、待っていたバイクで走り去ったのだ。

彼は不在のまま有罪判決を受け、終身刑を宣告されたが、身を潜めたまま1989年に亡くなった。ほかに6人の男たちが逮捕され、そのうちの3人が無罪となり、残りが5年から7年の懲役となった。強奪された戦利品は一切回収されていない。■

参照 アントワープのダイヤモンド強盗 54-55 ■ ハットン・ガーデン強盗事件 58-59

強盗、泥棒、放火魔　45

俺は金持ちから盗んだ、だから奴らみたいな生活ができたんだ

ジョン・マクリーン（1970年代）

事件のあとさき

場所
アメリカ合衆国、フロリダ州

テーマ
海賊行為
忍び込み強盗

以前
1850年代〜1878年　英国人の強盗チャールズ・ピースが、マンチェスター、ハル、ドンカスター、ロンドン南部ブラックヒース周辺で複数の強盗を働いた。

以後
2006〜09年　「ヒルサイド・バーグラリー・ギャング」と呼ばれた窃盗団が、ロサンゼルス市のサンセット大通りを見晴らすエリアの裕福な居住者の住まい150軒で盗みを働いた。

1983〜2011年　インド人のベテラン窃盗犯マドゥカル・モハンダス・プラバカールが、インドのムンバイの裕福な地域で少なくとも50件の強盗を働き、富を蓄えた。

「スーパー泥棒」ジョン（ジャック）・マクリーンは、1970年代に2000件ほどの強盗を働いたと考えられている。裕福な犠牲者を狙い、1億ドル以上を持ち去った。もっとも有名な窃盗事件は、1979年にジョンソン＆ジョンソン社の女相続人の邸宅から100万ドル相当の宝飾品を強奪したものだ。金持ちからしか盗まなかったが、ロビン・フッドのような義賊とは違った。盗んだ金を贅沢な暮らしの元手とし、ヘリコプターや高速艇、水上飛行機、夏の別荘などを購入した。

マクリーンが捕まったのは1979年、クリスタルの散りばめられた携帯用無線機が、彼と英国のフォートローダーデールで起きた強盗とを結びつけたからだった。刑務所の中では回想録をものし、1983年に『スーパー泥棒の秘密』という書名で出版した。

マクリーンの投獄中に、捜査員があることに気づいた。それは、鍵や警報をすり抜ける技術のある男が犯人とおぼしき一連の性的暴行事件が、完全に止んで

1979年のジョン・マクリーンのマグショット。フォートローダーデールでの強奪事件後に逮捕されたときのもの。彼はのちにこの事件について、回想録の中で自慢げに記している。

いるということだった。1981年、マクリーンは2つの犯罪で告発されたが、のちに取り下げられた。しかし、DNA鑑定の科学技術が向上し、2012年10月、彼が数十年前に犯したと思われる何百件というレイプ事件のうちの2件を理由に逮捕された。■

参照　ビル・メイソン 36　■　ドリス・ペイン 78-79

私の行いをたたえ、私の闘いを語れ……私の過ちを赦せ
プーラン・デヴィ（1979〜83年2月）

事件のあとさき

場所
インド、ウッタル・プラデーシュ州

テーマ
盗賊団

以前
1890年代 中国北部で、「大刀会」という農民の自衛組織が強盗にそなえて結成された。

1868年 自警団員たちが米インディアナ州ニュー・オールバニーの牢屋に押し入り、列車強盗団リノ・ギャングのメンバー3名を殺した。

以後
1980年代 エルサルバドルで「ソンブラ・ネグラ（黒い影）」団が結成され、犯罪者やギャングのメンバーを殺害した。

2013年 自称「バス運転手ハンター、ダイアナ」がメキシコのシウダー・フアレスで2人を殺害した。この町のバス運転手によるとされる殺人及び性的暴力への復讐がその理由だった。

1981年2月、インドのウッタル・プラデーシュ州ベヘマイー村の人々が結婚式の準備をしているころ、18歳のプーラン・デヴィは復讐を企てていた。

7か月前、この低カースト出身の若い女盗賊は、対立相手である上位カーストの、ベヘマイーのギャング団に誘拐された。そして3週間監禁され、くり返し性的暴力を受けた。デヴィの古巣であるギャング団の仲間2人、低カーストの村の村人1人の助けを借りて脱出に成功す

プーラン・デヴィの選んだ武器はライフルだ。盗賊団のリーダーでありデヴィのパートナーでもあったヴィクラム・マラーから使い方を教わった。彼女がライフルを手放したのは、熱心な支持者たちの前でのことだった。

ると、今度は彼女のギャング団の残りのメンバーが集まり、ベヘマイー村へと戻った。彼らはデヴィに暴行を働いた2人を含む村の男22人を捕らえ、彼女の指示で一人ずつ撃ち殺した。これはベヘマイー村虐殺事件として知られ、当時インドで最大級の大量殺害事件とされた。こ

強盗、泥棒、放火魔

参照　ジェイムズ＝ヤンガー・ギャング団 24-25 ■ ワイルドバンチ 150-51

> 私が何に苦しんできたかは、
> 私だけが知っていた。
> 生きているけれど死んでいるという
> ことがどういうものだったかは、
> 私だけが知っていた。
> **プーラン・デヴィ**

義賊

デヴィはインドの低カーストの人々にとってはヒロインであり、彼女の犯罪は、インドの田舎で虐げられてきた女たちにとっては、たたえられるべき報復行為であった。

1963年8月10日、ウッタル・プラデーシュ州の田舎の低カースト一家に生まれたデヴィは、極貧の中に育った。11歳のとき、雌牛1頭と引き換えに、両親の決めた、自分より3倍も歳上の男と結婚させられた。1979年、暴力を振るう夫のもとから逃げ帰ると、両親は娘を一家の面汚しとして疎んじた。生き延びる術が限られていた彼女は、16歳で地元ではただ一人の女盗賊となった。たちまち盗賊団を率いる立場となり、数多くの略奪を行い、上位カーストの村を襲撃し、裕福な人々を誘拐して身代金を要求した。ある町を襲い、略奪し、戦利品を貧しい人々に分け与えたことにより、義賊としての評判を確かなものとした。

逮捕と釈放

デヴィは2年間逮捕を逃れ、村人に匿われて護られながら暮らした。しかし1983年、大幅な減刑を求めて自分自身と盗賊団メンバーの投降を申し出た。

何千という観衆が声援を送る中、デヴィは逮捕され、のちに48件の犯罪で告発された。11年間を刑務所で公判を待ちながら過ごしたが、彼女は貧しい人々や虐げられた人々の希望の光であり続け

『女盗賊プーラン』はデヴィの人生を描いた映画で、1994年に公開された。当初はインドの検閲により公開禁止とされた。国家の危険分子に関する映画であり、残忍な性的暴行があからさまに描かれているためであった。

た。1994年に仮釈放となり、すべての起訴が取り下げられた。

デヴィは政治問題に取り組むようになり、国会議員に選出された。しかし2001年7月25日の午後、覆面男3人に射殺された。犯人によれば、プーラン・デヴィの暗殺は、上位カーストの男たちがベヘマイー村虐殺事件で殺されたことへの復讐であるとのことだった。■

犯罪と立候補資格

いくつかの国では、ある種の犯罪を犯した者は公職に立候補することが許されない。その理由は、重大な犯罪行為と市民としての義務とは相容れないから、そして市民として不適格である者が、公職に就く資格を有するべきではないからだ。しかし有権者は、自己の利益のために法を犯した者よりも、公共の利益になると信じたことのために法を犯した者のほうを好意的に受け入れる。プーラン・デヴィは複数の重い罪で告発されたが、彼女の公職への立候補を阻むものは何もなかった。低カースト出身の勝者であり、虐げられた女たちにとってのヒロインである彼女には、非常に多くの支持者がいた。しかし、誰からも好かれていたわけではなく、とりわけ上位カーストの人間の多くは、彼女が候補者として立つことを許可されたと知って激怒した。彼女は1996年のインド総選挙で、3万7000票という多くの票を獲得し、国会議員として選出された。翌年には議席を失ったが、1999年に返り咲いている。

こに「盗賊の女王」の伝説が生まれた。

炎は愛人、炎は恋人

ジョン・レナード・オール
（1984～91年）

ジョン・レナード・オール

事件のあとさき

場所
アメリカ合衆国、カリフォルニア州南部

テーマ
連続放火

以前
1979〜80年 ブルース・リー（本名はピーター・ディンズデイル）は、地元の英ヨークシャー州ハルとその周辺で11件もの放火事件を起こした。

以後
1985〜2005年 罪数の多いアメリカ人放火魔トーマス・スウェットは、400件近くもの付け火をし、その多くがワシントンD.C.での犯罪だった。

1992〜93年 ポール・ケネス・ケラーは米ワシントン州出身の連続放火犯で、半年のあいだにシアトルとその周辺で76件もの付け火をした。

火炎性愛（ピロフィリア）

世の放火犯の大多数は保険金詐欺師か目立ちたがり屋だが、ジョン・レナード・オールは特異な存在で、やむにやまれず火を付けてしまうほど火に魅入られた男だ。放火魔よりもはるかに稀であるのが、ギリシャ語の「火を愛する人」という言葉にちなんだこの火炎性愛者たちで、彼らは炎、煙のにおい、激しい熱さ、火焔地獄へと急行する車のサイレンの騒がしさによって、性的に興奮する。オールの自伝といってもよい小説『火元』の数多くのエピソードでは、主人公アーロン・スタイルズ（オール自身）がこの危険な病的性的倒錯を有している様子が描かれている。

ジョゼフ・ウォンボーはロサンゼルス市警の部長刑事として20年勤めたのちにベストセラー作家となり、オールの日常を『ファイヤー・ラヴァー』という本に描いた。ウォンボーは、火とセックスのつながりがオールの原稿にくり返し現れ、このつながりこそが動機の主要な一面であると指摘した。この点については、捜査官マーヴィン・ケイシーも、彼と意を同じくしたと述べている。

乾ききった気候と広がる荒野のせいで、カリフォルニアという土地は放火犯を引き寄せてしまいがちだ。しかし、ジョン・レナード・オールほどの規模で人命や物を損なった者は、いまだ一人もいない。1980年代の初頭、ロサンゼルス地区で火災が多発した。ときには一日に3件も発生した。ある火災では65件の家がくすぶる灰となり果てた。そしてついに1984年10月10日、人命が失われてしまった。

午後7時、サウス・パサデナのオルズ・ホーム・センターで非常警報が鳴り響いた。金物売り場からの煙に気づいたレジ係のジム・オブダンは、大急ぎで客を逃し、その過程でひどい火傷を負った。しかし幸運だったのは、生きてその顛末を語れたことだった。同僚のジミー・ツェティナやキャロライン・クラウスは彼ほどの運に恵まれなかった。客のエイダ・ディールとマシュー・トロイドルは、愛情深い祖母とその2歳の孫だったが、この二人も運に恵まれなかった。

翌朝、放火捜査官たちは黒く化した廃墟を調べ、出火原因を探ろうとしたが、火元を突きとめられずに電気事故と結論づけた。しかし、ベイカーズフィールド消防署のベテラン捜査官マーヴィン・ケイシー司令は、燃えやすいクッションの山にわざと火を付けた者がいると確信した。

> ジョン・オールにとってロサンゼルス市警の警察官になるのは長年の夢だった。1981年に応募し、あらゆる試験に合格したが、ひとつだけ不合格になった。それが心理テストだった。
> **ジョゼフ・ウォンボー**

1987年1月、パサデナ北部ベイカーズフィールドで、数多くの不審火が発生した。マーヴィン・ケイシーは火災現場となった手芸店で、ドライフラワーの瓶に仕込まれた発火装置を見つけた。3本のマッチが1本のタバコの真ん中に輪ゴムでくくりつけてあり、罫線入りの黄色の用箋でできたスリーブの中に隠してあったのだ。タバコが燃えてマッチに火が移るまでに時間がかかるので、犯人は火事になる前に現場を立ち去ることができた。

同じ日の遅い時間、2件目の火災がベイカーズフィールドのハンコック生地店の、枕と気泡ゴムの置かれた部屋で発生した。その直後にトゥーレアリで1件、フレズノでさらに2件の放火による火災が発生した。ベイカーズフィールドの手芸店の火災を除いて、どの火災も枕の山か

強盗、泥棒、放火魔 51

1990年6月、カリフォルニア州グレンデールで「枕放火魔」が付けた火は、瞬く間に激しく燃えさかる炎となった。この火災で、写真の家屋を含む合計67件の建物が損なわれたり全焼したりした。

ら発火したとケイシーは判断した。

大胆な仮説

ケイシーは、放火の発生がロサンゼルスの北から99号線沿いにフレズノへと移行していた点にも気づいていた。さらには、フレズノで放火捜査官の年次会合が開かれる直前直後に火災が起こっている点にも注目した。そこで、火を付けたのはフレズノのシンポジウムに参加した、300人の放火捜査官のうちの一人だという仮説を立てた。出席者の名簿を手に入れると、容疑者を、99号線からベイカーズフィールドを通ってやってくる55名に絞り込んだ。

予想はしていたことだが、ケイシーの仮説は周囲から相手にされなかった。しかし彼は諦めずにアルコールたばこ火器爆発物取締局（ATF）を説得し、手芸店から回収した黄色の用箋の科学テストを実行した。残った指紋のアミノ酸に試薬が反応する可能性を考えたからだ。果たして指紋の一部が現れた。特殊な写真フィルターを使ってコントラストを強調し、指紋の細かなうねが見えるようにしたので、捜査に使えるレベルの指紋を得ることができた。この指紋は指紋自動識別システム（AFIS）で全米の犯罪者の指紋と照合された。しかし一致するデータは見つからなかった。ケイシーはATFに、独自に割り出した55名の容疑者の指紋と照合したいと申し出たが、退けられた。

2年のあいだ、捜査は進展しなかった。1989年3月、複数の火災が突然再発した。火災は101号線沿いで多発し、101号線は放火捜査官の年次会合会場であるパシフィック・グローブにつながっていた。»

ジョン・レナード・オール

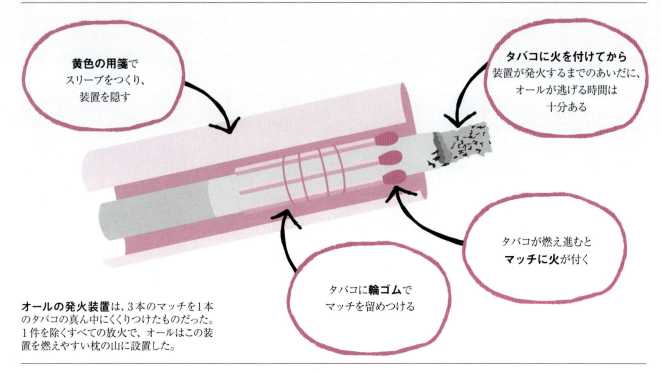

黄色の用箋でスリーブをつくり、装置を隠す

タバコに火を付けてから装置が発火するまでのあいだに、オールが逃げる時間は十分ある

タバコに**輪ゴム**でマッチを留めつける

タバコが燃え進むと**マッチに火**が付く

オールの発火装置は、3本のマッチを1本のタバコの真ん中にくくりつけたものだった。1件を除くすべての放火で、オールはこの装置を燃えやすい枕の山に設置した。

ケイシーは55名の容疑者をさらに10名に絞り込み、パシフィック・グローブでの会合の出席者一覧と照合した。放火犯はこの中にいるとの確信の下に、フレズノのATF局員を説得し、容疑者10名の指紋を集めてもらい、現場の指紋と照合してもらった。しかし戻ってきた結果は芳しいものではなかった。

好機

1990年後半、ロサンゼルスで複数の火災が起きたことをきっかけに、「枕放火魔捜査隊」の結成が急がれた。この捜査隊の名称は犯人の手口にちなんでつけられた。初期の放火事件と同じく、現場は営業時間内の小売店だった。

1991年3月、捜査隊のトップであるトム・カンプザーノは、犯行手口に関する情報を掲載した小冊子を火災調査員対応派遣班（FIRST）に配布した。FIRSTは消防署の関連部門で、常勤スタッフに放火捜査官は含まれていなかった。カリフォルニア州消防保安官事務所のスコット・ベイカーは、マーヴィン・ケイシーの人となりと彼の仮説について、カンプザーノに話をした。

ようやくケイシーは、自分の信念に共感してくれる、影響力のある放火捜査官と出会うことができた。カンプザーノとケイシーは意見を交わし、ケイシーは例の指紋の写しを捜査隊に提供した。捜査隊はこの指紋を、過去にロサンゼルス市警の職に応募した者全員の指紋データベースと照合し、ついに金鉱を掘り当てた。ジョン・レナード・オールの左薬指と一致したのだ。彼はマーヴィン・ケイシーが絞り込んだ容疑者10名のうちの一人だった。まったくの偶然か当時の作業がずさんだったのか、オールは1989年の照合を逃れていた。

オールは41歳の消防司令で、放火捜査に長年携わっていた。人から好かれ、いつも現場に一番に到着するというので評判の高い人物だった。しかし、ケイシーの集めた証拠により、オールは監視の対象とされ、車のバンパーに秘密裏に取りつけられた装置でモニタリングされることとなった。オールは装置を見つけて外してしまったが、彼が車を保守に出した

> 30年ほどのあいだに起きた、2000件を超える放火は彼の仕業ではないか、というのが私の見方だ。
> **マイケル・J・カブラル**

強盗、泥棒、放火魔 53

オールに審判が下される日が来た。1998年6月、彼の殺人事件の裁判が結審を迎えたのだ。弁護側は誤配線がオルズでの火災を引き起こしたと主張したが、陪審はオールを有罪とした。

際に、警察側はまた別の装置をダッシュボードの下に付けた。

人気のテレビドラマ『我が家は11人』のセットが炎に飲み込まれたのは、1991年11月22日、バーバンクでのことだった。監視装置はオールの車が火災現場から午前3時半に家に戻り、通信指令係からの報告を受ける様子を映し出した。通信係が火災現場の住所を間違って報告しても、オールが現場にきちんと到着できる理由がこれで判明した。

オールを逮捕するには証拠不十分であったが、捜査隊は彼が逃げ延びているかぎりは人命が危険にさらされると判断し、ただちに自宅の捜査令状を申請した。ブリーフケースからはタバコ、マッチ、輪ゴムが、車からは黄色の用箋が見つかった。決定的な証拠は、オールが1990年3月14日に撮影したビデオだった。パサデナのとある丘の中腹の住居が映っており、さらにその後の1992年10月2日に同じ家が燃えている様子が続けて録画されていた。さらなる決定打はオールの筆による『火元』というタイトルの小説の原稿であり、作中では主人公のアーロン・スタイルズ(「ロサンゼルスの放火はおれがやった」という意の英文のアナグラム)が、放火捜査官であり放火魔でもあるという二重生活を送っていた。主人公は「枕放火魔」と同じ発火装置を使い、放火捜査官の会合に向かう途中で放火し、ホームセンターを全焼させ、マシューという名の

小さな男の子の命を奪っていた。

恐るべき事実

ジョン・レナード・オールは1991年12月4日に逮捕され、5件の放火で告発された。しかし、1998年6月25日の判決当日、カリフォルニア州裁判所は、彼を1984年のオルズでの大火災に関わる4件の第一級殺人罪で有罪とし、これによりオールは仮釈放なしの終身刑を宣告された。

オールは感じのよい人物だったが、策略好きであったり、うぬぼれが強かったり、良心の呵責に欠けていたりと、明らかに精神病質を有していた。本人は逮捕後も無罪を主張し続けているが、当該地域での大火災発生件数は、年間平均67件から1件へと減少した。彼こそが職務の陰で犯行を重ねた連続放火犯であるとすれば、第六感を働かせて火災現場に急行したかのように見えたのも、自分で火を付けたのであれば納得がいく。地区検事代理マイケル・J・カブラルは、30年のあいだの2000件を超える放火がオールの仕業ではないかと考え、彼を米国史上最多の放火事件を起こした放火犯の一人と見なした。

『火元』には、アーロン・スタイルズが若い娘を車の中で暴行、殺害し、車ごと火を付けるという場面がある。火災に関係した死も作中に2件登場するが、実際の事件との関連は解明されていない。これらのおぞましいエピソードが現実のものだとすれば、オールは放火魔であり大量殺人鬼であるうえに、性的な動機による連続殺人犯ということにもなる。■

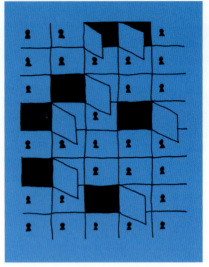

完全犯罪だった
アントワープのダイヤモンド強盗
（2003年2月15〜16日）

事件のあとさき

場所
ベルギー、アントワープ・ダイヤモンド・センター

テーマ
金庫破り

以前
1990年3月18日 2人の泥棒が警察官に扮して米マサチューセッツ州ボストンのイザベラ・スチュワート・ガードナー美術館を訪れ、警備員らを騙して極めて高価な美術品13点を盗み出した。

以後
2013年2月18日 覆面をつけて銃を持った8人の男が警察官を装い、ベルギーのブリュッセル空港の滑走路上の武装車から、3300万ポンド相当のダイヤモンドを強奪した。

　何百年ものあいだ、世界の未加工ダイヤモンドは、その大半がベルギーのアントワープに運び込まれてきた。そのおかげでアントワープは世界最大のダイヤモンド商業地区となり、度胸のある泥棒の征服欲を刺激する町となった。

　抜かりのない窃盗行為は抜かりのない計画立案ができるかどうかにかかっている。2003年のアントワープ・ダイヤモンド・センターへの押し込み強盗は、準備に数年を要した。「完全犯罪」といわれるだけの理由が確かにあったのだ。

　シチリアのパレルモ出身の泥棒レオナルド・ノタルバルトロが、ダイヤ商と偽ってアントワープ・ダイヤモンド・センターに事務所を借りたのは、事件の2年前のことだった。彼はこの建物に24時間いつでも入れるようになり、自分用の貸金庫を地下金庫の中に持つことができるようになった。

痕跡なし
　2003年2月16日、「トリノ団」として知られたノタルバルトロと5人の泥棒たちは、ダイヤモンド・センターの地下金庫

世界のダイヤモンド・センターとしてのアントワープの評価は高く、未加工ダイヤ全体の85パーセントが同市を経由し、年間160億ドル超のカット済みダイヤが取引されている。

に押し入った。

　カメラやセンサーなど、9種ものセキュリティ対策が講じられていたにもかかわらず、一味は個人貸金庫160個のうちの123個を盗み出した。そのうえ、警報類を解除することなく、押し入った跡も何ひとつ残さなかった。ダイヤモンド・センターの職員たちが金庫の盗難に、併せてセキュリティ・カメラのテープがなくなっていることに気づいたのは、17日だっ

参照 ソシエテ・ジェネラル銀行強盗 44 ■ ハットン・ガーデン強盗事件 58-59

強盗、泥棒、放火魔

ダイヤモンド特殊部隊

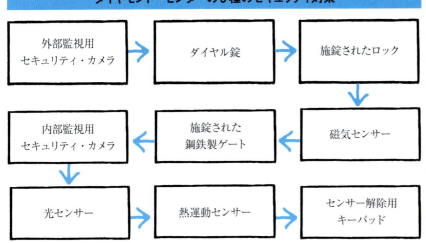

ダイヤモンド・センターの9種のセキュリティ対策

2000年、ベルギー法務省は、アントワープのダイヤモンド商業地区の犯罪の防止と捜査を目的とした警察特殊部隊を組織した。6名の警察官から成るこの独自の組織は、ダイヤモンド業界と独自につながりを持つ捜査員らが率いている。そんな「ダイヤモンド特殊部隊」の長、アギム・デ・ブリュッカーは、2003年のアントワープのダイヤモンド強盗の捜査を担当し、ノタルバルトロ逮捕に大きく貢献した。

ところが2015年3月、デ・ブリュッカー本人がマネーロンダリングの疑いで逮捕された。後日、36万5000ポンド相当のダイヤモンドが彼の家から見つかった。部隊のメンバーは、彼が離婚直後に高額の別荘やレンジ・ローヴァーの新車を購入したあたりから、彼に対して疑念を抱くようになったという。そのため、デ・ブリュッカーは捜査対象となり、職務から外された。

ダイヤモンド特殊部隊を襲った醜聞は、デ・ブリュッカーの逮捕だけではなかった。2004年、160万ユーロに相当するダイヤモンドが、不正な捜査で集められ、警察署内から消えてしまった。消えたダイヤモンドはいまだ回収されていない。

た。捜査員の試算では、6000万ポンド相当のダイヤモンド、その他の貴石類、金、宝石類が持ち去られていた。

食べかけのサンドイッチ

しかしトリノ団は逃げる段になって雑な仕事をした。「早業師(スピーディー)」の呼称で知られるメンバー、ピエトロ・タヴァーノが、ブリュッセルの北にある高速道路E19沿いの森に、処分を急いでゴミの入った袋を捨てたのだ。

地元の農家がその袋を見つけ、警察を呼んだ。中にはアントワープ・ダイヤモンド・センターの封筒数枚、ビデオテープ1本、食べかけのサラミ・サンドが入っていた。このサンドイッチからノタルバルトロのDNAが見つかった。彼はマスコミが「世紀の大強盗」と呼んだその罪により、スピーディーら3人と共に逮捕された。警察はノタルバルトロのアパートメントを捜索し、17個のダイヤモンドを金庫から見つけ出した。これらはダイヤモンド・センターの地下金庫にあったも

> おれは泥棒で
> 嘘つきかもしれないが、
> これから言う話は本当だ。
> **レオナルド・ノタルバルトロ**

のだった。さらに、巻いたカーペットの中にもダイヤモンドが隠されていた。2005年、ノタルバルトロは懲役10年を言い渡され、仲間たちはそれぞれ懲役5年となった。ただし、盗品は数個を除いてまったく見つかっておらず、窃盗団の5人目のメンバーで、「鍵の王(キング・オブ・キイズ)」という呼び名の男も見つかっていない。■

犯人は警報システムの専門家
チェッリーニの塩入れ盗難事件
（2003年5月11日）

事件のあとさき

場所
オーストリア、ウィーン、美術史美術館

テーマ
美術品泥棒

以前
1911年8月21日 レオナルド・ダ・ヴィンチの有名な「モナリザ」がパリのルーブル美術館から盗まれたが、2年後に窃盗犯が売却しようとしたところで取り戻された。

以後
2012年10月16日 ルーマニア人の泥棒がオランダのクンストハル美術館に押し入り、1900万ポンド相当の7枚の絵画を盗み出した。

ハイテク・センサーや24時間対応のセキュリティをよけながら、素人泥棒がウィーンの美術史美術館の外の足場をのぼり、2階の割れた窓から忍び込み、展示ケースを割り、世界有数のルネサンス期の美術品を持って逃げた。

2003年5月11日の早朝に盗まれたこの品は、5200万ポンド相当の金細工の塩入れであったため、オーストリア全土が騒然となった。この複雑な細工物は、三つ又の鉾を持つ海神ネプチューンを描写した25センチメートルの彫刻で、15世紀イタリアの著名な彫刻家ベンヴェヌート・チェッリーニの傑作だった。

数百万ドルはする品ではあったが、売りさばくのはまず無理だった。まともな業者は手を出さないからだ。盗品を金と交換したいとの犯人からの要求が、2回物別れに終わったあとの2006年1月、警察は50歳のローベルト・マングを逮捕した。セキュリティの専門家であり、熱心な彫刻収集家でもある彼は、「ちょっとした出来心で」盗んだことを認めた。

マングは警察をかのルネサンスの至宝のもとへと案内した。ウィーンの北東90キロメートルの森に埋めてあったのだ。彫刻は傷がつかぬよう麻布とビニールにくるまれ、鉛の箱に入れてあった。2006年9月、マングは懲役4年を宣告されたが、2009年に早めの出所を果たしている。■

この塩入れはチェッリーニが1543年に完成させたもので、フランス王フランソワ一世に贈られた。イタリア人彫刻家の手による希少な金属細工で唯一、現代に引き継がれた品だ。

参照　ビル・メイソン 36　■　ワールドカップ盗難事件 37　■　ジョン・マクリーン 45

強盗、泥棒、放火魔　57

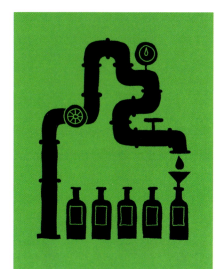

浮世離れした信じがたい話だろうが、本当に実際にあった事件なんだ
ロシア-エストニア間ウォッカ・パイプライン（2004年）

事件のあとさき

場所
エストニア、ナルヴァ

テーマ
密輸

以前
1916年　米ミシガン州が酒の販売を禁じると、酒類の密輸業者らは、酒を小舟でカナダのオンタリオ州ウインザーからミシガン州のデトロイトまで密輸した。

1998年8月12日　リトアニアの警察が、ラトヴィアから国境を越えてリトアニアまで酒を密輸するパイプラインを発見した。

以後
2014年1月6日　米フィラデルフィア州警察は、地元の法律家を逮捕した。自宅の地下に保管した高級ワインを不法に販売していたのだ。全部で2500本、金額にして15万ドルから20万ドル相当のボトルワインが回収された。

2004年の8月から11月まで、密輸業者の一団により、2キロメートルものパイプラインが維持されていた。膨大な量のウォッカを、ロシアから旧ソビエト連邦の国エストニアへ、関税を払わずに運ぶためだ。

エストニアは2004年5月1日に欧州連合（EU）に加盟したばかりで、ロシア国内と比べると、ウォッカにかなりの高値がついた。ところがエストニアの首都タリンでは、不法に入手したウォッカを買ってくれる業者はまったく見つからず、密輸業者の思惑違いに終わった。彼らは結局、エストニアで2番目に大きな都市タルトゥで酒をさばいた。

ある日、木を植える穴を掘っていた作業員が、国境の町ナルヴァに近い貯水池の底にパイプラインを偶然見つけた。税関職員は1400リットルの酒を没収し、このパイプラインを閉鎖した。後日、トラックに隠された税金未払いの大量の酒類もタリンで見つかった。ロシア人とエストニア人の密輸業者11名が逮捕されるころ

> 彼らは酒の一部をタリンでも売ろうとしていたことが捜査で判明した……しかし酒の品質が悪すぎて売れなかった。
> **マリ・ルーク**

には、すでに7450リットルのウォッカがロシアからエストニアに送り出されていた。

2年後、エストニアの警察はまた別の密輸用パイプラインを見つけたが、こちらのパイプラインはEU内に不法に酒類が持ち込まれる前に閉鎖された。■

参照　ホークハースト・ギャング 136-37　■　ビール戦争 152-53

昔気質のロンドン犯罪紳士たち
ハットン・ガーデン強盗事件（2015年）

事件のあとさき

場所
英国、ロンドン

テーマ
金庫破り

以前

1971年9月11日 ブライアン・リーダーを含む強盗団がロンドンのロイズ銀行ベイカー・ストリート支店の貸金庫に押し入り、概算で300万ポンドを盗み出した。

1987年7月12日 窃盗団が貸金庫の利用を検討しにきた客を装い、ロンドンのナイツブリッジ・セーフ・デポジット・センターを訪れた。貸金庫へのアクセスが可能になると従業員を脅して手を挙げさせ、約6000万ポンド相当の現金と宝石を奪い去った。

以後

2016年2月4〜5日 コンピューター・ハッカーが、バングラデシュの中央銀行から6億7300万ポンドを盗もうとした。

2015年の春の初め、76歳のベテラン犯罪者ブライアン・リーダーは、3年を費やして計画した「最後のひと仕事」に着手した。仲間には、友人のジョン・〈ケニー〉・コリンズ74歳、テリー・パーキンス67歳、ダニー・ジョーンズ60歳も含まれていた。

2015年4月の最初の週末は、イースターと過越(すぎこし)の祭りが重なったので、ハットン・ガーデン・セーフ・デポジット社の玄関扉は、火曜の夜に閉められると次の火曜にならなければ開かなかった。また、地域全体が宝石商業地であるため、長い週末のあいだは人気がなくなるのだった。

彼らはデジタルな世界で仕事をしたアナログな犯罪者だった。
スコットランド・ヤード

近くの解体現場から事件の4か月前に盗んだダイヤモンド・コア・ドリルを使い、鉄筋コンクリートに3つの穴を互いに重なり合うように開けた。

すべて順調

ハットン・ガーデン・セーフ・デポジット社の社員の最後の一人が建物を出たのは、午後8時20分ごろだった。その5分後にセキュリティ・カメラがとらえたのは、窃盗団がエレベーターのシャフトをつたって金庫室に向かう姿だった。

一団を率いるのは「ミスター・ジンジャー」とマスコミから呼ばれた赤毛の男だったが、仲間内では「ベイジル」と呼ばれていた。ほかの3人は、それぞれが業務用の車輪つきのゴミ箱を押していた。しかし、長い休みとあってこの映像

強盗、泥棒、放火魔

参照　大列車強盗 30-35　■　ソシエテ・ジェネラル銀行強盗 44　■　アントワープのダイヤモンド強盗 54-55

「ダイヤモンド・ウィーザー」とマスコミから呼ばれた彼らは、全員分を合わせても34年という寛大な禁固刑を言い渡された。パーキンスとジョーンズは懲役連行される際に判事に謝意を示したほどだ。

のかを自慢げに話していたという。

謎の首謀者

　最終的に7人が逮捕され、ハットン・ガーデンでの強盗で有罪となったが、ベイジルは捕まらなかった。ジョーンズの宣誓証言によれば、ベイジルは元警察官で、今回の強盗の裏の立役者だという。彼はもっともプロ意識が高く、待機中のバンに乗り込む際にも袋で顔を隠すといった用心深さがあった。ハットン・ガーデン・セーフ・デポジット社の内勤者であったらしく、それゆえに鍵束を持って建物に入り、何段階ものセキュリティを回避することができたようだ。ベイジルも、1000万ポンド超相当の宝石、金(きん)、貴石類も、いまだ行方不明である。■

を目にする者はおらず、したがって首都警察も金庫室のアラームシステムが発した警報に対応しなかった。

　このシステムは、金庫室のセキュリティを担当する会社にも警報を発した。セキュリティ会社は、セーフ・デポジット社の共同管理者の息子であるアロック・バーヴィッシュに連絡をとった。バーヴィッシュは担当者に電話をかけ、建物を点検するよう指示をしたが、セキュリティ担当が玄関扉を確認しても、不都合は見つからなかった。

　その間、ベイジルと仲間たちは2度、金庫室を行き来した。彼らが現場をあとにしたのは日曜の朝6時45分で、72個の貸金庫から1400万ポンド相当の金品を持ち去った。

足跡を追う

　しかし、一味はデジタルな足跡を残してしまった。彼らはセキュリティ・カメラと金庫の警報を解除しようとしたが、う

まくいかなかったのだ。不用意に携帯電話を使用したせいで、警察に手がかりを与えることにもなった。通話履歴と車両追跡データを調べたところ、パーキンス、コリンズ、ジョーンズが定期的にロンドン北部イズリントンのパブ〈キャッスル〉で落ち合い、強盗の計画を立てていたことがわかった。彼らはそのパブで、いかにして金庫室にたどり着くことができた

最後のひと仕事

　英国のマスコミと大衆は、高齢の男たちがハットン・ガーデン強奪事件で罪に問われたことで大いに盛り上がった。リーダーが高齢者用のバス無料乗車証を使ってハットン・ガーデンまでやってきたり、ケニー・コリンズが見張り中に居眠りしてしまったり、テリー・パーキンスが持病の糖尿病の薬を持ち歩いていたりした点も憎めなかった。

　窃盗団のメンバーは、孫でもいそうな風情の男たちだった。ところが、その多くは海千山千の犯罪者で、友情と、共有するスキルと、過去の冒険に対する懐古の念とで結ばれていた。

　リーダーは長年、警察よりも優位に立てるような、「安全第一」の手段を探っていた。状況が「危うく」なると、リスクの高い盗みについては計画を中断し、長い研究休暇を取った。しかし、この事件では、名声を得たいという気持ちに抗えなかったらしく、最後のひと仕事には彼らしい、十分に研究を重ねた方法を取ることができなかった。

詐欺師

たち

はじめに

フランスの
ジャンヌ・ド・ラ・モットが
資産家の枢機卿を騙し、
ダイヤモンドの首飾りを
手に入れた。

↑
1785年

チェコ出身の
ヴィクトル・ルースティヒが、
エッフェル塔を屑鉄として
売りたがっている
フランス政府の役人になりすました。

↑
1925年

ドリス・ペインが
偽の身元と
生来の人好きのする
性格を活かして
宝石泥棒を働いた。

↑
1952年

1879年

↓

フランス社交界の有名人
テレーズ・ハンバートが、
偽りの相続財産を担保に
巨額の金を借りた。

1946年

↓

パリ在住の画家
エルミア・デ・ホーリーが、
有名画家たちの贋作を
描きはじめた。裕福な個人や
画廊に売りつけるためだった。

信用詐欺とは、人々からの信用につけ込む行為であり、世界最古の犯罪のひとつだ。人はどういうわけか加害者に味方しがちであり、また、たいした理由もなく他人を信じてしまう。話がうますぎて本当のこととは思えないとしたら、それはおそらく本当ではない。被害者はこのことを、辛い経験を通して学ぶ。

詐欺師とは、相手を説得し、真実でないことを真実と信じ込ませ、騙し、行動を操る者のことだ。詐欺師は被害者を騙すことによって食いものにする。通常は金を手に入れるが、金以外の利益を手にすることもある。こうした詐欺の影響は、国の状況と法律によってさまざまだ。詐欺師は「山師」「いかさま師」「ペテン師」とも呼ばれ、一方彼らは被害者を「標的」

「かも」「間抜け」などと呼んであざ笑う。しかし、人を騙す手口は、それほど複雑ではないようだ。高齢者や孤独な人や誘惑に負けやすい人をわざと狙うペテン師は確かにいるが、一見なんの嘘もないような、もっともらしい一攫千金の話などは、誰でも餌食になりうる。そうした犯罪の与える影響は、ときに意外なほど大きいことがある。たとえば18世紀フランスの、貴族階級への仲間入りを望んだペテン師ジャンヌ・ド・ラ・モットのとてつもない謀略は「首飾り事件」として知られるが、これがフランス王室の不人気を煽り、さらにはフランス革命へとつながり、旧体制の崩壊を招くに至った。

凄腕の詐欺師たち

詐欺事件の中には、詐欺師側の絶大な

自信の下に遂行されたものがあった。1960年代、天才詐欺師フランク・アバグネイルは何年も法の網の目をくぐり続け、パイロット、医者、法律家、FBI捜査員など、6種の身分詐称を行った。ヴィクトル・ルースティヒは業者を騙してエッフェル塔を金屑用に売ることに成功した。

企てられた手口があまりに能天気かつ横着で驚かされる事件もある。優勝馬に白いペンキを塗り、優勝経験のない馬のふりをさせた、オーストラリアのファインコットン号事件のような詐欺だ。この策略はあっという間にばれてしまった。アルカトラズからの脱出はもっと精微に計画された。脱獄者らは自分に似せた人形を寝台に忍ばせて看守の目を欺き、監獄島からの脱出口を掘り進めた。

たいていの詐欺師は一人の個人または

詐欺師たち 63

天才詐欺師
フランク・アバグネイルが
パイロットになりすまして
世界を旅し、
豪華な生活を享受した。

1964年

ドイツ在住の詐欺師
コンラート・クーヤウが、
自分の執筆した原稿を本物の
ヒトラーの日記と偽って
世界を欺いた。

1978年

1962年

アメリカ合衆国で3人の囚人が
看守を騙し、史上もっとも
有名な脱獄事件である
アルカトラズからの脱出を
成し遂げた。

1972年

クリフォード・アーヴィングが
ハワード・ヒューズから
自伝を書くよう依頼を受けたと
主張し、**出版社役員らを騙して**
巨額の前払金を支払わせた。

1984年

オーストラリアの
ファインコットン号事件では、
犯罪組織が**優勝馬と**
優勝経験のない馬を
すり替えた。

ひとつの組織を騙すのだが、贋作者エルミア・デ・ホーリーは、その素晴らしい絵画で多くの人々を騙し、「ピカソ」、「マティス」、「モディリアーニ」の作品を何千枚と世界の収集家や画廊に売りつけた。

天才詐欺師コンラート・クーヤウのヒトラーの日記には、世界中が騙されたといってもいいだろう。歴史家らは本物だと太鼓判を押し、新聞は引用を掲載し、出版社は争って出版権を獲得しようとした。こうした詐欺にはまり込む人々は、自分たちが騙されているとは思いたがらないものだ。ヒトラーの日記の抜粋やハワード・ヒューズの自伝を出版した出版社らは、自分たちのつかんだスクープを支持し続け、出版社が騙されているとほかの誰もが気づいたあとも、その態度を変えなかった。そして多くの個人も、出版社

が騙されていると気づいてなお、馬鹿にされたくないばかりに、その道の権威に確認するのをよしとしなかった。そうした心情につけこんで、エッフェル塔を売るという大胆な企てを実行したのがヴィクトル・ルースティヒだった。騙されたと知った被害者はきまり悪く思うだろうと考え、またそれがそのとおりでもあったので、彼の詐欺は成功した。

基層心理

詐欺師たちに共通しているのは説得力だ。最高レベルの犯罪者はたいていが、精神病質、自己愛傾向、権謀術数という3つの特性を持ち合わせている。これらのおかげで良心の呵責や罪悪感を覚えずに犯罪を遂行できるのだ。しかし、利益を得ることばかりが彼らの目的ではない。

心理学者によれば、彼らは詐欺の成功に大きな満足を覚えるのであって、いくら儲かったかは問題ではないという。

詐欺師の多くは手口の一環として変装する。最近ではデジタル技術の助けを得ることができるようになってきたものの、変装されると司法当局にとっては彼らを捕まえるのが難しくなる。また、警察が犯人を追うのを躊躇する場合もある。資産を盗むことは重大な犯罪ではなく、民事の範疇と考えられている管轄区域もあるからだ。さらに、警察は詐欺師を追うよりも、暴力的な犯罪者やテロリストを捕まえるのに必死だ。詐欺師の犯罪は証明が難しく、起訴までたどり着かないことが多い。■

ろくでもない助言に影響されて……私は野心に殉じたのです
首飾り事件（1785年）

事件のあとさき

場所
フランス、パリ

テーマ
宝石詐欺

以前
1690年代 ウィリアム・チャロナーはイングランドのバーミンガムとロンドンで、非常に腕のいい贋金造りの一味を率いていた。王立造幣局を敵にまわし、大逆罪で1699年に絞首刑となった。

以後
1923年 ルー・ブロンガーは25年以上、米コロラド州デンバーで暗躍した詐欺師集団の中心人物だった。彼の仲間が陪審員に賄賂を贈ろうとしたという申し立てがなされ、その裁判の結果、ついにブロンガー本人も有罪判決を受けた。

1785年、フランス王妃マリー・アントワネットは、ダイヤモンドの首飾りをめぐる醜聞に巻き込まれた。詐欺師ジャンヌ・ド・ラ・モットが王妃になりすまして資産家の枢機卿を騙したのだ。この詐欺事件の影響は思いがけず広範囲に及び、フランス革命勃発の一因となった。

王室からの委任

1772年、国王ルイ十五世は宝石商のベーマーとバッサンジュに、愛人デュ・バリー夫人のための首飾りをつくるよう命じた。宝石商は647個の石を使い、合計2800カラットのダイヤモンドの首飾りを作った。製作に数年かけ、200万リーヴルが費やされた。ところができあがってみるとルイ十五世は天然痘で死去しており、デュ・バリー夫人は後継者ルイ十六世によって追放されていた。宝石商は首飾りを王妃マリー・アントワネットに売ろうとしたが、断られた。

抜け目のない企て

ジャンヌ・ド・ヴァロワ＝サン＝レミは国王アンリ二世（1547～59）の庶子の末

この首飾りは、花綱装飾、ペンダント、房飾りなどを盛り込んだ一種の芸術品であった。正式な委託なしに製作したため、宝石商たちは破産しかねないほどの桁外れのリスクを負うこととなった。

裔だった。1780年、国家憲兵隊の士官ニコラ・ド・ラ・モットと結婚し、自分たちをド・ラ・モット伯爵及び伯爵夫人と称した。国王から慎ましい住まいを与えられたが、それはジャンヌの望む暮らしや地位には遠く及ばなかった。

ジャンヌはかの宝石商が首飾りの買い手を探していると知った。そこで、その首飾りを自分のものにし、さらには金銭

詐欺師たち

参照 クロフォード家の相続財産 66-67 ■ フランク・アバグネイル 86-87 ■ クリフォード・アーヴィング 88-89

> 私は
> 手酷く騙されていたのですね。
> **ルイ・ド・ロアン枢機卿**

面でも社会的地位の面でもいっそう上を目指すための機会をうかがいはじめた。折しも知り合いのルイ・ド・ロアン枢機卿は王妃から疎まれており、関係の修復を望んでいた。1784年、ジャンヌは自分がアントワネットの気に入りであると枢機卿に信じ込ませ、彼に王妃宛ての手紙を書かせた。共犯者レトー・ド・ヴィレットが、金色の縁取りの便箋で「王妃」からの返事を偽造した。手紙のやり取りは恋愛の色彩を深め、ド・ロアンは自分と王妃が愛し合っていると思い込んだ。ド・

生粋の策略家ジャンヌ・ド・ラ・モットは、少年に変装して監獄から脱走した。逃亡先のロンドンで首飾り事件の回想録を著し、自分の行いを弁護した。

ロアンが王妃との面会を求めたので、ジャンヌは娼婦を雇ってアントワネットに仕立て上げ、ベルサイユ宮殿の庭での逢瀬をお膳立てした。ド・ロアンの信頼を勝ち得たジャンヌは、王妃が例の首飾りを買いたがっているが、民衆が飢えているときにそんな買い物をするわけにはいかない、と話して聞かせた。ド・ロアンは代金の支払いに同意し、宝石商はジャンヌに首飾りを手渡した。

詐欺の発覚

ド・ロアンの支払い額が不足していたため、宝石商はアントワネットに不服を申し立てたが、王妃は首飾りを所望した覚えはないとはねつけた。ド・ロアンは王と王妃の前で事の次第を説明させられ、そこで詐欺が明らかになった。娼婦とド・ラ・モット夫妻は有罪、ヴィレット

は国外追放となったが、ド・ロアンは無罪となった。ジャンヌは公衆の面前でむち打たれ、フランス語で「泥棒」を意味する「voleuse」の頭文字の焼きごてを捺されたうえでの懲役刑となったが、10か月後に脱走した。王妃はとうに国の財政難の元凶と見なされていたが、この裁判で彼女の評判はいよいよ地に堕ちた。8年後、王妃は革命のさなかに処刑された。首飾りは見つからないままだった。

この風刺画はド・ロアン枢機卿が首飾りをド・ラ・モット伯爵夫人に差し出しているところで、彼の騙されやすさと不正直さを揶揄している。

弱みにつけこむ

ジャンヌ・ド・ラ・モットがド・ロアン枢機卿を相手に行った信用詐欺は、ほぼ完璧だった。まず彼を誘い込み、次に彼の必死さ、騙されやすさ、虚栄心につけこんだ。そして枢機卿から信頼されるまで待ち、その後、見返りとして彼に頼みごとをした。

しかし、彼女は致命傷となりかねない過ちをひとつ犯した。王妃から来たと見せかける手紙に「マリー・アントワネット・ド・フランス」と署名したのだ。フランス王妃は署名の際は洗礼名だけを書くという慣習に、枢機卿が気づかなかったのかもしれないが、彼にはウィーン宮廷でフランス大使を務めた経験があり、外交儀礼に詳しかっただろうと考えると、その可能性は低い。ド・ラ・モット伯爵夫人の説得力の前に分別を失ったと考えるほうが現実的だ。彼が我に返ったのは、上流貴族ともあろう者がそんなものに騙されるとは、と国王の怒りを買ったからだ。笑い者にはなったが、民衆からは支持された。したがって彼の無罪は、民衆に不人気な王室に対する勝利と見なされた。

人々はその金額に度肝を抜かれた
クロフォード家の相続財産（1879〜1902年）

事件のあとさき

場所
フランス、パリ

テーマ
相続詐欺

以前
1821〜37年 スコットランド人兵士であり詐欺師のグレガー・マクレガー将軍が、中央アメリカに架空の国をでっちあげ、入植を希望する英国やフランスの投資家たちから金を巻き上げた。

以後
1880年代「ビッグ・バーサ」の異名を持つアメリカ人詐欺師バーサ・ヘイマンが、相続遺産から返済するとの約束で何十人もの資産家から金を借りたが、この遺産は実際には存在しなかった。

1897〜1904年 カナダ人詐欺師キャシー・L・チャドウィックが、自分は鋼鉄王カーネギーの私生児であり相続人であると偽り、銀行を騙して巨額の金をせしめた。

1898年、破産の危機に瀕したジラールという名のフランス人銀行家が、自分の資産を投資した女に金を返してほしいと懇願した。その女とは社交界でも有名なテレーズ・ハンバートという金持ちで、彼女がその頼みを断ると、ジラールは銃を頭に押し当て、絶望のうちに引き金を引いた。ジラールの自殺こそが、フランス上流階級の人々を騙して1億フラン近くをせしめたハンバートの、20年に渡る犯罪歴の終わりの始まりだった。

偽りの相続財産

フランス生まれのテレーズ・ドーリニャックは貧農の家庭で育った。裕福でもなければ十分な教育を受けたわけでもなかったが、テレーズには人を惹きつける力があり、嘘と人心操作に長けていた。自分は高貴な生まれだと言い張り、市長の息子であるいとこのフレデリック・ハンバートと結婚した。義父のつてで有名になったテレーズは、フランス社交界で影響力を持った。

1879年、テレーズは自分に桁外れの相

この事件は欧州中のマスコミが関心を寄せた。マドリードでの逮捕を描いたこの絵は、イタリアの新聞《ラ・ドメニカ・デル・コリエーレ》紙に掲載された。

続財産があるという話を口にするようになった。アメリカ人資産家ロバート・クロフォードなる人物の命を助け、その謝礼として、クロフォードがテレーズを自分の遺言の受取人としたというのだ。ところがロバート・クロフォードという人物は存在せず、その相続財産も実在しなかった。

偽りの相続財産を担保に、テレーズは裕福な友人たちから金を借りはじめた。

参照 首飾り事件 64-65 ■ チャールズ・ポンジ 102-07 ■ バーニー・メイドフ 116-21

> 彼女は自分に金を貸すよう私を説得した。最初は少し、次にはもう少し、そうやって最後には私がこの世で持っている金をすべて自分のポケットに入れてしまった。
>
> **テレーズ・ハンバート事件の被害者**

最初の被害者は彼女の夫ということになるのだろうが、当の夫はその後共犯者となり、夫婦で贅沢な暮らしを享受した。夫妻は派手に金を使い、田舎の大邸宅や蒸気ヨット、美しい衣装を購入した。総額5000万フランもの金額を、実体のない財産を担保にして借りたのである。

手にした富では満足しきれなかったテレーズは、1893年にヴィアジェ年金という保険会社を立ち上げた。標的は商人たちで、少額の投資で大きな利益を得られると請け合った。テレーズとフレデリックは、新しい犠牲者たちから集めた金で付き合いの長い投資家たちに支払いをしながら、4000万フランを超える金を浪費し続けた。

終わりの始まり

ジラールの自殺を受け、フランスの警察は夫妻の財務状況を調べはじめた。しかし最終的に詐欺を暴いたのは、警察ではなくテレーズに金を貸した人々だった。彼らが力を合わせ、テレーズの莫大な「相続財産」をもってしても、巨額の借金を全額返済するのは不可能であることをはっきりさせた。

1901年、テレーズの悪巧みがついに明らかになった。彼女に金を貸した人々のうちの一人が彼女を訴えたのだ。裁判官が夫妻の金庫を開けるよう命じたところ、そこには煉瓦1個と英国の半ペニー硬貨ひとつしか入っていなかった。そのころ当人たちは、すでにフランスをあとにしていた。1902年12月、夫妻はスペインのマドリードで逮捕され、パリに送還された。

夫妻はどちらも5年の重労働の刑を宣告された。テレーズはアメリカ合衆国に移住し、1918年にイリノイ州シカゴで赤貧のうちに死んだ。■

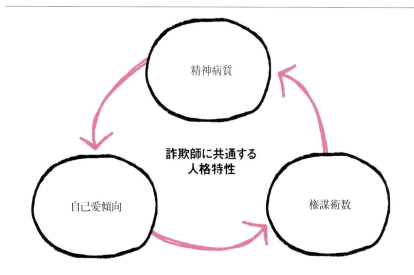

詐欺師に共通する人格特性：精神病質、自己愛傾向、権謀術数

説得力

詐欺師はすぐれた説得力で被害者を騙す。標的を定めると、相手を研究し、行動を調べ、会話の中で弱みを突きとめる。そこから詐欺師は標的を詐欺へと導き、お世辞や恐れや約束された富といったものを駆使して、相手の信頼と安心を手に入れる。たとえば、嘘に標的の心をかき乱す程度の真実を混ぜこみ、与太話の信憑性を高めるのだ。相手が反発してきたら、相手の感情を刺激すれば同情を誘うことができる。最終目的は、山ほど約束をして嘘をつき、騙し、相手を煙に巻くことだ。

多くの天才詐欺師は、3つの人格特性を有しているとされる。精神病質、自己愛傾向、権謀術数であり、この3つはまとめて「ダーク・トライアド」と呼ばれている。これらの特性の力を借りて、詐欺師は人々を騙して金をせしめ、しかも良心の呵責や罪悪感を覚えないですむのである。

世界一如才ない詐欺師
エッフェル塔売却事件（1925年）

事件のあとさき

場所
フランス、パリ

テーマ
不動産詐欺

以前
1901年 米ニュージャージー州出身の詐欺師ウィリアム・マクローディーは、ブルックリン橋を外国人旅行客に売りつけ、重窃盗罪で投獄された。

以後
1928年 ブルックリン橋を含むニューヨークの公共建造物を、裕福な外国人旅行客に幾度も「売りつけ」たアメリカ人詐欺師ジョージ・C・パーカーが逮捕された。

2010年 英ヨークシャー州出身の貧しいトラック運転手アンソニー・リーが、ロンドンのリッツ・ホテルを2億5000万ポンドで売ろうとし、手付金100万ポンドを手に入れたところで警察に捕まった。

ヴィクトル・ルースティヒは、1890年にホスティネー（現在のチェコ共和国内）という町に生まれ、複数の欧州の言語を流暢に操る力を身につけてフランスに移った。彼の犯罪歴は、大西洋航路船で旅をする裕福な人々を騙す詐欺師として始まった。

彼が手がけた実入りのよい詐欺のひとつに紙幣印刷機の「発明」があり、これで完璧な百ドル札が刷れると吹聴した。この機械は2枚の札を刷るのに「化学処理」が必要で、それに数時間かかると言って2枚の百ドル札を見せ、騙されやすい人々をその気にさせた。しかし実際は、人々の気づかぬうちに本物の百ドル札を機械の中に仕込んでおいただけだった。

印刷結果に感心した人々は、3万ドルもの大金でこの機械を購入した。騙されたと気づくまでに数時間はかかっただろう。気づいたころにはルースティヒはとうに姿を消していた。

公共事業

パリを拠点としていた1925年、ルースティヒは新聞で、エッフェル塔の錆つきが進んで改修が必要だという記事を読ん

カポネを騙す

ルースティヒは腕の立つ如才ない詐欺師ではあったが、ときには大きな危険を冒した。たとえば売却を試みたエッフェル塔、つまりは自身の有名な犯罪の現場を、再度訪れるといったようなことだ。

エッフェル塔売却という驚くべき詐欺行為に求められる大胆さも、1920年代後半にアル・カポネを騙すのに必要とした冷静さと比べれば、色褪せて見える。しかしルースティヒは確かにそれをやってのけた。このシカゴの闇の世界のボスを説得して5万ドルを株取引に投資させ、金を2倍にすると約束した。そしてカポネに知られぬようその金を貸金庫に納め、2か月後にそれを返し、あてにしていた取引がご破算となってしまったと言って謝った。カポネはルースティヒの誠実さに深く感じ入り、褒美の5000ドルを彼に与えたのだった。ルースティヒはこうした結果を最初から期待していたのだが、カポネともめる可能性もあるという、とてつもなく大きなリスクを負っていた。この犯罪により、史上もっとも勇敢な詐欺師というルースティヒの名声は、揺るぎないものとなった。

詐欺師たち　69

参照　クロフォード家の相続財産 66-67　■　フランク・アバグネイル 86-87

ヴィクトル・ルースティヒは並外れた「セールスマン」であり、魅力的で洗練された策略家であり、さらには逮捕を逃れる才能の持ち主だった。

だ。エッフェル塔は1889年のパリ万博のために建てられ、その後は解体されることになっており、1909年には万博会場とは別の場所に移築された。

これを好機と取ったルースティヒは、郵便電信省の審議官を名乗り、偽の政府の便箋を使って業者5人に手紙を出した。手紙には、格式の高い〈オテル・ド・クリヨン〉で契約について話し合いたいと書いた。この話を信じた5人は、気の利いた装いに身を包んだ礼儀正しい男、ルースティヒと面会した。ルースティヒは、政府にエッフェル塔を売却して屑鉄にする計画があり、塔を解体する権利は入札となると説明し、この5人だからこそ勧めているのだと言って、彼らの自尊心をくすぐった。

ルースティヒは借りておいたリムジンで5人をエッフェル塔の見学に連れていった。そうする中で、人を見る目や金銭感覚の甘い人物であると踏んだのがアンドレ・ポワッソンだった。この男はなんとかしてパリのビジネスエリートの仲間に入ろうと躍起になっており、今回の話は彼にとってまたとない機会だった。

計画成功

ポワッソンの妻が、話の内容と取引の進み具合のあまりの速さに疑念を覚えたことで、夫の心にも疑いが生じた。するとルースティヒはポワッソンに会って「白状」した。賄賂が必要だと言ったのだ。安心したポワッソンは7000トンの鉄のために金を払ったばかりか、詐欺師にまで巨額の袖の下を与えた。

ルースティヒは、ポワッソンがみずからを恥じて詐欺を訴え出ないだろうと予想し、果たしてそのとおりになった。半年後、ルースティヒは同じ詐欺をくり返そうとして失敗したが、辛くも逮捕を逃れた。のちにアメリカ合衆国に移り、犯罪を重ねた。■

正直な人々というものが理解できない。日々の暮らしはさぞかし退屈だろう。
ヴィクトル・ルースティヒ

ルースティヒの詐欺師のための十戒

- 我慢強い聞き手であれ
- 退屈そうな様子を見せるな
- 相手が政治的見解を明かすのを待て。そしてそれに同意せよ
- 相手の宗教観が明かされるのを待て。そしてそれに同意せよ
- 個人的な事情をほのめかせ。しかし相手が興味を示さないかぎりはそれ以上しゃべるな
- よほど興味を示されないかぎり、病気の話はするな
- 詮索するな（相手はそのうち自分から何もかも話すはず）
- 決して自慢するな。自分がどれほど重要な存在かを黙って示せ
- 見苦しい格好はするな
- 酔っ払うな

ドメラの逸話から感じられるとてつもない狂気は、よくできた道化芝居のそれと同じである

ハリー・ドメラ（1928年）

事件のあとさき

場所
ドイツ中部

テーマ
連続詐欺

以前
1817年 英国の靴屋の娘メアリー・ベイカーが上流階級の虚栄心を暴きたてた。自分は架空の島ジャヴァス島から来たプリンセス・カラブーだと言って人々を騙したのだ。

1830年 ドイツ人詐欺師カール・ヴィルヘルム・ナウンドルフは、自分こそがフランスの正当な世継、ルイ＝シャルル王子だと言い張ったまま一生を終えた。

以後
2004年 フランス生まれの詐欺師クリストフ・ロカンコートは、投資家らを騙すなど数々の犯罪を重ね、禁固5年を宣告された。多くの偽名を使い、ロックフェラー一族の親戚のフランス人だという嘘さえついた。

狂騒の20年代でもっとも悪名高き人物の一人である詐欺師ハリー・ドメラは、その生涯を他人になりすまして過ごした。15歳のドメラが生まれ故郷のラトヴィアでドイツ義勇軍に参加していた1918年、反乱支援のためにこの軍がベルリンに呼び出された。反乱が不首尾に終わるとドメラの部隊は解体となり、少年は一人、金もない状態で放り出された。外国人であるためドイツの旅券が取れず、働くことも禁じられた。

ドメラはどん底の状況を変えようと、上流社会に潜り込んで身元を偽り、貴族の名前と称号を使った。当時のドイツが

詐欺師たち 71

参照 フランク・アバグネイル 86-87 ■ ティッチボーン詐称事件 177

低い階級に生まれ貧しく育ったにもかかわらず、ハリー・ドメラ（左奥）はハイデルベルグの皇帝派の上流階級の人々に、自分が皇帝の孫（左手前）だと信じ込ませた。

ドイツ帝国への執着を捨てきれず、裕福な特権階級のエリートたちが非常に騙されやすかったからこそ、身分を偽ることが奏功したのだった。

王族を装う

20歳のとき、ドメラはハンブルグに移り、カードゲームで幾ばくかの金を稼いだ。その金で歴史ある大学の町ハイデルベルグを訪れ、ポツダムのヴァイマル共和国軍第4騎兵隊の中尉であるリーヴェン王子になりすまして数週間を過ごした。排他的でお高くとまった学生グループが、すぐに彼を受け入れた。おかげでドメラは酒や食事を楽しむことができた。

しかし、いつなんどき自分の正体がばれるとも限らないと考え、ドメラはエアフルトという町に移った。最高級ホテルでコルフ男爵と名乗り、最高の部屋を要求した。支配人は、この堂々たる物腰の初見の客が、ホーエンツォレルン家の若きヴィルヘルム、つまりは最後のドイツ皇帝ヴィルヘルムの孫に驚くほどよく似ていることに気がついた。ドメラと皇帝の孫は歳も近く、体つきや見た目がよく似ていた。そこで支配人は、王子が身分を隠し、コルフ男爵なる偽名を使って旅をしているのだろうと考えた。この噂はエアフルト中に広まった。ドイツ帝国は1918年に終焉を迎えていたものの、多くのドイツ貴族は廃された皇帝の一族、ホーエンツォレルン家に忠誠心を抱いていた。ドメラは自分は王子ではないと言明したが、周囲に王子だと思わせておく努力をそれとなく続けた。そう思わせておけば宿泊代を払う必要がなくなるからだ。

ドメラは旅先のベルリンで、ホテルの従業員たちに、殿下と呼びかけられた。噂はすでにこの地にまで広まっていた。ある日、市長の訪問を受け、本に署名を求められた。ドメラは断りきれずに「プロイセン王子ヴィルヘルム」と書いた。それからの数週間、ドメラが存分に利用したのは、皇太子ヴィルヘルムと皇太子妃ツェツィーリエの「息子」としての立場だった。金持ちや貴族が争うように晩餐会や狩りを主催して、ドメラに敬意を

ハリー・ドメラの真実

ハリー・ドメラの生まれ年は1904年とも1905年ともいわれている。ロシアに1795年に譲渡されたクールラント公国（現在のラトヴィアにあたる地域）の、上流とまではいかずともきちんとした家に生まれた。両親は少数派のドイツ系バルト人で、父親は息子が生まれてまもなく亡くなった。ドメラはのちに母親と引き離され、兄を第一次世界大戦で失った。15歳でドイツ義勇軍に入り、ラトヴィアを相手に戦った。その後市民権を失い、何千という貧困者の仲間入りをすることになった。少年は、荒廃した戦後のドイツでなんとか生き延びていかねばならなかった。

市民権証明書はなかったものの、どうにかこうにか暮らしていた。しかしすぐに失業し、流浪の身となってしまう。ドイツの貴族たちが称号や地位を剥奪されて間もなく、通りを歩けばよりどころを失った数多くの貴族階級が目につくこの時期に、ドメラは自分の演じる存在になりすますためのスキルを培い、なりすます人物の特徴を身につけた。

ハリー・ドメラ

群衆がハリー・ドメラのまわりに集まっている。場所はドメラが1929年に開館したベルリンの映画館で、ここで自分の回想録の映画をかけた。のちに彼は競合相手の映画製作者らを訴えたが、不首尾に終わった。

1929年、ドメラはベルリンに小さな映画館を立ち上げた。開館時には『偽りの王子（1927）』をかけた。映画館は成功したとはいえなかった。この失敗をきっかけにドメラの金は減りはじめ、これが人生初の、終わりに向かっての出来事となった。自身の経済力の問題やベルリンにおけるファシズムの台頭により、1933年にドイツを離れてオランダに向かったドメラは、新しい名前の陰に身を隠した。

新たな始まり

アムステルダムでドメラはソビエト連邦を支持する共産党大会に頻繁に足を運び、左翼のオランダ人作家ジェフ・ラストと知り合った。ラストはドメラをフランス人作家アンドレ・ジイドに紹介した。ドメラとラストは親しくなり、遅くまでニーチェやヘルダーリンについて語り合った。

1936年にはすでにナチス政権がドイツ

表した。通りを歩けば、女たちは立ち止まって膝を曲げたお辞儀をし、男たちは会釈をし、軍人らは敬礼した。彼は壮大な嘘のもたらす恩恵を大いに楽しんだが、共和制の世の中でありながら、今は亡き帝政ドイツの皇帝の末裔たる自分に向けられる媚びへつらいに、やがて嫌気が差しはじめた。いつまでも他人のふりをしていられないことも承知していた。

運命の変わり目

1927年初頭、地元のマスコミはこの王子がハイデルベルグを訪問するという噂を聞きつけた。かつての支配階級をちやほやすることに批判的な者たちもいた。正体がばれるのを恐れたドメラは、フランスに移って外人部隊に参加することにした。だが列車に乗り込む寸前に警察に逮捕された。

逮捕から7か月間、ドメラはドイツのケルンにある監獄に収監され、詐欺罪で

の裁判を待っていた。そのあいだに自分の経験を『偽りの王子――ハリー・ドメラの生涯と冒険　1927年1月から6月にかけて、ケルンの監房にて本人記す』という一冊の本にまとめた。最初の前払金を出版社から受け取ったドメラは、「母親」である皇太子妃ツェツィーリエに、獄中から花束と心のこもったメッセージを送った。

社交界の有名人たちの名声を利用したものの、そのもくろみのおおよそは無害であったとして、裁判では無罪となった。釈放後、ドメラは約束もなしに皇太子妃ツェツィーリエのいる王宮を訪れ、その後皇太子妃からお茶に招かれた。回想録では合法的な成功も収めた。約12万部も売れたのだ。彼の生涯をもとにした芝居も2本つくられ、ドメラ自身がそのうちの1本に出演してみずからを演じた。映画化の権利も売り、『偽りの王子（1927）』では主演を務めた。

ツェツィーリエ皇太子妃殿下、妃殿下の御令息と間違われて光栄です。
ハリー・ドメラ

を支配していたので、同性愛者であるドメラにはドイツに戻る選択肢はなかった。ドメラもラストも熱心な反ファシズム主義者であったので、スペイン内戦の始まりにあたり、スペイン第二共和政のとある連隊に加わった。1939年に内戦が終結すると、ドメラはフランスに移った。左翼運動と投獄をくり返す不安定な生活は、当時の欧州に多かった、疎外された反ファシズム主義者に共通していた。

正体がばれるのではないか、捕まるのではないかといつも恐れていた。旅券も市民権証明書もない、無国籍者であったからだ。ドメラは外国人であり、定住することがなかった。

ヴィシー政権が始まるまでの短いあいだ、ドメラはフランスで投獄されていた。アンドレ・ジイドの尽力により解放されると、今度はベルギーに向かい、不法在留外国人として、ラストやジイドを含む友人たちの物質的援助に頼って暮らした。その後フランス南部に戻ったドメラはまたも抑圧され、18か月を監獄で過ごした。1942年にはメキシコのビザを取得し、欧州を去った。

忘却の彼方

南米に向かう途中で、ドメラは英国当局により不法在留外国人としてジャマイカで拘束された。拘留期間は2年半にも及んだ。釈放後はキューバへと赴き、そこで自動車事故に巻き込まれて重傷を負った。それからもたび重なる不運に打ちひしがれ、命を絶とうとしたが失敗した。

> 皇太子殿下と私は彼の冒険譚を耳にして、体を震わせて笑いました。そのようなわけでお茶にお招きしたのです。魅力的な若者で、立ち居振る舞いも立派でした。
> **皇太子妃ツェツィーリエ**

第二次世界大戦の終わるころにはベネズエラに移り、コカ・コーラ工場で働き口を見つけた。1960年代になってようやく美術史の教師という天職をマラカイボで見つけた。この地では正体を隠して別人として生活していた。

1966年、偽名を使い、地球をあちこちと移動する生活を始めて数十年目に、ドメラの身元がまたも疑問視された。スペイン人の同僚から、何千といる元ナチス党員の一人ではないか、第二次世界大戦の終わりにドイツから逃げてきて、南米に隠れようとしているのではないかとの疑いをかけられたのだ。古い友人であるジェフ・ラストが、ドメラを告発した告訴人に対して、彼の本当の身元に関する宣誓供述書を提供してくれた。これによってドメラの名誉は回復されたが、教職には戻れなかった。

ドメラは残りの日々を隠れて暮らしたらしい。1979年10月4日、赤貧のうちに亡くなった。■

王族になりすます

古来、野心溢れる詐欺師たちは、王、王妃、王子、王女などの王族になりすましてきた。こうした詐欺師たちの中には、実在する、あるいは過去に実在した王族のふりをする者もいれば、偽の称号やありもしない国をでっちあげる者もいた。彼らの動機は実にさまざまだ。そうした芝居がきっかけとなって、政治力を手にいれたり、金を儲けたり、王族の一員として生活するという夢を実現したりする者もいた。過去に幾度となくなりすましが現れた王族といえば、ロシア大公女アナスタシア・ロマノヴァだ。1918年、アナスタシアと家族はボリシェヴィキ兵によって殺害された。遺体の埋葬場所が不明であることから、アナスタシアはまだ生きているという噂がくり返し流れた。幾人もの女がわれこそはアナスタシアだと主張し、自分は姉のマリア、タチアナ、オルガだと言い張る者たちもいた。しかし、エカテリンブルクの近くの森で見つかった骨のDNA鑑定が1991年になされ、その結果、ロマノフ家全員が殺害されたことが明らかになった。

私の絵が美術館にずっと飾られれば、その絵は本物になったということだ

エルミア・デ・ホーリー（1928～68年）

事件のあとさき

場所
欧州及び南北アメリカ大陸

テーマ
贋作

以前
1932～45年 オランダの肖像画家ハン・ファン・メーヘレンが、有名な画家たちの贋作を数百点も制作し、画商から3000万ドル以上を騙し取った。

以後
1978～88年 英国人贋作者エリック・ヘボーンが何百点もの絵画や彫像を売りさばき、のちに『贋作者ハンドブック』を書いた。この本は1996年、彼の死の直前に出版された。

1981～94年 オランダ人画家兼贋作者のヘアート・ジャン・ジャンセンが、1600点以上の贋作を制作した。

エルミア・デ・ホーリーがその伝説的な23年に渡る贋作者としてのキャリアをスタートさせたのは、1946年4月の午後のことだった。カー・レーサーのサー・マルコム・キャンベルの未亡人でもある裕福な女友達が、パリにある彼のアトリエを訪れた。彼の所有する後期印象派絵画の中に、署名がなく、額装もしていない、若い女の抽象画のあることにキャンベル夫人は気がついた。パブロ・ピカソの作品と思い込んだ夫人は、100ドルで売ってくれるようデ・ホーリーに頼み、画家もそれを承諾した。

この偽の「ピカソ」を売った当時、デ・

参照　クリフォード・アーヴィング 88-89　■　コンラート・クーヤウ 90-93

詐欺師たち　75

贋作を見極める

美術品鑑定のもっとも一般的な方法は、当該美術品の所有歴が記された文書を調べることだ。だが所有歴の文書は偽造できるので、専門家は他にもさまざまなテクニックを使う。

美術史家は、全体的な様式と筆使いを見て、作品がその画家の特徴を表しているか、制作されたはずの時代に合っているかを評価する。絵画に使用された色も分析対象となる。絵の具の色によっては使われていなかった時代が存在するからだ。このテクニックは、17世紀の画家フランス・ハルスの作品と思われる絵が贋作であったことを明かすのに使われて有名になった。衣服の襟に塗られていた絵の具が酸化亜鉛だったのだが、これは1728年になってようやく使われはじめた絵の具だったのだ。

科学者は作品が何の上に描かれているかを調べ、その表面が人為的な経年変化処理を施されていないかを確認する。紫外線と光学顕微鏡を使うと、細かな亀裂が経年によって自然にできた本物かどうかを判断できるのだ。

X線分析と呼ばれるテクニックでは、キャンバスが複数回使われているかどうかを調べることができる。これにより本物の巨匠の作であると証明される場合が少なくない。

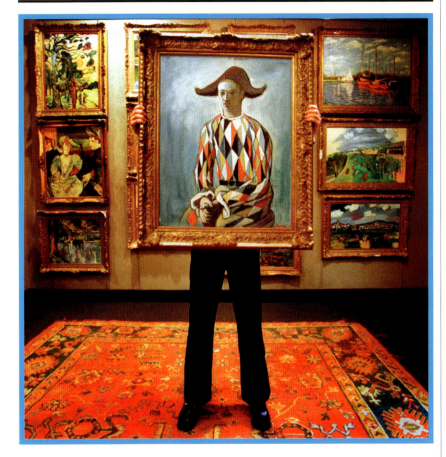

ホーリーは40歳の、古典的な技法を身につけた画家で、凡庸な絵や肖像画を売って成功を収めることに限界を感じていた。名声と富を手に入れようとパリに来てはみたものの、当時花形の抽象表現主義絵画に比べると、彼の後期印象派のスタイルは時代遅れだった。

思いがけず「ピカソ」の模造品が売れたことで、デ・ホーリーはさらに「ピカソ」を描いて画廊に狙いを定めた。自分の出自を戦後に離散したハンガリー人貴族だと偽り、一族の美術品コレクションで手元に遺ったものを提供したいと言った。彼の次なる標的はパリの画廊のオーナーで、このオーナーは3点の「ピカソ」を

デ・ホーリーが贋作者とわかってからも、質の高い彼の絵は依然として人気が衰えない。この贋作のピカソは2000年にフィリップスというオークションハウスで売りに出された。

200ドルで買い上げたのだった。

共犯者

やがてデ・ホーリーはジャック・チェンバレンという男と手を組んだ。チェンバレンは彼の画商となり、共犯者となり、親友となった。二人で欧州中を旅してまわり、贋作を売りさばいた。しかし、利益を半分ずつにする約束であったのが、実際はチェンバレンがほとんどを懐に入

エルミア・デ・ホーリー

エルミア・デ・ホーリーの生涯は山あり谷ありで、名声と富に恵まれるかと思うと、贋作を疑う画廊と司法当局に追われる日々となるのだった。

1938年
政治的に「好ましくない人物」としてハンガリーで逮捕される。ハンガリー政権はナチスドイツと手を組み、芸術家や知識人を投獄しはじめていた。

1946年
マルコム・キャンベル夫人がピカソのものと勘違いした絵を本人に売りつける。

1949年
初めてモディリアーニの贋作を制作し、ニューヨークのニヴォ・ギャラリーに売る。

1951年
「マティス」1点を米カンザスシティのネルソン・アトキンス美術館に、「ピカソ」1点をやはりカンザスシティのウィリアム・ロックヒル・ネルソン・ギャラリー・オブ・アートに売る。

1952年
「マティス」1点、「モディリアーニ」数点、「ルノワール」1点を、米ハーバード大学のフォッグ美術館に売る。当時の副館長が真贋を疑い、これらを返品した。

れてしまっていた。デ・ホーリーはそれに気がつき、パートナーシップを解消した。そしてブラジルのリオデジャネイロに移り、贋作を売って生計を立てながら、また自分の作品を描きはじめた。自分のスタイルで描いた絵は、贋作ほどの収入をもたらさなかった。

1947年8月、デ・ホーリーはアメリカ合衆国に移り、同国の美術界のメンバーに取り入った。何百という画廊に贋作を売る機会が、思いがけなく到来した。彼はマティス、モディリアーニ、ルノワールなど、作品のレパートリーを広げる努力もした。

安全第一

デ・ホーリーは贋作ビジネスを警察に気取られぬよう対策を講じた。本業については語らず、なぜ美術品収集家や画商に安く絵を売っているのかについてはもっともらしい理由を並べた。一般人には贋作を売らず、売りつける相手は美術業界の内部の者たちだけにした。

しかし1955年、デ・ホーリーの贋作1点が画商ジョゼフ・フォークナーに見破られ、FBIに通報された。逮捕を恐れたデ・ホーリーはメキシコへと逃げたが、すぐに捕まってしまった。ただし詐欺罪ではなく、とある英国人男性の殺人容疑であった。デ・ホーリーは多額の金を警察への賄賂に費やすこととなった。

暗い日々

その年デ・ホーリーはアメリカに戻り、ロサンゼルスに身を潜めて自分のオリジナル絵画を売ろうとしたが、すぐにニューヨークへと居を移した。しかし自分の絵に興味を示してくれる人がおらず、うつ状態に陥り、1959年、52歳のときに自殺を図った。

新しい友人のフェルナン・ルグロとは、デ・ホーリーがニューヨークで新居披露パーティーを開いたときに知り合った。二人はデ・ホーリーの体調の回復を期待して、車でフロリダに向かった。やがて金を使い果たすと、デ・ホーリーはリトグラフを3点制作し、自分の古いスーツをルグロに着せて売りさばきに行かせた。このもくろみがうまくいったので、今度はルグロがデ・ホーリーを説得し、自分を彼の画商として雇わせ、売り上げの4割を取り分とした。こうして始まったパートナーシップは8年に渡って続いた。

> うまい贋作よりまずい真作を
> 好むような奴がいるものかね?
> エルミア・デ・ホーリー

詐欺師たち　77

1955年
FBIの捜査を受けて偽の出生証明書を手にメキシコへ逃亡。のちに殺人事件の捜査で容疑者となり、逮捕される。

1959年
自殺を図ったが一命を取り留め、フェルナン・ルグロとフロリダに旅をして回復に努める。

1957年
訪れた米デトロイト美術館のフランス絵画コレクションの中に、自分の描いた「マティス」の絵画作品数点を見つける。

1969年
有名人であることを活用し、作家クリフォード・アーヴィングに過去を語り聞かせて伝記『贋作』を書かせた。

1968年
逮捕され、スペインのイビサ島の獄舎で2か月間服役する。その後追放されポルトガルへと発つ。

　デ・ホーリーとルグロはスペインの自治州イビサ島に移り、地中海を見下ろせる美しい住まいに落ち着いた。そしてイビサ島から世界中の画商に贋作を販売した。

疑惑の再浮上

　1964年になるとデ・ホーリーの贋作の質が低下しはじめた。画商や専門家が疑念を抱きはじめ、彼から絵を買ったことのある画廊のオーナーらがインターポールとFBIに警告した。

　1967年までにはさらに多くの彼の絵が贋作であることが明るみに出て、贋作者としてのキャリアは終わりを告げた。ルグロが1964年から66年にかけて、デ・ホーリーの偽の傑作46点をテキサス州の石油王アルジャー・メドウズに売りつけたが、贋作だと知ったメドウズが警察に通報したのだ。

　国際逮捕令状がルグロに対して発行され、彼はスイスで拘束された。デ・ホーリーは逃亡したが、1967年11月にイビサに戻ってきた。そのほうが安全と思ったのだ。

永遠の遺産

　しかし、スペイン当局は、同性愛行為を含む複数の罪状でデ・ホーリーを告訴した。彼はイビサで1968年8月から10月の2か月間服役したが、獄舎での処遇はよく、本、デッキチェア、自前の服などの持ち込みを許された。釈放にあたっては1年間のイビサ島からの追放となった。彼はポルトガルに移ったが、結局イビサに戻ってきた。

　そのころフランスの警察が、贋作取引の罪で彼を告訴し、身柄の引渡しを求めようとしていた。身柄引渡しが差し迫っていることを知ったデ・ホーリーは、1976年12月11日に睡眠薬で命を絶った。同年、スイスで執行猶予の条件を満たせなかったルグロは、フランスからブラジルへと身柄を送られたのち、ブラジルで身を隠した。フランスでは偽造とメドウズへの詐欺行為の罪で告訴された。そして2年間投獄され、1983年に貧困のうちに亡くなった。

　現在、デ・ホーリーはそのキャリアで1000点以上の贋作を制作した、史上最高の贋作者として高く評価されている。彼の尋常ならざる生涯は作家クリフォード・アーヴィングと俳優兼監督のオーソン・ウェルズを虜にし、前者は『贋作』(1969)というデ・ホーリーの伝記を書いて成功を収め、後者は『オーソン・ウェルズのフェイク』(1973)で、デ・ホーリーの生涯と作品に関するドキュメンタリーを撮った。

　デ・ホーリーの贋作が、今も世界中の美術館に数多く展示されている、と考える美術の専門家もいる。■

盗みじゃないわ、あちらがくだすったものを持って帰ろうとしているだけよ
ドリス・ペイン（1952〜2015年）

事件のあとさき

場所
アメリカ合衆国、フランス、英国、ギリシャ、スイス

テーマ
宝石泥棒

以前
1883〜85年 ソフィア・イヴァノヴナ・ブリュヴシュテインは伝説のロシア人詐欺師で、ホテルの客室で多くの盗みを働いた。最後には捕まり、投獄されて重労働を科された。

以後
1991年 イップ・カイ・フーンが香港の宝石商を狙って5件の武装強盗事件を起こし、110万ポンド相当の宝石類を奪った。1996年5月、銃撃戦ののちに逮捕され、このときに背中を撃たれた。

1993年 国際的な宝石窃盗集団として知られた「ピンク・パンサー」が、宝石店強盗事件を起こした。このあと彼らは強盗を重ね、金や宝石類合わせて3億ポンドを超える品を強奪した。

　ドリス・ペインは1952年から犯罪を重ねて80代に至ったが、国際的な宝石窃盗犯としてのキャリアに終止符を打つ気はなかった。13歳のとき、白人の店主から腕時計の試着を「許された」ドリスは、侮辱されたと感じて店を出たが、腕時計をしたままだった。腕時計は返却したが、この出来事で、時計を持ち去ることもできたのだと気がついた。

　ドリス・メアリー・ペインは1930年10月10日、米ウエストヴァージニア州南部のスラブ・フォークで、アフリカ系アメリカ人の父とスー族の母とのあいだに生まれた。人種差別の激しい時代に育ち、高校を中退して介護施設で働いた。これが彼女にとって唯一の、本来の意味での仕事だった。

ベテラン窃盗犯

　シングルマザーとして二人の子供を抱えていたペインは、高級宝飾店から品物を盗めば生活できると考えた。そこで、高価な指輪をあれこれ試着しながら店員の注意をそらすという手口を編み出した。指輪をつけ、次に別の指につけ直す。あ

85歳のドリス・ペインは2015年10月にまたも逮捕された。米ジョージア州アトランタのサックス百貨店の支店で、クリスチャン・ディオールのイヤリング一組を盗むところを防犯カメラに撮られていた。

ちこち動かすうちに、しまいにはどの指輪を試着しているのか、店員には把握しきれなくなる。そのあいだ中ペインはカットや透明度やカラット数などについて質問し続け、さらに相手の気が散るようにした。

　ペインは洗練された立ち居振る舞いを身につけ、品のよい服を着て、有名デザイナーの靴を履き、しゃれたイヤリングをつけ、きれいにセットされたショートヘアで店を訪れた。最大の才能は、相手

詐欺師たち **79**

参照　ビル・メイソン 36 ■ アントワープのダイヤモンド強盗 54-55 ■ 首飾り事件 64-65

を語りで惹きつけて安心させ、宝石から相手の注意をそらすことのできる力だった。

速い逃げ足

ペインは富裕層向けの雑誌で宝石の広告を熟読し、盗む品物を決めた。そしてオハイオ州クリーヴランドから出かけていき、目当ての品を手に入れた。いつもの手管を駆使し、昼食をとりながらどれ

を買うかよく考えたいと店員に言い残し、宝石を身につけたままで店を出た。

店員たちが盗みに気づくまでにはしばらく時間がかかるため、ペインには逃げる時間が十分にあった。たいていはタクシーでの逃走となり、オハイオに戻ると、クリーヴランドを拠点とする故買屋、つまり盗品であることを知りながら売買する業者に盗品を売り払った。

懲役刑

ペインは20の偽名と9つの旅券を使い分け、世界を旅して盗みを働いた。もっとも有名な窃盗は、フランスのモンテカルロのカルティエから50万ドル相当の10.5カラットのダイヤモンドを盗んだ1974年の事件だ。

逮捕から逃れる術も一級品で、モンテカルロの見張られたホテルの部屋からも、病気を装って入ったテキサス州の病院からも、パリの牢屋からも逃げ出した。ペインがもっとも長く服役したのはコロラド州の獄舎で、このときは1998年に高級

百貨店ニーマン・マーカスで5万7000ドル相当のダイヤモンドの指輪を盗み、懲役5年となった。そして仮釈放中にデンバーへと逃げた。ただし、つねに逃げきれたわけではなく、短期間の服役を何度もくり返した。

高齢犯罪者

ペインは2013年、83歳で逮捕された。カリフォルニア州パームデザートで、2万2000ドル以上の価値のあるダイヤの指輪をつけたまま店を出たのだ。判事はペインに数か月の服役を命じ、釈放後は宝石店への接近を禁じた。この命令が守られることはなく、彼女は2015年10月にまたもや逮捕された。

2014年にはペインのドキュメンタリー『ドリス・ペインの生涯と犯罪』が公開された。この中で彼女は、社会の偏見に抗い、自分なりのアメリカン・ドリームを見出した反逆者として描かれた。■

品のよい裕福な女性客に見える
装いで店に入る

↓

ダイヤモンドの指輪を
いくつか見せてもらう

↓

店員に話しかけ続け、
宝石をほかにもいろいろと見せて
くれるよう頼む

↓

店員をうまく会話に巻き込み、
いくつの宝石をショウケースから
出したかを忘れさせる

↓

狙った宝石を身につけて店を出る

長いキャリアの犯罪者

80代になっても元気な犯罪者たちは、仕事で稼いできた60年のあいだに有名人となっている。ドリス・ペインは幼いころ父親に世界を旅したいと言って、世界地図の訪れたい場所の上に塩と粉とで小さな山を作った。自分で選んだ「キャリア」は確かにその夢を実現し、フランス、イギリス、スイス、ギリシャへと彼女を連れていってくれた。75歳のときに犯罪まみれの生活を終わりにすると誓ったが、引退を撤回して2010年に

コートを1着、翌年にダイヤモンドの指輪を1つ盗んだ。

ペインがなぜ盗むかといえば、盗むことで贅沢な暮らしができるからだ。しかし、店のオーナーを騙すことのスリルや、盗品を持ち逃げする際に湧き出るアドレナリンも動機としては大きいようだ。本人によれば、後悔するのは捕まったときだけ。引退する予定はどうやらないらしい。

奴らはゴムボートを膨らませて
島を去った
そのあと何が起こったかは
誰にもわからないらしい

アルカトラズからの脱出
（1962年6月11日）

アルカトラズからの脱出

事件のあとさき

場所
アメリカ合衆国、カリフォルニア州サンフランシスコ

テーマ
脱獄

以前

1935年3月2日 6人の囚人がフランス領ギアナの流刑地からボートで脱走した。生粋のパリっ子ルネ・ベルブノワを除く全員が、のちに身柄を確保された。

以後

1977年6月10日 ジェイムズ・アール・レイはアメリカ合衆国公民権運動の指導者マーティン・ルーサー・キング・ジュニアの暗殺の罪で服役していたが、収監されていたテネシー州のブラッシー・マウンテン州立刑務所を6人の仲間と脱走した。全員が3日後に身柄を確保された。

1983年9月25日 北アイルランドアントリム州のメイズ刑務所に収監中のアイルランド統一主義者の囚人2人が、こっそり持ち込んだ銃で看守らを人質にし、36人のIRAメンバーと共に脱走した。これは英国史上最大の脱獄事件となった。

1984年5月31日 米ヴァージニア州メクレンバーグ矯正施設の死刑囚6人が、看守を襲って制服を奪い、バンで脱獄した。

1962年6月11日の夜遅く、アルカトラズ連邦刑務所の囚人3人が、伝説の犯罪者の仲間入りを果たした。彼らは不可能に思えた重警備施設の監獄破りを実行し、即席の筏で沖へと乗り出した。その後の逃亡者たちの運命はアメリカ合衆国史上最大級の謎だ。

脱獄計画は数年かけて練り上げられ、当初はクラレンスとジョンのアングリン兄弟、フランク・モリス、アレン・ウエストの4人の囚人がこれに関わっていた。

> 獄舎に戻ると仲間たちがわめいていた。「奴らが逃げた！ 逃げた！ 逃げた！」
> **ダーウィン・クーン、アルカトラズ島囚人**

「監獄島」は19ヘクタールの島で、沖合2キロメートルという位置にあり、軍事基地、重警備刑務所にふさわしい場所だ。

しかし監房を出ることができたのは3人だけだった。3人は9メートルの壁をよじのぼり、屋根を渡り、15メートルのパイプをつたって地上に下りた。さらに外界と刑務所を隔てる3.5メートルの鉄条網を2か所越えた。3人は即席の筏を運びながらこれらをやってのけ、その筏で氷の海へと漕ぎだした。

手強い課題

ほかに例を見ない重警備と、冷たいサンフランシスコ湾の速い潮流に囲まれた荒涼たる孤島であることから、アルカトラズは脱獄不可能な監獄と見なされていた。1934年から63年までの連邦刑務所としての歴史の中で、生きてこの島を出られた囚人は、ジョン・ポール・スコットただ一人だった。1962年12月、先の「アルカトラズからの脱出」から半年後、スコットは厨房の下の倉庫室の窓を乗り越え、海を泳いで岸にたどり着いた。ゴー

詐欺師たち 83

参照 大列車強盗 30-35 ■ D・B・クーパー 38-43

アルカトラズ到着時のマグショット。右からクラレンス・アングリン、クラレンスの兄ジョン・アングリン、フランク・リー・モリス。彼らは1960年から61年のあいだに別々に収監された。

ルデンゲートブリッジの近くで意識を失い、低体温症に陥っているところを見つかり、ただちに身柄を確保されたのだ。

アルカトラズを脱走した囚人は合計で36人、その試みは14回にのぼった。うち23人が捕まり、6人が銃殺され、2人が溺死している。アングリン兄弟、モリス、セオドア・コール、ラルフ・ローの5人は「溺死した」と見なされている。コールとローは1937年12月16日、窓の鉄格子をくぐり抜けて水辺にたどり着いたが、その晩は嵐であったために潮の流れがことのほか不安定で、生きて対岸に到達できる見込みがほとんどなかった。

弱点を探る

1961年12月、アングリン兄弟、モリス、ウエストは、監房が隣同士になったのをきっかけに友人となった。ウエストによると、同月、彼が廃棄されたのこぎり刃をいくつか通路で見つけたことをきっかけに、4人で脱獄計画を練りはじめた。自分たちの監房の奥の壁に弱点はないかと探したところ、流しの下の換気ダクトの開口部を緩めることができそうだと考えた。

4人はたいへんな努力の末に開口部のカバーを外した。作業中は手作りの潜望鏡を使い、交代で見張りをした。尖らせたスプーンや、壊れた掃除機のモーターを再利用した即席のドリルなど、粗末な道具を駆使し、監房の壁のダクト部分を外すことに成功した。彼らは毎日の「音楽の時間」を最大限に活用した。この時間は楽器を演奏してもよいため、トンネルを掘る音がうまい具合にかき消されるのだった。

トンネルは、監房の裏手の、見張りのいないユーティリティー設備用の通路へとつながっていた。そこから蒸気の通る管のシャフトと建屋の屋根に通じるダクトをよじのぼり、屋根で換気扇を外した。屋根の上に隠れながら、4人は急ごしらえの作業場をつくり、計画の次の段階、つまりは島からの脱出の準備をした。

創意工夫

人目につかず、邪魔されずに夜な夜な作業を進められるよう、彼らはセメント粉を使ってダミーの頭部を作った。肌の色に近い絵の具で色を塗り、獄舎内の床屋から持ってきた人毛を貼りつけた。

4人はダミーの頭部を枕の上に置き、布やタオルをベッドカバーの下に詰めて胴体があるように見せ、就寝確認時に監

脱獄犯たち

ジョンとクラレンスのアングリン兄弟は、1950年代に銀行強盗に手を染めた。二人は1956年に逮捕され、15年から20年の懲役刑を受けて連邦刑務所に収監された。様々な刑務所で幾度か脱獄を試みたものの失敗し、二人はアルカトラズに送り込まれた。ジョンは1960年後半、クラレンスは1961年前半にかの地に到着した。

兄弟は、有罪判決を受けた銀行強盗フランク・リー・モリスと同じブロックに収監された。親のいなかったモリスは孤児院で育ち、13歳で犯罪生活を始め、10代後半には長い犯罪歴を持つ身となっていた。

銀行強盗の罪によるルイジアナ州刑務所での10年の服役中に、モリスは脱獄した。その1年後に押し込み強盗を働いて捕まり、1960年にアルカトラズに送られてきた。大胆不敵なこの脱獄計画をけしかけたのは自分だというアレン・ウエストの主張をよそに、IQの非常に高いモリスをアルカトラズ脱獄事件の黒幕と見なす者は多い。

84　アルカトラズからの脱出

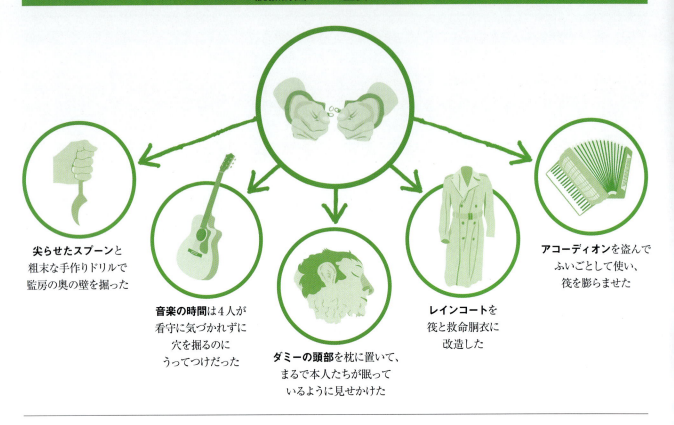

脱獄計画5つの重要ポイント

- **尖らせたスプーン**と粗末な手作りドリルで監房の奥の壁を掘った
- **音楽の時間**は4人が看守に気づかれずに穴を掘るのにうってつけだった
- **ダミーの頭部**を枕に置いて、まるで本人たちが眠っているように見せかけた
- **レインコート**を筏と救命胴衣に改造した
- **アコーディオン**を盗んでふいごとして使い、筏を膨らませた

房にいないことがばれないようにした。暗い獄舎の中では、それで本人たちが寝ているように見せることができた。作業室には盗んだ品物をいろいろと集めておき、たとえば50着以上のゴム引きのレインコートを使って筏と救命胴衣を作った。継ぎ目を縫い合わせ、蒸気の通る管から発せられる熱で貼り合わせて、筏や救命胴衣に水が通らないようにした。仲間の囚人から盗んだアコーディオンはふいごの代わりにして筏を膨らますのに使用し、粗末な木の櫂（かい）も作った。

決行

準備が整うと、男たちは1962年6月11日の夜を決行日に決めた。しかし問題があった。ウエストの部屋の開口部が目立ちはじめてきたのだ。セメント粉で応急処置を施したが、乾いてみると穴が狭くなってしまい、ウエストは体を入れることができなかった。穴を広げたころには、ほかの3人は彼を置いて逃げてしまっていた。

その3人はというと、換気用のシャフトをよじのぼって屋根の上に出た際に、うっかりと大きな音を立て、看守の注意を引いてしまった。しかしそれ以上音がしなかったので、看守たちは調べることをしなかった。3人は鉄条網を越え、筏に空気を入れた。捜査員がのちに割り出したところでは、彼らは夜の10時に島を発ち、3キロメートル北にあるエンジェル島に向かったらしい。翌朝、看守がダミーの頭部を発見して計略が明らかになった。この驚くべき脱獄の噂が獄舎内に広まると、囚人たちははやし立てた。「奴らが逃げた！　奴らが逃げた！」

捜索開始

その後10日間に渡り、当局は陸、海、空から大がかりな捜索を実施した。6月14日、湾岸警備隊が、エンジェル島の南の岸辺から約180メートルのところで一本の櫂を発見した。ビニールに包まれた財布も見つかり、中にはアングリン一家の写真が数枚入っていた。6月21日には筏の残存物と思われるレインコート生地の切れ端が岸辺で見つかった。その翌日には刑務所の捜索ボートが間に合わせの

アルカトラズ刑務所の看守がユーティリティー用の通路で壁の一部を手にしている。囚人の一人はここを掘って外に出た。この通路からは獄舎の屋根にあがることができた。

救命胴衣を一着拾いあげた。

　これまで遺体はおろか、男たちの運命を明かす物理的証拠となるものは、ほかに何ひとつ見つかっていない。彼らのうちの誰かがエンジェル島にたどり着いた可能性は否定できないが、湾内の低い水温と激しい潮流を考えると、そうそうありえることではない、とFBIは結論づけた。

　彼らの脱獄が明らかになると、ウエストは、脱獄計画に参加した罪の量刑の軽減を条件に、捜査に協力した。脱獄計画について詳しく語り、陸で服と車を盗む計画であったことを白状した。しかしFBIの捜査では、事件から数日のうちに車の盗難や衣料品店への押し込みはなかったことがわかった。3人の逃亡者は氷のように冷たい海水に命を奪われたとの見方が強まった。

新たな手がかり

　1979年12月31日、17年間の捜査のの

> 兄たちはここを逃げ出したに
> 違いありません。
> 今も生きていると思います。
> マリー・ウィドナー

ちにFBIは事件捜査を終了した。公式の捜査結果は、かの囚人たちはエンジェル島に到達しようとする途中でサンフランシスコ湾の冷たい海中に沈んでしまった可能性が高い、というものだった。捜査は連邦保安官局に引き継がれた。

　2015年10月、アングリン兄弟の家族が本件に新たな風を吹き込んだ。家族が当局に提出したクリスマスカードは、脱獄から3年のあいだにアングリン兄弟が母親に宛てて送ってきたものだという。筆跡は兄弟のものと一致したが、書かれた日付を突きとめることはできなかった。アングリン一家からは、ブラジルの農場でジョンとクラレンスが写っている1975年付けの写真も新たに提出された。〈ヒストリーチャンネル〉の調査を担当する法医学専門家の見立てでは、1975年の時点でアングリン兄弟が生きていた可能性は高いとのことだった。

　機密扱いを解除されたFBIの資料が、2015年10月に公開された。この資料によると、FBI長官エドガー・フーバーは、1965年にアングリン兄弟がブラジルに潜伏しているという情報を得ていたことが明らかになった。この情報は、当時のFBIが公開していた情報とは異なるものだった。1965年、フーバーは秘密裏に捜査官にブラジル行きを命じて兄弟を捜させたが、彼らの足取りはまったくつかめなかった。脱獄犯らの運命がどうあれ、この途方もない事件はまだまだ終わりとはいえないようだ。■

あのころ、良いことをするということは、私にとっての良いことのうちに入らなかったのです
フランク・アバグネイル（1964〜69年）

事件のあとさき

場所
アメリカ合衆国、ニューヨーク州、ユタ州、ルイジアナ州、ジョージア州

テーマ
身元詐称、小切手偽造

以前
1874年 腕利きの詐欺師ジェイムズ・リーヴィスは、偽の書類を手に米アリゾナ州とニューメキシコ州の土地の所有権を主張し、権利書を500万ドル超で売却した。

以後
1992年 米ペンシルヴェニア州出身のマイケル・サボは身元詐称と小切手偽造で名高く、銀行詐欺、偽造、重窃盗、なりすまし犯罪で有罪となった。

1998年 アメリカ合衆国の元銀行重役ジョン・ルッフォは、複数の銀行から3億5000万ドルを騙し取った。逮捕されて17年の服役となったが、収監当日に姿を消した。

両親の離婚を知った16歳のある日、フランク・ウィリアム・アバグネイル・ジュニアは、小さな鞄に身の回り品を詰めて家を出ると、ニューヨークのグランドセントラル駅に向かった。それからの6年間で伝説の身元詐称者となり、芸術的ともいえる詐欺行為をくり返し、FBI捜査官を悩ませた。

身長が180センチメートルあり、20代で通る外見をそなえたアバグネイルは、運転免許証の数字を26歳に書き換え、配達の仕事に就いた。警察がすでに家出人の捜索を始めていたので、マイアミへと逃げた。

「スカイウェイマン」

町のホテルで飛行機乗務員を見かけたアバグネイルに、ある考えが浮かんだ。パイロットのふりをすれば、小切手を現金に換える手間をかけずに世界中を旅することができるのではないかと思ったのだ。翌日、彼はパン・アメリカン航空に電話をかけ、購買部を呼び出し、滞在中のホテルが制服を紛失したと文句を言った。購買部は彼にニューヨークの制服納入業者に出向くよう指示し、業者は彼に

贖罪

フランク・アバグネイルは時間をかけて自分の罪を償う必要があるとして、それを目に見える形で実践してきた。彼が条件つきの釈放下で初めてFBIと仕事をしてから42年が経つが、今もその関係は続いており、政府のためにした仕事の報酬の受け取りを拒否し続けている。また、3人の大統領から赦免の申し出があったが、これも断っている。「私のしたことが許されるのは、書類によってではありません。私のしたことが許されるのは、私の行動によってだけです」と彼はいう。彼ならではのスキルをよい目的に用い、個人や企業のなりすまし犯罪、詐欺防止、セキュリティーに関する優れた専門家として活躍している。1976年には自身のセキュリティー会社を設立し、彼の詐欺防止プログラムは世界の1万4000の企業、法執行機関、金融機関で実施されている。

アバグネイルは彼の捜査を指揮した捜査官ジョゼフ・シアと友情を育み、2005年にシアが亡くなるまでその関係は続いた。

詐欺師たち 87

参照 エッフェル塔売却事件 68-69 ◾ クリフォード・アーヴィング 88-89

釈放後の**フランク・アバグネイル**は、腕利きの詐欺師から、詐欺、偽造、横領に関する世界でもっとも尊敬される権威へと転身した。

フランク・アバグネイルの「職業」
- 航空機パイロット
- 社会学教授
- 医師
- FBI捜査官
- 弁護士
- 刑務所の覆面査察官

合う新しい制服を見つけてくれた。

アバグネイルはパンナム機の飛行機模型から取った粘着ステッカーを使って、パンナム社のパイロットライセンスを偽造した。それさえあれば世界をただで回れた。航空会社には、互いのパイロットを無料で搭乗させるという優遇措置があったからだ。

転職

「パイロット」として過ごしたのち、ユタ州に移り、名前をフランク・アダムスに変えて大学の卒業証書を偽造し、ブリガム・ヤング大学で社会学の教授として働いた。その後、ロースクールにも通わずに、ルイジアナ州の司法試験に3度目の挑戦で合格した。そしてルイジアナ州の司法長官事務所にパラリーガルとして雇われた。パラリーガルの仕事を辞めたのは、同僚に経歴を疑われたからだ。そうした生活のあいだにも、偽造小切手とダミーの銀行預金伝票を使い、FBIに追われることになる足跡を残していった。

逃亡の危険性

1969年、アバグネイルはついにフランスで逮捕された。国外退去となりアメリカに移送されたが飛行機から逃走し、カナダへと逃げ、モントリオールで再逮捕となった。ここで覆面査察官になりすましてまた逃亡し、ワシントンD.C.に飛び、FBI捜査官のふりをしてすんでのところで逮捕を逃れた。そんな彼がついに逮捕されたのは、たまたま覆面パトカーに乗っていたニューヨーク市警の刑事たちの横を通り過ぎたからだった。12年の懲役刑を宣告されたが、4年の服役で釈放された。その条件は、残りの服役期間をFBIのために働くというものだった。

アバグネイルはのちに、いかにして詐欺被害を回避し、詐欺と戦うかを助言するセキュリティ会社を設立した。1980年に出版された伝記『キャッチ・ミー・イフ・ユー・キャン』はスティーヴン・スピルバーグにより映画化され、2002年に公開された。◾

私は嘘の列車に乗っていた飛び降りるなんてできなかった
クリフォード・アーヴィング（1972年）

事件のあとさき

場所
アメリカ合衆国、ニューヨーク市

テーマ
偽書

以前
1844年 アイルランドの気球乗りトーマス・モンク・メイソンは気球で大西洋を横断した、と《ザ・サン》紙が報じたが、これは作家エドガー・アラン・ポーによる捏造であることが明らかになった。

以後
1998年 作家ウィリアム・ボイドが架空のアメリカ人芸術家ナット・テイトの伝記を刊行し、ニューヨーク美術界にいたずらをしかけた。この冗談にはデイヴィッド・ボウイも協力し、「出版記念パーティー」では本書を数節朗読した。

2015年 作家ローラ・ハーナーの『カミング・ホーム・テキサス』が店先から撤去された。《ニューヨーク・タイムズ》紙ベストセラーランキング常連の作家ベッキー・マグロウの小説を盗用したことが明らかになったからだ。

　1972年、偽書のニュースが大きく報道された。作家クリフォード・アーヴィングが、アメリカ合衆国でもっとも裕福でもっとも謎の多い男ハワード・ヒューズから伝記を書くよう頼まれたと出版社マグロウヒル社に嘘をついていたのだ。

　アーヴィングはヒューズからだと言って一通の手紙を証拠として見せ、ヒューズが自分の本を褒めていると出版社に説明した。さらにはヒューズが彼に録音テープと原稿を送ってくれたとも言い添えた。ヒューズは1958年から隠遁生活を送っていた。本の出版を阻もうとすれば、どうしてもマスコミや警察から注目されてしまう。そうした事態を避けるためにも今回の出版計画は見逃してくれるだろうと、この作家はたかをくくっていた。

契約締結

　マグロウヒル社の編集者たちはクリフォード・アーヴィングをニューヨークの事務所に呼び、契約書にアーヴィングとヒューズ双方の署名を求めた。そして前払金として10万ドルをアーヴィングに、40万ドルをヒューズに支払うと提案した。しかしアーヴィングは前払金について再

ハワード・ヒューズは1930年代に大成功を収めたが、人生の後半は精神面の不調に苦しんだ。

度交渉し、総額76万5000ドルで手を打った。アーヴィングの友人で協力者の作家リチャード・サスキンドがヒューズの筆跡を偽造して契約書に署名した。

　出版社は、アーヴィングとヒューズそれぞれの前払金分の小切手を、アーヴィングにまとめて送った。H・R・ヒューズなる人物のスイス銀行の口座に振り出されたその小切手を預け入れたのは、アー

詐欺師たち 89

参照　首飾り事件 64-65　■　エッフェル塔売却事件 68-69　■　エルミア・デ・ホーリー 74-77

> アーヴィングの作り話が通ったのは、作り話の土台の大部分が真実だったからだ。
> 《タイム》誌

ヴィングの当時の妻イーディスだった。この口座は彼女が「ヘルガ（Helga）・R・ヒューズ」の名で開いたばかりのものだった。

二つの幸運

執筆にあたって調べものをするうちに、アーヴィングたちは、ヒューズの元ビジネスマネージャーについて書かれた未完の原稿を見つけた。それを書いたのは作家ジェイムズ・フェランだった。アーヴィングは大部分をそこから盗用し、自分が書いたと主張した。

1971年後半、アーヴィングは完成原稿をマグロウヒル社の担当編集者に渡し、翌年に刊行する計画を立てた。このことを知ったヒューズの弁護士は、偽書の可能性があると出版社に忠告した。だがマグロウヒル社はアーヴィングの肩を持った。筆跡鑑定の専門家が真筆だと判断したからだ。

賭けが裏目に

ヒューズ本人がついに隠遁先から姿を現したのは、本の出版を2か月後に控えた1972年3月のことで、彼は記者たちを相手に電話会議を開いた。そして出版が予定されている本は偽書であると訴えたため、マグロウヒル社は契約を破棄した。

アーヴィングとタイプライター。 ヒューズの伝記原稿を書くのに使ったものだ。事件は『ザ・ホークス──ハワード・ヒューズを売った男』（2006）という作品で映画化された。アーヴィングはアドバイザーとして雇われたが、本作を嫌い、クレジットから名前を外してほしいと頼んだ。

《タイム》誌は1972年2月号でアーヴィングを「今年もっとも活躍した詐欺師」と呼んだ。

アーヴィングは裁判にかけられる代わりに罪を認め、1万ドルの罰金の支払いと、前払金の払い戻しを命じられ、連邦刑務所での懲役30か月を宣告された。

イーディスは禁固2か月、サスキンドは窃盗と共謀の罪で懲役6か月となった。

アーヴィングのこの驚くべき事件の顛末は1981年に本にまとめられて出版され、2006年には映画化された。■

イーディス・アーヴィングはこの詐欺事件で重要な役割を果たした。身元を隠すために変装をし、自分の開いた新しい口座にヒューズの小切手を預け入れた。

でっちあげの技

詐欺師の多くは、詐欺の内容をいかにもありそうに見せるためなら労を厭わない。クリフォード・アーヴィングはこの本で、ヒューズとのインタビューをただでっちあげたのではなく、サスキンドを相手にインタビューを演じている。アーヴィングがヒューズ役、サスキンドがアーヴィング役を演じた。

アーヴィングが作家ジェイムズ・フェランから盗用した内容は、いかにも本物らしく見えた。というのもそれは真実であり、ヒューズをよく知っている者が実際に経験したことが土台となっていたからだ。そうした内容と、1969年には贋作者エルミア・デ・ホーリー（74〜77ページ参照）の伝記で大成功を収めたアーヴィングの優れた文章力が結びついて、説得力のある読み物に仕上がった。刊行時期も完璧だった。というのも、変わり者で人前に出てこない大金持ちの素顔を知りたいという機運が、世界的に高まっていた時期でもあったからだ。

アーヴィングはのちに奥義を明かしている。自分で自分の嘘に騙されることが大事だというのだ。唯一の判断ミスは、ヒューズ本人がついに沈黙を破ってアーヴィングを非難するという予想外の展開となったことだった。

もともとは
ヒトラーの生涯を
本から写し取っていたが、
そのうち自分がヒトラーで
あるような気がしはじめた

コンラート・クーヤウ（1978〜84年）

事件のあとさき

場所
ドイツ、シュトゥットガルト

テーマ
文書偽造

以前
1796年4月2日　ウィリアム・ヘンリー・アイアランドを名乗る贋作者が、ウィリアム・シェイクスピアの失われた作品をかたって自作の戯曲を売った。

以後
1987年1月23日　アメリカ人詐欺師マーク・ホフマンが、モルモン教の歴史的文書を偽造し、目撃者2人を殺害した罪で有罪となり、終身刑を宣告された。

2007年2月　イタリアのマルチェッロ・デッルトリ上院議員が、ファシズムの指導者ベニート・ムッソリーニの1935年から39年までの日記を見つけたと主張したが、日記はイタリア人歴史家たちによる偽造文書であることが判明した。

　ドイツのシュトゥットガルトの自分の店の奥で、コンラート・クーヤウは長い日記を手書きで書いていた。古いゲルマン・ゴシック体で黒い帳面を埋めていき、一冊書き終えるたびに紅茶をふりかけてページをこすり合わせ、古くて傷んだ風合いを与えた。仕上げには、帝国の象徴である鷲を形どった赤い封蝋で帳面を飾り、本物のナチスの文書から外した黒いリボンをつけ、ゴシック体の金文字を入れた。3年間毎日こつこつと書きため、ついには歴史上もっとも悪名高い贋作のひとつである、ナチスの独裁者アドルフ・ヒトラーの日記61巻をでっちあげた。

詐欺師たち 91

参照　エルミア・デ・ホーリー 74-77　■　クリフォード・アーヴィング 88-89

コンラート・クーヤウが、1984年のハンブルグでの裁判の冒頭で、数あるヒトラーの日記のうちの一冊を見せている。

歴史文書の真贋判定

手書きの史料には、それが手紙であれ日記であれ、ほかのものであれ、その史料固有の性質がある。日付のない歴史文書の真贋と執筆者を見極めるには、犯罪科学調査員が歴史、科学、文体の面から分析を行う。これらの専門家は印刷方法、住所、消印を調べ、その史料が制作された時代を突き止める技術を有している。

贋作であるかどうかは、本物が作られた当時に存在しなかった材料が使われているかどうかを探り当てることでわかる場合が少なくない。とりわけ、使われている紙を科学的に分析すると真贋が判明することが多い。調査員は拡大鏡から分子分光法にいたるまで、数々の手段を自在に駆使し、使われたインクの経年劣化の度合いを明らかにして、文書の描かれた時期を判断する手がかりを見つけ出す。歴史文書を書くのに使われたインクを調べると、どんな道具を使ったか（たいていはペンか羽ペンか鉛筆）も判明する。そしてその結果により、いつの時代に書かれたのかなどの情報をさらに明らかにすることができる。

経歴詐称

ドイツの貧しい家庭に育ったクーヤウは、ナチズムに憧れた。贋作の作成に手を染めはじめたのは、ティーンエイジャーのころだった。

1967年にはシュトゥットガルトに店を開き、ナチス文書を偽造し販売した。彼の偽造品にはヒトラーの自伝『我が闘争』の続編の序文や、ヒトラーの筆によるものと称したオペラの冒頭部分や詩があった。

そんなクーヤウも、ドイツの時事ニュース雑誌《シュテルン》の記者の存在がなければ、アマチュア贋作者で終わっただろう。その記者ゲルト・ハイデマンは、同誌に20年以上携わり、キャリアに行き詰まりを感じていた。ヒトラーと第三帝国への興味が、ナチスの記念品収集などを通じて彼をクーヤウのもとへと導いた。

ペンを執る

1978年、クーヤウはヒトラーの筆跡の

練習に数週間を費やしたのち、史料、新聞、治療歴、書籍を活用して日記を偽作した。彼が用いたのはベルリンで購入した安価な帳面と、青と黒のインクを混ぜて水で薄めたものだった。そしてヒトラーのイニシャルを帳面の表紙につけたのだが、ここで大きな間違いを犯した。当時は誰も気づかなかったのだが、「A」とすべきところを何かの拍子に「F」としてしまった。ゴシック体の「A」と「F」は実によく似ているのだ。

同年、クーヤウは彼の手による初めてのヒトラーの偽日記『政治及び私的覚書・1935年1月〜6月』を収集家に売った。クーヤウはこれについて、1945年に墜落したナチスの飛行機から運び出されたもので、何十年も納屋に隠されていたという逸話をでっちあげた。»

マスコミがスクープを狙うせいで、まっとうな史学的検証法がなおざりにされているのは遺憾である。
ヒュー・トレヴァー＝ローパー

契約成立

1979年末、この日記の存在がナチス記念品収集家のあいだに広がりはじめた。スクープ記事を喉から手が出るほど欲していたハイデマンは、クーヤウから東ドイツにはさらに何冊かの日記が隠されているという話を聞かされた。ハイデマンはこのニュースを《シュテルン》誌に持ち込み、同誌は日記の購入費用を提供した。

ハイデマンは「残り」の日記に250万ドイツマルクを支払うとクーヤウに約束した。贋作者は作業に取りかかり、60巻を超える日記を制作した。1981年2月の末までに、《シュテルン》誌は100万ドイツマルクを日記のために支払っている。だがクーヤウに支払われた額はその半分にも満たなかった。残りはハイデマンが手元に残し、出版社と贋作者の双方を欺いた。彼は1981年の末まで日記を購入し続け、始終《シュテルン》誌に購入費用の増額を持ちかけた。最終的には930万ドイツマルクを同誌から巻きあげ、クーヤウにはその3分の1も支払わなかった。ハイデマンはその金で、アパートメントや高級車数台、クーヤウからさらにナチス記念品を購入するなどした。

1982年4月、《シュテルン》誌の経営陣は筆跡鑑定の専門家にヒトラーの筆跡サンプルを提供し、日記の鑑定を依頼した。専門家たちは知らなかったのだが、それらのサンプルはハイデマンのコレクションにあったナチス記念品で、クーヤウが偽造したものだった。果たして専門家は日記が本物であると断言した。歴史家ヒュー・トレヴァー=ローパー教授は日記を本物と認め、《シュテルン》誌の経営陣の自信を裏打ちしたが、のちに自身の評判を落とす結果となった。1983年4月後半、同誌が日記の存在を公表すると、世界中の刊行物の見出しが沸き返った。《シュテルン》誌は、この日記でヒトラーのいわゆる「最終的解決」が、ユダヤ人の根絶ではなくて国外追放であったことが明らかになったと述べ、コメンテー

ヒトラーの日記の最終巻は、クーヤウによる真贋鑑定つきで、ベルリンのオークションハウス〈ヤスケ・グレーヴェ・アンド・ハウフ〉で2004年に6500ユーロで落札された。

ターたちは、第三帝国の歴史は書き換えられるだろうとの見解を示した。

疑惑の浮上

しかし、内容の陳腐さに疑念を抱いた多くの歴史家たちが、日記は偽作であると糾弾した。真贋に関する疑念の高まる中、《シュテルン》誌はドイツの連邦公文書館の犯罪科学専門家に日記の分析を委託した。

その一方で同誌4月28日号に初めてこの日記が掲載され、人々の目に触れた。その翌日、ハイデマンはクーヤウと会い、最後の4巻分を購入した。それから1週間も経たないうちに、《シュテルン》誌経営陣は、専門家たちがこの日記を偽作と判断したことを知らされた。日記に使われたインク、紙、接着剤、製本方法はどれも戦後のものだった。紫外線を照射したところ、紙に蛍光物質が使われているのがわかったのだが、それは1945年には存在していなかった。製本材料には、1953年に製造の始まったポリエステルが使われていた。

コンラート・クーヤウ

1938年にドイツのローバウで貧しい家庭に生まれたコンラート・クーヤウは、5人きょうだいのうちの一人だった。1933年に両親はナチス党に入党しており、クーヤウはアドルフ・ヒトラーを崇拝しながら成長した。その病的ともいえる執着は、ヒトラーが自殺を図り、ナチスドイツが第二次世界大戦で敗北してもなお消えなかった。

1960年代のクーヤウは、偽造、窃盗、酒場での喧嘩といったつまらない罪を重ねる犯罪者にすぎなかった。1970年、東ドイツの家族を訪ねた際、彼は東側の多くの人々が、法律で禁止されているにもかかわらず、ナチスの記念品を所有していることを知った。機会をとらえて闇市でナチスの品々を購入し、西ドイツに持ち帰って売りさばいた。

1974年までには家にナチス記念品のコレクションがたまり、妻のイーディスに文句を言われたため、シュトゥットガルトに店舗を借りてコレクションを売った。そうした品々の価値を高めるために、ちょっとした箔を付け加えはじめたのがこのころだった。そうするうちに野心がつのり、ヒトラーの手書き文書の偽造に手を染めた。

詐欺師たち

《シュテルン》誌がこれらについて声明を出すより早く、ドイツ政府が介入し、これらの日記は偽造品であると言明した。同誌経営陣はハイデマンに日記の販売元を明らかにするよう要求した。

破滅

そのころクーヤウは妻と共にオーストリアへ逃げていた。だがハイデマンの裏切りを知ると、警察に自首した。ハイデマンが金を取りすぎていたことを苦々しく思った彼は、このジャーナリストが日記は偽物であることを知っていたと主張した。

1984年8月21日、ハイデマンとクーヤウは《シュテルン》誌から930万ドイツマルクを騙し取ったとして裁判にかけられた。裁判で二人は互いを責め合った。1985年7月、ハイデマンは懲役4年8か月、クーヤウは懲役4年6か月を宣告された。

1987年に釈放されたクーヤウは、有名絵画の複製を描いて売るという市場を見出し、ちょっとした有名人としてテレビに出演するなどしたのち、2000年に62歳でがんで死去した。ハイデマンも1987年に獄舎をあとにするが、二度とジャーナリストとして働くことはなかった。この醜聞は《シュテルン》誌に大損害をもたらした。かつては一世を風靡した雑誌が、無責任なジャーナリズムのせいで面目を失ったのだった。■

日記が偽造であることの6つの証拠

- 現代のインクを使っている
- 紙に含まれる漂白剤と繊維が第二次世界大戦後の製品である
- 表紙に貼付されたイニシャルのうち、少なくとも1組分がプラスチック製である
- 歴史的に不正確な点がある
- クーヤウがドイツ人作家マックス・ドマルスの著作から盗用した証拠がある
- イニシャルが「A」であるべきところを間違えて「F」となっている

釈放後、腕の立つ画家であるクーヤウは、自分以外の画家たちのスタイルで作品を描き、「クーヤウによる本物の贋作」として販売した。

こいつが替え玉でないとしたら、俺はここにいる資格がない

ファインコットン号事件（1984年8月18日）

事件のあとさき

場所
オーストラリア、クイーンズランド州ブリスベン

テーマ
競馬詐欺

以前

1844年 エプソムダービーは3歳馬限定のレースだが、ランニングレインのふりをした4歳馬のマカベウスが優勝した。このすり替えを企んだ容疑者レヴィ・ゴールドマンはフランスに逃亡した。

1953年7月16日 模様のそっくりな2頭のフランス馬が、イングランドのバースで行われる〈スパ・スペリング・ステークス〉ですり替えられた。この詐欺に関わった4人の男が、それぞれ服役期間の異なる9か月から3年の禁固刑を宣告された。

以後

2007年3月1日 オーストラリア出身の競馬騎手クリス・マンスが、レースを予想する見返りに賄賂を受け取った罪で禁固20か月を宣告された。

　オーストラリアのブリスベンにあるイーグルファーム競馬場では、1984年8月18日に未勝利クラスの馬のレースが開催される予定となっていた。その前の晩、調教師ヘイデン・ハイタナと会社員ジョン・ギレスピーが、白い塗料と茶色の毛染めを7歳の優勝馬に使っていた。ノービス（勝ち星をあげたことのない馬）でないこの優勝馬にはエントリー資格がないのだが、ハイタナ、ギレスピー、会社員ロバート・ノースを含む一味は、この優勝馬を有資格馬の代わりに出走させようともくろんだ。このような違法行為を「すり替え」という。

　ファインコットンの名で出走した替え玉の馬は、走り出しこそゆっくりであったが徐々に速度を上げ、最終的には本命馬ハーバーゴールドを追い抜いた。しかし、トラックスチュワードたちはファインコットンの脚に白い塗料が垂れていることに気がついた。ゴールから半時間と経たぬうちにこの馬は失格となり、賭けはすべて無効となった。

緊急対策

　ジョン・ギレスピーは違法な競馬を行なった前科を持つ男で、オーストラリアのシドニー出身の競走馬ダッシングソリテアーを1万オーストラリアドルで購入した。次に、自分の馬と外見の似ている、少しばかり脚の遅い馬を探してまわった。

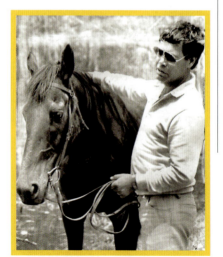

ヘイデン・ハイタナと本物のファインコットン号。ハイタナはこの競馬詐欺のせいで終生競馬を禁じられたが、2013年には禁が解かれた。

詐欺師たち 95

参照 ティッチボーン詐称事件 177

左の馬がすり替え後の「ファインコットン」で、本命馬を抜いてゴールへと駆け込むところ。

観客の僕へのブーイングは、僕の乗った本来勝ち目のない馬が本命馬を負かしたせいだ。
ガス・フィルポット

そこで選ばれたのが成績不調のファインコットンで、彼は2000ドルでこの馬を買い受けると、次いでヘイデン・ハイタナを調教師として雇った。

レースの数日前、最悪の事態が生じた。ダッシングソリテアーが故障したのだ。ギレスピーはこの計画に多額の金を費やしてきたので、何としても結果を出したかった。そこで2万ドルでボールドパーソナリティーという馬を購入した。だが一点問題があった。ボールドパーソナリティーとファインコットンは似ても似つかぬ馬同士だったのだ。そこで、レースの前の晩、ギレスピーとハイタナは、ボールドパーソナリティーの外見をファインコットンに似せるため、毛染めと塗料を使った。

低配当

「ファインコットン」が競馬場に現れると、この馬への賭け金が妙に勢いよく増した。オッズは34倍から4.5倍へと激変した。「ファインコットン」が僅差で勝った直後、職員たちがすり替えの証拠を見つけてこの馬は無資格となった。ハイタナはすでに逃げたあとだったが、すぐに身柄を拘束され、禁固6か月を宣告され、競馬場に終生出入り禁止となった。騎手のガス・フィルポットはこの計画を知らなかったので、無罪となった。

このすり替え詐欺は競馬史の中でももっとも悪名高い事件のひとつとなった。同様の犯罪を防ぐため、競走馬の身元確認は現在はマイクロチップで行われている。■

「王者の楽しみ」における詐欺

競馬場で違法に儲けようとしたときに、詐欺師が使う手はすり替えだけではない。

一番知られている手は、戦略的にわざと大きな金額を賭けることでオッズを操作するというものだろう。現代のブックメーカーは、賭けのパターンを注視して、怪しげな賭け方がなされていないかを確認している。偽の勝利馬券を作ってしまう詐欺師もいるが、今では偽物を見破る技術も進歩し、そうした雑な仕事で成功するのは難しい。たいていの詐欺は、馬場の手すりの向こう側で起こるものであり、たちの悪い調教師や騎手や馬主によって企てられることもあれば、獣医が結託したり馬にステロイドや鎮痛剤を与えたりして、レースの流れを人為的に変えようとすることもある。しかし、定期的な薬物テストのおかげで、こうした詐欺は以前に比べて困難になっている。不正を働く調教師や騎手が使うことで知られる「ブザー」は、馬に電気ショックを与えて速く走らせる違法な装置だ。

知能犯

罪

はじめに

フランスで、同国の債務を買い上げていたミシシッピ会社の株価の急落が、**大きな金融危機を**引き起こした。

アメリカで、チャールズ・ポンジの立ち上げた**詐欺的な投資計画が破綻し**、多数の投資家の出資金が失われた。

インドのボパールで、アメリカ資本のユニオン・カーバイド社の工場から漏れ出した化学薬品が何千もの人々の命を奪い、同社CEOが**過失殺人**で告発された。

1720年 — **1920年** — **1984年**

1869年 — **1921〜22年** — **1990年**

投機家ジェイムズ・フィスクがジェイ・グールドと共に**アメリカの金市場を操作し**、同国経済に危機をもたらした。

ティーポット・ドーム事件で、アメリカ内務長官アルバート・ベーコン・フォールが、**賄賂と引き換えに油田を賃貸**した。

ロンドンで、窃盗団が**金融業者の運搬担当**ジョン・ゴダードにナイフを突きつけ、2億9200万ポンド相当の債券を奪った。

知能犯罪（ホワイトカラー・クライム）は基本的に他の違法行為とは異なる。雇用主からひそかに金を吸い上げ、帳簿をごまかして悪事を隠そうとする会計士は、企業内で信頼される腕の立つ専門家であることが多い。金銭目当ての知能犯罪に、種々の詐欺、インサイダー取引、横領が含まれるのはいうまでもない。

知能犯罪は、露呈するまでに数か月、ときには数年かかることも少なくない。殺人や窃盗やゆすりといった犯罪は、犯罪学者の分類ではすべて「**強力犯罪**（ブルーカラー・クライム）」に属する。これらの犯罪は通常、肉体的な努力を要し、見返りの少ないことが往々にしてあり、人はそれが犯罪であるとすぐさま認識できる。しかし、コンピューターのキーを叩いている人間は、周囲にまったく不安を感じさせない。社会が持つ犯罪者のイメージと一致しないからだ。

知能犯罪は見破るのも難しい。経験豊かな捜査官でさえ、専門知識なしでは不正に気づけない可能性がある。影響の及ぶ範囲を予測することも困難だ。こうした理由により、知能犯罪は強力犯罪よりもはるかに蔓延している恐れがある。

社会への影響

経済的な視点から見ると、知能犯罪は個人や企業、ひいては国家を破壊する可能性を有している。詐欺師バーニー・メイドフに負わされた金銭的損害は、さまざまな立場のアメリカ国民に影響を与えた。さらに重要なのは、経済の破綻の影響は、単純に金銭を失うよりも、ずっと深い傷となりかねないという点だ。オクスフォード大学の調査によると、2008年の経済破綻は、住宅ローン詐欺、投資詐欺、贈収賄、不公正な取引が原因であり、概算では欧米で1万人が自殺したとみられている。アメリカ及び欧州諸国は、いまだ必死に経済回復の努力を続けている最中だ。

犯罪心理学者ロバート・ヘア博士はサイコパシー・チェックリストと呼ばれる診断ツールの開発者だが、彼はかつて、自分の研究は監獄ではなくてウォール街ですべきだったと語った。連続殺人犯の影響について尋ねられたとき、博士は、連続殺人犯は家族を徹底的に破壊し、知能犯罪者は社会を破壊する、と答えてい

知能犯罪

アメリカのエネルギー会社エンロン社が、**大規模かつ組織的な不正会計**を行っていたことが明るみに出た。

2001年

アメリカ当局は、**複数の国際契約を勝ち取るために賄賂を贈った**として、ドイツの大手エンジニアリング企業シーメンス社に罰金を科した。

2008年

ロシアの**マルウェア開発者**アレクサンドル・パーニンが、膨大な数のオンラインバンクの口座をハッキングした罪で逮捕された。

2013年

2007～08年

トレーダーのジェローム・ケルヴィエルが、フランスのソシエテ・ジェネラル銀行で多数の未承認取引を行い、同行を破産寸前にした。

2008年

ウォール街の投資アドバイザー、バーニー・メイドフによる巨額の投資詐欺(ポンジ・スキーム)が破綻し、**多くの人々が破産**した。

2015年

アメリカの環境保護庁が、ドイツの自動車メーカー、フォルクスワーゲン社の**排ガス不正を暴いた**。

る。にもかかわらず、知能犯罪に対する刑罰は、強力犯罪に対するそれよりも寛大になりがちだ。

責任の分かち合い

犯罪学者たちは、知能犯罪を二つの広義のカテゴリーに分類できるとした。「個人的犯罪」と「企業的犯罪（組織犯罪）」である。個人レベルの知能犯罪が起こるのは、政治組織または民間組織内で働く個人（一人でも複数でも）が、所属組織のあずかり知らないところで自分（たち）の立場を利用し、違法行為を通じて利益を得るときだ。組織内の他のメンバーや外の業者、顧客と結託する可能性もあるが、間違いを犯すのは組織全体ではなくごく少数の被雇用者である。アルバート・ベーコン・フォールは、ティーポット・ドーム事件として知られるアメリカ内務長官任期中の謀略および贈収賄で1922年に有罪となったが、彼の行いはその典型的な例といえよう。

さらに厄介なのが、エンロン社事件、シーメンス社事件、ボパール化学工場事故といった企業ぐるみの犯罪だ。ここでは犯罪行為が組織レベルで存在し、動機づけされ、実行に移されている。

これらの事件では、個人は自分の属する企業の悪事から利益を得られる一方で、大きな謀略の中で駒として使われる。企業犯罪は、多くの場合は費用対効果分析を経て、役員レベルで着手されたり、黙認されたりする。たとえば、違法行為で節約される金額が、科される可能性のある罰金を上回る場合、法を破ることを合理的な経営判断だと見なす役員が出てくる可能性があるわけだ。社員全員が違法行為に携わっていたり、申し合わせて悪事について口をつぐんでいたりする場合、個人の有責性を証明するのは非常に困難だ。企業側に百戦錬磨の弁護士を雇うだけの余裕があるとなると、さらに難しい。

ジェローム・ケルヴィエルの事件の場合、当局の発表では、彼は通常は法律を遵守する企業内で一匹オオカミ的に仕事をしていたというが、これは多方面から疑問視されている。上層部はその職務上、組織犯罪に気づくはずであり、したがって事の次第を知らなかったはずはない、と批評家たちは述べている。■

金というものは……往往にして人々が騙される原因となる
ミシシッピ計画（1716年〜20年）

事件のあとさき

場所
フランス

テーマ
金融バブル

以前
1630年代 オランダ共和国の「チューリップ狂時代」絶頂期、投機家たちがチューリップの球根を高額で取引し、市場は一夜にして大混乱に陥った。

1720年 英国の南海会社はアメリカ合衆国のスペイン語圏と取引があり、英国国債を肩代わりしていた。しかし同社株が暴落し、あらゆる階級の人々が破滅に追いやられた。

以後
1849年 ウィリアム・トンプソンは数々の詐欺をニューヨーク市中で働いた。ある新聞記者は彼を語るにあたり、「コンフィデンス・マン（信用詐欺師）」、略して「コン・マン」という言葉を生み出した。

1705年、スコットランド人実業家ジョン・ローは、スコットランドの銀行システムの大規模な改革を提案し、国債を減少させて経済を刺激しようとした。この改革には金の代わりに紙幣を通貨として使用することも含まれていた。ローの理論は受け入れられなかったが、1716年、フランスの若き国王ルイ十五世の摂政オルレアン公が、その理論をフランスで実践してはどうかと彼に声をかけた。このときフランスは破産寸前であった。

ローは国立銀行を設立し、金貨や銀貨を回収し、代わりに紙幣を発行した。さらに1717年、ミシシッピ川周辺のフランス領を開発するための独占権を有する会社を設立した。1719年にはこの会社が同国の植民地取引をすべて管理するようになっていた。

次にローはフランスの負債に大鉈を振るった。「ミシシッピ計画」を考案し、国債と引き換えに自社株を売ったのだ。投資家たちが競って株を購入したので、株価は跳ね上がった。一株500リーブルで

貨幣というものの本質が、いまだ正しく理解されていないと考えるに足る理由がある
ジョン・ロー

発行されたものが、1年後には20倍になった。ミシシッピ計画によって人々は無謀な投機に手を出し、欧州の株式市場は活気づいた。フランスは紙幣を印刷してこれに対応したが、そのせいでいっそう激しいインフレが生じ、通貨と国債の価値が下がってしまった。1720年、ミシシッピ会社の株価が大暴落すると、フランスは深刻な金融危機に陥った。ローはイタリアのベニスに逃げ、9年後に貧困のうちに死んだ。■

参照 チャールズ・ポンジ 102-07 ■ バーニー・メイドフ 116-21

知能犯罪　101

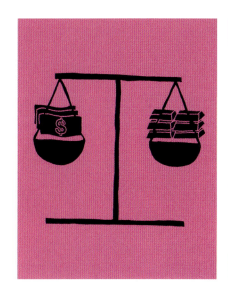

なくしたものは自尊心だけ
ブラック・フライデー金買い占め事件
（1869年）

事件のあとさき

場所
アメリカ合衆国、ニューヨーク市

テーマ
株式市場操作

以前
1821〜37年　スコットランド人詐欺師グレガー・マクレガーが中米に架空の「開発済み植民地」をでっちあげ、この植民地の株の購入を希望する投資家を募った。移民たちはこの地に移ったが、到着してみるとそこは手つかずのジャングルであった。

以後
1986年　米ウォール街のトレーダー、アイヴァン・ボウスキーが、法廷で、違法な市場操作とインサイダー取引で2億ドルの個人資産を得たと告白した。

1992年　ハーシャッド・メフタが銀行からの控えを偽造したものを、7億4000万ドルの債務保証としてインドのボンベイ株式取引所で使用した。彼は起訴を逃れるために政治家に賄賂を贈った。

　19世紀後半のアメリカ合衆国では金融市場に規制がなく、悪徳資本家たちは不正を行って巨額の資産を積み上げた。1869年、投機家ジェイムズ・フィスクとジェイ・グールドは秘密裏に大量の金を買い占め、市場の独占をもくろんだ。価格を釣り上げてから売り抜けて、巨額の利益を得ようとしたのだ。しかし二人は障害に突き当たった。南北戦争（1861〜65年）のあいだ、連合国政府は大量の紙幣を発行したが、それらを裏支えする金準備がないままだったのだ。1869年、ユリシーズ・S・グラント政権は金を提供して通貨を買い戻し、同時に財務省が金の価値を設定した。政府が手持ちの金を売れば価格が下がり、持ち続ければ価格が上がった。

　したがって、フィスクとグールドは政府に市場で金を売らせないようにする必要があり、そのために政治的影響力を利用したり、賄賂を贈ったりした。二人が金を買い占めると、価格は急騰した。しかしグラント大統領が彼らのたくらみに気づき、400万ドル相当の財務省の金を放出した。1869年9月24日（のちにブラック・フライデー、暗黒の金曜日と呼ばれる）、騰貴していた金価格が下落し、市場は壊滅状態となった。一方グールドは、下落前に手持ちの金をひそかに売り抜けていた。■

ジェイムズ・フィスクはジェイ・グールドとは異なり、暗黒の金曜日の価格下落前に自分の金を売却できず、かなりの投資額を失った。

参照　チャールズ・ポンジ 102-07　■　ジェローム・ケルヴィエル 124-25

毎度おなじみの自転車操業というゲーム

チャールズ・ポンジ
（1903～20年）

チャールズ・ポンジ

事件のあとさき

場所
アメリカ合衆国、マサチューセッツ州ボストン

テーマ
投資詐欺（ポンジ・スキーム）

以前

1899年 ウィリアム・〈520パーセント〉・ミラーがニューヨークでマルチ商法を展開し、週10パーセントの利子がつくといって投資家たちから100万ドルを騙し取った。

1910年 ルシアン・リヴィエールと名乗る男がフランスのパリに銀行を設立し、6000人の投資家から約200万フランを騙し取った。

以後

2010年 従業員の内部告発により、米ミネソタ州の実業家トム・ペッターズの365万ドル規模の投資詐欺が失敗に終わった。

1991～2009年 米テキサス州のアレン・スタンフォードは、70億ドル規模の20年スキームを、カリブ海の島国アンティグア・バーブーダを拠点とする自身の銀行を通じて運用した。

チャールズ・ポンジは1909年、カナダ・モントリオールでの小切手偽造で逮捕された。警察でのマグショット撮影では笑みを浮かべている。このとき、ポンジは数ある偽名のうちチャールズ・P・ビアンキを使用していた。

1920年7月、チャールズ・ポンジの大がかりな投資スキームは崩壊しつつあった。当局は彼の一挙手一投足を追い、パニックに陥った投資家たちはポンジのボストンの事務所前に押しかけ、金を返せと要求した。ポンジの詐欺に関する詳しい記事が、ボストンの新聞の第一面にでかでかと掲載された。

ポンジ本人はというと、高級なスーツを身にまとい、大勢の怒り狂う投資家たちに笑顔で対峙した。3日間で200万ドルを超える現金を配り、紙幣と共にコーヒーとドーナツを手渡して、心配しなければならない理由などないと投資家たちを説得した。しかし、この居直りとも取れる行動が、マサチューセッツ地区の連邦検事の注意を引きつけ、アメリカ合衆国史上もっとも悪評高く驚愕すべき詐欺のひとつが明らかになった。

やり手起業家

ポンジははなから悪意があって詐欺に手を染めたわけではなかったようだ。1903年、21歳でイタリア人移住者としてボストンに到着したとき、彼のポケットには2ドル50セントしか入っていなかった。

無一文同然ではあったが、ポンジには不屈の起業家精神があった。英語を身につけ、アメリカ東海岸を旅してまわり、給仕や翻訳などの短期の仕事をいくつも経験した。1907年にカナダのモントリオールに移り、ザロッシ銀行で職を得ると、努力の末に支配人にまでなった。

初期の犯罪

働いていた銀行が破産し、ポンジは絶望した。小切手を偽造してアメリカに戻る資金を賄おうとしたが捕まり、モントリオールのはずれのわびしい刑務所で3年間服役した。釈放されてアメリカに戻ると、今度はイタリア人をアメリカに密入国させたとして禁固2年となった。彼を取り巻く状況のせいか本人の性格のせいか、いずれにせよポンジはペテン師になる運命だった。

釈放後、ポンジはボストンに戻った。そこで速記者ローズ・マリア・ニェッコと出会い、1918年に結婚した。その後の数か月間、ポンジは義父のもとで働くことも含め、さまざまな職に就いた。そのあいだ中、事業のアイデアを温め続けていた。

彼は業界紙の発行という事業を手がけたが、1919年にはまたも失敗しかかっていた。翌月の事務所の賃料を払えない状況にあったのだ。

私がこの国に降り立ったとき、2ドル50セントの金を手に、いつか100万ドルを稼いでやるという希望を抱いていた。そしてその希望を手放すことはなかった。
チャールズ・ポンジ

参照 バーニー・メイドフ 116-21 ■ ジェローム・ケルヴィエル 124-25

> 彼は、アメリカ犯罪史のなかでエネルギーを間違った方向に向けた者の代表例といえよう。
> 《ザ・ワシントン・ポスト》紙

このころポンジがスペインから受け取った手紙の中に、見慣れない証書が入っていた。国際返信切手券（IRC）は紙幣に似ているが、実際は国際郵便料金を前払いできるシステムであり、自分の住所を書いて切手を貼った返信用封筒と同じ働きをするものだった。世界中で切手と交換可能だが、一部の通貨では、戦後の大幅な通貨切り下げが定価に反映されていなかった。そこでポンジは気がついた。国際返信切手券を比較的安価で手に入るイタリアで購入し、アメリカでそれより高い額面の切手に交換すれば、利ざやを稼げるということに。

1ドル投資すれば2ドル30セントの利益が得られることから、ポンジは、これで投機の事業が行えると考えた。借金をして得た金をイタリアの家族に送り、切手券を購入して米国の自分に送り返すよう頼んだ。そしてその切手券を売り、400パーセントを超える利益を得たという。

投資を生み出す

ある資産を低い価格で購入し、異なる市場で高い価格で売るというこのスキームは、違法ではなかった。しかし彼は切手券の換金方法を知らなかった。それでもポンジは友人や投資家に90日間で投資額を2倍にすると請け合い、返信切手券が夢のような運用益を出してくれるので簡単に儲けることができると自信たっぷりに説明した。

多くの投資家はその約束どおりに利益を受け取った。初回の投資額1250ドルに750ドルの利子がついたのだ。しかし、これらの利益は切手券の取引から生じたものではなかった。ポンジは新しい投資家から集めた金で最初の投資家に利益を払っていた。ビジネスに信憑性を持たせるため、ポンジはセキュリティ・エクスチェンジ・カンパニーを設立した。彼が生み出した利益についての噂はたちまち広がり、当初の投資家の小さな集まりは、ボストンのエリート社会にまで拡大し、最初の投資家たちが受け取る利益率の高さがその拡大に拍車をかけた。

最初から詐欺を狙っていたのか、切手券を現金に換える方法がわかった時点で投資家に利益を支払うつもりだったのかは不明だが、ポンジは合法的な利益を生み出す努力をしなかった。最終的には切手券の購入をやめ、すべての金を自分のものとしてしまった。1920年6月には、7800人の顧客から250万ドルを手に入れていた。机の引き出しからは現金があふれ、ゴミ箱にまで金を入れておく始末だった。ポンジの才能を信じた投資家たちは自宅を抵当に入れ、貯金を投資した。彼らのほとんどが利益を受け取らずに再投

国際返信切手券は郵便切手と交換することが可能で、これがポンジの詐欺のアイデア源となった。この独特な意匠は1906年に万国郵便連合が採用した。

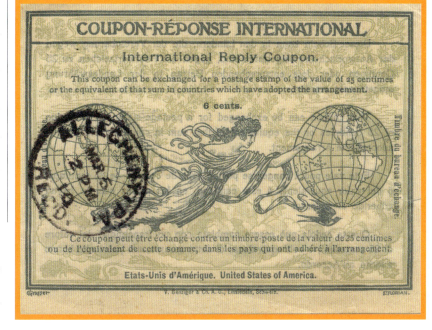

106 チャールズ・ポンジ

ピラミッド・スキームは投資家に高額の利益を約束する
もので、あとから参加した投資家の投資金によって利益
が支払われる。あらゆるピラミッド・スキームがそうである
ように、チャールズ・ポンジのスキームも数学的に見て維
持が不可能であった。各ラウンドに少なくとも、前回のラ
ウンドの2倍の投資家の参加が必要となるからだ。

スキームの首謀者

第1ラウンドでは首謀者が2人
の投資家から1000ドルの投資を
受け、その金を2倍にすると約束
する。

第2ラウンドではさらに4人の投資家を見
つけ、各自から1000ドルの投資を受ける。
この4000ドルで第1ラウンドの投資家たち
に利益を支払う。

第3ラウンドでは第2ラウンドの投資家に支払う
ための8000ドルを必要とするので、8人の投資
家を見つけて各自から1000ドルの投資を受ける。
第1ラウンドの投資家たちは結果に満足し
て再投資し、友人たちを誘う。
本スキームは拡大し、首謀者は自分に
も利益を回すことができるようになる。

第1ラウンドの
投資家の友人4人

資に回したのは、ポンジを信用して財産
をさらに増やそうとしたからだった。
1920年2月、ポンジは顧客に、投資後たっ
たの45日で50パーセントの利益が得ら
れると約束した。まもなくその数字は100
パーセントに上がり、投資はさらに勢い
づいた。

　ポンジは集めた金をボストンのハノー
ヴァー・トラスト銀行に預金した。彼は
この銀行の株を、支配権に影響を与えら
れるほど大量に購入した。手元に流れ込
み続ける現金で贅沢も謳歌した。レキシ
ントンに温水プールつきの大邸宅を購入
し、ダイヤモンドのあしらわれた葉巻ホ
ルダーを使い、金の持ち手のついた杖で
街を闊歩した。

疑念の湧出

　ポンジが潤う一方で、彼のビジネスは

巨額の損失を出し続けていたため、ポン
ジは投資家たちに利益を還元するのに、
新しい投資家から集めた金を使った。こ
の「借金で借金を返す」詐欺行為は、の
ちにチャールズ・ポンジ自身の名前にち
なんでポンジ・スキームと呼ばれるよう
になった。

　1920年の中ごろには、ポンジは一日に
25万ドルを稼ぐまでになっていたが、あ
る家具業者がポンジの小切手が不渡りに
なったと公表したことで、地元の新聞が
調査を始めた。《ザ・ボストン・ポスト》
紙は、ポンジに厳しい質問を浴びせ、彼
が自分の会社に投資していない点に言及
した。

　同じころにマサチューセッツ州も介入
した。ポンジは州当局から質問を受けた
が、帳簿の調査はかわすことができた。
調査中は新たな投資を受けないと言った

ことが奏功したのだ。マサチューセッツ
州の連邦検事による調査で見つかったの
は、投資家たちの名前の書かれたイン
デックスカードだけだった。

　7月、郵政省は、ポンジが国際返信切
手の運用益を実際に得ている可能性が
低いことを確認した。切手券の流通量が
不十分だったからだ。ポンジはこれを公
表した《ザ・ボストン・ポスト》紙を訴え、
イタリアで切手券を購入し欧州各地で販
売、再販すると熱弁をふるった。しかし
誰も納得せず、1920年8月2日、新聞各
社はポンジが破産するだろうと報道し
た。

　投資家たちが手を引いたので、8月9
日には彼のメインバンクの口座の残高が
マイナスになり、地方検事により口座が
凍結された。逮捕が迫っていることを知っ
たポンジは、1920年8月12日に連邦当局

に自首し、86件の郵便詐欺で告発された。

晩年

ポンジは投資家から受け取った約2000万ドルを失っていた。いくらかは払い戻したものの、それでも700万ドル足りなかった。彼の逮捕により、ハノーヴァー・トラストを含む大手州立銀行6行が経営破綻に追い込まれた。1ドル支払われるべきところに30セントに満たない金額しか受け取れなかった多くの投資家は、大打撃を受けた。

あとさきを考えないポンジは保釈中にフロリダに飛び、そこで「チャーポン・ランド・シンジケート」を立ち上げ、多額の利益を得られると約束して沼沢地を投資家に売るという新たなポンジ・スキームを運用した。詐欺で逮捕され、禁固1年を言い渡されたが、控訴して釈放された。

ニューオーリンズでは髪をそり口ひげを生やして変装し、船でイタリアに逃げようとしたところを捕まり、ボストンに送り返されてもともと務めるべき刑期をそこで過ごした。1934年にイタリアに送還され、さらにいくつかのスキームを運用して失敗に終わったのちにブラジルへと渡り、1948年に生涯を終えた。■

大群衆がチャールズ・ポンジのボストンの事務所前に集まっている。1920年7月、《ザ・ボストン・ポスト》紙が彼の事業内容に疑問を呈する記事を何本も掲載したのちのことだった。

ポンジ・スキームが経済に与えた影響

ポンジ・スキームは生産的かつ合法的な投資から資金を取り上げることになるため、投資家や経済に与える金銭的損失が大きい。詐欺の規模が大きいほど損失も深刻で、とりわけ大手銀行が絡むと大ごととなる。こうした詐欺行為が明らかになると、投資家たちの関係金融機関への信頼が失われ、また投資しようという気が起こらなくなってしまう。

ポンジ・スキームの発見と阻止は、往々にして難しい。加害者とスキームの双方が、規制の対象とされていない場合がある。また、規制対象の組織内でポンジ・スキームが展開されているとしても、門外漢には理解の難しい専門用語をたくみに駆使して、外部にはそうと悟らせないようにしている可能性もある。

ポンジ・スキームは複数の金融関連法に違反するので、複数の捜査員によって法律ごとに捜査される必要があり、これが原因で全体像が把握しにくくなる。スキームに投資をした組織が非常に大きく、破産する可能性が限りなく低い場合、財務面での影響の規模によっては、捜査員のやる気が損なわれてしまうこともある。

大金持ちに対して有罪判決は出せまい

ティーポット・ドーム事件（1921〜22年）

事件のあとさき

場所
アメリカ合衆国、ワシントン州

テーマ
政治汚職

以前

1789〜1966年 ニューヨークのタマニー・ホールは民主党の強大な集票組織であった。その堕落した幹部たちは、ニューヨーク市の市長候補者たちに、自分たちの支持と影響力を金で買わせた。

1912年 英国で、無線通信を扱うグリエルモ・マルコーニの会社に実入りのよい事業を発注する計画があり、自由党政府の古参党員たちが、この件に関する内部情報から利益を得た。

以後

1975年 アメリカ上院議会は、アメリカの航空機会社ロッキード社が、軍用機の発注を確実なものとするために、海外の政府要人に賄賂を贈ったと結論した。

　ウォーターゲート事件、つまり1974年のリチャード・M・ニクソン大統領を辞任にいたらしめた違法なスパイ大作戦以前は、アメリカ合衆国の政治スキャンダルといえば1920年代のティーポット・ドーム事件であった。とはいえ、お茶や円蓋とは一切無関係だ。これは時の大統領の政権を堕落させた政治汚職事件だった。

　20世紀初頭、アメリカ海軍は石炭から油へと燃料の転換を図った。十分な供給量を確保するため、ウィリアム・ハワード・タフト大統領は、複数の国内油田を海軍の石油備蓄場とした。そのなかにワイオミング州の「ティーポット・ドーム」と呼ばれる油田があった。

政治と石油

　1921年、タフトのあとを継いだのがウォレン・G・ハーディング大統領で、彼の内閣で内務長官を務めたのがアルバート・ベーコン・フォールだった。1921年、フォールからの圧力を受けて、ハーディングは大統領命令を出した。それは、ティーポット・ドーム油田を含む油田3か所を、海軍から内務省に移管せよとい

贈収賄

　個人が別の人物と互いに便宜を図り合い、中立的なプロセスであるべきものに違法な優位性を得た場合、それは賄賂と見なされる。企業でも行政でも起こりうる事態だ。

　今日でも、包括的な贈収賄禁止法を有する国で、違法な見返りが生じていることの証明、言い換えれば、見返りに何かをしてもらうために、何かが具体的に提供されたということの証明は、非常に難しい。ロビイストたちが政治家に「寄付する」巨額の寄付金について、その是非が議論される理由もそこにある。ロビイストたちは寄付金によって政策に影響を与えたいのだが、自分たちの寄付が直接に効果を発揮して政策が変更されたのかどうかを明らかにするのは不可能に近い。

　賄賂の捜査では、盗聴器やおとり捜査を駆使することが多い。こうした捜査により、贈賄・収賄の双方について、何を与え、何を見返りに受け取るのかが、白日のもとにさらされるのだ。

参照 ミシシッピ計画 100

知能犯罪　109

「ティーポット・ドーム」は政治用語の仲間入りを果たし、大規模な汚職と同意語となった。1924年の大統領選中、この用語がキャンペーン・カード（左）の言葉遊びに盛り込まれた。

うものだった。フォールは競争入札なしで、ティーポット・ドーム油田の独占権をハリー・F・シンクレアのマンモス石油会社に許可した。これと同様に、カリフォルニア州サン・ホアキン・ヴァレーのエルク・ヒルズ油田が、パン・アメリカン石油・輸送会社のエドワード・ドヒニーに許可された。この見返りとして、フォールは両社から無利子の融資を受けた。

油田の賃貸契約自体は違法ではなかったが、フォールが金を受け取った点は違法であった。彼はこれらの取引を隠すため、証拠の隠滅を図ったが、その一方でニューメキシコ州の牧場やベンチャービジネスに気前よく金を使った。急に金ま

わりのよくなった彼の様子に、周囲は疑いを深めていった。

汚職の発覚

1922年、アメリカ合衆国上院が、フォールの交渉による賃貸契約の調査を開始し、ついに不正が発覚した。ハーディング大統領は賃貸の中止を命令し、油田は閉鎖された。ハーディング個人はフォールの違法取引に関与してはいなかったが、この醜聞が人の知るところとなると、彼は健康を損ないはじめた。1923年、大統領は心臓発作で亡くなった。不正の全詳細が明らかになる前のことだった。

フォールはエルク・ヒルズ油田及びティーポット・ドーム油田の交渉における収賄で有罪となった。10万ドルの罰金と懲役1年を科せられ、閣僚で初めて重犯罪で有罪となった。彼は貧窮したために罰金の支払いを免除され、体調不良を理由に9か月で釈放となった。マンモス石油とパン・アメリカン石油のトップは賄賂、共同謀議のすべてで無罪となった。

ハーディングから大統領職を引き継いだカルヴァン・クーリッジの調査により、ティーポット・ドーム事件はハーディングの在任中に起きた多くの汚職のうちの一例に過ぎないことが判明した。ハーディングの名は永遠に汚れてしまったのだった。■

> 喧嘩中の敵に対処することはできる、しかし友よ、我がおぞましの友人たちよ、私が夜毎イライラと歩きまわらねばならないのは、あなたがたのせいのだ。
> **アメリカ合衆国大統領**
> **ウォレン・G・ハーディング**

ハーディング大統領が自分の内閣の上級職に**数人の友人を任命**する

友人たちが**彼の信頼を裏切り、賄賂を受け取って**政府の金を使い込む

内務長官アルバート・フォールがティーポット・ドームを含む**政府の油田を民間の企業に賃貸し**、その見返りに金品を受け取る

上院によるアルバート・フォールの**活動の調査**が始まるが、**ハーディング大統領が**調査結果の開示前に亡くなる

議会による調査がハーディングの死後に実施され、彼の政府は汚職まみれであったことが判明する

人々は今もあちこちで死に瀕している

ボパール化学工場事故（1984年）

事件のあとさき

場所
インド、マディヤ・プラデーシュ州ボパール

テーマ
産業事故

以前
1906年 フランスのクーリエにある炭鉱で爆発があり、火事で1099人の炭鉱夫が命を落とした。

1932～68年 日本の化学会社チッソによりメチル水銀が同国の水俣湾に流出し、魚介が汚染され、地元住民に健康被害が出た。

以後
2014年7月31日～8月1日 台湾の高雄市で、パイプラインの管理がずさんであったために複数のガス爆発が起き、32人が死んだ。

　1984年12月2日の早朝、インドのマディヤ・プラデーシュ州ボパールにある、アメリカ企業ユニオン・カーバイド社のインド子会社所有の農業用殺虫剤製造工場から、猛毒ガスのイソシアン酸メチル40トンが漏出した。
　このガスは、工場を取り囲む人口密度の高いスラム街に流れ込み、50万人もの人々がガスにさらされた。マディヤ・プラデーシュ州政府の報告によれば、何千人もの人々がガスの影響で即死し、さらに数千人が永続的な障害をもたらす健康被害に遭った。これは史上最悪の産業事故であり、ボパールの地名は死、企業と政府の対応のまずさ、怠慢と同義語となった。

前兆
1969年、化学メーカーのユニオン・カー

知能犯罪 111

参照　シーメンス社贈賄事件 126-27　■　フォルクスワーゲン社排ガス不正事件 130-31

何千人もの死傷者の中には毒ガスで目を傷めた人々がおり、通りに集まって初歩的な手当てを待っていた。地元の病院や遺体安置所はあっという間にあふれかえった。

バイド社はマディヤ・プラデーシュ州政府から賃貸された土地に工場を建て、アジア全土で使用される農業用殺虫剤セヴィンを生産した。インド政府は同社の株を49.1パーセント所有し、同社とのあいだに利害関係があった。

しかしそもそものはじめから問題があった。ボパールが選ばれたのは輸送インフラが整っていたからだが、工場用地は準工業地域であり商用地域であって、潜在的な危険を伴う工業向けの土地ではなかった。また、農業用殺虫剤の生産に使用される化学薬品は、コスト削減による市場競争力向上のため、当初は他の場所で製造されることになっていた。にもかかわらず、同工場は危険な工程を含むこの原材料の製造をも開始した。1980年代初期、穀物が不作となり、飢饉がインド亜大陸を襲うと、農家は殺虫剤を購入できなくなり、需要が低下した。ユニオン・カーバイド社が殺虫剤の買い手を探すあいだ、ボパール工場は産出量を減らした。同社のアメリカ工場の水準には遠く及ば

ない安全設備と手順のもとで、ボパール工場は操業を続けた。インド政府は安全性の問題点に気づいていたが、工場の閉鎖が、地元の何千という被雇用者に与える経済上の影響を心配した。

そして1984年12月2日から3日にかけて、あの恐ろしい事件が発生した。折からの強風が、毒を含んだ汚染ガスを工場から町へと瞬く間に吹き流した。ガスは地面に沿って広がり、ガスを吸い込んだ人々の喉や目は、焼けるようにひりついた。多くの人々が嘔吐したり口から泡を吹いたりしてむごい死に方をした。恐怖にとらわれた何千何万という人々が町から逃げ出そうとして混乱が生じた。マディヤ・プラデーシュ州首相アルジュン・シンは、ボパールの外にある大邸宅へと逃げ、有権者たちについては自力でなんとかせよと言わんばかりに放置した。

調査開始

この大惨事の知らせがユニオン・カーバイド米国本社に届くと、CEOウォレン・アンダーソンは専門家チームを引き連れ、政府の対応を支援すべくインドに飛んだ。現地に到着したアンダーソンは屋内に軟禁の身となった。専門家たちはガス漏出の原因を調べ、現地に医療品や医療設備を送り込んだ。調査結果は恐ろしいほど悲惨であった。災害現場の通りという通りに人と動物の死体が散乱していた。

アンダーソンが解放されたのは、召喚時にはインドに戻って裁判を受けると約束したのちのことだった。事故から10日後、アンダーソンは連邦議会でユニオン・カーバイド社として安全対策を行ったと報告した。そして同様の事故が「二度と起こりえないよう」確実な対策を講じると約束した。その後数か月で同社は、この大惨事で影響を受けた従業員のために

水が原因となって
化学反応を引き起こし、
タンク内で熱と圧力が上がり、
化合物が瞬時に毒ガスに変化して、
冷たい夜の空気の中に
流れ込んでいった。
ユニオン・カーバイド社

112 ボパール化学工場事故

12万ドル規模の救済基金を設立したが、十分な対応とはとても言えなかった。1985年4月には、この基金は700万ドルに増額された。

正義を求める苦闘

ボパールの大惨事に関する調査はその後も続けられ、工場のバルブが原因で洗浄用水1トンが内部配管に流れ込み、イソシアン酸メチル40トンに混入したことが判明した。これにより化学反応が起こり、バルブを押し開けてガスが外に出てしまったのだ。調査員たちは従業員のサボタージュのせいでこれが起こったと考え、従業員がタンクに細工したためと結論づけた。

当初、ユニオン・カーバイド社はこの惨事に対して法的責任を負うことを避けようとしたが、1989年にインド政府とのあいだに和解が成立し、損害賠償金として4億7000万ドルを支払った。しかし、毒ガスへの曝露による長期的な健康被害と影響を受けた人々の数について、同社の評価が低過ぎるとした意見もあった。インド政府とユニオン・カーバイド社は被害者の治療のために2001年に開院した病院に資金を提供し、10万人の医療費をカバーする健康保険を設立した。しかし、慢性的な体調不良に悩む生存者たちや、彼らに生活を依存する人々は、事故後30年以上を経た今もなお補償を待っており、依然として係争中の集団訴訟もある。

サボタージュを行ったという従業員はひとりも名指しされず、ユニオン・カーバイド社に対する民事、刑事双方の訴えがなされ、裁判は数年に渡った。2010年、同社のインド国籍を持つ元役員7名が、過失致死罪で有罪となり、2000ドルの罰金と2年の禁固刑が銘々に科せられた。ガス漏出による現地の荒廃ぶりを考えると罰が軽いようだが、これがインドの法律で許される最大限の刑罰であった。

公共の安全という点から見ると、ボパールの事故から学ぶべき点はまだ幾つか残っているようだ。事故後、インドは急速に工業化しているが、政府による業界の規制は追いつかず、国民の健康が危険にさらされ続けているという意見がある。ボパールの事故により、同様の事故が起こらぬよう予防戦略を立てること、環境の安全のために法的強制力のある国際標準を確立すること、業界内での事故に対する心構えを持つことの必要性が明らかになった。

有毒な遺産

ボパールの事故から数十年が経ち、死者の総数は推定で、多くて1万6000人、少なく見積もって3800人と幅がある。インド政府は現在、1万5000人という数字を挙げており、この数字にはガスへの曝露が原因の疾患で亡くなった人々が含まれている。現在、数千人を超える生存者が、がんや失明、神経障害、免疫異常といった寿命を削る諸疾患と戦い続けている。事故後に工場周辺で生まれた子供たちの非常に多くが精神を病み、肉体上の

> 医療専門家の報告により、ガスに曝露した人々に、肺がん、妊娠への悪影響、呼吸器、神経、精神、目に関する問題が生じていることがわかった。
> **ジョン・エリオット**

事故当時のユニオン・カーバイド社CEOウォレン・アンダーソンは、1991年にボパール当局により過失致死罪で有罪とされた。アメリカは彼を裁判のためにインドに引き渡すことを拒否した。

生存者の組織やその他の地元活動家たちは、この大惨事の責任者たちへのさらなる厳罰と、被害者たちへのより手厚い補償を求めて定期的に抗議を行っている。

奇形を有した。人権団体の主張によれば、これらの出生異常が起きたのは実際には1969年の工場開設以降であり、その原因は、工場地及びその周辺に廃棄された危険廃棄物由来の地下水汚染であるという。しかし政府は因果関係を確認していない。また、出生異常と毒に汚染された水の飲用とが直接結びついていることを証明するための長期的な調査も実施されていない。

政府による無関心

　ユニオン・カーバイド社の27ヘクタールの工場は事故後ただちに閉鎖されたが、同社がその土地の汚染物質除去を許可されたのは1990年代初期になってからだった。訴訟中は、イソシアン酸メチルを扱う部門が刑事訴訟の「証拠品」と見なされたからだ。2001年、ユニオン・カーバイド社はダウ・ケミカル社に買収され、ダウ・ケミカル社はボパールの事故の責任を引き受けることを断固として拒否している。訴訟は1989年に決着しており、用地の汚染物質除去、被害者の治療、新たに生じる補償請求に対する責任は、1998年に用地の管理義務を引き受けたマディヤ・プラデーシュ州政府にある、というのが同社の言い分だ。こうした行き詰まりを打開するためのインド政府による努力も、ここ数年はほとんどなされていない。地元の活動家たちは、この管理放棄された工場の有毒廃棄物が、近隣に暮らす人々の健康に深刻なリスクをもたらしているのは間違いないと考えてはいるものの、安全上の理由から、それらを除去して焼却処分にする政府の計画には反対を表明している。しかし、2015年に、この地で出た少量の廃棄物をテスト焼却してみたところ、放出物は許容限度内に収まったとの判断が下された。■

ロビンソン氏対レイノルズ社の裁判では、タバコに健康への影響があると十分に承知しながら、安全なものとして販売していたとの判断が下された。

企業による過失

　通常、企業による過失というものは、企業が第三者に対して害を及ぼさないとした約束を破る際に生じる。それが偶然であれ故意であれ、コスト削減が原因である場合、企業はその過失行為や不作為に関して責任がある。そして親会社は、たとえ不正に直接関わらなくとも、子会社の過失について責任を問われる可能性がある。たとえば79歳のステラ・リーベックが、やけどするほど熱いコーヒーの入ったカップを膝にはさんでこぼし、ひどい熱傷を負ったとして、1994年にマクドナルドを相手取って勝訴し、286万ドルを勝ち取った。今日では販売されているホットドリンクのほとんどに警告表示がなされている。

　2014年、アメリカ合衆国の陪審は、タバコメーカーR・J・レイノルズ社を相手取ったシンシア・ロビンソンの訴えを認めた。喫煙者だった夫が1996年に肺がんで亡くなったのは不法死亡であると訴えたのだ。製品に中毒性があり健康に害があるということを、同社が消費者に知らせる義務を怠った、というのがロビンソン側の主張だった。

史上最大の強盗事件
シティ・オブ・ロンドン債券強奪事件
（1990年5月2日）

事件のあとさき

場所
英国、ロンドン

テーマ
債券強奪

以前
1983年 武装窃盗団が、600万ポンドの現金をロンドンのセキュリティー・エクスプレスの金庫から盗み出した。ロニーとジョンのナイト兄弟が、この事件の黒幕として有罪となった。

以後
2006年 英ケント州で、覆面をした7人の男たちが銃をかざしながらセキュリタス・キャッシュ・マネジメント社の建物に押し入り、社員14人を縛り上げ、わずか1時間のうちに5300万ポンドを盗み出した。

2007年 イラクのバグダッドの民間銀行の守衛たちが、2億8200万ドルを金庫から盗み出した。

　ロンドン金融街に拠点を置くマネーブローカー、シェパーズ社の運搬担当である58歳のジョン・ゴダードにとって、1990年5月2日の営業日はいつもと同じように始まった。イングランド銀行をあとにした彼は、無記名債券でいっぱいの書類鞄を抱えて近くの金融会社に向かった。午前9時半、人気の少ない脇道を歩いていると、20代後半と思しき男にあとを尾けられた。男はナイフを彼の首に押し当て、書類鞄と財布を奪って逃走した。

大胆極まりない強奪事件

　強奪犯は徒歩で逃げ、混み合う地下道に姿を消した。持ち逃げされた301枚の無記名債券は、うち170枚が大蔵省証券、131枚が銀行や住宅金融組合の定期預金証書で、1枚がほぼ100万ポンドに相当した。したがって奪われた総額は2億9200万ポンドという途方もない額となった。

　イングランド銀行は全世界に警告を発し、強奪された債券の通し番号を金融機関に通知した。やがてシティ・オブ・ロンドンの捜査員たちは、犯人が国際的な

> 覆面警察官としての生活は、
> 死や心身衰弱と
> つねに隣り合わせだ。
> **英国警察官**

詐欺および不正資金洗浄（マネーロンダリング）の組織であり、アメリカ合衆国の組織犯罪とつながりがあることを突き止めた。

　警察は強奪犯の居場所を探るために40名の警官チームを派遣し、FBIと共同で捜査した。FBI捜査官たちは正体を隠して犯罪組織に潜入した。警察もFBIも、犯人たちが債券を現金に換える可能性があるとのイングランド銀行の警告を受けて、迅速に動いた。

　事件から2か月後の7月31日、事態は大きく進展した。米テキサス州の実業家マーク・リー・オズボーンが、盗んだ債券1000万ポンド分をニューヨークの麻薬密売人に売ろうとしたのだ。この麻薬密

知能犯罪　115

参照　大列車強盗 30-35 ■ D・B・クーパー 38-43 ■ アントワープのダイヤモンド強盗 54-55

売人が、実はFBIの覆面捜査官デイヴィッド・マニキスだった。

金の動きを追え

オズボーンはFBIに協力して英国人詐欺師キース・チーズマンを含む共謀者の情報を提供し、チーズマンはコードネーム「オペレーション・ソフト・ダラー」というおとり捜査で捕まった。彼は強奪した債券の一部を浄化したことを認め、有罪となり服役した。

しかし、密告したということは、犯罪組織の標的となったということでもあった。1990年8月、FBIの保護下にあったにもかかわらず、オズボーンは頭を撃たれて死んだ。

盗まれた債券は世界中で売りさばかれた。シティ・オブ・ロンドンの警察はヒースロー空港で未申告の債券が入った鞄をひとつ回収し、さらにキプロスで数個回収した。1990年の夏、警察は2枚を残して債券のありかをすべて突きとめた。25人を逮捕したが、起訴に持ち込めたのはチーズマンだけだった。実行犯はロンドン出身の28歳のパトリック・トーマスと考えられていたが、彼は同年12月に自殺した。

債券の運搬担当のジョン・ゴダードが鞄の中身の本当の価値を知ったのは、事件後のことだった。当時、証券、債券、証書等を送付する際は、運搬担当者がシティ内を持ち歩き、担当者本人は鞄の中身を知らされていなかった。こうした危険な送付手段はのちに廃止された。■

この強奪事件ののち、同様の犯罪を防ぐため、イングランド銀行（上）はすみやかにポンド建ての証券の電子送付システムサービスを展開した。

ピストーネの偽装があまりにも信憑性を帯びていたため、彼は捜査も終わらぬうちに、ボナンノ一家のメンバーにならないかと誘われるところだった。

覆面警察官の仕事

証拠集めや、現在進行中の、あるいは今後起こりかねない違法行為に関する情報の収集のため、警察は特別に訓練された覆面捜査官を使う。

数時間程度の短期的なおとり捜査もあれば、数か月、あるいは数年に渡って現場で行う長期的な潜入捜査もある。捜査官個人のリスクはたいへん大きくなりかねないが、犯罪者を刑務所に入れるという結果が得られれば、リスクを凌いであまりあるといえよう。それをよく理解している男に、FBI覆面捜査官ジョー・D・ピストーネ（1939〜）がいる。1976年、彼は宝石泥棒ドニー・ブラスコとして、ニューヨークに5つある犯罪シンジケートのうちのひとつ、ボナンノ一家に潜入した。6年間一家と生活と仕事を共にする一方で、100人以上の犯罪者を有罪とするだけの証拠集めにいそしんだ。一家はのちにピストーネを始末すべく殺し屋を雇ったので、現在ピストーネ本人は素性を隠して生活している。みずからの覆面捜査について書いた本は、1997年に公開された映画『フェイク』の原作となった。

ひとつの大きな嘘なんだ

バーニー・メイドフ
（1990年代〜2008年）

118　バーニー・メイドフ

事件のあとさき

場所
アメリカ合衆国、ニューヨーク市

テーマ
ポンジ・スキーム

以前

2007年4月6日　サイード・ハッサンは「ダブル・シャー」の名でも知られた詐欺師で、パキスタンでのポンジ・スキームの運用を記者に暴かれた。彼のスキームはたった15日間で100パーセントのリターンを約束するものだった。

2008年5月21日　アメリカのレコード・プロデューサー兼バンド・マネージャーのルー・パールマンは、3億ドルを超える規模のポンジ・スキームを運用し、懲役25年を科された。

以後

2011年6月7日　ネヴィン・シャピロは、米マイアミを拠点とした大規模なポンジ・スキームを運用し、禁固20年を言い渡され、8200万ドルを超える賠償金の支払いを命じられた。

2009年3月10日、ニューヨークの法廷に護送されるメイドフ。ここで証券詐欺、郵便詐欺、電信詐欺、資金洗浄、偽証を含む11件の重罪に問われた。

　バーニー・メイドフのポンジ・スキームは、アメリカ合衆国の金融規制機関の追及を何十年もかわしてきた。このスキームにより、多くの投資家に非常に魅力的な利益がもたらされたが、その後5大陸に広がる多くの被害者が破産し、絶望の爪痕が残された。怪物、詐欺師、裏切り者など、さまざまなレッテルを貼られたメイドフは、残りの人生を懲役150年という刑に服することで全うしようとしている。

　始まりはよくある詐欺と変わらなかった。異例のリターンを約束することで投資家たちをおびき寄せるというものだ。しかし、たいていのポンジ・スキームは高い利回りを提供して投資家を惹きつけ、その後は破綻へと突き進むのだが、メイドフの提供する年利は非常に安定していた。

　このスキームの安定性こそが、人を惹きつけて詐欺を長く継続させる上での重要な要素となった。そしてメイドフは、大勢の裕福な投資家の中から、このスキームに投資する者を自由に選ぶことができた。

始まりは控えめに

　メイドフは大学卒業後の1960年にバーナード・L・メイドフ証券投資会社をウォール街に設立した。ライフガードやスプリンクラーの設置工として働いて貯めた5000ドルを資金にした。さらに会計士であり義父であるソール・アルパーンが5万ドルを貸し付けて、会社の立ち上げと運営を支援した。

　同社は当初、ニューヨーク株式市場（NYSE）やアメリカン証券取引所（AMEX）では取引されないペニー株を扱っていた。高額の手数料を払わずにすむからだ。会社は軌道に乗った。彼にとって初めての大物投資家は、女性用衣料会社のオーナーとして成功を収めたカール・シャピロで、1960年、メイドフに10万ドルを提供した。これが二人の友人としての、またビジネスパートナーとしての関係の始まりとなり、メイドフにとって最初のビジネスチャンスとなった。これ以降50年に渡り、シャピロはメイドフを息子のように思い、裕福な投資家グループとのあいだを取りもち、最終的に5億ドル以上を失うこととなった。

　同社はアメリカの証券取引監視機関である証券取引委員会（SEC）による精査を受けずにすんだ。傍目にはそれほど顧客がいないように見えたからだ。同社は選りすぐりの裕福な投資家の共同出資に頼っていた。ソール・アルパーンは初めのうちはメイドフにこれらの顧客を紹介して紹介料を得ていたが、のちに導管体

知能犯罪　**119**

参照　チャールズ・ポンジ 102-07　■　ジェローム・ケルヴィエル 124-25

の役割も果たすようになり、複数の顧客から受け取った金をアルパーンの名義で投資して、メイドフの顧客を少なく見せかけた。

ファミリービジネス

メイドフの会社は、2008年には数十億ドル規模のファミリービジネスに成長していた。姪をコンプライアンス担当役員として雇い、息子のアンドリューとマークには合法的な投資を担当させて、個人投資部門には関わらせなかった。個人投資部門の存在は社内にも秘匿され、その業務内容は大いに違法であった。顧客の投資金はメイドフの個人口座に預け入れられ、投資に回されることはなかった。

顧客が資金の償還を求めると、同社は利子を上乗せし、実際のデータに基づいて捏造した取引一覧をつけて払い戻した。その金は、実際にはほかの投資家が投資した金だった。メイドフと彼の魔法の投資のまわりに醸し出されるオーラのためか、リターンに疑いを持つ者はほと

> 私は絶対に
> 株式市場に投資しない。
> 株投資など決して信じない。
> バーニー・メイドフ

んどいなかった。投資家から金を集めるためのファンドのひとつに、S&P100株価指数の構成銘柄に焦点を当てたものがあった。これは17年間も年10.5パーセントの利益をあげていた。2008年にアメリカの株式市場が暴落したときでさえ、このファンドは上昇した。

何十年ものあいだ、人々はメイドフが一貫して利益を出し続けており、それを基盤としているからこそ彼が裕福なのだと思い込んでいた。勤労世代の人々は、そんな彼を信じて老後の生活資金づくりを任せていた。彼の会社は一見合法的であったし、彼自身も外から見るかぎりは信頼に足る実業家だった。SECの諮問委員会の一員を務め、世界第2位の規模を誇る株式市場NASDAQの非常勤会長を務めた過去もあった。

メイドフによる詐欺の規模が明らかになると、被害者にハリウッドスターのケヴィン・ベーコン、ジョン・マルコヴィッチ、スティーヴン・スピルバーグ、フランスの貴族の末裔であり投資家のルネ＝ティエリ・マゴン・ド・ラ・ビーユウシェット、英国の陸軍退役軍人ウィリアム・フォクストンが名を連ねていることがわかった。痛ましいことに、ド・ラ・ビーユウシェットとフォクストンは、この大損失を受けて自殺するまでに追いつめられた。

捜査開始

どの時点でメイドフがポンジ・スキームを運用しはじめたのかは不明だ。2008年に本人が自白した際、1990年代前半か

エドワード・スノーデンは2013年に機密情報をリークした。これにより、アメリカが秘密裏に主導していた全世界的な情報収集活動が暴露された。

内部告発者

内部告発者の存在は、官僚的なプロセスだけでは難しい犯罪の検出に重要な役割を果たすが、諸刃の剣ともいえる。内部告発者はハラスメントや脅迫の対象となりがちなので、法律によって護られている。

メイドフの訴訟中、内部告発者は適切な配慮が受けられるという通知がなされ、それに続いてSECが内部告発者報奨金制度を立ち上げた。これには、金融業者たちから金融犯罪に関する重要な情報を提供してもらおうとの意図があった。しかし、内部告発者は金融業界以外の場でも重要だ。たとえば教育やヘルスケアの業界では、従事者たちは、業務の怠慢やずさんな指示などをなくすため、声を挙げるよう奨励されている。ところが国事となると、内部告発者の存在は議論の対象とされることが非常に多い。元CIA局員エドワード・スノーデンは愛国者としてもてはやされる反面、裏切り者として批判されてもいる。その一方で、元アメリカ陸軍兵士のチェルシー・マニングは、アメリカの外交政策を批判するために機密情報を漏らした罪で軍法会議にかけられ、懲役刑となった。

バーニー・メイドフ

ら始めたものだと述べたが、連邦捜査官は、1970年代か1980年代半ばといったもっと早い時期に始まっていたとみている。会社設立時から違法な運用を行ってきた可能性もある。彼の金融取引はつねに極秘であり、40年以上共に仕事をしてきた弟のピーターでさえ、このスキームの実際の内容を知らなかった。

1990年代には周囲から疑念が示されたものの、妬みからだろうと退けられた。2000年には、金融アナリストで詐欺の調査も手がけるハリー・マルコポロスが、自分はメイドフの主張する利益の達成が、合法的にも数学的見地からも不可能だと証明できるとSECに提案した。彼の提案は長らく無視されていたが、その後ほかのアナリストも同じ結論に至った。メイドフが個人的に利用していたJPモルガン銀行を除き、ウォール街の主要銀行はどこもメイドフに投資しなかった。メイドフの出す数字が信じられなかったからだ。JPモルガン銀行は関与への報い

> 計算が複雑すぎる……
> 私は間違っていないはずだ、
> 数学の法則を変えられる
> というのなら話は別だが。
> **ハリー・マルコポロス**

を受けることとなった。2014年、本スキームの被害者に賠償するため、20億ドルの罰金を科せられたのである。

SECは2008年以前にもメイドフの調査を行ったことがあるが、この大規模な詐欺を見落としていた。1992年という早い時点で、SECは、アヴェッリーノ・アンド・ビエネスというファンドを調査し、その取引を中止した。これは「フィーダーファンド（運用資金を他のファンドに投資する投資信託）」のひとつで、メイドフは潜在顧客を惹きつけるためにこれを運用していた。しかし、このファンドがメイドフのさらに大規模な詐欺行為の一環であったことを示す数々のサインをSECは見逃した。

調査は引き続き進められたが、能力や金融の専門知識の不足、メイドフの会社と仕事をするSECの別部門とのコミュニケーション不足などが原因で不首尾に終わった。SECとメイドフのコンプライアンス担当役員との頻繁な接触のせいで、メイドフの姪と、SECの弁護士でメイドフ・ファンドの調査を指揮していたエリック・スワンソンとが結婚するという事態さえ引き起こした。

数年に渡るSECの中途半端な調査ののち、2008年の晩秋に、メイドフはこのスキームと会社の財務状況が崩壊しはじめたことに気がついた。顧客たちが総額70億ドルの償還を求めたのだ。そのとき

ウォール街の大物
バーニー・メイドフは1990年代前半に初めてポンジ・スキームを運用し、投資家や規制機関や政府を欺き続けた。

1990年
この年からNASDAQの会長職を3年務める。

1960年
バーナード・L・メイドフ証券投資会社を設立する。

1986年
ニューヨークの3番街885に最初の本社を設立する。

1992年
SECが、投資家とメイドフの会社とをつなげるための「フィーダーファンド」であるアヴェッリーノ・アンド・ビエネスを停止したが、SECにはメイドフ自身とこのファンドとの関係を明らかにすることができなかった。

知能犯罪

刺繍入りのベルベットの室内履き。650億ドル規模の彼のポンジ・スキームで被害にあった人々を補償する資金づくりのため、競売にかけられたメイドフの所有物のひとつである。

彼の手元には、支払いに充てられる金が2〜3億ドルしか残っていなかった。

真実の判明

2008年12月10日、メイドフは息子たちと、年末のボーナスについて話し合った。そして、二人には予定よりも早めにボーナスを渡したいと言った。金の出所について疑問を持った息子たちが尋ねると、メイドフは二人の関与していないビジネスから出ていることを認め、そのビジネスが周到なポンジ・スキームであったことを告白した。息子たちは連邦当局に通報した。翌日、FBIはメイドフを逮捕した。逮捕からまもなくメイドフは保釈され、告訴と量刑を待つ身となった。彼と妻のルースは手持ちの宝石類などを息子たちに郵送した。

2011年、妻ルース・メイドフは、2008年のクリスマス・イヴに夫と自殺を図ったことがあると打ち明けた。

悲劇的な結末

2009年3月12日、メイドフは、証券詐欺、投資顧問詐欺、郵便詐欺、電信詐欺、資金洗浄3件、虚偽の発言、偽証、SECへの虚偽の申請など、11の罪状を認めた。

2009年6月29日には懲役150年の刑を言い渡された。これは彼の罪状に対して量刑が許される最長の服役期間であった。刑の宣告の直前、メイドフは被害者たちに詫びた。このとき被害者の多くが彼の背後の長椅子に座っていた。

2009年11月、政府は被害者たちへの払い戻しのため、メイドフの資産の売却と競売を開始した。大きなヨット1艘、ボート2艘、ニューヨーク市のペントハウス、ニューヨーク州モントークのビーチハウス、フロリダ州の大邸宅といった不動産、ピカソやロイ・リキテンスタインの美術作品、妻の膨大な宝飾品コレクション、ロレックスのコレクション、そしてスタインウェイのピアノなどが対象となった。

メイドフのスキームは史上最大級のポンジ・スキームであり、メイドフ自身の家族はその影響で離散した。46歳の息子マークは、父親の逮捕からちょうど2年後に首を吊った。父親の権威のもとで複雑な日々を生きた息子の人生の悲しい幕切れだった。

2000年
メイドフの詐欺を証明するハリー・マルコポロスの最初の報告書がSECに提出されるが、最終的には退けられた。

2005年
ルネサンス・エンタープライズ社からも同様の懸念が提示されたのを受けて、SECは改めてメイドフの会社を調査したが、結局不首尾に終わった。

2002年
匿名のヘッジファンドマネージャーがメイドフの投資に関する詳細な告発文書をSECに提出するが、調査は行われなかった。

2008年
メイドフがポンジ・スキームの運用を息子たちに告白する。彼らはただちにFBIに通報し、メイドフは逮捕された。

犯罪と呼ばれることは何もしなかったと私自身は思っています
エンロン社事件（2001年）

事件のあとさき

場所
アメリカ合衆国、
テキサス州ヒューストン

テーマ
不正会計

以前
1991年 国際商業信用銀行（BCCI）は、大規模な資金洗浄に加担したのち、規制機関により閉鎖された。

1998年 ごみ処理とリサイクルを手がけるアメリカのウェイスト・マネジメント社は、4億5700万ドルを支払って株主代表訴訟を解決した。監査を担当したアーサー・アンダーセン社は罰金700万ドルを科された。

以後
2008年3月 アメリカ証券取引委員会（SEC）は、カナダ企業バイオベイル社を不正会計で告発し、1000万ドルの罰金を科した。

創立からたった15年で、アメリカ合衆国のエネルギー企業エンロン社は同国で7番目に大きい企業に成長した。しかし2001年の衝撃的なスキャンダル後、経営破綻に追い込まれた。同社の成功が不正会計の上に成り立っていたことが暴かれたからだ。

きわめて小規模な地方のエネルギー会社だったヒューストン・ナチュラル・ガス社とインター・ノース社の2社が合併したのち、1985年に実業家ケネス・レイによって設立されたエンロン社は、2000年には年間売上高1110億ドル、従業員2万人、事業所は40か国以上という規模に大きく飛躍した。

創造的革新

マッキンゼー・アンド・カンパニーのコンサルタントとして頭角を現したジェフ・スキリングを、レイはエンロン・ファイナンス社のCEOとして雇い入れた。彼はすぐにレイの右腕となった。そして積極的な投資計画を展開し、1996年から2001年までの6年間連続で、エンロン社に《フォーチュン》誌の「全米で最も革新的な企業」という称号をもたらした。

スキリングは時価会計というテクニックを用い、実際の利益ではなく予想利益を計上した。ある資産によって最終的に生じた収益が予想利益と一致しなかった際、スキリングは当該資産を秘密の簿外企業に移し、損失を隠した。エンロン社CFOアンドリュー・ファストウは、損失を隠すための簿外企業のネットワークを

シェロン・ワトキンスはエンロン社の副社長で、2002年の上院委員会で証言した。1996年、財務上の不正行為について上司に懸念を伝えたが、かえって叱責されたという。

知能犯罪 **123**

参照　チャールズ・ポンジ 102-07　■　バーニー・メイドフ 116-21　■　ジェローム・ケルヴィエル 124-25

ケネス・レイが2006年4月26日、自身の詐欺及び共同謀議の公判の場に到着したときの様子。有罪となったが、刑の宣告を待たずに心臓発作で死去した。

つくりあげた。一般大衆とマスコミの目には、同社は急成長を遂げているように映った。

　2001年8月14日、この日はエンロン社のブロードバンド部門が1億3700万ドルの損失を報告し、スキリングが突然辞任した日だった。これを機に、ついに同社の信頼が失墜しはじめた。

疑問の氷解

　株主が同社の財務状況を知ったのは、2001年10月16日に同社が6億1800万ドルの第3四半期の損失を計上したときのことだった。この4日前には、エンロン社の監査役であるアーサー・アンダーセン社の弁護士たちが、同社関連のファイルをほぼすべて廃棄していた。同社の株価が、2000年半ばの最高値90.75ドルから、2001年11月末の1ドルにも満たない額に急降下すると、株主たちは400億ドル規模の訴訟を同社に対して起こした。同社の取締役会や監査委員会がハイリスクな会計処理に関する判断を誤ったのは、同社幹部に責任があるというものだった。

予期せぬ影響

　この訴訟をきっかけに、SECが調査に乗り出した。2001年12月2日、エンロン社は破産及び連邦倒産法第11章による会社更生を申請した。当時のアメリカでは、史上最大規模の破産であった。アメリカ上院は委員会を招集し、企業幹部を公聴会に呼んで同社の破綻について説明させた。エンロン社の思いきった会計処理は、役員会の承認によるものだったことが判明した。同社の決算報告書があまりに複雑で、投資家にはその内容やリスクが理解できなかったことも明らかになった。

　2002年6月、アーサー・アンダーセン社は、エンロン社の書類を破棄したことによる司法妨害の罪で告発された。判決は最高裁で無罪となったが、同社の評判は元には戻らなかった。

　ケネス・レイとジェフリー・スキリングは、2006年、いずれも証券詐欺と電信詐欺で連邦裁判所で有罪となった。レイはその約1か月後に亡くなった。彼らのほかに総勢22名の幹部たちがこの事件では有罪となっている。■

フォレンジック会計

　フォレンジック会計とは、込み入った金銭上、ビジネス上の問題を調査、分析、理解するための特殊な会計分野である。フォレンジック会計士は公認会計事務所、司法当局、保険会社、政府機関、金融機関などに雇われて、詐欺行為の申し立てを検討したり、手続きに従って法廷で専門家として証言したりすることが多い。エンロン社事件が起きたのは2000年代初頭で、当時は多くの企業による詐欺事件がFBIの捜査下にあり、件数も3倍に増えていて、フォレンジック会計の必要性が大いに高まっていた。

　このスキャンダルの影響により、世の中はより堅固な法律と厳しい規則でコーポレート・ガバナンスを改善する方向に進んできた。金融機関や監査法人は、組織内で詐欺が発生するのを防ぐため、次第にフォレンジック会計士を雇うようになってきている。

彼があの銀行を危機に陥れたんだ
ジェローム・ケルヴィエル
（2007〜08年）

事件のあとさき

場所
フランス、パリ

テーマ
ローグトレーダー

以前
1992〜95年 ニック・リーソンはシンガポールに拠点を置いた先物トレーダーで、彼の違法取引が英国最古の商業銀行であるベアリングス銀行を破綻に追い込んだ。リーソンには懲役6年6か月が宣告された。

2004〜06年 ジョーダン・ベルフォートは、世間からは「ウォール街の狼」と呼ばれていたが、証券詐欺で22か月の懲役刑に服した。

以後
2011年 スイスのUBS銀行のトレーダー、クウェク・アドボリによる不正取引は、同行に15億ポンドの損害を与えた。2012年、詐欺罪で有罪となったアドボリは7年間服役した。

フランス人トレーダー、ジェローム・ケルヴィエルが知能犯罪に手を染めたのは、わずか1年ほどだった。その短いあいだに彼は、フランスのソシエテ・ジェネラル銀行に49億ユーロの損失を与えた。しかし本当に責めを負うべきは誰だったのだろうか。

犯罪

ケルヴィエルは2000年にソシエテ・ジェネラルのコンプライアンス部門に配属され、2005年にジュニア・トレーダーとなった。銀行から承認されていない取引を手がけはじめたのは2006年後半だった。小規模な取引をごくまれに行うだけだったのが、時を経るにつれて額が大きく、頻度も高くなり、それを偽のヘッジ取引によって隠蔽するようになった。取引は必ず3日以内にクローズにし、銀行の管理措置が作動しないようにした。また、これらの取引から個人的に利益を得ることはしなかった。

2008年1月、ソシエテ・ジェネラルはケルヴィエルの不正取引に気がついた。同行は、ケルヴィエルが2007年12月と2008年1月で、8つの不正なデリバティブ取引を行い、その総額は49億ユーロに及んだと主張した。

ケルヴィエルは信託違反、詐欺、銀行のコンピューターシステムの不認可使用で告発され、2010年6月8日に裁判が始まった。

ケルヴィエルは不正取引と、隠蔽のための書類の改竄を認めた。しかしそれと同時に、ソシエテ・ジェネラルの上司たちはこれらの不正取引に気づかぬふりをしていた、なぜなら多くの利益が生じていたから、と主張した。ケルヴィエル側の弁護士は、彼が2007年の最終四半期だけで14億ユーロを同行にもたらしたと

根強い行動様式があった……
利益を最大にするために
大きなリスクを取るという。
ブラッドリー・D・サイモン

知能犯罪

参照　チャールズ・ポンジ 102-07　■　バーニー・メイドフ 116-21

ジェローム・ケルヴィエルと弁護士デイヴィッド・クービィがパリの上訴裁判所に到着した（2012年）ときの様子。このときは敗訴したが、次の上訴（2016年）で罰金を100万ユーロに引き下げさせた。

述べた。だが、2010年10月5日、ポット判事はケルヴィエルに禁固3年を言い渡し、ソシエテ・ジェネラルに対して賠償金49億ユーロを支払うよう命じた。

対立する意見

ケルヴィエルの元同僚の中には、公式見解に疑念を抱く者もいる。これだけの規模の未承認取引に、銀行側が気づかないはずはない、というのだ。大規模な取引を3日で終わらせるのは難しい、ケルヴィエルのポジションでは、彼ひとりきりで仕事をする機会などないだろうとも述べている。

不当解雇

2014年、フランスの破毀院（はきいん）（上訴裁判所）は、ケルヴィエルの返済金額を減らす決定を下した。ポット判事の決定には、ソシエテ・ジェネラルのリスクマネジメントが不適切であったことの影響が考慮されていなかった、と判断したからだ。ケルヴィエルは同年、釈放された。

しかし、ケルヴィエルはソシエテ・ジェネラルと闘い続けることを決意した。2016年6月、フランスの労働裁判所は彼の解雇を不当と判断した。労働裁判所は同行に対し、45万ユーロの賠償金をケルヴィエルに支払うよう命じた。これには彼が取得しなかった休暇と、2007年の仕事ぶりに対して支払われるボーナスも含

まれていた。同行に対して返済を命じられている者への、奇妙に矛盾した配慮といえよう。2016年9月、ケルヴィエルは法廷で、自分に科された49億ユーロの罰金について上訴した。その結果、罰金は100万ユーロにまで引き下げられた。

ケルヴィエルを犠牲者と見なす向きもある。倫理に反するやり方を上から強要された銀行員が、トラブルの兆候が見られた時点で切り捨てられた、と見るからだ。■

嘘をつく心理

『ずる——嘘とごまかしの行動経済学』の中で、認知心理学および行動経済学を米ノースカロライナ州デューク大学で学んだ著者ダン・アリエリー博士は、人が不正直である可能性が高まるのは、次のような場合だと述べている。(1)嘘を正当化できるとき、(2)利益相反があるとき、(3)過去について嘘をついているとき、(4)不正直な行いをしている他人を目撃しているとき、(5)不正直であることが標準とされる文化や副次文化に属すとき、(6)他人が自分たちの嘘から利益を得ることを知っているとき、(7)非常に創造的かつ空想的なとき、(8)疲れていたりストレスを溜めていたりするとき。

ジェローム・ケルヴィエルの場合、最初の6つの要素が当てはまるのはもちろんだが、最後の2つについても可能性がある。脳画像を見ると、情緒反応を処理する脳の部位である扁桃体の活動が、嘘をついたり欺瞞（ぎまん）を重ねたりすることで弱まることがわかる。こうした扁桃体の変化によって恥や罪悪感といった、嘘にまつわる感情が制限され、嘘をつき続けることがますます容易になる場合があるのだ。

125

贈収賄は大目に見られていたし……見返りがあった
シーメンス社贈賄事件（2008年）

事件のあとさき

場所
アメリカ合衆国、ワシントンD.C.

テーマ
企業腐敗

以前
1914年 ドイツ企業のシーメンス社と英国のライバル企業ビッカース社が、軍艦の建造に絡んで日本の高官に賄賂を贈った。シーメンス社員カール・リヒテルが懲役2年の判決を受けた。

1985〜2006年 英国の国防関連企業BAEシステム社が、サウジアラビアとのアルヤママ兵器売却の取引について、事実と異なる情報を流したことを認めた。

以後
2009年 アメリカのエンジニアリング会社ケロッグ・ブラウン・アンド・ルート社の役員たちが、10年に渡ってナイジェリアの政府要人に賄賂を贈り、その見返りに60億ドル規模の液化ガス設備を建設する契約を取りつけた。

バングラディシュの携帯電話網、アルゼンチンの国民IDカード計画、国連の石油食料交換プログラム、ベネズエラの2つの新規鉄道システム。これらは、ドイツの巨大エンジニアリング会社シーメンス社が担当した公共事業の、ほんの一部である。同社にこれらの事業をもたらしたのは腐敗した政府要人たちで、彼らは業者を選ぶ際に「金銭的な励まし」を受け取ることをよしとした。ニューヨーク証券取引所に初めて上場した2001年3月から、アメリカ当局が同社の運営に介入した2007年9月までのあいだ、シーメンス社は前例のない規模で海外への贈賄を行っていた。

贈賄疑惑

アメリカの証券取引監視機関である証

| シーメンス社が贈賄用に巨額の現金をプールする | 世界中の政府が民間企業に大規模なインフラ建設事業の契約を申し出る |

シーメンス社が政府要人に賄賂を贈り、入札を回避して契約を進める

競合他社は締め出され、シーメンス社が鉄道網、エネルギー供給網、発電所等の国家事業から利益を得る

知能犯罪　127

参照　ティーポット・ドーム事件 108-09 ■ エンロン社事件 122-23 ■ フォルクスワーゲン社排ガス不正事件 130-31

> 多国籍企業が外国の政府要人に不正な支払いをするのを、ビジネス上の単なる経費として見なすことのできる時代は、もう終わったのです。
>
> シェリル・J・スカボロ

証券取引委員会（SEC）は、2008年9月にシーメンス社を相手取って訴訟を起こした。同委員会は、2001年から2007年のあいだに、同社による4283件の贈賄行為と総額14億ドルのリベート支払いが、60か国以上の政府要人に対して行われていたことを突き止めた。さらに総額3億9200万ドルに及ぶ1185件の支払いが、上記以外の第三者に対してなされていた。

シーメンス社に疑いを抱いていたのはSECだけではなかった。ノルウェイからスロヴァキア、中国からトルコ、ギリシャに至るまで、シーメンス社が世界中で行った所業が次々と告発された。

腐敗した企業文化

シーメンス社の経営陣及び社員にとって贈賄とは、海外契約を勝ち取る上での基本戦略だった。アメリカ司法省は同社に3つの「レジ」があることを暴いた。社員はそこへ空のスーツケースを持ってきて、紙幣を詰めて持ち去った。同社の電気通信部門が契約を取るためなら、最高100万ユーロまでを一度に「引き出す」ことができた。事前の確認も書類手続きもほぼ必要なかった。2001年から2004年のあいだに、およそ6700万ドルがレジから持ち出された。

しかし、シーメンス社が行った不公正取引のほとんどは、言い逃れのできるやり方でなされた。特別な簿外銀行口座と「コンサルタント」を大いに活用し、取引の内容を隠蔽したのだ。管理職は賄賂の支払い伝票に貼られた付箋にサインをし、送金時にその付箋は処分された。

こうした腐敗行為について、シーメンス社は寛容らしい。社員たちには悪いことをしている意識がないか、あっても少ないということなのだろう。同社はニューヨーク証券取引所の上場企業で、アメリカの贈賄防止法の影響下にあるが、そうした事実と同社の実際の態度は相容れなかった。海外の政府要人に対する贈賄は、かつてのドイツでは合法だったが、

ラインハルト・シーカチェックは事件当時のシーメンス社の財務に大いに責任があったが、同社の腐敗を暴く手助けをし、その結果、量刑が軽減された。

1999年に禁止された。2008年12月、シーメンス社はアメリカ法廷で有罪となった。法廷は16億ドルの罰金の支払いと、企業文化を変革して信望を回復するよう命じた。同社はこれ以降、不正防止対策を講じている。■

知能犯罪とは何か

「知能犯罪（ホワイトカラー・クライム）」という用語は、1939年にアメリカの社会学者エドウィン・サザランドが初めて使った用語である。彼が著作で試みたのは、犯罪と貧困は結びついているという通説に支えられた、労働者階級によるブルーカラーの路上犯罪から、別の対象へと犯罪学研究の焦点を移すことだった。そして彼が研究対象として選んだのは、専門知識のある裕福な実業家など、社会の支柱を成す人々によって引き起こされる、金銭が動機の非暴力的な犯罪だった。彼が知能犯罪に与えた定義は、「信望があり、社会的に高い地位にある者が、その職務の過程で犯す」罪、であった。サザランドによると、詐欺、偽造、贈収賄、資金洗浄といった、ホワイトカラーの重罪人による犯罪は、刑法ではなく民法の範疇として見なされることが多いという。また、社会の底辺層の犯罪者に比べ、知能犯罪者は罰を「逃れる」可能性がかなり高いといえる。

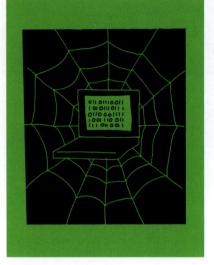

家の地下室で いたずらを企んでいる ただのオタク青年 とは違うのです

SpyEyeマルウェアによるデータ盗難 (2009〜13年)

事件のあとさき

場所
ロシア連邦、モスクワ

テーマ
サイバー犯罪

以前
2000年 マルウェアを配布するサイトなど、違法ビジネスをホスティングするロシアのインターネット・サービス・プロバイダーRBNが、世界中の組織犯罪の主要な情報ハイウェイとなった。

2007年 ハッカーがアメリカのディスカウントストアTJXのサーバーから少なくとも4560万枚分のクレジットカードのナンバーを盗み、大量データ漏洩に人々の意識を向けさせる結果となった。

以後
2010〜13年 トルコ人ハッカー、エルカン・フィンディコグルーのサイバー犯罪集団は、デビットカードのデータを世界中の「現金化担当者」に配布し、そのデータを使用してATMから大金を吸い出させた。

近年、インターネットの「隠れた」部分の成長が、犯罪者に広い活躍の場を提供している。サーチエンジン経由でアクセス可能なインデックス処理済みの「表層ウェブ」の背後には、「深層ウェブ」が存在する。これは事実上、ファイアーウォールの向こう側に存在する、インデックス処理されていないデータすべてを指す。イントラネット、アーカイヴ、パスワードで保護されたサイトなどだ。深層ウェブには「ダーク・ウェブ」も含まれている。これは誰がホスティングしているのかわからないサイトで、専用のソフトウェアを使わないとアクセスできない。こうしたサイトの中には、銃器やドラッグの市場となっているものや、コンピューター・ウィルスを拡散するものがある。

データ盗難

オンライン詐欺を容易にするソフトウェア・プログラムは、世界中のインターネットユーザーのセキュリティにとって最大級のリスクだ。中でもとくに危険なものがSpyEyeで、ハッカーはこの悪質なソフトウェアを、2010年から2012年のあいだに5000万台のPCに密かに感染させて、世界中の個人情報や金融機関の機密情報で利益をあげた。

サイバー犯罪者は、SpyEyeの出来合いのマルウェア・ツールキットを1000ドルから8000ドルで購入できる。これを使用すれば、コンピューターにこっそりと入り込んでコンピューターの持ち主のキーストロークをログに記録できる。安全なものと信じられているオンライン・バンキングのページに入り込み、データを確定して取り出し、ウィルス対策ソフトが暗号化する前に素早く持ち去ることができる。アカウントをパスワードやPINで武装しても、破られてしまうのだ。

SpyEyeの作者であり管理者は、アレクサンドル・〈サーシャ〉・パーニンというロシアの若者で、モスクワのアパートメントを拠点としていた。真面目で勉強好きに見えるこの青年は、ネット世界ではまったく別の人格を持ち、「Gribodemon」(グリボディーモン)という別名で通っていた。パーニンの共犯者は「Bx1」の異名を持つハムザ・ベンデラッドである。アルジェリア出身でコンピューター・サイエンスを学んだベンデラッドは、このツールキットをオンラインで販売した。パーニンが人類のためになる技術開発に自分の得た利益を投資しようとしているとか、ベンデラッドがパレスチナに多額の寄付をしたという噂が広まるにつれ、二人は義賊と見なされるようになった。

参照　フランク・アバグネイル 86-87

知能犯罪

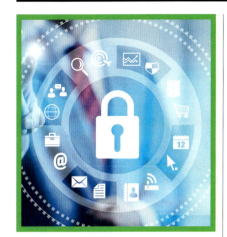

サイバー犯罪者はインターネットのスピード、利便性、匿名性を利用して、物理的かヴァーチャルかの境を超えた幅広い犯罪を犯す。

証拠探し

アメリカの法執行機関にとって、実名を伏せたサイバー詐欺師を捕まえることは、困難の多い仕事だった。FBIは民間のコンピューター・セキュリティ会社トレンド・マイクロ社と契約し、コンピューターコードを構成する膨大な数のストリーミングビットの中から、マルウェアの存在をうかがわせる怪しいバイトを突きとめようとした。トレンド・マイクロ社は1200名のリサーチャーを投入し、数年をかけてSpyEyeのインフラストラクチャーをマッピングした。そして複数のIPアドレスと、メインサーバーとして使われたコンピューター1台を見つけ出した。それはジョージア州アトランタの感染したコンピューターで、ベンデラッドがアルジェリアから遠隔操作していたものだった。

そこでリサーチャーのチームはサイバー犯罪者になりすまし、SpyEyeを配布するオンライン・フォーラムに潜入した。2011年6月には犯人を特定する証拠が揃った。SpyEyeキットの購入をきっかけに、パーニンの会計処理用のマシンにたどり着いたのだ。オンラインのグリボディーモンが現実世界のパーニンと確実に結びついたあとも、FBIはさらに2年待った。ロシアとアメリカとのあいだには、犯罪者引渡条約が締結されていなかったからだ。

2013年7月、国外に出たパーニンがついに逮捕され、9年半の懲役刑となった。ベンデラッドはそれより半年早くタイで逮捕され、懲役15年を言い渡された。■

サイバー犯罪の興隆

コンピューターやウェブをツールとして、金品、情報等の資産を盗むサイバー犯罪は、合法的なオンライン上の活動と変わらぬ速さで広まっている。サイバー犯罪者が狙うのは、個人、企業、組織、政府機関だ。ビジネスがオンラインで処理され、クラウドストレージの使用頻度が高まるにつれて、ハッカーの革新的技術に直面することとなり、そうなると企業や個人には打つ手がない。クレジットカードや銀行の情報等を自動的に盗み取るハッキング用ツールキットの場合、たとえソフトウェアの作成者が捕まっても、その後もそのソフトウェアはオンラインで配布され続ける。この手のソフトはIPアドレスはもちろんのこと、形態や名称を容易に変えてしまうのだ。

SpyEyeの作成にインスピレーションを与えたという、Zeus（ゼウス）という悪名高いマルウェアがあるが、その作成者はいまだ捕まっておらず、オリジナル・ソースコードはすでにハッカーたちの手で漏洩され、組み込まれ、配布されている。

それが犯罪捜査だよ。
古きよき犯罪捜査。
**リック・ファーガソン、
トレンド・マイクロ社**

名前の特定できないハッカーが
悪意のあるソフトウェア・プログラムを書く

そのプログラムが
ダーク・ウェブ上で販売される

サイバー犯罪者が
そのプログラムを購入し、
適用する

**何百万もの人々のデータと
個人情報にアクセスして、
それらを盗むことが
可能となる**

フォルクスワーゲン社はいかなる不正行為も容認しない
フォルクスワーゲン社排ガス不正事件（2015年）

事件のあとさき

場所
全世界

テーマ
故意のソフトウェア操作

以前
2010年 米インディアナ州コロンバスに本社を有するエンジンメーカー、カミンズ社が、罰金210万ドルを支払い、エンジン405台を回収した。同社は57万台を超える大型車両用ディーゼルエンジンを、公害防止装置の搭載なしで出荷していたのだった。

以後
2016年 日本の三菱自動車が、自社製品15万7000台と日産向け製品46万8000台の燃費試験で、試験結果を改竄（かいざん）していたことを認めた。

フォルクスワーゲン社の排ガス事件は、世界金融危機以降最大の企業スキャンダルだ。
ピーター・スペンス

2015年、アメリカ合衆国環境保護庁（EPA）はドイツの自動車メーカー、フォルクスワーゲン社を告発するという前代未聞の行動に出た。禁じられている「無効化機能（デフィート・デバイス）」ソフトウェアを、同社がアメリカで販売されたディーゼルエンジン車両に搭載したというのである。

このソフトウェアは、自動車がテスト装置に載っているときには排気中の窒素酸化物を減らす一方、実走中は排ガスに含まれる有害物質を多くし、その分エン

企業に対する制裁

企業の悪事に対する典型的な懲罰は、企業を「法人」と見なし、その経営陣ではなく、企業そのものに罰金を科すものである。アメリカでは19世紀に企業の刑事責任という概念が確立されており、企業犯罪の調査・訴追の取り組みがなされているが、他の国々でも同様の考え方が受け入れられている。ここ数年の流れでは、とりわけ企業内部での管理に不足があったり、企業側が捜査官に協力しなかったりした場合に、罰金を科すことが大幅に増加してきている。

2016年9月、ドイツ最大手の金融機関であるドイツ銀行が、アメリカ司法省から140億ドルの支払いを求められた。これは同行が2005年の住宅バブル時に投資家に住宅ローンを不正販売したことに対するものである。こうした巨額の罰金は世界的な金融不安を引き起こしかねないため、批評家たちはドイツ銀行は再建と強化に取り組まなければならないと述べている。

知能犯罪 **131**

参照 エンロン社事件 122-23 ■ シーメンス社贈賄事件 126-27

ポータブルタイプの排ガス測定システムを排気管に接続している。ドイツ最大の技術試験機関が実施した試験の様子である。

排ガス試験を切り抜けるため、**無効化機能**が1100万台のフォルクスワーゲン社製エンジンに組み込まれる

↓

排ガス試験では**低い排ガス値**が出て、製品が試験に合格する

↓

実走時、エンジンが許容値の**40倍**の窒素酸化物を排出する

↓

2014年5月のウエストヴァージニア大学での**試験**で、ディーゼルエンジンの排ガス値の操作が発覚する

↓

フォルクスワーゲン社が数百万台の自社製車両を回収し、アメリカでのクレームを解決するために150億ドルの支払いに同意する

ジンのパフォーマンスを向上させるというものだ。道路では、車は許容量の最高40倍にあたる窒素酸化物を吐き出す可能性があった。2015年9月、フォルクスワーゲン社は、1100万台のフォルクスワーゲンとアウディの2リットルディーゼルエンジン搭載車に、件のソフトウェアを載せていることを認めた。経営トップのマルティン・ヴィンターコルンは、本件について謝罪し辞任した。

首謀者

アメリカの捜査官は、本件の捜査の一環として150万部の書類を調べた。捜査の焦点は、アメリカのフォルクスワーゲン・ディーゼル・コンピテンス・チームを率いたドイツ国籍のジェイムズ・ロバート・リャンに当てられた。リャンはドイツの「クリーン・ディーゼル」エンジンを開発する技術者チームの一員だった。法廷資料によると、彼と同僚たちは、アメリカの厳格な排ガス基準を満たすディーゼルエンジンの設計は不可能であるとの結論に至り、それゆえに排ガス試験を切り抜けるためのソフトウェアを設計・搭載したという。

2016年6月、同社は規制当局と消費者に最高150億ドルを支払う和解に合意した。2016年8月に公表された、この和解の対象となったのは、アメリカの652のカーディーラーであった。

2016年9月、リャンは、本件における自身の役割に関するアメリカ連邦裁判所の告訴内容を認め、捜査への協力に同意した。環境規制当局がエンジンの試験結果について質問した際に、彼が嘘を述べていたことも判明した。

リャンはアメリカでの懲役5年を言い渡された。釈放後は国外退去となり、25万ドルの罰金を支払うこととなっている。同社は引き続き刑事・民事双方の訴訟に対応中である。■

組織犯

罪

はじめに

密輸団
ホークハースト・ギャングがイングランド南東部の町や村を騒がせる。

1735〜49年

シチリア島の果樹園で、みかじめ料の取り立てから**マフィア**が誕生する。

1800年代半ば

禁酒法時代のシカゴで、酒の密造ビジネスを巡って**ギャング**間で**ビール戦争**が勃発する。

1923〜29年

1761年

中国三合会の前身、天地会が中国南東部の満州で結成される。

1889〜1908年

ブッチ・キャシディ率いる**ワイルドバンチ**がアメリカ西部で列車強盗をくり返し、「生死を問わず」指名手配される。

FBIの定義によれば、組織犯罪とは、違法行為で金銭を得ることを主な目的とした、体系的な組織構造を持つ団体による犯罪である。彼らは存続のために暴力行為、不正行為、恐喝を行い、腐敗した役人を買収して犯罪に目をつぶらせ、後ろ盾とすることもある。

組織犯罪は地域限定のものもあれば、世界規模のものもある。1800年代末、ブッチ・キャシディ率いるワイルドバンチは、司法当局から安っぽい無法者と嘲笑されながらも、長いあいだ、法の手を逃れ続けた。おそらくアメリカ合衆国史上もっとも成功を収めた列車強盗団だ。その対極に位置するのが、世界中に触手を伸ばす犯罪シンジケートだろう。たとえば日本のヤクザやシチリア・マフィアである。

社会の辺境にいる集団

犯罪集団は社会の非主流派から生まれることが多い。たとえば三合会は、19世紀の中国で清朝に刃向かう革命家たちの集まりだった。イタリアのコーザ・ノストラとそこから派生したアメリカ・マフィアは、シチリア島のよどんだ田園地方に端を発する。第二次世界大戦後に結成されたヘルズ・エンジェルス・モーターサイクル・クラブは、不満を抱えた退役軍人が主要メンバーだ。こうした集団は、麻薬取引、売春、金貸し、ギャンブル、恐喝等の違法行為によって勢力を拡大していった。

アメリカ合衆国の社会学者ロバート・マートンによれば、個人が組織犯罪に関わるのは、階級制度や貧困のために合法的な手段では社会における目的を達成することができない場合だという。コカイン・カルテルがコロンビアの貧困都市メデジンで生まれ、犯罪一家のクレイ兄弟とリチャードソン兄弟がロンドン南部の見捨てられた地域で台頭したのは、決して偶然ではないのだ。現在の三合会の各組織は、香港とマカオの最貧困地域に根ざしている。

人種的偏見によって道を阻まれた者が組織犯罪に関わるケースが多い。禁酒法時代のギャングは主にイタリア人、ユダヤ人、アイルランド人で形成されていた。また、ヤクザの3割は日本生まれの韓国人で、根強い差別に直面してきた人々である。クラック・コカインの蔓延はアフリカ系アメリカ人のストリート・ギャングによって焚きつけられた。読み書きができなかったために1980年代のロサンゼルス

組織犯罪

1948年
米カリフォルニア州サンバーナーディーノで**ヘルズ・エンジェルス**が発足する。世界中に勢力を拡大し、敵対するギャングと抗争をくり広げ、麻薬取引に手を染める。

1972年
コロンビアで**メデジン・カルテル**が結成される。コカイン取引の独占を巡ってすさまじい暴力行為がくり返され、政府が弱体化する。

1946年
日本で田岡一雄が**山口組組長**となり、「ボスの中のボス」としてその名をとどろかせる。

1960年代
敵対するクレイ兄弟とリチャードソン兄弟が、ロンドン・イーストエンドの**地下社会**を牛耳る。

1980〜95年
米ロサンゼルスで、〈フリーウェイ〉・リック・ロスがクラック・コカインの巨大市場を造りあげる。

で職に就けなかった〈フリーウェイ〉・リック・ロスは、クラック・コカインの販売で一大帝国を築き上げた。組織犯罪の一番の引力は、家族や社会から拒まれた者を各組織が身内のように受け入れることだろう。

地下活動

大衆が組織犯罪を美化することもある。1920年代アメリカの禁酒法時代のように、遠い昔に活動した組織がその対象となることが多い。一方、1980年代と1990年代のストリート・ギャング——発砲事件、押し込み強盗、車泥棒、麻薬売買等で貧困地域を荒らした連中——の場合、大衆の評価は厳しくなる。

洗練された犯罪集団は陰で巧みに悪事を働き、善意あふれる無法者として大衆の支持を得ていった。〈麻薬王〉・パブロ・エスコバルは、表向きの顔と抜け目ない政治的駆け引きで、コロンビア上院議員に選出されている。

ヤクザと三合会はアジア全域において、大企業から官公庁、さらには司法の場にいたるまでホワイトカラー社会に浸透している。世の注目を浴びながら活動したパブロ・エスコバルとは違い、背後に隠れて巧みに人目を避けることで成功を収めてきたのだ。

シチリア・マフィアの場合、イタリア本土は繊細なシチリア文化を理解していないという思い込みを隠れ蓑に、20世紀後半に入るまで、高度に組織化された犯罪シンジケートという本性をひた隠しにして繁栄してきた。

ヘルズ・エンジェルス等のモーターサイクル・ギャングは、荒くれ集団ながら、実はワイルドバンチのように個人が自由を謳歌した時代への無害な先祖返りにすぎないというイメージで売ろうとした。そうやって、中央集権体制がまだ整っていなかった時代に対する大衆の見当違いの郷愁につけ込んだのだ。

ギャングが活動を正当化するために有名スターと交流するパターンも多い。たとえば歌手のフランク・シナトラとアメリカ・マフィアの関係だ。シナトラくらい偉大なスターと交流しているのだから、それほど悪い人のはずがないだろう、と思わせるのである。本性を隠そうとする犯罪組織にとって、そうした策略はうまく働いた。■

悪徳商人の中でも最悪なのは、密輸業者だ
ホークハースト・ギャング（1735〜49年）

事件のあとさき

場所
英国、イングランド南岸地域

テーマ
密輸

以前
1735〜1816年　イングランド東岸でハドリー・ギャングが活動した。うち2名のメンバーが竜騎兵殺害の罪で絞首刑に処される。

以後
1799〜1831年　イングランド南岸を拠点とする密輸業者ジャック・ラッテンバリーが、自身の手柄を日記に記し、それがある聖職者の手で出版された。

1817〜26年　イングランドのケント州沿岸でオールディントン・ギャングと税務官が衝突し、死者5名、負傷者20名を出した。

2014〜16年　全米自動車競争協会（NASCAR）のカー・レーサー、デレク・ホワイトが、北米でタバコの大規模な密輸に関与した。アメリカで購入したタバコをカナダで販売することで、4億900万ドルの脱税が行われた。

　イングランドでは18世紀が密輸の最盛期だった。フランスへの軍事活動費をまかなうために政府が輸入税を重くし、物価が上昇したのがその一因だ——紅茶ひとつ取っても、1700年代半ばに7割も値上がりしている。結果、密輸が儲かる商売になった。もっとも名を馳せたのは、ホークハースト・ギャングという密輸団だった。

　ホークハーストというのはイングランド南東部の町の名前だ。彼らはサセックス州ライの〈マーメイド・イン〉で悪事を企て、拳銃やサーベルを用意した。手荒なことで有名なこの一味は、税務官相手に容赦がなかった。1740年、税務官のトマス・カーズウェルが、竜騎兵と共にイーストサセックス州エッチンガムの納屋で差し押さえた750kgの紅茶を輸送していた。その一行がシルバー・ヒルに差しかかったとき、ギャング一味が不意打ちをかけた。一味はカーズウェルを射殺し、彼の部下を捕らえ、紅茶を持ち去った。

夜明けの襲撃

　そんな狼藉にもかかわらず、一般大衆

ロビン・フッド効果

　おおむね法を順守する大衆も、人気のある無法者に昔から敬意を表してきた。支配階級に押しつけられる厳しい法律に対する恨みが、そうした態度を生むこともある。また、政府に市民を守る能力もしくは意志がない場合には、結果として生じる権力の空白を犯罪集団が埋めることにもなる。

　アメリカ合衆国の社会学者ロバート・マートンの理論によれば、個人が合法手段では自身の文化的目標を達成できないとき、法を破ってでもその目標を達成しようとする場合があるという。そこまで度胸がない市民も、無法者の目に余る狼藉ぶりと大胆さに憧れを抱くことがある。しかし無実の者が暴力の犠牲になったとき、そうした称賛の気持ちが憤怒へと様変わりする。

　ダニエル・チャターとウィリアム・ガリーの殺害により、大衆はホークハースト・ギャングに嫌悪感を抱くようになった。政府公認の新聞《ロンドン・ガゼット》が一味の名前を掲載し、情報提供者には見返りとして王による恩赦を約束した。

| 組織犯罪 | **137** |

参照 ボニーとクライド 26-29 ■ ビール戦争 152-53

靴職人のチャターと税務官ガリーが拉致されて馬に縛りつけられ、ホークハースト一味からさんざん痛めつけられたのち、残忍に殺害された。

は、税務官を出し抜いてより安い価格で商品を提供してくれるギャングを称賛した。しかし1747年10月、状況が一変する。密輸団がドーセット州プールにある税務署の倉庫を襲撃し、禁制品だった紅茶、酒、コーヒー500ポンド相当の商品を奪い返そうとしたときのことだ。

もともと一味は、それらの商品を船でガーンジー島からドーセット州クライストチャーチに密輸しようとしていたところ、ウィリアム・ジョンソン船長が指揮する税務船に取り押さえられたのだった。一味はこぎ舟で脱出して逮捕を逃れたものの、商品は没収され、プールに運ばれた。

その商品を何としても奪い返そうと、10月8日の早朝、一味のリーダー、トマス・キングズミルと武装した30名の男たちがプールの税関に押し入り、紅茶1500kgを奪って逃走したのである。この密輸団の逮捕に200ポンドの懸賞金がかけられ、

> やつらはとんでもなく
> 金を持っているので、
> 賄賂を利用する……（それを
> 受け取った者が）今このときも
> その無法者たちを自宅に匿い、
> あらゆる面で支援している。
> **ミスター・ペラム**

元兵士のウィリアム・スタートがグードハースト民兵を組織して蜂起した。

密輸団の情報はなかなかもたらされなかった。しかし翌年、ハンプシャー州フォーディングブリッジの靴職人ダニエル・チャターの話がきっかけとなり、ジョン・〈ダイマー〉・ダイヤモンドが逮捕、投獄された。チャターは、一味が大勢の見物人の注目を浴びながらフォーディングブリッジを通過する際、ダイヤモンドから紅茶の小袋をもらっていた。自分が選ばれたことに鼻高々になったチャターは、その一件について隣人たちに自慢して回ったのだ。

ウエストサセックス州チチェスターで行われるダイヤモンドの裁判に、不利な証言を行う証人としてチャターが召喚されることになった。

ところが裁判に危機感を覚えた密輸団のウィリアム・ジャクソンとウィリアム・カーターが、チャターと税務官ウィリアム・ガリーを拉致した。チチェスターに向かう途中、二人が休憩を取っていた

ローランズ・キャッスル近くの〈ホワイト・ハート・イン〉でのことだ。一味は二人を馬に縛りつけ、レイクの〈レッド・ライオン・イン〉へ、さらには近くの野原に連れて行った。そして残忍に殺害したのである。ガリーは生き埋めにされ、チャターは頭から真っ逆さまに井戸に放りこまれた。

最後の報い

ガリーとチャターへの残虐行為を知った大衆は、密輸団に強い嫌悪感を抱きはじめた。事件の首謀者は逮捕されて裁判にかけられ、プールの税関を襲撃した罪で有罪となった。1749年4月26日、キングズミルと彼の3人の仲間がロンドンのタイバーンで絞首刑に処された。キングズミルの遺体は鎖につながれてケント州グードハーストに吊るされた。グードハーストは、かつてキングズミルが自分に刃向かった罰として燃やし尽くしてやると脅した町だった。■

シチリアには盗っ人一味がいる

シチリア・マフィア
（1800年代半ば〜）

シチリア・マフィア

事件のあとさき

場所
イタリア、シチリア島

テーマ
犯罪ファミリー

以前
1800年頃 犯罪ファミリーの同盟カモッラがナポリ王国に出現し、地域で産出される牛乳、コーヒー、漁業を牛耳るようになる。

以後
1850年代 イタリア南部カラブリア州でンドランゲタが結成され、1990年代末にはイタリア犯罪シンジケートの最大勢力となる。恐喝、資金洗浄、麻薬取引などを主な活動とする。

19世紀後半 ニューヨークのイースト・ハーレム、ロウワー・イースト・サイド、ブルックリンに暮らすイタリア移民のあいだでアメリカ・マフィアが台頭する。

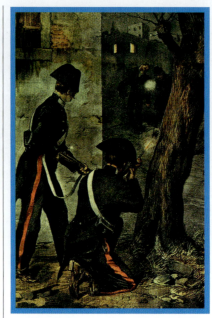

19世紀のマフィアと憲兵の銃撃戦。場所はシチリア西部トラーパニ県ヴィータの町で、マフィアが勢力を誇る6つの地域のひとつだ。

私の名はモーリ、人殺しもいとわない！風に消える塵のように、犯罪にも消えてもらう！
チェーザレ・モーリ

マフィアのルーツは、19世紀のシチリア島西部のオレンジとレモンの果樹園にある。その時期、柑橘類はとりわけ儲かる商品で、シチリアのレモン畑所有者は豊作の年にはかなりの実入りを期待できた。しかしレモンは、シチリアで頻発した水不足に弱かった。そんな不安定さと豊作なら利益が高い点とが相まって、シチリア独自の犯罪形式となる柑橘類のみかじめ料の取り立てが盛んになったのである。

捜査の失敗

シチリア島の州都でマフィア発祥地のパレルモに住むドクター・ガラーティは、このみかじめ料への苦情を警察に訴えても何もしてもらえないことから、捜査当局はいやがらせをしている連中と手を組んでいるに違いない、と考えた。1874年、ガラーティは仕事を手放し、家族でナポリに移り住んだ。

彼は、ウディトーレ村を拠点にするアントニオ・ジャンモーナという力あるギャングが、シチリア島西部のレモン畑所有者からみかじめ料として金を巻き上げていることを嗅ぎつけていた。ジャンモーナの目標はレモン市場を独占することだった。彼の影響力は警察や地元政治家のみならず、商品の運搬業者や港の労働者にまで及んでいた。イタリア国会議員のディエゴ・タジャーニの主張によれば、シチリア・マフィアが勢力を拡大できたのは、凶暴だったからというよりは、地元自治体に取り入る能力に長けていたからだという。

1875年8月、ガラーティはシチリアにおける「マフィア」の活動について、おそらく初めてとなる報告書をローマの内務大臣に提出した。その中で、人口わずか800人のウディトーレ村で、1874年だけでも23件の殺人事件が起きている点を挙げている。ガラーティへの救済措置は何も取られなかったものの、彼の報告により、イタリア政府は南部で持ち上がりつつある問題に目を向けざるをえなくなった。

1800年代から第一次世界大戦の終わりにかけて、政府役人と学者が「コーザ・ノストラ」として知られるマフィアについてさらなる調査を行おうとするたび、要人の殺害や大量殺人事件が発生するようになった。それに対してマフィアの個々の構成員が告発されることはあっても、組織として追及されたり起訴されたりすることは一度もなかった。その間、マフィアは地元自治体や警察との協力態勢を維持し、狡猾に、そして威圧的にシチリアの人々の生活に影響を与え、懐を潤していった。

ファシストの力

シチリア・マフィア鎮圧にもっとも高い効果を上げたのは、1925年に開始されたチェーザレ・モーリの活動だった。モー

組織犯罪 | 141

参照 三合会 146-49 ■ ビール戦争 152-53 ■ ヤクザ 154-59

リはベニート・ムッソリーニ率いるファシスト政府に送りこまれたパレルモ知事である。彼の戦略はシンプルだ——威圧的に、強引に攻めるのみ。マフィアに組織立った構造があるとは考えていなかったモーリは、「州を超えた」対マフィア警察を設立し、1万1000名のシチリア人を逮捕した。そこには数多くのマフィア構成員やチンピラだけでなく、無実の市民も含まれていた。モーリは彼らをまとめて訴追し、それをメディアから隠した。やがてムッソリーニが、イタリアの組織犯罪を撲滅したことを国民に宣言した。この時期、約500名のマフィア構成員がアメリカ合衆国に逃げ、現地でシチリア人から成るギャングを結成している。

しかし1943年に連合国軍がシチリアに侵攻した際、不覚にもマフィアに再び勢力を与えてしまう。ファシスト政権の転覆と共に生まれた権力の空白は、とりわけ地方自治体に目立った。結果、ムッソリーニ台頭以前に占めていた地位を、マフィアに再び与えることになった。

抗争の解決

ニューヨークのギャング、ジョー・ボナンノは、1957年にシチリアを訪れた際、抗争を解決するためにヨーロッパのギャングでコミッションを設立してはどうかと促した。著名なマフィア構成員、トンマーゾ・ブシェッタ、ガエターノ・バダラメンティ、そしてサルヴァトーレ・グレコがさっそく掟作りに着手し、翌年、パレルモに初めてシチリア・マフィア・コミッションが結成された。コミッションの目的は、ファミリーや個人間の争いを解決し、マフィアの掟を破った者に対する罰を定め、政府役人、弁護士、ジャーナリストに対する暴力を抑制することだった。

そうした人物を殺害すれば、シチリアの組織犯罪全体にいらぬ注目を集めてしまうからだ。ボスが誰かを抹消したいと思ったら、コミッションの許可が必要とされることになった。»

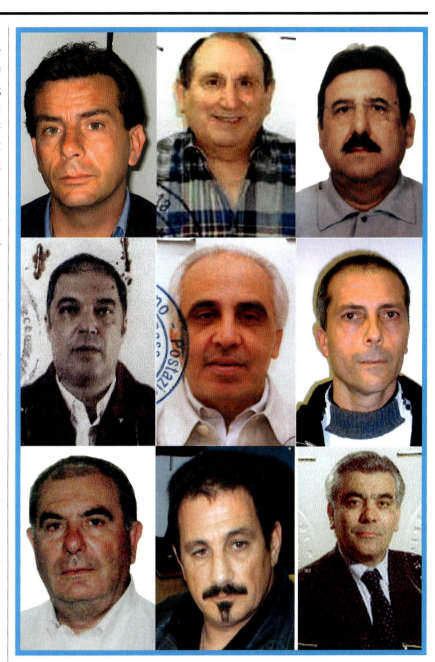

イタリア警察が折り込み広告で発表したマフィアの容疑者9名。シチリアにおける麻薬取引の容疑だ。2008年に行われた国際捜査、コードネーム「オールド・ブリッジ」の一環として作成されたチラシである。ニューヨークでは50名、シチリアでは30名の容疑者が捜査の対象となった。

いがみ合う構成員

ところが約20年間に渡り、コミッションはほとんど効力を発揮できなかった。各地域のボスが独自で活動する習慣があったためだ。コミッションは、1961年に勃発した、いわゆる第一次マフィア戦争を防ぐことができなかった。これはグレコ・ファミリーとラ・バルベラ・ファミリーとの抗争で、68名の犠牲者が出ている。1963年、悪名高い「チャクッリの虐殺」で、抗争は頂点に達した。サルヴァトーレ・グレコ暗殺のために車に爆弾が仕掛けられたのだが、その処理に失敗したため、警官と憲兵7名が命を落としたのである。この事件がコーザ・ノストラに与えた影響は計り知れなかった。10週間のうちに、1200人に上るマフィア構成員が逮捕されることとなった。

政府は、パレルモの元主任捜査検事チェーザレ・テッラノーヴァ率いるマフィア撲滅委員会を設立した。最終的には捜査で数多くの重要な真実が明らかにされたものの——元パレルモ市長サルヴォ・リマとコーザ・ノストラの癒着等——その最終報告に基づいて行動を起こそうとする政治的意志が欠けていた。シチリア・マフィアは一時的にコミッションを解散させ、何百人もの有力構成員が訴追を避けるために海外へ逃亡した。

1970年代後半に入ると、コルレオーネ村出身のマフィア（コルレオーネシ）がコーザ・ノストラの支配に乗りだし、それがのちに第二次マフィア戦争（1981〜83年）へとつながった。サルヴァトーレ・〈トト〉・リイナ率いるコルレオーネシは、無力なシチリア・マフィア・コミッションの乗っ取りに成功し、絶対的な権力をふるうための道具にした。教育は受けていなかったリイナだが、それを埋め合わせて余りある悪賢さと暴力性を持つ男だった。予想通り、彼らは公人の殺害で劇的に勢力を拡大した。それはつまり、コーザ・ノストラの「やり口」からの決別だった。

1979年、テッラノーヴァを含む重要人物4名が別々の事件で殺害された。翌年、モンレアーレの憲兵隊長、シチリアの地区長、そしてパレルモの主任検事がマフィアの殺し屋によって殺害された。1982年、マフィア撲滅委員会の精力的なメンバー、ピオ・ラ・トッレの殺害をきっかけに、「マフィア型組織」に所属することを違法とする法律が作成された。同年、

面目を失う

マフィアの隠語「スフレージョ（直訳すれば「傷痕」もしくは「侮辱」）」は、美観を損なう傷という意味だが、物理的な傷痕を指すこともあれば、人に侮辱されて「面目を失う」ことも指す。

よくあるのは、マフィア構成員が所有するか守っているものを破損されたり盗まれたりするパターンだ。この場合、被害者はその損害に対して報復すべきかどうかを決めなくてはならない。そして報復する場合は、どのような形が適切かを決める。報復しないと、弱虫扱いされるか、攻撃者の支配下にあると見なされてしまう。侮辱の応報は、命の奪い合いにエスカレートすることもある。

一例が、オリヴッザ・ファミリーの一員ヴィンチェンゾ・ロポルトとジュゼッペ・カルーゾに対する1897年の処刑だ。8つのファミリーの首領全員が、その二人の男がファミリーの幹部を侮辱したという点で合意し、制裁を加えた。

> いま戦争のただ中にいる……マフィアは機関銃をぶっ放し、爆弾を爆発させているというのに、こちらはそれに言葉で応戦するだけだ。やつらは何千といるのに、こちらはほんの数百人しかいない。
>
> **匿名の警察官**

国の英雄であり、マフィア撲滅提唱者だったパレルモ知事のカルロ・アルベルト将軍が妻と共に殺害された。大勢のマフィア構成員が道路を封鎖し、アルベルトの車にマシンガンの弾を残らず撃ち込んだのだ。アルベルトの葬儀はテレビ中継され、イタリア中が涙した。

法的な攻撃

このとき初めてイタリア国民と政府は、コーザ・ノストラによるシチリア支配を打破するために本腰を入れる覚悟を決めた。新たに作成された法律により、マフィアの一員であることが判明した罪人の資産を政府が没収できるようになり、彼らが刑務所にいるあいだは権力をふるえなくなった。

1983年7月、パレルモで爆弾が爆発し、主任捜査判事のロッコ・キンニーチと2名の護衛、そして無関係の通行人1名が死亡した。それを受け、すでに引退を決めていたベテラン治安判事のアントニーノ・カポネットがキンニーチの跡を継ぐことになった。カポネットはマフィア撲滅を目指す治安判事チームを結成した。攻撃態勢に入ったカポネットは、当局が

組織犯罪 143

元マフィア構成員のトンマーゾ・ブシェッタから情報を得ていることを明らかにした。彼の情報により、コーザ・ノストラがひとつの連帯する組織であることがついに証明されたのである。カポネットは、個々のマフィア構成員もしくは構成員の集団ではなく、マフィア全体を裁判にかけると宣言した。カポネットのチームは、ブシェッタの証言を基に366通の逮捕状を発行した。さらに証人が名乗り出ると、さらなる逮捕者が出た。

凶暴な反応

ところがコルレオーネシが取りしきるマフィアは、暴力性を抑えるどころか、さらにエスカレートさせていった。イタリアではまだ効果的な証人保護プログラムが発展していなかったこともあり、ブシェッタの義理の兄弟で密告者のレオナルド・ヴィターレが射殺された。逃亡マフィア追跡の責任者、特別捜査員のベッペ・モンタナも1985年7月に殺された。その翌月、やはり特別捜査員だったアントニーノ・カッサラは、怯える妻の目の前で200発の銃弾を撃ち込まれた。

この途方もない暴力が引き金となり、「パレルモの春」が訪れた。パレルモで

パウロ・ボルセッリーノ判事と護衛の警官が爆死した車を調べるシチリア警察。1992年7月20日、シチリアのパレルモにある判事の母親の自宅近くでのことだった。

学生たちがマフィア撲滅を訴えるデモを行い、有力な聖職者が初めて「マフィア」について堂々と言及し、国もパレルモ市長のようにこの問題に対処すべきだといって政府を糾弾したのである。一方、マフィア撲滅治安判事チームは、充分な証拠が集まったとして1986年2月10日に大裁判を行い、474名のマフィア構成員とその仲間を裁くことにした。1987年12月16日、360名の被告が有罪とされ、総じて2665年の刑期が言い渡された。しかしこれは始まりに過ぎなかった――カポネットのチームはさらに二つの大裁判を準備しており、情報屋アントニオ・カルデローネによる新たな情報を基にまた

> 私は命令に従った。
> 少年を絞め殺せば出世するのはわかっていたので、
> 天にも昇る気分だった。
> **サルヴァトーレ・カンチェーミ**

マフィアの指揮系統

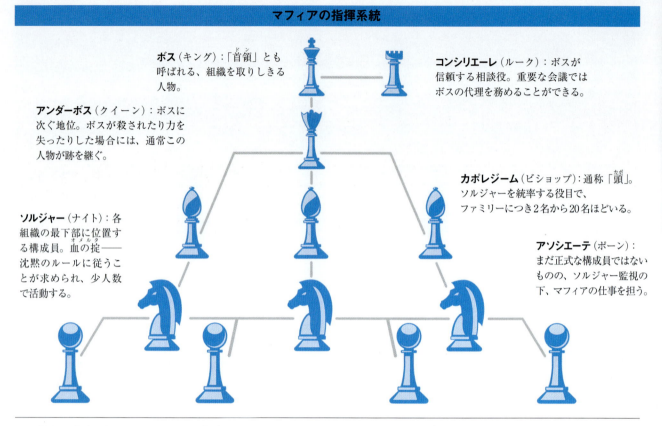

ボス(キング):「首領(ドン)」とも呼ばれる、組織を取りしきる人物。

コンシリエーレ(ルーク):ボスが信頼する相談役。重要な会議ではボスの代理を務めることができる。

アンダーボス(クイーン):ボスに次ぐ地位。ボスが殺されたり力を失ったりした場合には、通常このの人物が跡を継ぐ。

カポレジーム(ビショップ):通称「頭(カポ)」。ソルジャーを統率する役目で、ファミリーにつき2名から20名ほどいる。

ソルジャー(ナイト):各組織の最下部に位置する構成員。血の掟——沈黙のルール(オメルタ)に従うことが求められ、少人数で活動する。

アソシエーテ(ポーン):まだ正式な構成員ではないものの、ソルジャー監視の下、マフィアの仕事を担う。

別の裁判の準備にも入っていた。1988年3月、新たに160名が逮捕された。それに対してマフィアは、パレルモの上訴裁判所の判事アントニオ・サエッタとその息子を殺害することで報復した。

行政の頓挫

1987年末にカポネットが引退すると、経験の浅いアントニー・メーリが後釜に座り、無数の愚かな決断でプロジェクト全体を危機に陥れた。マフィア撲滅チームのパオロ・ボルセッリーノとジョヴァンニ・ファルコーネの二人の判事がメーリの無能力ぶりに抗議したが、聞き入れられなかった。さらに間の悪いことに、反マフィア派のパレルモ市長レオルーカ・オルランドが1990年に市長の座を失った。そしてパレルモ上訴裁判所を取りしきるコッラード・カルネヴァーレ判事が、

>
> 警察もしくは司法に、いかなる犯罪であれ暴露につながる事実を密告してはならない。
> **ニッコロ・トゥッリシ・コロンナ**
>

大裁判における有罪判決の中には細かな解釈の違いにより覆されるべきものがある、と判断したとき、撲滅チームの希望が潰えたのである。

1991年、ファルコーネが法務省の刑事局長に任命された。彼はさまざまな組織内でマフィア撲滅を目指していた捜査官をひとつに結集した。新たな法律によりマフィア構成員の電話が盗聴可能となり、資金洗浄に対抗措置がとられ、組織犯罪が浸透していた市議会が解散された。

それに対してマフィアは再び暴力で応酬した。1991年8月、マフィアは大審院の検察官アントニオ・スコペッリーティを殺害した。マフィアへの反対運動を展開していたパレルモのビジネスマン、リベロ・グラッシもその3週間後に同じような殺人事件の被害者となった。

新しい法律

1992年1月31日、イタリア最高裁判所がカルネヴァーレ判事の裁断を覆し、イタリアのマフィア撲滅運動に空前の勝利をもたらした。しかしそれがコルレオー

組織犯罪 **145**

マフィアの「ボス中のボス」、ベルナルド・プロヴェンザーノの指名手配ポスターが、2005年、パレルモに貼り出された。1959年に撮影された顔写真——当時存在した唯一の彼の写真——を基に作成された。

ネシから憤怒の反応を引き出すこととなった。1992年5月23日、ファルコーネが妻と共に車ごと爆破されて殺害されたのである。その2か月後には、パオロ・ボルセッリーノも護衛5名と共に別の爆破事件で暗殺された。

ここにきてさすがに政府がしびれを切らした。シチリアに7000人の兵士を送り込み、警官の日々の任務を監督させたのだ。おかげで地元当局は心おきなくリイナとその部下を追跡できるようになった。警官はマフィアに潜伏する法的権限を与えられ、麻薬取引や資金洗浄に関わるおとり捜査ができるようになった。また、重要な法律が新たに作成され、密告者が保護されるようになった。

マフィアの密告者

その法案が可決されたのは完璧なタイミングだった。多くのマフィア構成員が密告者となったのだ。逮捕されたあるマフィア構成員によってもたらされた情報を基に、1993年、リイナが捕らえられた。マフィアの支配権は、まずはレオルーカ・バガレッラに——彼も1995年に逮捕——のちにベルナルド・プロヴェンザーノに引き継がれた。

1980年代と1990年代初めにくり広げられたマフィア撲滅運動は、実質的にコーザ・ノストラを骨抜きにした。プロヴェンザーノはほとんど勢力をふるえず、組織は分散されていった。

2006年4月11日、広範囲に渡る追跡の結果、ついにプロヴェンザーノが逮捕された。以来、マフィアは鳴りをひそめるようになった。20世紀後半に絶大な勢力を誇った組織は、見る影もなくなったのである。■

ジョヴァンニ・ファルコーネ

自称「不信心者の土地で働く公僕」ジョヴァンニ・ファルコーネ判事は、どの政治家よりも物怖じすることなく、忠実にシチリア・マフィア撲滅に着手した。

彼はマフィアの密告者トンマーゾ・ブシェッタの話を基に、シチリア・マフィアの構造を明らかにした初めての政府当局者だった。1992年5月23日、妻と3名の警官と共にマフィアに爆殺されたとき、国民は彼をイタリアの英雄として称えた。シチリア人は家の窓から「ファルコーネは生きている」と書かれたシーツを吊るし、彼の自宅前の木は、写真、花、そしてマフィアの正体を暴いたファルコーネへのメッセージが飾られた祭壇と化した。

パレルモの空港は、ファルコーネと彼の友人で同じくマフィア撲滅を掲げていたパオロ・ボルセッリーノに敬意を表し、ファルコーネ=ボルセッリーノ空港と改名された。ボルセッリーノもファルコーネの死からほんの2か月後に、やはり車を爆破されて死亡している。

どんなことでもやってのける連中だ

三合会（1800年代半ば～）

事件のあとさき

場所
中国及び全世界

テーマ
国際犯罪シンジケート

以前
1761～1911年 中国南東部で秘密結社の天地会が結成され、1911年以降、それが三合会へと発展する。

以後
1850年代 アメリカ居住の中国人のあいだで自助的な結社「堂（トン）」が誕生し、女性を人身売買していると噂されるようになる。

1990年 サンフランシスコでアジア系アメリカ人からなるストリート・ギャング、ジャクソン・ストリート・ボーイズが結成され、恐喝、脅迫、麻薬売買を行う。

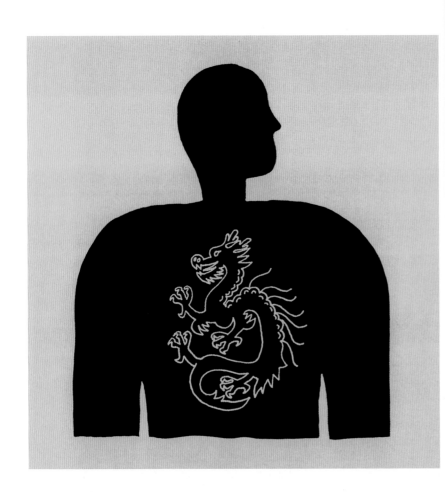

　中国人犯罪集団のトップに君臨するのが三合会だ。世界中に25万人に上る構成員がおり、マカオ、香港、台湾、東南アジア、そして世界中のチャイナタウンに組織が存在する。低位のチンピラから、政府や司法界内部の地位を占める人物までと、構成員は幅広い。

　三合会の中でももっとも強い勢力を誇る組織が、新義安（サン・イー・オン）、14K、和勝和（ウォ・シン・ウォ）だ。1919年に香港で向前（ヒョンチン）によって結成された新義安が最大組織で、約5万5000人の構成員を擁する。その活動範囲は東南アジア、オーストラリア、ヨーロッパ、北米、

組織犯罪　147

参照　シチリア・マフィア 138-45　■　ヤクザ 154-59　■　メデジン・カルテル 166-67

サムソン・タン逮捕。2008年、フィリピン警察が一人の中国人薬剤師を逮捕した。香港を拠点にする三合会のためにメタンフェタミンを調合した容疑だ。

中米にまで及ぶ。2000年代末以降は、メタンフェタミン（覚醒剤）の売買や、その原材料をメキシコの麻薬カルテルに供給してきたとされている。

新義安の一番のライバルは14Kだ。1945年に中国広州で結成され、1949年に香港に拠点を移し、1970年代にはマカオに主要支部を置いた組織である。三合会の中では2番目の規模を誇り、2万5000人の構成員を擁す。

和勝和は1930年にトロントのチャイナタウンで誕生し、1931年に香港に活動拠点を移したとされている。ロンドンのチャイナタウンでも大きな存在感を放つ組織だ。香港の麻薬取引においては一番の規模を誇るとされている。

発祥

ほとんどの歴史家が、三合会のルーツは天地会だと考えている。天地会は1761年に中国南東部で結成された秘密結社だ。洪門という名でも知られるこの結社は、満州に基盤を置く清王朝を「よそ者」と見なし、その転覆を企てた。18世紀における彼らのもうひとつの活動が、海外商人と組んで阿片を輸入することだった。三合会を意味する英語の「Triad」の由来は、結社がモチーフとしていた三角形だ。

三合会は、1911年に起きた辛亥革命の原動力だったと考えられている。この革命により、ついに清王朝は滅び、中華民国が成立した。それ以降、三合会は新たな目標を設置し、違法なギャンブルや売春で巨額の富を得るようになった。

三合会の階層

三合会は、伝統儀式や創設者の定めた象徴を重要視する。組織構造の基盤は、易経に通ずる中国の伝統的な数秘術だ。方針を決定するリーダーは山主もしくは龍頭（ルンタウ）として知られ、489という番号で表される。彼の下には438で表す役職付きの幹部1名もしくは数名がつく。そこには副首領と香主（ヒュンチュ）が含まれる——通常、階級と年齢を考慮した幹部だ。最下位の幹部は415、426、432で表され、そこには軍指揮官のような役割を持つ紅棍（ フンクワン）（実行員）が含まれる。役名のない階級は「四九（フェーカウ）（49）」だ。25は特別な数字で、裏切り者、密告者、もしくは覆面捜査官を意味する。

新人が入会する際の伝統的な儀式は3日間続くこともある。18段階のステップを踏み、構成員の血を飲み、鶏を一羽生（い）け贄（にえ）にするのが伝統的な方法だ。現在の儀式はかなり簡略化され、鶏の生け贄は

中国の組織犯罪はインフルエンザ・ウィルスのようなものだ。常に突然変異をくり返している。
キングマン・ウォン

三合会の組織構造

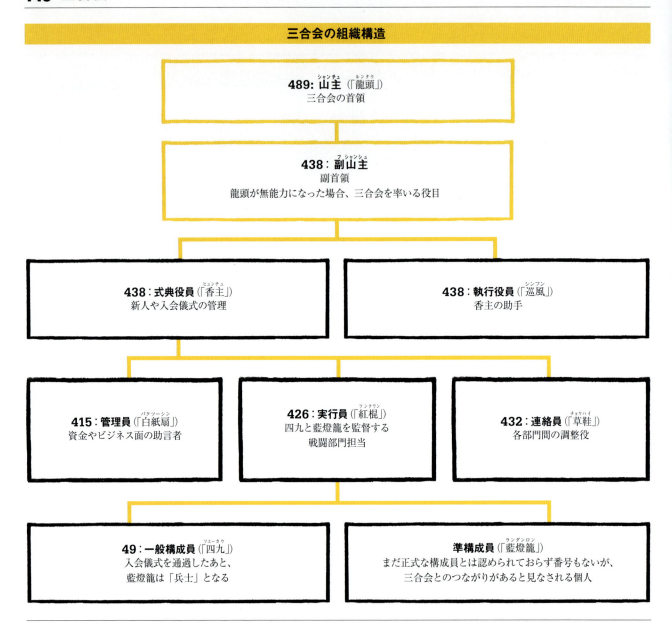

省略されて新人は自分の指の血をすすればよいことになっている。

三合会の台頭

1916年、中華民国初代大総統の袁世凱が死亡すると、中国は軍閥割拠の時代に突入した。そんな混沌の時代、中国の人々は保護と安定を求めて三合会を頼りはじめる。それが1920年代から1940年代にかけての三合会の急成長につながった。当時の活動拠点は上海だった。ギャングの杜月笙が地元の阿片商人に「みかじめ料」を強要し、上海の阿片取引を牛耳っていた。杜月笙はフランス当局に2000万ドルの賄賂を渡し、フランス租界を通じて上海に阿片を密輸していた。彼は、1900年代初頭に上海の穀物荷送人たちで結成され、何十万もの構成員を抱える秘密結社、青幇のリーダーとなった。この結社はまもなく腐敗し、上海の犯罪、とりわけ阿片取引を支配しはじめた。

1923年には中国国民党が共産党と同盟を結び、中国を再統一するために軍閥を追放していった。しかしこの二つの政党

組織犯罪　149

はやがて袂を分かち、国の政治的支配権を巡って争うことになる。

1927年、中国国民党総裁の蒋介石が、共産党との闘争のために青幇を引き入れた。青幇は阿片取引の独占市場を守るため、民主的な国民党側についたのだ。1927年4月12日、彼らは国民党と共謀して上海クーデターを起こし、上海の中国人地区に突入し、5000人の共産党員を虐殺した。上海を確保した褒美として、蒋介石は杜月笙に将軍の地位を与えた。杜月笙はのちに商工会議所の有力メンバーとなり、皮肉にも阿片撲滅委員長に就任した。当然のことながら、杜月笙は自身の立場を利用し、委員会によって没収された阿片を転売することで青幇の資産を維持した。

1937年に日本が上海に侵攻すると、杜月笙と青幇は大きな痛手を被った。杜月笙はいったん逃亡するものの、1945年に上海が解放されると舞い戻った。しかし彼の影響力は大幅に低下していた。1949年に共産党が権力を握ると、杜月笙は手下を見捨てて再び逃亡した。

現代の活動

1949年に共産党が権力を掌握したのを受けて、毛沢東主席が中国国民党を支持していた三合会をアメリカ合衆国、台湾、カナダ、英国統治下の香港へと追い立てはじめた。

とりわけ香港は三合会の温床となり、約50のギャングが活動した。しかし1970年代に英国政府が三合会を取り締まり、1997年には香港の統治権が中国に返還されたため、香港における三合会の報告犯罪件数は全体の5〜10%に減少した。その後、多くの構成員がマカオや中国南部へと活動拠点を移していった。

1950年代、三合会はヘロインの世界市場を造りあげ、ベトナムで従軍するアメリカ兵に売りつけていた。しかし最近の活動はもっぱら人身売買だ。アメリカなら10倍の賃金が稼げることを知っている貧しい中国人家族が、若者をアメリカに不法入国させてもらうために「スネークヘッド（不法移民の人身売買業者）」に手付金を渡す。ところがその若者は残りの代金を支払うために——最大4万ドルほど——タダ同然の賃金でどこかの厨房や労働搾取工場で働かされるはめになる。それができなければ、流血の事態は避けられない。■

1997年、香港での取り締まりが厳しくなると、1990年代末にはマカオのカジノが14K三合会の活動の中枢となった。

「歯抜けの駒」こと尹國駒（ワンクオクコイ）

尹國駒は1955年にマカオのスラム街で生まれ、10代でストリート・ギャングを結成した。盗難車のクラッシュ事故での負傷から「歯抜けの駒」とあだ名されるようになる。悪名高い14Kに入会したのち出世街道をひた走り、マカオの地下社会を牛耳るまでになった。凶暴なことで知られ、1990年代には1万人の手下を抱えるまでになっていた。

自身のイメージにこだわる伊達者の尹國駒は、ギャングとしての彼の人生を描いた映画の製作に170万ドルを費やし、香港の俳優サイモン・ヤムを主演に据えた。しかし1998年5月1日、尹國駒はその映画の試写会で逮捕された。マカオの治安警察局長アントニオ・マルケ・バプチウタ殺害未遂、高利貸し、マネーロンダリング、ギャング運営の容疑だった。15年の刑を言い渡された尹國駒だが、刑務所から引き続き手下に指示を飛ばしていた。2012年に刑期を終えて釈放され、2015年にはマカオの有力なビジネスマンと並んで重要な政治的諮問委員会に加わった。

ここまで凶悪な ごろつき集団が結成 されたことはなかった

ワイルドバンチ（1889〜1908年）

事件のあとさき

場所
アメリカ合衆国、ワイオミング州、コロラド州、ユタ州

テーマ
無法者集団

以前
1855年 泥棒一味が、ロンドン・フォークストン間の列車に搭載された1万2000ポンド相当の金を散弾とすり替える「大金塊強盗事件」が発生。貨物がパリに到着したとき、すり替えが発覚した。

1877年 サム・バスとその手下がサンフランシスコ発の列車から金貨6万ドル相当を強奪した「ユニオン・パシフィック鉄道ビッグ・スプリングス強盗事件」が発生。

以後
1976年 アイルランド共和社会党の党員がアイルランドのサリンズで郵便列車から20万ポンドを盗んだ。

　ブッチ・キャシディ率いるワイルドバンチは、その名前からイメージするほど奔放ではなかったものの、コーザ・ノストラや三合会のような秩序は持ち合わせていなかった。

　1866年、ブッチはユタ州のモルモン教徒一家にロバート・ルロイ・パーカーとして誕生した。10代のときに、雇い主だったカウボーイの名前をとって「キャシディ」と名乗るようになる。さらに食肉処理業者（ブッチャー）として短期間働いていたとき、「ブッチ」という名前を採用した。

　キャシディが少数の友人たちと初めて強盗事件を起こしたのは、1889年のことだった。コロラド州テルユライドのサン・ミゲル・ヴァレー銀行から、2万4000ドルを強奪したのだ。彼らの隠れ家は、ユタ州南東部の切り立った「渓谷の国」に位置する、険しい岩山ロッバーズ・ルーストだった。

列車強盗

　キャシディ一味は、何週間も、ときには何か月も渓谷周辺の粗野な山小屋や牧場に身を潜め、西部を横断する列車を襲った。ワイルドバンチは決して理想主義者ではなかったが、彼らの犯罪生活にはどこかユートピア的な雰囲気が漂って

ワイルドバンチの女たち

　ワイルドバンチは、住処とした土地の牧場主とはいい関係を保っていた。また、女たちをとりわけ歓迎していた。ジョシーと〈クイーン〉・アン・バセットの姉妹は、ロッバーズ・ルースト近くで家族が経営する牧場で働いていた。二人はワイルドバンチのメンバーと友好的かつロマンチックな関係を結び、ワイルドバンチはバセットの牧場を奪い取ろうとするカウボーイたちから一家を守った。ワイルドバンチの取り巻きの中には、自身メンバーになった女性もいる——ローラ・ブリオンだ。彼女は銀行や列車で強盗を働き、サンダンス・キッドを始め、仲間内では「背の高いテキサス人」として知られるベン・キルパトリック等、大勢と関係を持った。

　歴史家は無法者と女たちとの関係に注目してきた。とりわけ、恋愛関係が生まれては消えていくことに誰も不快感を表明していなかった点に関心を寄せている。

組織犯罪 **151**

参照 ジェイムズ＝ヤンガー・ギャング団 24-25 ■ 大列車強盗 30-35

いた。ブッチは、自分は一度も人を殺したことがないと主張していたが、1899年にワイオミング州ウィルコックス郊外でユニオン・パシフィック鉄道の急行列車を一味のメンバー二人が襲撃したとき、1名が死亡している。二人は列車の主要車両を切り離し、貴重品がおさめられた先頭車両を橋の反対側まで進めるよう機関士に強要した。通行を遮断すべく橋を爆破したのち、無法者たちは現金と宝石3万ドル相当を奪って逃走したのである。

ジョサイア・ヘーゼン保安官率いる捜索隊が、キャッスル・クリーク峡谷まで120キロメートルに渡って彼らを追跡した。そこで銃撃戦が勃発し、ヘーゼン保安官が無法者ハーヴィー・ローガンに殺害されたのだ。残りのギャングは逃走した。

生死にかかわらず指名手配
ワイルドバンチは3名ないしは4名の集団で行動しながら強盗を続け、その悪名は瞬く間に広まっていった。州当局と

ワイルドバンチのメンバー。一番左がロングボー（サンダンス・キッド）で、一番右がキャシディ。1901年にテキサスの写真店で撮影されたもの。

私立探偵は生死を問わずに彼らを指名手配した。集団からはぐれたメンバーが銃撃戦や追跡によって逮捕されるうち、ワイルドバンチの人数は徐々に減っていった。

1901年、キャシディは「サンダンス・キッド」として知られるハリー・ロングボーとその妻と共に南米に逃亡した。彼らの最期の年月は謎に包まれている。数々の強盗事件を起こしたという報告もあり、1908年11月4日にボリビアで銃撃戦の末、射殺されたとされている。■

彼は保安官やその代理を
憐れみと軽蔑の目で見ている。
彼自身が権力なのだ。
《サンフランシスコ・コール》紙

禁酒法はトラブルしか生まなかった
ビール戦争（1923〜29年）

イリノイ州シカゴ。雨のそぼ降るある金曜の夜に、6人の武装ギャングがとある酒場になだれ込み、店のオーナー、ジェイコブ・ガイスを銃床でめった打ちにした。その数日前、ガイスはサウスサイド・オドンネル・ギャングからのビールの仕入れを断り、ソルティス＝マクレーン・ギャングの忠実な顧客に留まることにしたばかりだった。

オドンネルのギャングたちは客の目の前で、酒は自分たちから買え、他からは一切買うな、とガイスを脅しつけた。ガイスは頭蓋骨に複数のひびが入る大けがを負い、血まみれのままその場に放置された。1923年9月7日に起きたその深夜の恐喝が、シカゴのいわゆる「ビール戦争」の幕開けだった。ギャング間のこの抗争は、その後、数々の暴力と死を引き起こすことになる。

縄張りの独占

こうした暴行事件が頻発したそもそものきっかけは、禁酒法だった。1920年、連邦禁酒法により全米でアルコールの販売が違法となった。まもなく酒の需要を満たすために密造業者が登場し、他国からアルコールを密輸しては勝手に調合して瓶に詰めるようになった。密造酒の取引にはマフィアが深く関わり、彼らは禁酒法時代のアルコール市場を独占するようになった。

密造酒で利益を上げたシカゴ・ギャングの中でも一番悪名高いのは、アル・カポネだ。カポネは密造酒事業で毎年6000万ドルを稼いだといわれている。彼の率いる組織シカゴ・アウトフィットは、シカゴのサウスサイドを牛耳っていた。カポネのボス、ジョニー・トーリオは、街のサウスサイドを各縄張りに分割し、それぞれをより規模の小さなギャングに支配させていた。その小規模ギャングが潜り

事件のあとさき

場所
アメリカ合衆国、イリノイ州シカゴ

テーマ
ギャング間抗争

以前
1910年 シカゴ警察がイタリア移民の町リトルイタリーに急襲をかけ、ブラック・ハンドという名で知られる犯罪ファミリーのギャング200名以上を逮捕した。

1917年1月16日 イリノイ州検事が、市警察署長も含む腐敗した政治家と警察官8名を起訴した。収賄と、シカゴ・ギャングとの癒着容疑である。

以後
1932年7月29日 ピッツバーグの密造酒業者ジョン、アーサー、ジェームズのヴォルペ一族が、地元ギャングのボス、ジョン・バッザーノの命により、コーヒーショップで銃撃された。

1933年9月26日 「マシンガン・ケリー」ことジョージ・バーンズ・ジュニアが、酒の密造と武装強盗の容疑でテネシー州メンフィスで逮捕される。

おれが酒を売ると密造と呼ばれるのに、おれの得意客が高級住宅街の家でその酒を出せば、それはもてなしと呼ばれる。
アル・カポネ

組織犯罪 153

参照 ホークハースト・ギャング 136-37 ■ シチリア・マフィア 138-45

1922年、サウスサイドへの手入れを終え、密造酒入りの容器のあいだに立つ捜査員。ギャングは警察を買収し、敵対する醸造所を手入れさせたり、自分たちに手入れが入る情報を得たりしていた。

酒場――そして売春宿やカジノ等、実入りのいいネットワーク――にトーリオの醸造所からアルコールを供給していたのだ。トーリオは、シカゴのノースサイドを支配するギャングとは停戦に合意していた。

ソルティス=マクレーン・ギャングの縄張りだけは、サウスサイドにありながら、トーリオの支配下にはなかった。もうひとつ、サウスサイドの一角を狙っているギャングがあった――オドンネル・ファミリーだ。彼らは縄張りを持っていなかったが、醸造所を所有しており、他のギャングと戦う気満々だった。

抗争下の街

シカゴのギャングは顧客を奪い合い、安売り競争をくり広げ、バーのオーナーを脅しつけ、卸業者から搾取した。彼らの縄張り争いはたびたび流血の惨事につながった。

ビール戦争はオドンネルとソルティス=マクレーンのあいだで激化したが、カポネの同盟シェルドン・ギャングも参戦した。1925年末、シェルドン・ギャングの構成員がソルティス=マクレーンのギャングに殺害された。その報復として、今度はシェルドン側がソルティスの構成員2名を殺害し、ギャング間抗争はますますエスカレートしていった。

ノースサイドの停戦も1920年代に破られた。ノースサイドのボス、ディーン・オバニオンが1924年に殺害されたあと、トーリオは暗殺の企てを回避したのち、引退した。彼は抗争も含めたすべてをカポネに引き継がせ、シカゴ支配を巡る血生臭い戦いは、1929年の「聖バレンタインデイの虐殺」で頂点に達した。その日、7名のノースサイド・ギャングが殺害されたのである。

密造酒に関わっていたギャングの多くは、1933年に禁酒法がようやく廃止されたあと、より大きな組織に吸収されていった。一方、カポネの一味は、ギャンブルや売春、麻薬取引等、さまざまな悪事に手を広げ、その後何年かに渡ってシカゴを支配し続けた。■

禁酒法、犯罪、経済

1920年から1933年にかけて、アルコールの製造、輸送、販売を禁じた法律は、多くの違法行為を生むという思わぬ結果につながった。

アルコールを違法にすれば犯罪は減るはずだという禁酒法賛成派の予測を裏切り、酒の密造によって逆に犯罪率が上昇したのである。禁酒法時代、アメリカ合衆国の犯罪率は24%も上昇した。犯罪組織が闇市場にアルコールを供給したためだ。

禁酒法はアメリカ経済にも影響を及ぼした。1920年代、酒類取締局の維持費が440万ドルから1340万ドルに跳ね上がったのである。製造工場やバーの閉鎖も経済を下降させる一因となった。最大手のアルコール製造業者が閉鎖を余儀なくされ、アルコール飲料産業の技術進歩を逆戻りさせる結果となった。

親分が空を飛ぶカラスを白いと言えば、白いのだ

ヤクザ（1946年～）

ヤクザ

事件のあとさき

場所
日本とアメリカ合衆国

テーマ
日本の暴力団

以前
16世紀 「かぶき者」と呼ばれる浪人たちが武家政治時代の日本に登場する。派手な衣類を身につけ、大小さまざまな町で騒ぎを起こした。

以後
1950年代 日本全国で10代の若者がオートバイを乗りまわす不良集団を結成し、互いに喧嘩したり、違法レースをくり広げたりした。警察は彼らを「暴走族」と定義。

2016年、山口組本部の手入れを警護する武装警官。捜査員が運ぶ箱には、押収した麻薬取引の証拠が入っている。

マフィアに相当する日本の暴力団構成員は総じて「ヤクザ」と呼ばれ、10万人以上がそれぞれの組に所属している。構成員の大半は、山口組、住吉会、稲川会、会津小鉄会の4つの組のいずれかに所属する。各組の構造は複雑でさまざまだが、たいていはピラミッド構造になっており、トップに親分が君臨している。傘下の組を取りしきる年配の助言者がその補佐役だ。ただし住吉会だけは、組の連合で成り立っている点で例外的である。

ヤクザの歴史は、17世紀の日本社会の底辺にいた二つの集団に遡る。ひとつは「テキ屋」と呼ばれる集団で、祭り等のイベントで商いをする商人だ。他のテキ屋の用心棒として雇われるテキ屋もおり、それがみかじめ料の確立につながった。

もうひとつの集団は「博徒」と呼ばれる博打打ちで、町や村の外れの寺で違法な賭博場を開き、高利貸し業を営んでいた。

「ヤクザ」というのは賭博の言葉であり、もともとは博徒を意味した。日本の「おいちょかぶ」──3枚の札で合計19を目指す──というカードゲームでは、「ヤ」は「8」、「ク」は「9」、「ザ」は「3」を意味し、それを全部合わせると計20の最悪の手となり、そこから「ヤクザ」という言葉が役に立たないものを意味するようになった。それがのちに、社会の役立たずだとして博打打ちそのものを指すようになったのだ。

組織構造と儀式

最初から違法行為に関与してきた集団ではあるが、日本では暴力団に加わるのが違法とされたことはなく、現在も地下組織とは見なされていない。

マフィアの場合、血のつながりがきわめて重要だが、ヤクザの世界では日本式の「先輩・後輩」の師弟関係が何より尊重される。これはいわば里親代わりの親分が、里子となる子分を支配するシステムだ。歴史的にこの構造が、師弟関係、そしてヤクザの親分・子分関係の基盤となってきた。ヤクザの世界ではこのシステムにより、一体感と権力、そして親分への献身が確立されてきたのである。

日本社会全般にいえることだが、ヤクザ文化においても儀式が人と人との絆を

組織犯罪　157

参照　シチリア・マフィア 138-45　■　三合会 146-49　■　ヘルズ・エンジェルス 160-63

> いったん組に誓いを立てたら、
> そこを抜けるには
> 指を詰めるしかない。
> **暴力団員**

日本の主要暴力団

稲川会
東京に拠点を置く。
海外に進出した
最初の暴力団のひとつ。

住吉会
2番目に大きな暴力団。
東京で結成された。
権力は数人に分割されている。

会津小鉄会
「会津」は土地の名前で
「小鉄」は日本刀の一種。

山口組
最大規模の暴力団。
神戸に拠点を置き、
全国の暴力団員の半数を占める。

深める役割を担ってきた。その典型が伝統的な「盃」の儀式だ。親分が子分と同じ盃から酒を飲み、その子分が組に加わったことを表明するのである。

　各組は、自分たちの秘密を守り、先輩・後輩システムを固守し、組内における序列構造を確立するために、厳しいルールを発展させてきた。親分の下には「若頭」、そして「舎弟頭」がいる。彼らは上位の「兄弟」と下位の「舎弟」をまとめる立場だ。また、管理者、法律顧問、経理をまとめる「最高顧問」と呼ばれる人物も親分をサポートする。

象徴的な慣習

　武家政治時代の日本で、ヤクザが刺青を誇示するようになった。もともと黒い輪の刺青が犯罪人の印として用いられていたのだが、ヤクザがそれを名誉の印として複雑で装飾的な形に発展させたのだ。それが力、忍耐、地位の象徴として機能することとなった。刺青ほどの美観はないが、「指詰め」と呼ばれる慣習もある。親分に借りを作ったり、親分の命令に従わなかったりしたことを償うため、みずから指を切り落とすのだ。初めて掟破りをしたときは左手の小指を第一関節まで切断し、親分に差し出す。2回目のときは薬指の一部を切り落とす。そのあとは中指、そして最後は人さし指だ。さらなる掟破りの際は、小指の第二関節までを切り落とすことになる。たび重なる掟破りのために指が根もとから切り落とされた場合は、「死に指」と呼ばれる〔訳注：溝口敦著『暴力団』（新潮新書）によれば、ふつうは左手小指の第一関節から先を切り落とすことから始まり、次は小指の第二関節、その次は小指の根もと、もしくは左手薬指の第一関節、または右手小指の第一関節へと移る場合が多いという〕。»

現代のヤクザ

20世紀初頭、日本経済は大幅な現代化を遂げた。ヤクザもそれに合わせて活動範囲を広げ、港や建設現場での臨時労働者を組織するようになった。ヤクザの親分は、合法ビジネスへの投資を違法行為の隠れ蓑にした。また、警察の買収も開始した。

1915年、神戸の港湾労働者組合から山口組が発足した。山口組は戦後に勢力を拡大し、成長しつつあった闇市で利益を上げていった。やがてもっとも強大な暴力団に成長し、売春、麻薬取引、賭博、武器取引、贈収賄等に関わるようになる。

山口組の躍進は、三代目組長の田岡一雄に負うところが大きい。彼は1946年から1981年にかけて、山口組を世界最大の組織犯罪集団に成長させた。

田岡が1981年に死亡し、若頭だった山本健一も跡目を継ぐ前に死んでしまうと、後継者の座を巡って血まみれの争いが勃発する。いったんは山本広が田岡の後釜

> ここでは暴力団は合法組織とされている。彼らのファン雑誌や漫画がコンビニエンスストアで売られているし、ヤクザの親分が総理大臣や政治家と交流している。
> **ジェイク・エーデルスタイン**

として組長代行の座に就き、竹中正久が若頭に就任したものの、幹部によって竹中が組長に選ばれると、山本は山口組と袂を分かち、組員3000人を引きつれて新しく一和会を立ち上げた。1985年1月、山本は竹中の愛人宅に暗殺団を送りこみ、竹中本人と若頭を射殺させた。この事件が、のちに「山一抗争」と呼ばれる争いのきっかけとなった。復讐を誓った山口組は一和会の全滅を目指した。そして4年の歳月と200件以上の銃撃事件ののち、山口組はついに一和会を降伏させたのである。人望の厚い稲川会会長の仲裁により和解が成立し、一和会の残りの構成員は山口組に戻ることが許された。しかしこの抗争により、勝者側も大きな打撃を被った。山口組の有望な組員の多くが投獄され、抗争により36名のヤクザが命を落としたのだ。日本のメディアはこの抗争を大々的に報じ、死者の数を逐一報道した。

敵対する暴力団

山口組に次いで大きな暴力団は、1958年に結成された住吉会だ。小さな組織の連合という形をとる住吉会は、この世界では例外的な存在だ。山口組のような厳密な階層構造を持たず、権力が中央に集まることもない。もっとも、関功という名目上の会長は存在する。彼は公職選挙法違反の罪で2015年に逮捕され、執行猶予付きの懲役1年を言い渡された。

篠田建市（しのだ・けんいち）

2005年7月29日、篠田建市は突然引退した五代目組長、渡辺芳則（わたなべよしのり）の跡を継いで山口組六代目組長に就任した。篠田は組の東京進出を果たしたことで有名だ。

彼の犯罪歴は1962年、山口組系の暴力団で始まった。その組織が1984年に解散したのち、篠田は友人であり同じ組員だった髙山清司（たかやまきよし）とともに弘道会を立ち上げる。謙虚な表情の奥に——運転手付きのリムジンではなく電車で継承式に向かったという話は有名だ——激しい暴力性を秘めた男だ。1969年、彼は敵対する組織の親分を日本刀で殺害し、懲役13年の刑を受けている。

篠田は2005年には銃刀法違反で投獄され、2011年に釈放された。2015年9月、彼は自身の統率力強化のため、不忠を理由に組員数千人を追放した。追放者は即座に新しい組を結成した。

組織犯罪

住吉会は不動産等のフロント会社をいくつか東京に設立し、合法的な仕事に見せかけたあと、客を恐喝した。激しく競り合うライバルの山口組とは、暴力的な歴史を築いてきた。2007年2月、住吉会系暴力団の幹部、杉浦良一が殺害されたのに続き、両者は全面抗争に突入しかけた。

ビジネス界への関与

ヤクザの暗い影響力は芸能界やスポーツ界に浸透していた。たとえば相撲界や、1997年から2007年まで人気を博し、テレビでも放映された格闘技PRIDEだ。2003年、オーストラリアの格闘技プロモーター、ミロ・ミヤトビッチが山口組系組員に拉致される事件が発生した。彼が抱える世界レベルの格闘家を譲りわたす契約書に署名しろ、さもなくば殺す、と脅されたのだ。彼は応じたものの、のちに警察に密告し、暴力団が選手に金を支払ってみずからの身体を傷つけさせ、八百長試合をさせていることを通報した。

暴力団は第二次世界大戦終結以降、芸能産業に関与し、有名人から金を巻き上げるために芸能プロダクションを運営していた。2011年、人気タレントの島田紳助が暴力団と密接に交流していたことが明らかになった。島田は引退を余儀なくされ、それをきっかけに暴力団排除条例等による締めつけが厳しくなった。反社会的勢力への関与が疑われる人物が一般市民に対して非合理もしくは不法な要求をした場合、逮捕できるようになったのだ。

作家の鈴木智彦は、2011年3月に起きたトリプルメルトダウンの直後、福島第1原子力発電所に作業員として潜入し、発電所を運営する東京電力に暴力団が深く関わっていると主張した。原発の存在がヤクザの大きな「シノギ」となり、東京電力の隠蔽体質がヤクザの生育にうってつけであることを指摘したのだ。

組員の減少

内輪もめや警察による厳しい取り締まりのために、1991年から2002年にかけて、ヤクザの数は14％減少した。もっとも、組員数は減り続けても、その存在感はいまだに大きい。2010年、暴力団排除運動を精力的に進めていた猪狩俊郎弁護士の遺体がマニラのホテルで発見された。手首を切って自殺したとされているが、暴力団が自殺に見せかけて彼を殺したと考える人は多い。

2016年9月、大勢のヤクザが一斉に逮捕され、暴力団の人員と資源が大幅に削減されることとなった。重要なのは、これにより、切迫していた暴力団間の抗争が食い止められたことである。その抗争が勃発すれば山一抗争をしのぐ流血の事態になる、と当局は恐れていた。■

> 全身に刺青を入れるには、
> 忍耐が必要だ。
> **彫禅**（ほりぜん）

ヤクザの刺青

日本独自の刺青の歴史は旧石器時代に遡る。その後、時とともに刺青は犯罪と関連づけられるようになった。古墳時代（3世紀半ば〜7世紀ごろ）には、罪人に犯罪の質と回数が入れ墨されていたのだ。

1789年から1948年のあいだ、刺青は禁じられたが、ヤクザは全身に入れ墨を彫ることでその法律に刃向かった。彼らは尖った針を使用する旧来の手彫りを採用している。この手法だと時間がかかるうえに苦痛を伴う。赤の色素には毒性のある硫酸鉄が用いられ、病気を引き起こしかねない。全身に彫るには、完成まで何年もかかる。この痛みに耐えられることが強さの証しとなり、同時にそれだけの費用をまかなえる富を表明する。

現代の日本では反社会的勢力と強く結びつけられているために、刺青を入れている人はフィットネスセンターや銭湯への入場を断られることが多い。大阪市長は2012年、刺青を入れた職員を洗い出し、ペナルティを科そうとした。

われわれが
正しいことをしても
誰も覚えていないが、
悪いことをすれば
誰も忘れない

ヘルズ・エンジェルス（1948年〜）

事件のあとさき

場所
世界各地

テーマ
モーターサイクル・ギャングと犯罪シンジケート

以前
1935年 米イリノイ州でアウトロー・モーターサイクル・クラブが結成される。犯罪シンジケートとは見なされなかったが、メンバーがマネーロンダリングや詐欺、麻薬取引、さらには殺人に関わりはじめる。

以後
1966年 バイカー・ギャングの一団からヘルズ・エンジェルス最大のライバル、バンディドスが派生し、麻薬取引、恐喝、売春に関わる凶悪な犯罪グループに発展する。

1969年 モンゴルズ——メタンフェタミン取引に関わる犯罪組織とされる——がカリフォルニアで結成される。

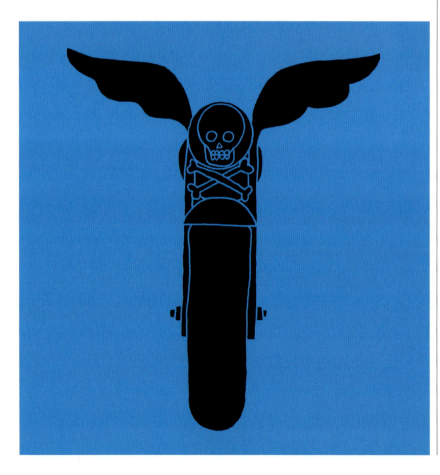

ラルフ・〈サニー〉・バージャーは、16歳のときに出生証明書を偽造して入隊したことが発覚し、除隊処分となった。1957年、19歳になったバージャーはバイカー仲間とオートバイを乗りまわしはじめる。彼らは、翼を生やした「髑髏（デスヘッド）」のロゴを身につけた。バイカーのドン・リーヴスがサクラメントから持ち込んだロゴだ。

そのロゴにひらめきを得たバージャーの一団は、ヘルズ・エンジェルスと名乗るようになる。実はカリフォルニアには同名のクラブがすでに複数存在し、ゆるくまとまっていたのだが、バージャーたちは知らなかった。しかしその存在を知ると、バージャーたちは彼らの輪に加わ

組織犯罪 **161**

参照 三合会 146-49 ■ ヤクザ 154-59 ■ メデジン・カルテル 166-67

> オートバイとLSDが
> 結びついたのは偶然ではない。
> どちらも最終地点、
> つまり目的の場所に
> たどり着くための手段なのだから。
> **ハンター・S・トンプソン**

クラブのメンバーは、「アソシエイト」から始まり、「プロスペクト」、「フルパッチ」と昇格していく。デスヘッドのロゴを身につけ、ヘルズ・エンジェルスの名前が記された頭上の「ロッカー」をかぶることができるのは、「フルパッチ」メンバーのみだ。

り、デスヘッド・ロゴを共有した。1963年、カリフォルニア州ポータービルで集会を行ったあと、バージャー率いるオークランド支部が他のヘルズ・エンジェルスも含めて全体を統括することになり、バージャーが頭首に据えられた。

バージャーは、それまでの無秩序な体制に新たなルールを設け、支配力を強化した。支部を設立するための会則を作成したのだ。新たに支部を作る場合は既存の支部から支持を得ること、そして少なくとも「フルパッチ」メンバー——最高位のメンバー——6名が必要であると定めた。新支部が次々と誕生し、50年も経たないうちにデス・ヘッドのロゴが世界中のクラブハウスに飾られることとなった。それぞれの支部にはそれぞれのテリトリーがあり、リーダーがいる。しかし同時により大きな組織の傘下に収まり、ヘ

ルズ・エンジェルスのイデオロギーと独自性に帰することとされた。もっとも、内部の秩序が確立されても、世間の秩序とは調和しなかった。サニーのもとで組織力を高めたエンジェルスは、ますます犯罪活動に関わるようになっていったのだ。

麻薬とのつながり

最初、エンジェルスのメンバーは主として麻薬を使用する側だった——馬用の鎮静剤PCPを、彼らが好んだことから「エ

ブラック・ビスケット作戦

2002年、潜入捜査官ジェイ・ドビンズと2名の同僚が不可能を可能にした——ヘルズ・エンジェルスの支部に潜入したのである。彼らはアルコール・煙草・火器取締局（ATF）の捜査官だった。このブラック・ビスケット作戦により、彼らはソロ・エンジェルス——ヘルズ・エンジェルス傘下のクラブ——のフェニックス支部のメンバーになりすました。やがてドビンズはモンゴルズMCのメンバー殺害を偽装する。敵対クラブの血まみれのジャケットをヘルズ・エンジェルス

ンジェル・ダスト」と呼ばれた——が、1960年代の終わりには、麻薬取引ビジネスに関心を向けるようになっていた。

1967年に世を席巻したサマー・オブ・ラブの時代、エンジェルスはサンフランシスコのフラワーチルドレンにLSDを売りつけていた。しかし安価なLSDはあまり儲けにつながらなかった。一方「エンジェル・ダスト」は恐ろしい幻覚作用があり、猟奇的な暴力を引き起こすともっぱらの評判だった。しかしメタンフェタに差し出すことで彼らの信頼を勝ち取り、21か月かけてエンジェルスの「プロスペクト」メンバーにまで昇格してみせた。

ヘルズ・エンジェルスは、やがて潜入捜査官たちに麻薬と銃火器の取引テクニックを伝授した。800時間以上に及ぶ盗聴と8500に及ぶ書類を集めた結果、ヘルズ・エンジェルスが犯罪組織として活動していることが証明された。結果、2004年にヘルズ・エンジェルスのメンバー16名が起訴され、裁判にかけられたのである。

162　ヘルズ・エンジェルス

ミン（スピード）はそうした副作用がないように思われたうえ、何もせずともどんどん売れていった。タバコのように吸ったり、鼻から吸引したり、注射したりするこの合成「興奮剤」は、ヘルズ・エンジェルスの一番人気の商品となった。その乱用はまるで伝染病のように北米中に広まっていった。

しかし、司法の注意を引いたのは麻薬ではなく暴力行為だった。ヘルズ・エンジェルスのメンバーがモンテレーで少女を集団暴行したという報告が全米の注目を集め、彼らの暴力性が世界中に知れ渡った。

中でも悪名高い事件が1969年に発生している。オルタモント・フリーコンサートで、エンジェルスのメンバーがローリング・ストーンズから警備を依頼されたときのことだ。観客が大騒ぎする中、18歳の観客メレディス・ハンターが銃火器を手に2度ステージに上がろうとし、エンジェルスのメンバー、アラン・パサーロに刺殺されたのだ。

それから何年もたったとき、ローリング・ストーンズのツアー・マネージャー、サム・カトラーが、あの日のファンの暴走ぶりを考えると、ヘルズ・エンジェル

1969年12月6日、**ヘルズ・エンジェルス**はオルタモントで大暴れした。出演バンドだったジェファーソン・エアプレインのマーティ・バリンが、エンジェルスのメンバーに殴り倒される一幕もあった。

スがいなかったらストーンズはめちゃくちゃにされていただろう、と主張した。とはいえ、オルタモントの一件でエンジェルスに異なるイメージがついた——危険な無法者たちだ、と。彼らの暴力はアメリカ国内に留まらなかった。バージャーは1977年にカナダのケベック州モントリオール近郊のモーターサイクル・ギャング、ポパイズを取り込み、新たな支部とした。その設立メンバーのひとり、30歳になるイーヴ・〈アパッチ〉・トルドーは連続殺人鬼だった。その2年後、トルドーはケベックにラヴァル〈北部〉支部を設立した。

> **❝**
> 60年代、われわれはたびたびメディアに取り上げられた。どれも楽しく、ゲームみたいなものだった。それが70年代に入ると、われわれはすっかりギャング扱いされていた。
> **サニー・バージャー**
> **❞**

組織犯罪 **163**

ヘルズ・エンジェルスの世界勢力図

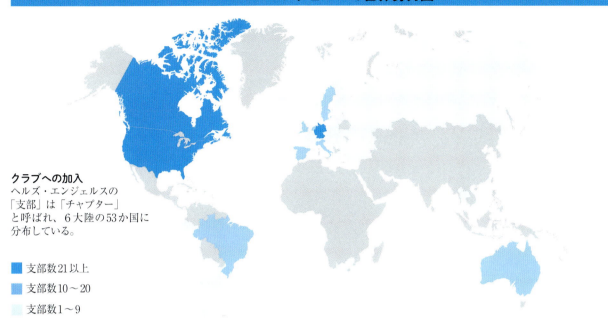

クラブへの加入
ヘルズ・エンジェルスの「支部」は「チャプター」と呼ばれ、6大陸の53か国に分布している。

■ 支部数21以上
■ 支部数10～20
■ 支部数1～9

敵対集団との抗争

ラヴァル支部は、その比類なき暴力性のために眉をひそめられる存在となった。彼らが商品の麻薬を自分たちで使用し、ノヴァ・スコシア支部の金をごまかしたことも非難を浴びた。やつらは凶暴すぎるので抹消したい――それが他支部の本音だった。1985年3月、シャーブルック支部がラヴァル支部のメンバーをケベック州レノックスビルのクラブハウスに招待した。ところがラヴァルのメンバーは、現地に到着するや後頭部を撃たれ、セントローレンス川に捨てられた。この事件は「レノックスビルの虐殺」として知られるようになる。この一件により、エンジェルスの凶暴性がさらに強調されることとなった。

それでもエンジェルスの勢力拡大は続き、さらなる暴力が阻止されることもなかった。

1994年には〈マム〉・ブーシェ主導のもと、モントリオールのエンジェルスが麻薬販売を巡って敵対ギャング連盟と激しく争うようになっていた。同じような抗争がスカンジナビアでも発生していた。グレート・ノルディック・バイカー・ウォーと呼ばれる抗争で、北ヨーロッパの麻薬取引の支配権を巡り、ヘルズ・エンジェルスがバンディドス・モータークラブとその同盟クラブと対決したのである。

エンジェルスは、ペイガンズ、アウトローズ、バンディドスとともに、無法モータサイクル・ギャングの「ビッグ・フォー」と呼ばれ、その中での敵対関係が特に有名だ。この4クラブは世界中で政府の監視対象とされている。中でもヘルズ・エンジェルスはもっとも凶悪とされ、クラブ結成以来、麻薬貿易、恐喝、マネーロンダリング、襲撃、殺人、売春等、メンバーがさまざまな罪に問われてきた。■

〈マム〉・ブーシェ

モーリス・〈マム〉・ブーシェは、1953年6月21日、カナダ・ケベック州の貧困家庭に生まれた。高校をドロップアウトして白人至上主義のモーターサイクル・ギャングSSに入り、のちにそのリーダーとなる。16歳の少女に対する性的暴行の罪で40か月服役したのち、1987年にモントリオールのヘルズ・エンジェルスに加わった。

しかし「レノックスビルの虐殺」に嫌悪感を覚え、SS時代の友人サルヴァトーレ・カゼッタと共に新たなギャング、ロック・マシーンを結成した。1994年にカゼッタがコカイン11トンを輸入しようとして逮捕されると、ブーシェはモントリオールの麻薬市場を独占しようと考えた。

その結果としてヘルズ・エンジェルスとロック・マシーンのあいだで勃発したバイカー戦争は、150名以上の命を奪った。抗争がようやく終結したのは2002年。ブーシェが検事を脅そうと2名の刑務官の殺害を命じて失敗し、有罪となったのだ。

あれはわれわれにとって人生最良の年月だった

クレイ兄弟とリチャードソン兄弟（1960年代）

事件のあとさき

場所
英国、ロンドン

テーマ
みかじめ料

以前
1930年代～50年代 悪名高き強盗犯ビリー・ヒルが、ロンドンの宝石店への襲撃をくり返す。1952年に起きた有名なイーストカッスル・ストリート強盗もそのひとつだ。

以後
1980年代～2000年代 ドミニクとデズモンドのヌーナン兄弟が運営する〈ヌーナン犯罪社〉が、英マンチェスターにおける組織犯罪を取りしきり、最大25件の殺人に関与したとされる。

1980年代 ロンドン近郊で麻薬取引、恐喝、殺人を専門とするクラーケンウェル犯罪シンジケートが結成される。

1960年代のロンドン。ブリクストン地区を拠点とするリチャードソン・ギャングと、イーストエンド出身のレジーとロニーの双子兄弟が経営するクレイ商会が、ロンドンの歓楽街ウエストエンドの支配を巡って争った。両者共に父親不在の貧しい生い立ちで、瞬く間に台頭したのち、無分別な暴力で身を滅ぼしたギャングである。

レジーとロニーはアマチュア・ボクサーで、ロンドンの強盗犯ビリー・ヒルを崇拝し、犯罪雑誌や犯罪映画に夢中だった。

彼らは1954年、ロンドンのイーストエンドに犯罪帝国を築き上げた。あるビリヤード・ホールの所有権を手に入れたときのことだ。みかじめ料を取り立てようとしたマルタ人のチンピラを、ロニーがめった刺しにしたのである。兄弟は、みずか

犯罪パートナーだったレジー（左）とロニー（右）。ジョージ・コーネル殺害に関して警察から事情聴取されたあと、くつろいでいるところ。警察で面通しの列に並べられたのだが、目撃者は彼らを見分けられなかったか、見分けようとしなかった。

参照 シチリア・マフィア 138-45 ■ ヤクザ 154-59 ■ 切り裂きジャック 266-73

らみかじめ料を取り立てはじめた。やがて彼らが凶暴だという評判が広まっていった。

レジーとロニーはまもなくクレイ商会を設立し、イーストエンドの有力ギャング、フレディー・フォアマンをときおり用心棒に使った。1957年、彼らはナイトクラブ〈ダブルR〉の所有者となり、西に勢力を広げてナイツブリッジのギャンブルクラブを手に入れた。

激しい敵対関係

クレイ兄弟の評判の陰に隠れがちではあるが、チャーリーとエディーのリチャードソン兄弟ははるかに残忍で計算高かった。ある判事に「極悪でサディスティックで文明社会の恥」と称されたチャーリーが、活動のブレーン役だ。一方、弟エディーは腕力勝負の男だった。彼らは被害者を床に釘付けし、ペンチで歯を抜き、ボルトカッターでつま先を切り落とすなどして拷問した。

リチャードソン・ギャングの中でももっとも恐れられた用心棒フランキー・フレイザーは、犯罪ボスのジャック・コマーの顔を切りつけた一件のあとで「狂人（マッド）」と呼ばれるようになった。〈マッド〉・フランキーは、リチャードソン兄弟のスロットマシンを導入すれば用心棒をしてやる、とパブやクラブに提案して回った。拒めば、店をめちゃくちゃにされたり、もっとひどい目に遭わされた。リチャードソン・ギャングは、ポルノや麻薬取引と同時に、あからさまな恐喝も行った。儲けた金はブリクストンのゴミ捨て場とスロットマシン・ビジネスで浄化していた。

クレイ側とリチャードソン側が最初に衝突したのは、ウエストエンドのナイトクラブでのことだった。エディー・リチャードソンとフランキー・フレイザーが、フレディー・フォアマンが雇った若者をめった打ちにしたのだ。復讐を誓ったフォアマンは、そのクラブに入り込むとエディーの鼻の穴に38口径の拳銃をねじ込んだという。

両者間の緊張は、1966年3月に一気に高まった。リチャードソン・ギャングとクレイ・ギャングが、ロンドンのサウスイーストのクラブで、銃、ナイフ、拳を使って激突したのである。フレイザーとエディー・リチャードソンは他の5名と共に銃で撃たれ、クレイの従兄弟が自身の45口径銃で殺害された。その乱闘により、フレイザーとエディー・リチャードソンは禁固5年を言い渡された。チャーリー・リチャードソンは、1966年のワールドカップ決勝戦を観戦中に逮捕され、のちに禁固25年を言い渡されている。

その衝突の数日後、ホワイトチャペルの混雑するパブで、ロニー・クレイがリチャードソン・ギャングの酔っ払いに侮辱されたことに腹を立て、彼の頭を撃ち

> チャーリー（・リチャードソン）は邪悪な男だ……そこが最高に魅力的なのだ。邪悪な人間には、そういう一面がある。
> **ジョン・マクヴィカー**

抜いた。12月7日、今度はレジー・クレイが金を巡る口論の末に麻薬の売人ジャック・マクヴィティをナイフで何度も刺す事件が発生した。

1968年5月8日、クレイ兄弟は、15名のクレイ商会メンバーと共にロンドン警視庁特別機動隊に逮捕された。双子は向こう30年間仮釈放なしの終身刑を言い渡された。ロニーは1995年に心臓発作で亡くなり、レジーは2000年に末期ガンを理由にした温情的措置で釈放されている。■

クレイ家の双子

クレイ家の双子は、イースト・ロンドンの労働者コミュニティで育った。「漸移地帯」と見なされる、犯罪が蔓延する地域だった。父方、母方双方の祖父――ジミー・〈キャノンボール〉・リーと〈マッド〉・ジミー・クレイ――は、全盛期にはその名を知られたボクサーで、それはおばローズも同じだった。

双子は独特な絆で結ばれ、ともに戦い方を学び、互いを守り、ともに犯罪ビジネスに足を踏み入れた。彼らの性的嗜好については盛んに憶測が飛んだ。ロニーは1993年に出した著書『マイ・ストーリー』の中で自分はバイセクシャルだと明かしているが、伝記作家ジョン・ピアソンがレジーも同性愛者だったと主張すると、クレイ家は否定した。ピアソンは双子が死亡したあとで執筆した本の中で、二人が近親相姦の関係にあったとまで書いている。

クレイ兄弟は有罪判決の直後にようやく引き離された。ロニーが妄想型統合失調症と診断され、ブロードムア――重警備の精神病院――に移されたのだ。

すべての帝国は血と炎で造られている
メデジン・カルテル（1972〜93年）

事件のあとさき

場所
コロンビア、ボリビア、ペルー、ホンジュラス、アメリカ合衆国

テーマ
麻薬カルテル

以前
1969年 囚人や政治犯の集団コマンド・ヴェルメーリョ（赤い指揮官）がブラジルで結成された。

以後
1977〜98年 メデジン・カルテルから分かれたカリ・カルテルが世界最大勢力の犯罪シンジケートとなり、世界のコカイン取引の90％以上を取りしきる。

1980年代半ば メキシコ北西部でホアキン・〈エル・チャポ〉・グスマンがシナロア・カルテルを率い、アメリカに麻薬を密輸する。麻薬の密売で世界最大勢力を誇るカルテルだ。

コロンビアにおけるメデジン・カルテルのコカイン密売ビジネスは、金儲けのための組織犯罪という枠を越えている。国の支配を巡る暴力抗争の一環なのだ。

1970年代初めに設立されたメデジン・カルテルは、〈麻薬王〉・パブロ・エスコバル、〈エル・メキシカーノ〉・ホセ・ゴンサロ・ロドリゲス・ガチャ、カルロス・レデル、オチョア家のあいだで結ばれた麻薬売買同盟だ。全盛期には、コカインの密輸で少なくとも週に4億2000万ドルもの利益を上げていた。全米の90％と全世界の80％の麻薬を供給していたときもある。

ホルヘ・ルイス・オチョアと、彼の幼なじみでコロンビア南部のカリ・カルテルのヒルベルト・ロドリゲスがカルテルの投資家となり、パナマのファースト・インターアメリカ銀行を手に入れた。どちらのカルテルも、そこを麻薬で得た金の浄化に利用した。カルロス・レデルはバハマ諸島のノーマンズケイを購入し、1978年から1982年にかけて麻薬取引の拠点としていた。コロンビアからジェット機で運ばれてくるコカインを、その地でレデル所有の各小型機に分配するのだ。そのあと各機はアメリカ南東部に飛んで麻薬を降ろし、レデルに何億ドルという収益をもたらした。

政治的影響

メデジン・カルテルも最初の10年はコロンビア当局から目を付けられることもなく、さほど咎められることはなかった。しかし1984年、カルテルは法務大臣ロドリゴ・ララ・ボニージャと衝突する。ララは、パブロ・エスコバルが1982年に国会議員に当選したことが、コロンビアを「麻薬国」に変えようとするキャンペーンの最初の一歩だったのではないかと考えた。そこでアメリカの麻薬取締局と協力

ときに私は神となる。
私がある男が死ぬといえば、
彼はその日のうちに死ぬ。
パブロ・エスコバル

組織犯罪 167

参照 三合会 146-49 ■ ヘルズ・エンジェルス 160-63 ■ 〈フリーウェイ〉・リック・ロス 168-71

ファビオ・オチョアはメデジン・カルテルの重要人物だった。写真は1999年10月13日、オチョアがボゴタの空港で2人の警官に連行されるところ。彼は2001年、アメリカに身柄を引き渡された。

してエスコバルを政界から追放し、カルテルの刑事訴追を進めようとしたのだ。しかしララは1984年にエスコバルの命により暗殺されてしまう。エスコバルが政敵の殺害を命じたのは、このときが最初でも最後でもなかった。

エスコバルとレデルに政界入りを決意させたのは、ある繊細な問題だった。政府が麻薬関連犯罪人の引き渡し協定を支持していたのだ。そこで二人は反植民地主義者のレトリックを巧みに利用し、犯罪人の引き渡し条約に反対した。レデルは「ラテン国家運動」を展開し、ラテンアメリカへのアメリカ合衆国の関与を糾弾して人々の共感を集めた。コカインは自由を得るための手段だ、とまで主張したのである。

警察の突破作戦

メデジン・カルテルの崩壊は、コロンビアとアメリカ合衆国両政府の緊密な協力体制によって訪れた。最初に堕ちた重要人物はカルロス・レデルだった。1983年、バハマ政府に資産を没収され、銀行口座を凍結されたレデルは、ジャングルへの逃亡を余儀なくされた。ノーマンズケイの拠点も捨てざるをえなくなった。のちにエスコバルがヘリコプターでレデルをメデジンに連れ戻したが、その直後、レデルは彼の農場でコロンビア警察に逮捕された。レデルの手下が密告したためだとされている。

レデルは1987年にアメリカに引き渡され、仮釈放なしの終身刑プラス135年の刑期を言い渡された。この判決は、カルテルの他のメンバーに強烈なメッセージを突きつけた。レデルは1992年に寝返り、カルテルのメンバーを匿(かくま)っていたパナマのマヌエル・ノリエガ将軍に不利な証言をすることに同意した。結果、刑期は55年に減刑された。

しかしゴンサロ・ロドリゲス・ガチャとパブロ・エスコバルはすんなり捕まらなかった。1989年、ガチャは息子のフレディと護衛1名、そしてカルテルの幹部ヒルベルト・レンドンと共に、コロンビア軍のヘリコプター隊との銃撃戦で殺された。その3年後の1993年12月2日、エスコバルがメデジンの裏通りで警察に射殺されたことは有名だ。■

麻薬戦争

1971年、リチャード・ニクソン大統領は、薬物乱用は「公衆の最大の敵」であり、この敵と戦い、打ち負かすためには総力戦で臨む必要があると宣言した。このスピーチがきっかけとなり、いわゆる「麻薬戦争」が勃発した。1980年代、アメリカ合衆国におけるコカイン需要は高まり、毎月約75トンが密輸入されるまでになっていた。しかしそれ以降、数々の飛躍的な前進が訪れた──メデジン・カルテルの壊滅、2006年から2011年にかけて若者によるコカインの使用が46%減少したという統計等々。それでもコロンビア、メキシコ、グアテマラの主導者たちは、軍事介入が自国に大きな犠牲をもたらした点を指摘し、麻薬撲滅のための新たな戦略を探ってきた。最近では現実的な選択肢として、ポルトガルの麻薬対策が注目されている。多少の麻薬を所持することには目をつぶり、投獄より治療を重視するという対策である。

以前からこれは
ビジネスであり、
ギャング稼業だったことは
一度もない

〈フリーウェイ〉・リック・ロス（1980〜95年）

事件のあとさき

場所
アメリカ合衆国、カリフォルニア州ロサンゼルス

テーマ
麻薬取引

以前
1960年代〜70年代 ハーレムのヘロイン売人フランク・ルーカスが、アジアの黄金の三角地帯から直接ヘロインを仕入れることで、仲買人を省くようになる。

以後
2003年 トマス・〈タッカー〉・カマーフォードが、イングランドに国際的な麻薬取引ネットワークを造る。彼は逮捕されたが、裁判の前に肝臓ガンで死去した。

ラッパーのリック・ロスと区別するため、〈フリーウェイ〉を付けたリック・ロスは、その犯罪人生のピーク時には日に300万ドル稼いでいた。ロサンゼルスのサウスセントラルから全米40都市にいたるまでの取引帝国で、クラック・コカインを売りさばきつつ、10年近く投獄を免れた人物だ。

ロスはロサンゼルスのスラム街で、フリーウェイ港へと続く道の突き当たりで育った——そこから「フリーウェイ」というあだ名が付いたのだ。高校時代はテニスのスタープレイヤーだった。彼が犯罪に手を染めるようになったのは、読み書きができないためにテニス奨学金で大

組織犯罪　169

参照　ヘルズ・エンジェルス 160–63　■　クレイ兄弟とリチャードソン兄弟 164–65　■　メデジン・カルテル 166–67

学に入学できなかったからだという意見もある。ロスは17歳のときに高校をドロップアウトした。文字が読めず、求職用紙に記入できず職に就けなかった彼は、街で「ジャンクヤード・フリーウェイ・ボーイズ」と称する仲間と車を盗んで壊しては部品を売りさばくようになった。

クラック帝国

　高校退学から1年もしないうちに、ロスはクラック・コカイン人気の波に乗っていた。それまでコカインは、金持ちが使う高級品と見なされていた。ところがそれが「クラック」という安価な形になったことで、スラム街で人気のドラッグとなったのだ。クラックはコカインとは違い、水と重曹を混ぜて乾燥させ、塊にしたものを砕いて吸い込んで利用するドラッグだ。

　クラック・コカインの需要は、ロスが格安で大量に供給したこともあり、急上昇していった。彼の主な仕入れ先はオス

リック・ロスは、28歳にして刑務所内で読み書きを学んだ。2014年、彼は自伝の宣伝ツアーを行い、読み書きの重要性を説いて回った。

カー・ダニロ・ブランドンとノーウィン・メネセスだった。彼らは母国ニカラグアからアメリカにコカインを密輸入していた。

　ロスはスラム街を麻薬漬けにした。中毒性が強烈なクラック・コカインは、都市部の貧困地域を大混乱に陥れ、家族全員をクラック中毒にした。当初、ロスはこの麻薬の深刻な副作用には気づいていなかった。クラックは呼吸器官の損傷、心不全、そして精神疾患を引き起こす危険がある。そうとは知らず、彼はビジネスを構築する企業家のように麻薬取引にアプローチした。クラックを大量に購入、生産できたので、低価格で販売しても莫大な利益を得ることができたのだ。売上高は天井知らずだった。

　ロスは客引きや仲買人のネットワークを駆使してクラック・コカインを流通させ、儲けた金を数えさせるためだけの人間まで雇っていた。米司法省によれば、ロスはサウスセントラル一のディーラーにのし上がったという。

　ロスはひっきりなしに居場所や車を変えることで逮捕を逃れ続けた。しかし金、家、車、そしてスタッフの数が増えていくに従い、彼は連邦捜査官の目を引くようになった。

　いくつかの法執行機関が集まり、ロスをはじめとする麻薬ディーラー検挙のための特別捜査隊が立ち上げられた。集められたのは、米麻薬取締局（DEA）、ロサンゼルス市警、郡保安官事務所に所属する捜査官たちだった。追っ手をかわしてばかりいるロスの逮捕が第一目標だったことから、この集団はフリーウェイ・リック・ロス捜査隊として知られるようになった。

拡大と拘束

　1986年から1990年にかけて、ロスとその一味はミズーリ州セントルイスやオハイオ州シンシナティ等、他の地域にも進出した。各地方当局も特別捜査隊に引き入れられたが、ほとんど成果は上がらなかった。1986年10月、ロスはコカイン流通を企んだ容疑で連邦政府に逮捕されたものの、証拠不十分として申し立ては棄却された。

　それでもロスはオハイオとテキサスでコカイン取引の容疑で再び公訴された。シンシナティに向けて運ばれていた麻薬があるバス停で麻薬犬によって探知され、それがロスにつながったのだ。今回は棄却されることなく、彼は1990年に刑を言い渡された。オハイオで連邦罪による刑期を終えたあと、麻薬犯罪の罪ですぐにテキサスでの9か月の刑期に入った。»

（リッキー・ロスは）
幻滅した19歳の若者だった……
1980年代が幕を開けたとき、
気がつけばサウスセントラル・
ロサンゼルスの通りを
さまよっていたのだ。
ゲイリー・ウェッブ

1994年9月、彼は仮釈放された。

おとり捜査

一方、1992年にロスのニカラグアの供給源であるオスカー・ダニロ・ブランドンが、自身の麻薬取引について電話で自慢していたのを盗聴され、逮捕された。会話にはロスとの取引も含まれていた。ブランドンはカリフォルニア州サンディエゴで逮捕され、連邦政府に起訴されて長期刑に直面することになった。

ブランドンを使えばロスやその他の麻薬王を捕まえられると考えたDEAは、彼に取引を持ちかけた。DEAのスパイとして覆面で働けば、減刑と服役後のグリーンカード、さらには4万2000ドルの報酬を与える約束をしたのだ。ブランドンは1年刑期を務めたのちに釈放され、DEAへの協力を開始した。

彼の最初の任務は、DEA捜査官と、おとり捜査を手伝っていたサンディエゴ警察の前で、最後に一度だけロスと麻薬取引を行うことだった。DEAが聞いているところで、ブランドンはロスに連絡を入れ、クラック・コカイン100キロの取引を申し出た。仕組まれていることに気づかないまま、ロスは1995年3月2日にサンディエゴでブランドンと会う約束をした。取引は、サンディエゴ南部のチュラビスタ郊外にあるショッピングセンターの駐車場で行われた。現金と麻薬の交換が行われた直後、捜査官がロスに駆けより、彼を逮捕した。

翌年、ロスはサンディエゴの連邦裁判所で、おとり警察官から買った違法な麻

> 不法行為で
> 富豪に成り上がった者の中で、
> ロサンゼルスの通りにコカインを
> あふれさせた当事者がいる
> とすれば、そいつの名前は
> フリーウェイ・リックだ。
> ジェシー・カッツ

薬を流通させようとした罪で裁かれた。彼の麻薬がらみの前科が考慮され、ロスは仮釈放なしの終身刑を言い渡された。

スキャンダルと陰謀

ロスは、自分と同時にブランドンも逮捕されたものと思っていた。ところが裁判の直前、調査ジャーナリストのゲイリー・ウェッブがロスに面会し、ブランドンの裏切りを告げてしまう。1996年、ロスに何度かインタビューしたあと、ウェッ

1988年6月、ロサンゼルスで麻薬の一斉捜査が行われ、ギャングと疑われる男たちがロサンゼルス市警の警官に呼び止められた。

スラム街の生活と犯罪

クラック・コカインの蔓延は、1980年代半ばから1990年代初期まで、アメリカ合衆国を揺るがした。ピーク時には、アメリカ大都市の大半でクラック乱用が深刻な問題となり、サウスセントラル・ロサンゼルスの状態は特にひどかった。

クラックはその純度においてコカイン粉末の約2倍だ。それはつまり、クラックを吸えば、即座に、そして強烈なハイを味わえるということになる。ハイになれば高揚感、覚醒状態、無敵感を味わえる。この流行時、クラック・コカインは信じられないほど安価だった。米麻薬取締局によれば、1980年代初め、多くの都市でクラック1回分が約2.5ドルだったという。そのため、貧困地域に住む者にも手が届いたのだ。

クラック中毒は、その習慣を維持する金を得るため、乱用者を暴力と犯罪に駆り立てた。発砲事件や殺人、路上強盗、押し込み強盗の件数が貧困地域で急上昇した。そのため1980年代末にはアメリカ政府が介入し、クラック蔓延と戦うために新たな「麻薬戦争」に入らざるをえなくなった。

組織犯罪 **171**

早朝のロサンゼルスで、重武装したDEA捜査官が麻薬の大物売人と目される人物を急襲した。1980年代、麻薬戦争はますます武装化を強めていった。

ブはさらに「闇の同盟」と題した一連の記事を《サンノゼ・マーキュリー・ニュース》紙に掲載した。その中で彼は、ブランドンが長期間に渡り政府の情報屋として活動していたことを暴露した。ウェッブの記事により、事件の新たな局面が浮上した——麻薬帝国は、CIA及びニカラグアで革命政権に対抗するコントラ軍とつながっているという主張である。

ウェッブによれば、ロスがニカラグアの接点役に支払っていた金は、コントラ軍の資金に利用されていたという。一方CIAは、その資金の出所に目をつぶっていたのだ。

大手メディアはウェッブの主張を取り合わなかったが、のちにCIAが、麻薬売人らしき人物と協力してロスの帝国から得た資金をコントラ軍武装の資金に流したことを認めた。刑務所からの電話の中で、ロス自身、CIAの行動を嘆いた。自分は政府の食い物にされた、というのが彼の主張だった——かつて自分が自身のコミュニティを食い物にしたのと同じだ、と。

覆された判決

ロスは刑務所で人生を終えるつもりはなかった。連邦刑務所に服役しているあいだ、独学で読み書きを修得し、刑務所内の図書館で法律を学んだ。本の知識をもとに、自身の判決に挑んだのである。彼の判決は、いわゆる「三振即アウト」法に基づいていた。3度目の重罪で有罪となれば終身刑となる法律だ。ロスは、テキサスとオハイオでの有罪判決は同じ罪であり、それゆえ1つの犯罪と数えられるべきものだ、よって自分はまだ2つの有罪判決しか受けていない、と主張した。

彼自身の弁護士はその主張をはねつけたものの、1998年、第9巡回控訴裁判所が彼の論理を認めた。結果、刑期は16年半に減刑され、2009年、ロスは14年間服役したのちに釈放された。■

善人でも、
他に選択肢がなければ
悪事に手を染める。
〈フリーウェイ〉・リック・ロス

誘拐・脅

174　はじめに

ヴァージニアの
ジェイムズタウンで
サミュエル・アーゴール
船長が大首長の娘
ポカホンタスを誘拐。

↑
1613年

アメリカ合衆国の飛行家
**チャールズ・リンドバーグの
赤ん坊**がニュージャージー
の自宅から誘拐される。

↑
1932年

1897年

ティッチボーン事件として知られる裁判で、
アーサー・オートンが自分こそは
レディ・ティッチボーンの行方不明になった息子であり
相続人であると訴えた。

誘拐とは威力もしくは甘言を利用して同意なしに相手を不法に連れ去ること。アメリカ合衆国と英国では家族や親類に誘拐される被害者が一番多い。その動機として、子供の親権、身代金、性的虐待、奴隷労働などが挙げられる。

本書で取り上げた事件には殺人目的の誘拐は一件もない。身代金を得ること、殺さずに性奴隷にすること、そのいずれかが動機である。被害者の死にいたった何件か、たとえば1932年の空の英雄リンドバーグの愛児、チャールズ・オーガスタス・リンドバーグ・ジュニアの誘拐事件は、証拠を見るかぎり、被害者の死は犯人の意図ではなく手違いによって起こったものと思われる。アメリカではその事件をきっかけに誘拐対策の新法が成立した。同じ年の暮れには、連邦議会が合衆国法典18章1201条の連邦誘拐法、俗称リンドバーグ法を通した。それによって連邦捜査局FBIが複数州にまたがって誘拐犯を追跡できるようになった。FBIの経験や能力、強大な権限を捜査にいかせるようになったわけだが、肉親による誘拐はこの法律の適用外だった。1970年代に法律の見直しがはかられるまで、有罪が決まった誘拐犯は、被害者が危害を被っていれば、州によっては死刑に処せられる可能性があった。

ストックホルム症候群

たとえ短期間であっても監禁されていた被害者は、不安発作、恐怖症などの心的外傷、いわゆるPTSDを発症することがある。症状は肉体的にも精神的にも現われる。

長期間監禁されていた被害者の中には、性格が変わって、友人にも家族にも人が変わったように見えることがある。その原因はストックホルム症候群にあると考えられる。被監禁者が監禁者の主張に同調する心的現象をそう呼ぶ。その有名な例が1974年のパティ・ハースト誘拐事件である。革命集団、共生解放軍に誘拐されたハースト家の相続人は、クローゼットなどに閉じ込められて10週間ほど過ごしたあと、誘拐犯たちと共に銀行を襲った。誘拐されてから数か月後に公表された写真は今ではよく知られている。共生解放軍のシンボルマークの前に立

誘拐・脅し **175**

1974年
アメリカ合衆国の新聞王、ウィリアム・ランドルフ・ハーストの娘**パティ・ハースト**が共生解放軍に誘拐される。

1998〜2006年
オーストリアで**ナターシャ・カンプッシュ**が誘拐犯の家に8年間監禁される。

1973年

億万長者J・ポール・ゲティの16歳の孫**ジョン・ポール・ゲティ三世**がローマのファルネーゼ広場で誘拐される。

1976年

カリフォルニア州チャウチラで**26人の子供**が誘拐され、トラックに乗せられたまま生き埋めにされる。

ち、自動小銃を構えている写真である。犯行グループへの忠誠心がなくなったのは、引き離されてかなりたったあとのことだった。

もちろん、誘拐の被害者がいつも犯人から逃げられるとはかぎらない。自分を捕らえた者の生活に順応してしまう者もいる。ポカホンタスの場合がそうだった。17世紀の北米先住民の大首長の娘、ポカホンタスは、1613年、英国の植民者に誘拐され、二度ともとの生活に戻ることはなかった。

技術の進歩

誘拐犯を突きとめることは警察にもきわめて困難な仕事である。目撃者や、解放されたあとの被害者の証言に頼って、犯人の人相や身体的特徴をつかみ、辛うじて逮捕にこぎつけることもある。ときには誘拐犯がへまをして、うっかり手がかりを残し、それによって被害者の所在が判明する場合もある。

筆跡鑑定がアメリカで裁判の証拠として採用されるようになったのは、1887年のベル対ブリュースターの裁判における最高裁の画期的な判断からである。それ以来、筆跡が人物特定の手段として使われ、身代金要求の手紙に書かれた文字と容疑者の筆跡とを専門家が鑑定するようになった。身代金の支払いに使われた紙幣に印をつけたり、続き番号を記録したりするのも犯人追跡の手段である。

最近ではデジタル技術の進歩により誘拐という犯罪自体がやりにくくなっている。防犯カメラが捜査を助けてくれるし、携帯電話の追跡アプリで犯人や被害者の居場所を特定することもできる。犯人側から見れば、位置特定のデバイスを破壊したり無効化したりすることが必須になるだろう。そうしなければたちまち玄関に捜査官が到着するからである。

技術の進歩によってGPSを利用した子供が身につける追跡デバイスの市場が生まれた。ほとんどは腕時計型で、子供がボタンを押せば親に連絡がいく。しかし、どれも不格好でかさばるので、誘拐犯はすぐに気がつくだろう。機械と人間が今よりもっと一体化すれば、人体に追跡機能を組み込むことも理論上は可能である。ただし、基本的人権の問題になるかもしれない。■

彼女は古い剣よりも価値がなかった
ポカホンタスの誘拐（1613年）

事件のあとさき

場所
アメリカ大陸ヴァージニア入植地

テーマ
政治的誘拐

以前
1303年 野心家の教皇ボニファティウス八世が貴族の私兵によって誘拐された。教皇は退位を拒み、ローマに戻されたが、そのあとすぐに死んだ。

以後
1936年 中華民国の指導者、蒋介石が敵対する軍人たちに拉致され2週間にわたって監禁された。その軍人たちは蒋介石の抗日軍事行動が生ぬるいと感じていた。蒋介石は要求に応じたが、のちに首謀者たちを処罰した。

1962年2月10日 米軍パイロット、フランシス・ゲイリー・パワーズがソ連との捕虜交換によりベルリンで解放された。2年前、乗っていた偵察機がソビエト領空で撃墜され、脱出したものの、そのあと捕虜になっていた。

北米先住民の若い姫、ポカホンタスは、北米大陸にやってきた英国の最初の入植者と、北米先住民の諸部族とを結びつける役割を果たした。その短い一生は映画や小説で以前からロマンチックに描かれてきた。

1596年ごろに生まれたポカホンタスは、ヴァージニアのチェサピーク湾岸で、先住民の30部族をまとめる大首長パウハタンの娘だった。英国人の入植地、ジェイムズタウンは、1607年にできたが、そこはパウハタンの領地であり、植民請負人のジョン・スミスは、大首長の配下の者に殺されそうになった。それを止めたのがポカホンタスだったといわれている。

ジェイムズタウンの住人はしばらくのあいだ北米先住民の部族と平和共存していたが、1609年、大首長パウハタンは交易を停止し、入植者たちを兵糧攻めにして、ヴァージニアから追放する策に出た。両者は交戦状態となった。

1613年の春、サー・サミュエル・アーゴール船長は、ポトマック川を遡上してパタオメック族との交易を図ろうとした。首長のジャパゼウスのもとにポカホンタスが逗留していることを耳にし、英国人捕虜や盗まれた武器を取り返す方策として、ポカホンタスを誘拐した。大首長パウハタンのもとに要求状が送られ、その娘はジェイムズタウンに幽閉された。大首長は要求を蹴り、それ以来ポカホンタスは英国人と暮らした。1614年、キリスト教徒になり、入植者のジョン・ロルフと結婚した。1617年、ポカホンタスは英国で死んだ。英国の王室は植民地との結びつきの象徴としてポカホンタスを歓迎していた。■

英国側の捕虜としてジェイムズタウンに到着したポカホンタス。政治目的による誘拐の初期の事例である。

参照 パティ・ハースト誘拐事件 188-89 ■ アルド・モーロの誘拐 322-23 ■ イングリッド・ベタンクールの誘拐 324-25

誘拐・脅し 177

驚くべき虚言癖
ティッチボーン詐称事件（1897年）

事件のあとさき

場所
英国、ハンプシャー

テーマ
詐称

以前
1487年 庶民の出でありながら、英国の王位継承者を詐称したランバート・シムネルが、国王ヘンリー七世に戦いを挑んだ。敗れたものの、のちに国王によって赦された。シムネルは貴族たちに操られていたと見なされたからである。

1560年 フランスでアルノー・デュ・ティルが処刑された。3年間、マルタン・ゲールという男になりすましていたからである。本物のゲールが帰ってきて正体があばかれた。

以後
1921年 インドの東ベンガルにある広大なバワル荘園の所有者の一人、ラメンドラ・ナラヤン・ロイ公を名乗る人物が現れた。その人物は12年前に死んで、火葬されていた。その主張は裁判で却下されたが、有利な判決も2例出ている。

准男爵家の跡取り、ロジャー・ティッチボーンは、1854年、大西洋で消息を絶った。乗っていた船がブラジルのリオデジャネイロ沖で沈没したのである。母親のレディ・ティッチボーンは嘆き悲しんだが、複数の生存者が救出され、オーストラリアに運ばれたとの知らせに、息子は生きているのではと一縷の望みを抱いた。そして世界中の新聞に消息を問う広告を出した。

1866年、オーストラリアの弁護士からレディ・ティッチボーンに一通の手紙が届いた。ニュー・サウス・ウェールズの肉屋で、トム・カストロと名乗る男が、自分はロジャーであると申し出たのだ。驚喜した母親はカストロを呼び寄せた。そして、年内に面会を果たしたとき、たしかに息子だと断言した。

放蕩息子の怪しい帰還
しかし、親族にいわせると、この「ロジャー」は偽物だった。華奢な体つきで、おとなしく、フランスで少年時代を過ごしたため言葉に特徴があったのに、現れたのは粗野な大男で、話す言葉にも品が

本物のロジャー・ティッチボーン（左）と**アーサー・オートン**（右）。まったくの別人に見えるが、同一人物だと断言する者も多い。

なかった。母親の死後、財産と称号を継ぎたいという男に、一族は異を唱えた。民事・刑事両方の裁判が続き、大騒ぎになった。結局、この男は本名アーサー・オートンというロンドン生まれの英国人で、チリに渡り、最後はオーストラリアに流れ着いた人物であるとわかって、偽証罪で禁固14年の判決を受けた。オートンは知名度を利用して楽に暮らそうとしたが、うまくいかなかった。貧困のうちに死んだが、最後まで自分はロジャーであると主張していた。■

参照 首飾り事件 64-65 ■ ハリー・ドメラ 70-73 ■ フランク・アバグネイル 86-87

アン、ぼくたちの赤ん坊が盗まれた！

リンドバーグ愛児誘拐事件
（1932年3月1日）

リンドバーグ愛児誘拐事件

事件のあとさき

場所
アメリカ合衆国
ニュージャージー州ホープウェル

テーマ
小児誘拐

以前
1874年7月 4歳の男児チャールズ・ロスが誘拐された。身代金目的で誘拐された最初のアメリカ人の子供である。

以後
1960年7月 8歳の男児、グレアム・ソーンが身代金目的で誘拐された。両親はオーストラリアにオペラ・ハウスを建てるための宝くじを買って当選していた。グレアムの遺体は1か月半後に発見された。

1982年5月 8歳の女児ニーナ・ガルヴィッツが誘拐犯のもとから149日ぶりに解放された。両親は150万ドイツマルクの身代金を払った。

1932年3月1日。当夜は雨だった。午後10時、乳母のベティ・ガウは子供部屋の様子を見にいった。リンドバーグ家の愛児、チャーリー坊やが、夕食のあとから、ずっとそこで寝ていた。フランネルのナイトシャツに、ピンクのつなぎの寝間着を着せ、ベビーベッドに赤ん坊を寝かせたのは、ガウ本人である。2時間前に覗いたときには、すやすやと眠っていた。ところが今、生後20か月の男児の姿はどこにもなかった。

ガウは階下へ急ぎ、坊やの両親——飛行士の先駆けであるチャールズ・リンドバーグとその妻に異変を告げた。二人が二階に駆け上がると、窓は開いていて、身代金を要求する手紙が窓敷居に置いてあった。青いインクで書かれた片言のメモには、5万ドルを払えば赤ん坊は無事に返す、とあった。

リンドバーグ家は大混乱に陥った。そこはニュージャージー州ホープウェルの邸宅だったが、屋敷の中も外も、家中総出で探しまわった結果、はからずも犯人の痕跡はことごとく消されてしまった。チャーリー坊やの姿はどこにもなく、用

著名なパイロットの愛児が誘拐されたことへの怒りは世界中に広まった。扇情的な見出しのついた新聞や派手な表紙の雑誌が各国で発行された。

地管理人がホープウェルの警察に電話通報をした。警察は30分もたたないうちにすべての道路を封鎖し、周辺に検問所を置いた。地元の病院にも赤ん坊の行方不明が伝えられた。

誘拐確定
駆けつけた警察は、犯人が手製と思われる三連の伸縮梯子を使ったと断定し

誘拐・脅し

参照　ジョン・ポール・ゲティ三世誘拐事件 186-87　■　チャウチラ誘拐事件 190-95　■　イングリッド・ベタンクールの誘拐 324-25

生まれたばかりのチャーリーを抱くアン・モロー・リンドバーグ。1930年6月。6か月前、妊娠中のアンは、女性で初めてグライダーの一級ライセンスを取った。

た。梯子は、邸宅から23メートルのところに壊れた状態で捨てられていた。その梯子をのぼって犯人は二階の窓から侵入したらしい。梯子の横木が折れているのは、赤ん坊をつれて降りる途中に壊れたものと推測された。

警察はタイヤの跡と一丁のノミを見つけた。子供部屋には泥の跡がついていた。見過ごせなかったのは、2組の足跡が子供部屋の窓の外のぬかるみに残されていたことだった。足跡は邸宅から南東方向に向かい、その先には自動車の車輪の跡があった。逃亡用の車に、そこで乗ったものと思われた。

しかし、警察は足跡の石膏型を採るのを怠り、その寸法も測っていない。足のサイズがわかっていれば容疑者の中から真犯人を特定する一助になったはずである。報道によれば、警察は赤ん坊の発見と誘拐犯の逮捕を急ぐあまり、基本的な手順を無視してしまったのだという。

残された手紙にも、ベビーベッドにも、梯子にも、はっきりした指紋は残っていなかったので、警察は犯人が指紋を拭き取ったと考えた。

異変から30分もたたないうちにラジオの速報が全国放送の電波に乗り、誘拐事件は世界中に広まった。FBIとニュージャージー州、ニューヨーク州の警察が合同で捜査に当たったが、3日たっても新たな手がかりは得られなかった。

3月5日、身代金7万ドルを要求する2通目の手紙が届いた。警察の捜査には関わるな、というリンドバーグ一家への警告も書かれていた。3通目の手紙で、誘拐犯は身代金受け渡しの手順を指示してきた。

交渉開始

ジョン・コンドン博士、72歳の引退した教育者は、地方紙でこの誘拐事件を知り、新聞社に手紙を書いて、誘拐犯とリンドバーグ家との仲介者となることを提案した。その投書が紙面に載ったのを見て、誘拐犯はコンドン博士に手紙を出し、提案を受け入れた。とある共同墓地で二人は会い、犯人は赤ん坊が生きている証拠としてピンクの寝間着を返した。

身代金を渡す日時と場所は、コンドン博士を通してリンドバーグ家に伝えられた。誘拐犯は、身代金を受け取り次第、ネリー号という船を探せば赤ん坊が見つかるようにしておくという。船は、マサチューセッツ沿岸のマーサズビニヤード付近に停泊している——エリザベス島に近いゲイ岬と、ホースネック海岸とのあいだの海域である。リンドバーグ家は赤ん坊を無事に取り戻すため身代金の支払いに同意した。

夜間に人目を避けて、コンドン博士は5万ドルの身代金を指定の場所に持っていった。身代金の額は、交渉の結果、2通目の手紙で指示された額より少なくなっていた。リンドバーグは車の中で待機した。共同墓地は暗く、誘拐犯の姿はよく見えなかったが、言葉にドイツ訛りがあることははっきり聞き取れた。男は「ジョン」とだけ名乗り、リンドバーグ家が用意した身代金を受け取って去っていった。しかし、誘拐犯が約束を守ることはなかった。徹底した捜索が行われ、リンドバーグ自身も飛行機で海の上を飛んだが、船も赤ん坊も見つからなかった。

捜索は続いたが、結果は出なかった。偶然が幸いして、チャーリーが見つかったのは、1932年5月12日のことである。あるトラックの運転手が、モントローズという村の近くで休憩を取ったとき、雑木林の木の葉に覆われた小さな死体を見つけた。ホープウェルのリンドバーグ家から3キロ離れたところだった。

幼児の遺体はすでに腐乱しはじめていた。チャーリー坊やは誘拐された夜に死んだようだった。検視官によれば死因は頭蓋骨損傷。とはいえ、腐乱した遺体は

警告する。事件を公表したり警察に通報したりするのはやめろ。子供は手厚く保護している。
最初の身代金要求の手紙

182 リンドバーグ愛児誘拐事件

事件の流れ

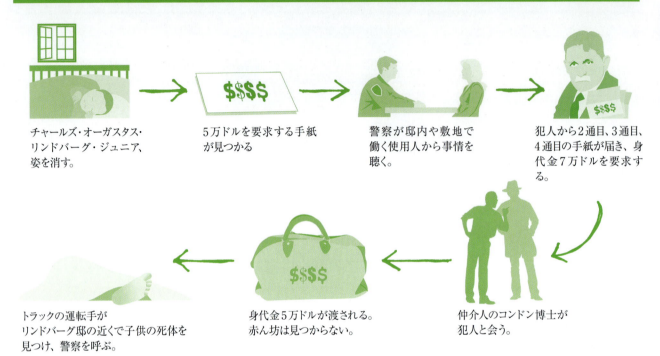

- チャールズ・オーガスタス・リンドバーグ・ジュニア、姿を消す。
- 5万ドルを要求する手紙が見つかる
- 警察が邸内や敷地で働く使用人から事情を聴く。
- 犯人から2通目、3通目、4通目の手紙が届き、身代金7万ドルを要求する。
- 仲介人のコンドン博士が犯人と会う。
- 身代金5万ドルが渡される。赤ん坊は見つからない。
- トラックの運転手がリンドバーグ邸の近くで子供の死体を見つけ、警察を呼ぶ。

性別すら判別がつかなかった。発見現場付近にある孤児院の職員によれば、入所者に該当者はいないとのことだった。遺体の身長に矛盾があることから、発見された遺体の身元に疑問符がついた。チャーリー・リンドバーグの身長は74センチだが、遺体は84センチだった。しかし、父親も子守もチャーリーの遺体に間違いないと証言した。手縫いのフランネルのナイトシャツを身につけていたことと、「合指症」という先天性障害が見られることがその根拠だった。

リンドバーグ法

捜査が進む中、世論の怒りに後押しされて、1932年、連邦議会はリンドバーグ法といわれる法案を即可決し、施行した。誘拐は連邦犯罪であり、最高刑を死刑とする、と定めた連邦誘拐法の成立である。

連邦犯罪なので、誘拐犯が被害者と共に州境を越えた場合は、連邦当局が即座に介入し、犯人を追うことができた。

1934年9月、アッパー・マンハッタンのレキシントン・アヴェニューにあるガソリンスタンドで、身代金の一部が発見された。ガソリンスタンドの店長は、紺青色のダッジ・セダンに乗ってやってきた男が、10ドルの金証券を出したのを見て、不審に思った。金証券とは、財務省

リンドバーグ家の犬。 チャーリーと一緒にベビーカーに乗っている。事件にまつわる不思議のひとつに、部外者にはよく吠えるこの犬が、なぜ誘拐事件の最中に吠えなかったのか、という謎がある。

発行の金兌換紙幣で、前年から発行されなくなっていた。当時の大統領フランクリン・D・ルーズベルトが、大恐慌時代に機能しなくなった金本位制から離脱したためである。

その金証券を見て、偽造かもしれないと思った店長は、ダッジ・セダンのナンバー・プレートにあったニューヨーク州の自動車登録番号を金証券の端にメモしておいた。

金証券を受け取った銀行員が通し番号を調べると、チャールズ・リンドバーグ・ジュニア誘拐事件の身代金として払われた5万ドルの一部であることが判明した。

誘拐・脅し 183

銀行はFBIに通報し、ナンバー・プレートの番号からドイツ移民のブルーノ・ハウプトマンが捜査線上に浮上した。ハウプトマンはニューヨーク市ブロンクスの閑静な住宅街に住む大工だった。

ハウプトマン逮捕

1934年9月19日、警察は、自宅から出てきたハウプトマンを逮捕した。ハウプトマンの財布からは20ドルの金証券が見つかった。それも身代金の一部だった。

家宅捜査によって、オイル缶に入っていた1万4000ドルほどの身代金が発見された。オイル缶は紙に包んだうえガレージの壁板の裏に押し込んであった。しかし、ハウプトマンは無実を訴えた。それによると、金は友人のイシドア・フィッシュから預かったもので、預かったあとフィッシュは亡くなったという。フィッシュはハウプトマンと同じドイツ出身で、1932年5月12日、つまりチャーリー坊やの遺体が見つかったのと同じ日にパスポートを申請している。同年12月、ライプツィヒにいる家族に会うため、フィッシュは船でドイツに向かった。

事件を再現するため、捜査官がホープウェルの邸宅の外に立ち、手がかりを探している。家のそばで見つかったのと似たような梯子が、開いた子供部屋の窓に立てかけられている。

ハウプトマンが警察に語ったところによると、フィッシュは私物が入った靴箱を預けていき、中に現金があるのを知ったのは、屋根が雨漏りして靴箱が濡れ、中身を出したときだったが、現金を保管し、金証券を取っておいたのは、インフレを懸念してのことだったという。

新聞報道によれば、警察はハウプトマンを信用しなかった。その証言は「うさんくさい（フィッシュィー）」の一言で片づけられた。フィッシュはアメリカに戻ることなく、ドイツ滞在中の1934年に結核で死亡していた。

ハウプトマン宅の屋根裏で、捜査官は黄色い松材を発見したが、材質は犯行時に使用した梯子と一致した。筆跡鑑定の専門家も呼ばれ、誘拐犯の手紙はハウプトマンが書いたものだと判断した。

裁判には何万人もの一般人や記者が押しよせ、ニュージャージー州のフレミ

チャールズ・リンドバーグ三世

リンドバーグはミシガン州デトロイトで1902年に生まれ、ミネソタ州で育った。父親のチャールズ・オーガスト・リンドバーグはミネソタ州議会の議員を1907年から1917年まで務めた。リンドバーグは大学で2年間、機械工学を学んだが、中退して飛行訓練を受ける道を選んだ。

1927年5月20日、単葉機、スピリット・オブ・セント・ルイス号に乗って、リンドバーグはパリ＝ニューヨーク間を飛行して歴史を作った。34時間の単独飛行ののち、パリのル・ブルジェ空港に降りたって、賞金2万5000ドルのオルティーグ賞を手に入れたのである。わずか25歳で成し遂げた大西洋単独無着陸飛行によってリンドバーグの人生は一変し、名声と富を手に入れた。

メキシコへの親善飛行の際、リンドバーグは、父親が駐メキシコ大使を務めるアン・モローと出会った。二人はすぐに結婚し、最初の子供、チャールズ・ジュニアを授かった。以後、5人の子供に恵まれる。

1941年に真珠湾が攻撃されたあと、リンドバーグは空軍への入隊を志願したが、ルーズベルト大統領に猛反対されて断念した。二人は長時間にわたって激論を交わしたといわれている。のちにリンドバーグはパイロットを育成することで戦争に協力した。

ントンという小さな町は人で膨れあがった。当時の著名なジャーナリスト――ウォルター・ウィンチェルや、デイモン・ラニアン、ファニー・ハーストも裁判を取材した。

ハウプトマンは辣腕の弁護士、「ビッグ・エド」という呼び名で知られるエドワード・ライリーを代理人にたて、無実を主張して、誘拐事件への一切の関与を否定した。陪審員に向かっては、警察に暴行を受け、筆跡を身代金要求の手紙に合わせるよう強要されたと訴えた。ライリー弁護士は交渉役のコンドン博士と誘拐犯との関係に疑惑の目を向けた。

チャールズ・リンドバーグも検察側の証人として出廷した。そして、ハウプトマンの声はコンドンが身代金を渡した男の声とよく似ている、と証言した。

結審は1935年2月。最終弁論で、デイヴィッド・ウィレンツ検察官は、死刑執行が可能な第一級殺人で被告を有罪に

> この世紀の裁判は
> おそらくアメリカ合衆国史上
> 最大の欺瞞であろう。
> ロバート・R・ブライアン

するよう陪審員に訴えた。陪審団は退場し、11時間以上の時間をかけて陪審室で審議を続けた。2月18日午後10時45分、8名の男性と4名の女性からなる陪審団は有罪の評決を下した。評決が出たことを知らせる鐘が鳴らされたとき、法廷の外にいた群衆の歓声が中まで聞こえたという。ハウプトマンは、二人の警備員に両わきをはさまれ、手錠姿のまま、微動だにせず陪審長の評決を聞いていた。おそらく世論の圧力に負けて、陪審団はハウプトマンを第一級殺人で有罪にしたのだろう。判事は被告に死刑を宣告した。32日に及ぶ裁判をすべて傍聴していたリンドバーグは、評決と量刑宣告の場には立ち会っていなかった。

捜査の不手際

リンドバーグ事件は警察とFBIには悔いの残るものになった。同時に、全米の関心を集めた事件でもあった。

ニュージャージー州の法令では、極刑に値する殺人を裁くときでも、検察側は殺意を立証する必要はなかった――不法侵入の結果、赤ん坊が死んだことを立証するだけでよかったのである。死因が、頭部を殴打されたことによるものか、それとも邸宅から連れ去られる際に梯子から落ちたことによるものか、裁判で特定されることはなかった。評決が出て判決が下ったあと、ハウプトマン被告はその場に立ったまま口をつぐんでいた。

当時のニュージャージー州知事、ハロルド・G・ホフマンは評決に疑問を呈し、ハウプトマンに30日間の執行猶予を与え、ニュージャージーの州警察に再捜査を命じた。これまでの捜査は警察史の汚点になる、とまで公言していた。

州警察は新しい証拠を見つけることができず、ホフマン知事は私立探偵社に捜査を依頼した。しかし、探偵たちにも新しい情報は得られなかった。この一件でホフマンの政治的信頼は失墜し、再選の見込みも消えた。

世界中の新聞が事件を報道し、チャーリーはアメリカで一番有名な赤ん坊となった。新聞の第一面に載ったこの写真に写っているのは、生後2週間の、もっとも無防備なチャーリーの姿である。

誘拐・脅し 185

> みんなおれが死んだら
> 事件は幕引きだと思っている。
> ブルーノ・ハウプトマン

異議申し立て

ハウプトマンの弁護人は最高裁判所まで戦い続けたが、結果はいずれも敗訴だった。それでもブルーノ・ハウプトマンは最後の瞬間まで無罪を訴え続けた。ニュージャージーの州刑務所で、通称「オールド・スモーキー」という電気椅子を使ってハウプトマンが処刑されたのは、1936年4月3日のことである。

しかし、それで終わりではなかった。1981年、83歳になるハウプトマンの未亡人アンナがニュージャージー州を訴え、あやまって処刑された夫に対する1億ドルの賠償金を請求した。アンナは事件の再審を申し立てたが、法廷は却下した。アンナの弁護人は、ニュージャージー州議会に対しても、ブルーノ・ハウプトマンの無罪を公式に宣言することを求めたが、受け入れられなかった。

この事件をテーマにした本が10数冊出版され、映画も2本作られている。1982年制作のドキュメンタリー、『誰がリンドバーグの息子を殺したか』（ルドヴィック・ケネディが台本を書き、ナレーションを担当した）は、ハウプトマン冤罪説を採っている。1993年出版のグレゴリー・アールグレン、スティーヴン・モニアー共著の『リンドバーグの世紀の犯罪』は、チャールズ・リンドバーグ自身が過失で息子を死なせ、隠蔽工作として誘拐事件をでっち上げたと主張する。複数犯説を唱える作家も何人かいて、身代金要求の手紙の主語が「われわれ」であったことや、事件現場に2組の足跡が残っていたことなどをその理由に挙げている。

2012年、作家のロバート・ゾーンは、ドイツ系食料品店に勤めていたジョン・ノールという人物こそ「墓場のジョン」であり、ノールとブルーノ・ハウプトマンが共謀して誘拐を実行したとする仮説を唱えた。ゾーンの説には説得力があり、コンドン博士の証言に基づいて描かれた「墓場のジョン」の似顔絵もジョン・ノールによく似ているが、事件当夜の真相はいまだに謎のままである。■

警察がハウプトマン宅のガレージを捜索して、チャーリー・リンドバーグの身の上に起こったことの手がかりを探している。家宅捜索中、外には何百人もの野次馬が集まっていた。

死刑制度

アメリカ自由人権協会によれば、死刑は後戻りができない恣意的で永続的な刑罰である。新しい証拠が出ても、法体系が変わっても、刑罰を受けた者はその恩恵にあずかることができない。死刑廃止国際委員会も、一般大衆が死刑を支持するのは、社会から犯罪をなくしたいという思いからだが、犯罪防止には犯罪者を殺すよりも効果的なやり方がある、と主張してきた。死刑に反対する個人や団体は次のようにいう。死刑は殺人を抑止するためのものだが、そのために人を殺すのは自己矛盾であり、為政者による殺人を正当化することにも通じる、と。

先進国の多くは死刑を廃止している。法律上、その刑罰が残っていても、実際に執行されることはない。西側諸国の中でいまだに死刑を執行しているのはアメリカ合衆国だけである。

月曜日から ぼくは誘拐犯たちに 捕まっています
ジョン・ポール・ゲティ三世誘拐事件
（1973年）

事件のあとさき

場所
イタリア、ローマ、及びカラブリア州

テーマ
誘拐

以前
1936年 10歳の少年チャールズ・マットソンがワシントンの自宅から誘拐され、2万8000ドルの身代金が要求された。交渉は決裂し、少年は殺害された。犯人は不明である。

1963年 有名な歌手の息子、19歳のフランク・シナトラ・ジュニアが、ネヴァダ州、タホー湖岸のホテルの一室から誘拐され、身代金が支払われて2日後に解放された。のちに3人の男が有罪になっている。

以後
1983年 アムステルダムで、ビール会社のCEO、フレディ・ハイネケンとその運転手が誘拐されたが、1300万ドルで解放された。誘拐犯5人がのちに逮捕されている。

ジョン・ポール・ゲティ三世、通称ポールは、ケチで有名だった石油王、J・ポール・ゲティの孫で、自由奔放な生活を送っていた。16歳のときにはイタリアのローマで芸術家気取りの気ままな暮らしを楽しんでいたが、ローマは自分が育った街でもあった。1973年7月10日の夜、友人と飲み歩いていたとき、ローマのファルネーゼ広場で誘拐された。悪ガキという評判が知れ渡っていたので、祖父から金をふんだくるための狂言誘拐ではないかと考える者も多かった。

実際には誘拐グループによって400キロ離れたカラブリアまで連れ去られていた。以後、監禁場所が次々に変わったのは、居場所を特定されるのを避けるためだった。犯人に強制されてポールが出した母親への手紙には、今、自分は誘拐犯に監禁されており、1800万ドルの身代金を払わなければ指を一本切り落とされる、と書いてあった。

まだ狂言の可能性が捨てきれず、J・ポール・ゲティは元CIA捜査官、フレッチャー・チェイスに孫の居場所を突きとめるように依頼した。そのうちにまた手紙が届いた。これも強要されてポールが

> これはポールの耳だ。
> 10日以内に金が届かなければ、
> もう一方の耳を送る。
> つまり、断片に分けて
> ポールを解放する。
> **身代金要求の手紙**

書いたものだった。手紙には脅迫状が添えられており、15日以内に金を渡さなければ次の手紙にはポールの髪と片耳を同封する、と書かれていた。

ポールの母、ゲイルは誘拐犯と接触し、身代金は用意する、日時と場所を指定して会いたい、と伝えた。だが、彼女は約束の場所に現れなかった。

恐ろしい小包

数週間後、誘拐犯は陰惨な約束を守った。11月10日、イタリアの日刊紙《イル・メッサジェッロ》宛てに小包が届いて、中にはポールの鳶色の髪と右の耳が入っ

誘拐・脅し 187

参照　リンドバーグ愛児誘拐事件 178-85 ■ パティ・ハースト誘拐事件 188-89

ていた。犯人たちは10日以内に320万ドル払わなければもう一方の耳も送ると脅してきた。《イル・テンポ》紙にも小包が届き、中には傷のあるポールの顔を撮影した写真が複数枚入っていた。

不本意な黙従

　その写真を見て、J・ポール・ゲティが動いた。220万ドルは自分が出し——ゲティの会計担当者によれば、これは税控除が認められる上限だという——残りは4％の利率で息子に貸与すると申し出たのである。チェイスが運び役になって、12月12日、3つの袋に入った現金を犯人側に渡した。2日後、ポールは南イタリアのラゴネグロの近くで解放され、警察に保護された。栄養不良に陥り、耳が切られた際の出血で体力が低下していた。

　警察は、カラブリア州のマフィア組織と関係がある9人を逮捕した。そのうち2人は4年から10年の刑に服したが、7人は釈放された。身代金のうち見つかったのは8万5000ドルだけだった。

消えない傷

　受難の1年後、ポールはドイツ人の写真家と結婚して、ニューヨークに移り住んだ。息子が一人生まれたが、その息子、アルサザール・ゲティはのちに俳優になった。ポールは誘拐の心的外傷から立ち直ることができず、酒とドラッグに溺れた。1981年、24歳のとき、ドラッグの混合物による発作を起こし、体に麻痺が残って、

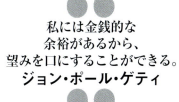

> 私には金銭的な余裕があるから、望みを口にすることができる。
> ジョン・ポール・ゲティ

解放後のジョン・ポール・ゲティ三世。報道によると、祖父に感謝の電話をかけようとしたが、老ゲティは電話に出なかったという。

視力もほとんど失い、しゃべることさえできなくなった。倒れたあとのポールを介護したのは母だったが、金銭的に追い詰められて、別れた夫つまりポールの父親に対して、治療費と介護費を求める訴訟を起こした。ポールは1993年に離婚している。2011年、54歳のとき、ロンドンの自宅で死んだ。■

ガーション・バスキン。イスラエル＝パレスチナ紛争の専門家。2011年、シャリート解放交渉でイスラエルとハマスの仲立ちをした。

身代金のルール

　身代金の支払いに関する方針は国によって違う。英国はテロリストに身代金は支払わない。誘拐を助長するからである。アメリカ合衆国は以前から身代金の支払いに反対している。テロリストに資金を渡すことになって、市民をいっそう大きな危険にさらすからである。関係者が監禁された企業や公的機関が金でその自由を買えば、合衆国政府がその企業や機関を訴える。ただし、家族が個人的に交渉をするのは許される。フランスやイタリアやスペインの政府は以前から身代金をじかに払ってきた。ただし、イタリア政府は例外として元首相アルド・モーロの誘拐事件の際には交渉を拒否した（322ページ参照）。イスラエルはスタンスが違い、拉致された市民を解放する交渉に応じる用意をしている。たとえば、2011年、千人を超えるパレスチナ人受刑者と、たった一人のイスラエル軍兵士、ギルアド・シャリートとを交換した。

私は臆病者だ 私は 死にたくなかった
パティ・ハースト誘拐事件（1974年）

19**74年、2月4日の夜。**新聞王ウィリアム・ランドルフ・ハーストの孫娘で、19歳のパトリシア（パティ）・ハーストは、カリフォルニアの自宅アパートメントで婚約者のスティーヴン・ウィードと過ごしていた。午後9時、ドアをノックする音がして、武装した男たちが押し入ってきた。男たちはウィードを殴り倒し、悲鳴を上げるハーストをアパートメントから引きずり出して、車のトランクに押し込むと、そのまま走り去った。誘拐のニュースは世界じゅうに広まり、記者たちはサンフランシスコにある大邸宅に押しかけて、豪邸前の芝生にテントを張り、取材を始めた。

都市ゲリラ組織

2日後、バークレーのラジオ局、KPFAに一通の手紙が届いた。送り主は共生解放軍（SLA）を名乗る左翼ゲリラ組織だった。パトリシア・キャンベル・ハーストを拘束した根拠を綴った手紙には、パティ名義のクレジット・カードが同封されていて、本件に介入する者は誰であれ処刑する、と記されていた。さらにグループは、SLAの主張を新聞、ラジオ、テレビを通して発信するように要求していた。

事件のあとさき

場所
アメリカ合衆国、カリフォルニア州バークレー

テーマ
拉致強制

以前
1874年 4歳の男児チャーリー・ロスは、ペンシルヴェニアの自宅の外に停まっていた馬車に誘い込まれ、誘拐された。父親は身代金を支払えなかった。男児はそのまま行方不明になった。

1968年 アメリカ合衆国の学生、バーバラ・ジェイン・マックルは、あるホテルで、ゲイリー・クリスト、ルース・アイスマン＝シアーに誘拐された。裕福な父親が50万ドルの身代金を払い、バーバラは、木の箱に閉じ込められ、地面に埋められていたが、生きたまま発見された。

以後
1996年 ドイツの実業家、ヤクブ・フィッツマンは自分の会社のあるエシュボルンで誘拐された。犯人は200万ドルの身代金を奪ったが、フィッツマンはすでに殺されていた。

なぜハーストが誘拐されたか？まず第一に、アメリカ中の関心を集めるためだ。ハースト家は影響力のある富豪の一族だからね。
FBI

2月12日、SLAからラジオ局に一本の録音テープが届いた。それにはパティの音声が入っていて、自分は無事だ、食事も与えられているし、暴行も受けていない、と両親に訴えていた。捜索からは手を引くようにという警察宛てのメッセージもあった。SLAのリーダー、マーシャル・シンク（本名ドナルド・デフリーズ）は、パティの父に、200万ドルでカリフォルニアの貧困者に食糧支援することを求めた。ところが、グループはさらに400万ドルを要求し、ハースト家にはとうてい用意できない額だったので、交渉は断裂した。

誘拐・脅し　189

参照　ポカホンタスの誘拐 176 ■ リンドバーグ愛児誘拐事件 178-85 ■ ジョン・ポール・ゲティ三世誘拐事件 186-87

SLAの旗の前で銃を構えるパティ・ハースト。1974年。監禁から57日後、パティはグループに加わった。自分の意志で参加したのか、脅されたのかは明らかではない。

　2か月後、犯行グループはパティを自分たちの共犯者に仕立てた。別のテープの中でパティはSLAへの忠誠を誓っていた。それによると、自分には二つの選択肢が与えられたという。このまま釈放されるか、SLAに加わって抑圧された人々の自由のために戦うか。パティは実行グループと共に戦うことを表明した。1974年の4月中旬、パティは「タニア」と名乗って数人でサンフランシスコの銀行を襲った。監視カメラがライフルを構えたパティの姿を写真に収めていた。

流血の銃撃戦

　進展が見られたのは1974年5月16日のことだった。SLAの二人がロサンゼルスの銃砲店に押し入って機関銃の弾帯を盗もうとした。二人はワゴン車で逃げていったが、のちにその車が発見された場所こそグループのアジトだった。翌日、警察はアジトを包囲した。激しい銃撃戦が続き、アジトは爆発炎上、デフリーズを含むSLAのメンバー6人が焼死したが、パティの死体はなかった。パティとメンバー二人はアジトを離れていて、モーテルで銃撃戦の模様をテレビで見ていた。突発事件がテレビで生中継されたのはそのときが初めてだった。

　1975年9月、彼女の壮絶な体験が始まって19か月がたったとき、FBIはパトリシア・ハーストを逮捕した。1976年2月、裁判がはじまり、銀行強盗とその他の罪で有罪判決を受けた。そして、7年の禁固刑が申し渡された。陪審員たちは、SLAに洗脳されていたという弁護側の主張を妥当とは認めなかったが、今日では、ストックホルム症候群の明白な事例であると考える識者が多い。パティは21か月服役しただけで仮釈放された。減刑したのはカーター大統領で、SLAの被害者として悲惨な体験をしなければ、決してグループの犯罪には手を染めなかっただろう、というのがその根拠だった。仮釈放されたのは1979年2月。パティと共に逮捕された数人は、この新聞王の孫を誘拐した罪を認めた。2001年、クリントン大統領は在任期間の最後の日にパティ・ハーストに全面的な恩赦を与えた。■

ストックホルム症候群

　1973年8月、スウェーデンのストックホルムにある銀行で、4人の従業員が人質に取られ、金庫室に6日間閉じ込められた。犯人は脱獄囚のヤン=エーリク・オルソンとオルソンが警察と交渉して釈放された仲間のクラーク・オロフソンだった。奇妙なことに、立てこもりのあいだ人質たちは命を脅かされていながらも、犯人たちへの強い連帯感を築いていた。さらには、警察ではなく犯人たちの肩を持つ者もいた。立てこもりが終わったとき、人質と犯人はなんと抱擁し、キスを交わして握手までした。人質が犯人に親近感を抱くという不合理な現象に誰もが首をひねり、やがてある精神科医がこの心理的現象を説明する「ストックホルム症候群」という言葉を考えついた。現在では、人質事件や誘拐事件の被害者が犯人と依存的な絆を結ぶのは、極度のストレスがかかる状況のもとで生きのびるための心的機制であると考えられている。FBIの〈人質立てこもり事件データベース・システム〉によれば、被害者のうちおよそ8パーセントにこの傾向が見られるという。

今でも常夜灯を
つけて寝ています
地下鉄には
乗れません

チャウチラ誘拐事件
（1976年7月15日）

チャウチラ誘拐事件

事件のあとさき

場所
アメリカ合衆国、カリフォルニア州チャウチラ

テーマ
集団誘拐

以前
1972年10月6日 2人の左官、エドウィン・ジョン・イーストウッドとロバート・クライド・ボーランドが、オーストラリア、ヴィクトリア州の田舎町ファラディの学校から、生徒6人と教師1人を誘拐したが、被害者は脱出した。

以後
2014年4月14日 イスラム教武装集団ボコ・ハラムが、ナイジェリアの公立チボク女子中学校の生徒276人を誘拐した。2016年5月に生徒1人を救出。2016年10月13日には犯行グループによってさらに21人が解放された。

誘拐事件で監禁場所として使われた引越用トラック。リヴァモア採石場の従業員によって掘り出されている。26人の子供たちは無事脱出。

1976年7月15日、カリフォルニア州セントラル・ヴァレーは典型的な夏の日だった。暑くて、乾燥していて、カンカン照り。気温は40度に迫っていた。子供たちの水遊びには最適の気候で、チャウチラからやってきた26人の夏期学校の生徒も市民プールから帰るところだった。午後4時前、バスの運転手、エド・レイが生徒たちを迎えにきた。

果樹林を通って学校に戻る途中、白いワゴン車が道をふさいでいた。街の南側で、21番大通りもその付近では交通量が少なかった。レイはバスの速度を落とし、何か困っているのかと思ってその車を覗くと、銃を持った3人の男がナイロン・ストッキングの覆面をして車から飛び出してきた。男たちは停車させたバスを乗っ取った。

恐怖の旅

犯行グループの目的はバスジャックではなかった。誘拐が目的だったのである。犯人はレイと子供たちを乗せたまま、近くの沼地までバスを運んだ。そこは雨が降ると川になる場所で、竹藪などに隠れて人目につかなかった。犯人は5歳から14歳までの子供たちとレイをそこで2台の白いワゴン車に分乗させた。水が涸れた川床にバスを残し、人質たちをうしろに乗せたワゴン車は走りだした。子供たちにはつらい体験だった。飲み水もなく、トイレ休憩もなく、外が見えないように窓をふさがれたまま、11時間のドライブに耐えたのである。
幼い子供の中には乗物酔いで吐く者もいた。年上の子は『ブギー・フィーヴァー』『愛ある限り』などの流行歌をうたってみんなを元気づけた。題名が皮肉だが、昔ながらのキャンプの歌『幸せなら手を叩こう』もあった。

生き埋め

7月16日の早朝、2台のワゴン車はリヴァモアの採石場で止まった。チャウチラからは160キロ離れていた。誘拐犯た

彼は勇敢でした。
怯えた子供26人をまとめて、
安心させてくれました。
ジョディ・ヘフィントン＝メドラーノ

誘拐・脅し 193

参照 リンドバーグ愛児誘拐事件 178-85 ■ ナターシャ・カンプッシュ誘拐事件 196-97 ■ ゾディアック事件 288-89 ■ イングリッド・ベタンクールの誘拐 324-25

ちは人質全員の名前を聞き取り、それぞれから身につけている衣類などをひとつ奪って、運送会社〈アライド・バン・ラインズ〉が使っていた古い引越用トラックに乗せ、そのトラックを地中に埋めた。

換気口として管が2本通されたトラックには、寝台と汚れたマットレスしかなかった。配られた食べ物——シリアルと、ピーナツバター、パン、水——は一食分にも満たなかった。人質が全員トラックに乗ると、犯人たちはトラックの天窓をふさぎ、中に光が入らないようにした。そのあとショベルでトラックに土をかけ、みんなを生き埋めにしたのである。人質たちは身を寄せ合っていたが、カリフォルニアの暑さで嘔吐物や糞便の臭いは耐えられないほどだった。

バスがデアリランド小学校に戻らなかったので、保護者たちは次々と問い合わせの電話を入れていた。途中で故障したのだと思った学校の責任者がバス・ルートを自分の車で走ってみても、バスは見つからなかった。午後6時、チャウチラ警察と郡保安官事務所に事件の通報が入った。

保安官代理の一人が乗り捨てられたバ

>
>
> そこは暗く、お墓みたいでした。みんなオシッコを漏らしていました。43度の暑さで、汗びっしょりでした。
> **リンダ・カレージョ・ラベンデイ**
>
>

犯人たちの失敗

手紙のしくじり
カナダの隠れ家から友人に送った手紙に、ウッズは自分の別名を書き込んだ。友人はその手紙を警察に渡した。

ナンバー・プレート
犯人たちは誘拐に使った車両のナンバーを隠したり、取り替えたりすればよかったのに、そうしなかった。催眠状態で運転手は番号を思い出した。

自動車登録
27人を監禁するのに使われた引越用トラックは誘拐犯フレッド・ウッズ名義で登録されていた。

脱出の道具
積みあげたらトラックの天井に届く数のマットレスがあった。寝台に取りつけられた木の棒は天窓をこじ開けるのに役だった。

監禁場所
引越用トラックが埋められていた採石場はウッズの父親のものだった。

194　チャウチラ誘拐事件

子供たちはチャウチラで家族と涙の再会を果たす。レポーターやカメラマンが取り囲んでいる。被害者27人はグレイ・ハウンドのバスで戻ってきた。

スを発見したのが午後8時ごろ。運転手と子供たちの姿はなかった。犯罪現場捜査官が沼地から外に向かうタイヤ痕を見つけたが、27人が忽然と消えた手がかりはほかに見つからなかった。チャウチラは非常事態体制に入った。報道関係者が押しかけてきて、さまざまな憶測が飛び交った。ゾディアック（288ページ参照）

> 外に出ると、みんなで歩きだしました。すると、男の人が車で近づいてきて、「びっくりしたよ。ニュースになってるのはきみたちだね」といいました。
> ジョディ・ヘフィントン＝メドラーノ

の仕業ではないか。テロではないか。むろん身代金目的の誘拐説もあった。

そのかん、誘拐犯たちは隠れ家にこもって睡眠をとっていた。7月16日の朝目を覚ましたとき、計画どおりなら、チャウチラの警察に電話をかけ、運転手と子供たちの名前を告げて、500万ドルの身代金を要求するはずだった。信用されないときは、それぞれから奪い取った衣類などを警察が見つけやすい場所に置いてくるつもりでいた。だが、その計画はたったひとつの見込み違いで失敗に終わった。チャウチラの警察当局が使っていた電話回線は、情報提供者や報道関係者や親たちが頻繁に使っていて、犯人たちの電話はつながらなかったのである。

大脱出

トラックの中で、ロデオ・カウボーイの息子、14歳のマイク・マーシャルは、逃げる努力をしなければ死んでも死にき

れないと思っていた。そこで、レイやほかの子供たちに手伝ってもらって、トラックの天窓に届くまでマットレスを高く積みあげた。天窓の上には、一枚の鉄板と、トラクター用の大きなバッテリー2個があり、深さ1メートルの土がかぶせられていた。寝台から外した何本かの木の棒をねじこんで、みんなでどうにか鉄板を外し、バッテリーもどけて、上に向かって土を掘り進んだ。

地下に閉じ込められて16時間後、チャウチラの子供たちは外に出ることができた。歩きはじめて間もなく、採石場の警備員によって保護された。警備員は一目でその子たちのことがわかった。バスが乗っ取られて36時間後、子供たちは家

族と再会した。

最初のうち、警察は、この地域に住んでいる前科者が犯人だと考えていた。そこで、人相風体が一致する者を記録から探したが、成果はなかった。事件の一部始終を思い出そうとしていた運転手のレイは、捜査に協力して催眠術を受けることにした。そして、催眠状態で、一台のワゴン車のナンバーをぜんぶ思い出し、もう一台のナンバーも半分まで思い出した。それが警察には最初の大きな手がかりとなった。アライド社の引越用トラックの所有者がフレッド・ウッズという人物であることもすぐに判明した。主犯のウッズは採石場の所有者の息子でもあった。ウッズの動機や共犯者については、まだ推測の域を出なかった。

穴だらけの計画

映画スター志望だった犯人たちは、失敗した不動産事業の穴埋めのために身代金誘拐を企てた。共犯者はショーンフェルド兄弟——リチャードとジェイムズ——で、メンローパークに住む裕福な足専門医の息子だった。3人は完全犯罪をもくろんで誘拐事件を起こしたが、すでに綻びが見えていた。閉じ込めておいた人質が脱出したことを報道で知ると、3人は逃亡をはかった。

ウッズは飛行機でバンクーバーに向かい、偽名でモーテルに泊まった。ジェイムズ・ショーンフェルドは車でそちらに行って落ち合う予定だったが、国境を越えるときに挙動不審でカナダ入国の許可が下りなかった。リチャード・ショーンフェルドのほうはベイエリアの自宅に戻り、自首した。リチャードが拘留されたことを知り、ジェイムズも自宅に戻って逮捕された。

ウッズのほうはカナダで逮捕された。アメリカの友人宛ての手紙に記した別名がウッズだとばれたからである。3人は誘拐罪を認め、終身刑が言い渡された。■

誘拐犯、ジェイムズ・ショーンフェルド、フレッド・ウッズ、リチャード・ショーンフェルド（左から）。法廷での一枚。3人全員が27人の誘拐で仮出獄なしの終身刑に処せられた。

犯罪に起因する外傷性ストレス

全米犯罪被害者センターによれば、PTSD（心的外傷後ストレス障害）を発症するのは兵士だけではない。平時でも犯罪などで心的外傷を受けた者にこの症状が見られる。

PTSDには、フラッシュバック、嗜眠、無気力、不安、怒りなどの症状がある。事件後数年がたっていても、上訴や仮釈放の審問に出ると、それがきっかけで発症することもある。

チャウチラ誘拐事件の場合は、自分の子供にその症状が出たことを認めたくない親が多かったので、専門家に相談したのは5か月後のことだった。誘拐事件から1年後、4年後の二度にわたって23人を診察した結果、全員がPTSDを発症しているのがわかった。襲撃される前にバスを降りて難を逃れた5人も、やはり心的外傷を負っていた。現在みんな50代になっているが、被害者の多くは長期にわたる不安、抑鬱、薬物やアルコールの濫用に悩まされているという研究結果もある。

鶏小屋に閉じ込められた鶏みたいに惨めでした
ナターシャ・カンプッシュ誘拐事件（1998〜2006年）

事件のあとさき

場所
オーストリア、ウィーン

テーマ
児童虐待

以前

1984年 18歳のオーストリア人、エリザベス・フリッツルが父親のヨーゼフによって自宅の地下牢に監禁された。24年間閉じ込められて、7人の子供を産んだ。すべてヨーゼフの子である。

1990年 日本で9歳の小学生が、精神障害のある引きこもり、佐藤宣行に9年間監禁された。

以後

2013年 アマンダ・ベリー、ミッシェル・ナイト、ジョージーナ・デヘーシスのアメリカ人女性3人が、アリエル・カストロの自宅から脱出した。カストロはろくに食事も与えず3人を監禁し、レイプしていた。

1998年3月2日の朝、10歳のナターシャ・カンプッシュはウィーン郊外の自宅から歩いて学校に向かった。だが、学校に着くことはなかった。

失業中の通信エンジニア、ヴォルフガング・プリクロピルが路上でナターシャを拉致し、シュトラースホーフ郊外の自宅に連れていったのである。現場からは自動車でわずか30分の距離だった。男2人がナターシャを白いミニバスに押し込んだ、という12歳の目撃者の証言によって、警察は大規模な捜査を行い、776台の車輌を調べた。その中にはプリクロピルの車も含まれていた。事情聴取された36歳のプリクロピルは、事件当時は一人で自宅にいたと証言した。車は、自宅の工事で出た瓦礫を捨てるのに使ったという。聴取はその1回きりで、家宅捜索もなかった。

秘密の囚人

その後8年間、プリクロピルは、自宅ガレージ下の、防音処置をした、窓のない、5平方メートルの地下室にナターシャを監禁した。そんな場所があることは誰も気がつかず、厳重な鍵を開けて入るだ

長期監禁の影響

長期間の監禁から解放されたあと、ナターシャ・カンプッシュは、つらい体験の傷を癒すため、医者や心理学者の集中治療を受けた。

長いあいだ監禁されていると犠牲者には甚大な心理的影響が現れる。犯人に肉体的、性的な暴行を加えられると、心の傷はさらに深くなる。自発性を奪われると、いずれ意志は折れると専門家は指摘する。精神的外傷が積み重なれ

ば、被害者は反抗をやめ、しばしば無気力になる。屈服は鬱、解離障害、PTSD、不安につながる。心理学者によると、解放後の被害者に必要なのは肉親や家族と回復の時間を過ごし、自分が生まれ育った環境に馴染むことだという。みずからすすんでその気になれば、自分の経験を人前で話してみることも回復を助ける。

誘拐・脅し　197

参照　リンドバーグ愛児誘拐事件 178-85　■　ジョン・ポール・ゲティ三世誘拐事件 186-87　■　パティ・ハースト誘拐事件 188-89

> 私の牢獄を見たでしょう……
> こんなに狭かったんです。
> 絶望しかない部屋でした。
> **ナターシャ・カンプッシュ**

監禁現場。ナターシャ・カンプッシュはのちにこの家を買い取った。「テーマパーク」にされるのがいやだったという。

けで1時間かかった。最初にプリクロピルは、自分は銃を持っている、逃げたら撃ち殺すぞ、とナターシャを脅した。家じゅうのドアや窓には爆弾が仕掛けてあって、開けたら吹っ飛ぶともいった。

歳月が過ぎ、13、4歳になると、ナターシャは反抗的になった。プリクロピルはいっそう強く支配するために、殴ったり、食事を与えなかったり、長いあいだ真っ暗なところに閉じ込めたりした。上の階にあげて、掃除をさせることもあった。ごくまれには、家の外に連れ出すこともあった。少女は怯えていたため、そんなときでも逃げ出したり、見かけた人に救いを求めたりすることはできなかった。

脱出

2006年8月23日、18歳のとき、ついに脱出のチャンスが訪れた。プリクロピルにいわれてナターシャは車の座席に掃除機をかけていたが、車は庭に駐めてあった。そのとき、携帯に電話がかかってきて、プリクロピルは一瞬その場から離れた。掃除機の音がうるさかったからである。ナターシャはそのまま掃除機を動かし続け、気配を悟られないようにして、門から外に出て行った。そのあと、一気に駆けだすと、通りすがりの人に助けを求めた。最初は無視されたが、ついに一人が警察に通報してくれた。ナターシャが逃げ出した日、プリクロピルは親友の家に行き、自分の罪を告白した。「ぼくは誘拐犯でレイプ犯だ」。そのあと、列車に飛び込んで自殺した。

ナターシャが保護されると、オーストリア警察への非難が高まった。失踪当時、手がかりがいくつかあったのに、見逃してしまったからである。その後も単独犯ではなく共犯者がいたのではないかという噂が根強く残った。最初の12歳の目撃者の、男を2人見たという証言が、ずっと引っかかっていたのである。2012年、FBIの専門家を含む国際チームが9か月にわたって事件を検討した結果、プリクロピルの単独犯行の可能性がきわめて高いという結論が出た。

ナターシャ・カンプッシュの災難と脱出は世界中で報道された。2010年、ナターシャは監禁体験を綴った記録『3096日』を発表、2016年には『10年間の自由』を出版し、自由な暮らしに適応することの難しさや、一般大衆の視線を浴び続けることの苦悩を語った。■

殺人

はじめに

ネアンデルタール人の撲殺された頭蓋骨がスペイン北部の洞窟で見つかる。**殺人の最初期の証拠物件**である。

43万年前

殺人犯ダニエル・マクノートンが**精神異常により無罪放免**となり、英国司法上の法的前例になる。

1843年

アメリカ合衆国で、父親と義母を斧(おの)で殺した**第一容疑者、リジー・ボーデン**が無罪になる。

1892年

ロンドンのペントンヴィル刑務所で**ホーレー・クリッペン医師**が妻のコーラを殺した罪で絞首刑になる。

1910年

1762年

フランスの布地商**ジャン・カラス**が長男殺害の罪で処刑される。長男はカトリックに改宗しようとしていた。

1879年

メイドのケイト・ウェブスター(**通称ドリッピング殺人者**)が雇い主殺害の罪でロンドンで処刑される。

1905年

英国でストラットン兄弟が**指紋**の証拠で有罪になり処刑される。

1914年

パリで男ばかりの陪審団が、「**抑制の利かない女性の激情**」を理由にアンリエット・カイヨー夫人の殺人容疑を無罪にする。

殺人とは人が人を殺すこと。人殺しが殺人であるとは限らないが、殺人はすべて人殺しである。国家による処刑などの人殺しは認められ、支持されるが、殺人は犯罪と見なされる。その定義は「悪意をもって不法に人を殺すこと」である。

殺人の等級

法律は殺人をいくつかの等級に分けている。どこの司法が扱うかによってその分類は違う。アメリカ合衆国の場合、ほとんどの州が謀殺を次のように分類している。深刻な肉体的危害を加える目的で行われた殺人。一時の激情などの結果としての殺人。凶悪な犯罪の最中に従犯者によって行われた殺人。それに対して英国は謀殺を第一級殺人とし、一時の激情による殺人、殺意は認められるが計画性のないものを第二級殺人とする。

1843年、ロンドンで大工のダニエル・マクノートンが起こした殺人は、「精神異常による殺人は無罪」という前例を作った。英国の法律によれば、そういう状況で無罪を勝ち取るには弁護側が「被告人は、精神病によって理性に欠陥があり、自分が行っている行為の性格を理解していなかったか、あるいは理解していたとしても、その行為が不正だと理解していなかった」ことを立証しなければならない。アメリカ各州の法律にも似たような規定がある。

冷血殺人犯

刑事司法制度は別にして、犯罪学者は暴力を二つのタイプに分類する。「反動としての暴力」と「手段としての暴力」である。反動としての暴力は激情タイプで、偶発的に発生し、ほとんどの人殺しがこの特徴を持つ。この章で取り上げる殺人は手段としての暴力である。冷血で、計画性があり、ある目的を持って遂行される。動機は、金銭的利益(ストラットン兄弟)、性的満足(ブラック・ダリア事件)、復讐(ロベルト・カルヴィ)など、多種多様である。

歴史的には、中流・上流の女性が殺人罪を免れた例が多く見られる。女性と暴力に関する誤った先入観があったからである。顕著な例は、20世紀初頭のフランスで起こったカイヨー夫人の事件で、計画殺人の現行犯で逮捕されたが、女性は感情をコントロールできないものだとの理由により無罪になった。同じように、

エリザベス・ショート、別名**ブラック・ダリア**がロサンゼルスで殺害され、遺体を切断されるが、犯人は不明のままである。	チャールズ・ホイットマンがアメリカ合衆国での**最初の学校銃乱射事件**、テキサス・タワー乱射事件を起こす。	マーク・デイヴィッド・チャップマンがニューヨークで**ジョン・レノン**を射殺。	フットボールの元スター選手**O・J・シンプソン**が、元妻ニコールとその友人ロン・ゴールドマンを殺害した容疑で裁判にかけられる。
↑	↑	↑	↑
1947年	**1966年**	**1980年**	**1995年**

―――――――――――――――――――――――――――――――――――

1948年	**1969年**	**1993年**	**1996〜97年**
↓	↓	↓	↓

東京の郊外で銀行強盗が起こした大量毒殺事件、**帝銀事件**で、平沢貞通が有罪になる。	米カリフォルニアでカルト的集団**マンソン・ファミリー**が5週間で9件の殺人を行う。	ジェイムズ・バルジャー殺人事件で、10歳の少年2人が有罪判決を受けた**英国史上もっとも若い殺人犯**になる。	アメリカでライバル同士のヒップホップ・スター、トゥパック・シャクールとビギー・スモールズがそれぞれ**車中からの銃撃**で殺害される。

斧で家族を殺したアメリカのリジー・ボーデンの裁判では、女性には斧による殺人は不可能だという固定観念が判決を左右した。しかし、19世紀のロンドンで裕福な雇い主を殺害したメイド、ケイト・ウェブスターにはそうした考えは適用されず、1980年代のオーストラリアで起こったリンディ・チェンバレンの裁判では、自分の赤ん坊が行方不明になっても平然としていたことなどから、ナイフで赤ん坊を殺したという間違った判決が出た。

殺人裁判の誤審による過酷な懲罰や社会的不名誉で、人生を狂わされた人たちもいる。元アメリカ海兵隊員カーク・ブラッドワースは死刑判決を受けて9年間刑務所で過ごしたのちに釈放された。日本の画家・平沢貞通は、帝銀事件の真犯人ではないと考える者もいたが、名誉を回復することなく獄中で死んだ。たとえ無罪になって釈放されても、被告の人生はめちゃめちゃになる。O・J・シンプソンのような著名人の場合に顕著なことである。

大量殺人

大量殺人犯は通常の殺人犯とは別のカテゴリーに属するもので、1か所で4人以上を殺した者のことをいう。テキサス・タワー乱射事件や帝銀事件がこれに当たる。

マンソン・ファミリーは「スプリー殺人集団」とよくいわれるが、スプリー殺人とは、社会から脱落した個人や集団が2か所以上で連続殺人を行うことをいう。スプリーの本来の意味は「馬鹿騒ぎ、浮かれ騒ぎ」である。そういった事件では被害者が各地に分散し、その数も多いが、一般大衆にはひとつの事件として受け取られる。連続殺人と違って、スプリー殺人の犯人は、日常生活に戻ることなく、日をおいてまた犯行に走る。スプリー殺人犯にとって「再犯」はない。すでに一線を越えているので、自分が死ぬか捕まるかするまで殺人を続けるからである。

法科学が進歩して、頭蓋骨から顔面を再現する技術やDNA鑑定が生まれたので、捜査当局は迷宮入りした過去の未解決事件を改めて調べることができるようになった。それによって、犯人が大手を振って娑婆を歩いたり、無実の人間が獄中生活を送ったりする可能性はいっそう低くなった。■

まるで「銃口から煙が出ている銃」が見つかったようなわかりやすい殺人事件
ネアンデルタール人の殺人（43万年前）

事件のあとさき

場所
スペイン北部アタプエルカ山地

テーマ
判明したかぎり最初期の殺人

以後
紀元前5000年 ドイツ南西部の新石器時代初期の定住地跡で、乳児、子供、大人を含む500人が殺され、肉を食べられる。

紀元前392～201年 アイルランドで生贄の儀式の際に男性二人が惨殺され、泥炭地に遺棄される。そのミイラ化した遺体が作業員によって見つかったのは、2003年のことである。

367年頃 英国のハドリアヌスの城壁の近くにあるローマ軍の砦、ヴィンドランダで、10歳の子供が頭を殴られて殺され、兵舎の床に埋められる。頭蓋骨が見つかったのは2010年のことである。

43万年前ほど前、スペイン北部のアタプエルカ山地で、死にいたる襲撃事件が起こった。犠牲者の若いネアンデルタール人は、左目のすぐ上の頭部2か所に打撲を受けた。二つの打撲は同じ道具によるものだったが、角度が違っているので、二度にわたって別々に攻撃を受けたものと思われる。

性別不明のその若者が絶命したあと、遺体は深さが13メートルある洞窟地帯の縦穴に投げ込まれた。遺体はずっとそこに放置されたままだったが、1984年、考古学者の国際チームがのちに「骨の穴」と呼ばれるその場所を発見した。

歴史的発見

犠牲者の頭蓋骨はクレイニウム17と名づけられた。クレイニウムとは頭蓋の意味である。見つかったときには52の断片に分かれていた。同じ地下の洞窟では6500以上の骨が見つかっており、初期人類の遺体の少なくとも28人分と見なされている。そこに遺体があった理由は明らかになっていないが、死後意図的に投げ込まれたものと思われる。それによって、

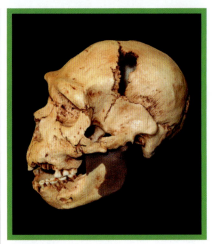

最新の犯罪科学を駆使して、クレイニウム17の正面にある2か所の陥没を調べたところ、力が加わった角度や飛翔経路がわかり、他殺説がますます有力になった。

以前の定説とは違い、はるか昔から初期人類に埋葬の習慣、少なくとも遺体を1か所に集めておく習慣があったことが推測される。CTスキャンや三次元モデルの手法で分析した結果、クレイニウム17の主は事故によって死んだのではなく、仲間のネアンデルタール人の暴力が死を招いたという結論にいたった。人類史上初の殺人事件だったのかもしれない。■

殺人 **203**

正義の剣により
ジャン・カラス事件（1761年）

事件のあとさき

場所
フランス、トゥールーズ

テーマ
誤審による死刑

以前
1673年 アメリカ合衆国の植民地入植者レベッカ・コーネルが、自宅の火事で死ぬ。原因は失火だったが、レベッカと仲が悪かった息子のトーマスが殺人罪で絞首刑になる。噂話が裁判の証拠として採用された事例である。

以後
1782年 スイスの医師宅で下女をしていたアンナ・ゲルディが、雇い主から魔女として告発される。アンナはその雇い主に言い寄られ、拒絶している。2008年にスイス政府は下された死刑判決を誤審と認定している。

1922年 オーストラリアでコリン・キャンベル・ロスが、12歳の少女を殺した罪で絞首刑になる。現代の犯罪科学の技術を使って事件を再検証した結果、ロスには死後の恩赦が与えられた。

　1761年10月のある夜、マルク＝アントワーヌ・カラスが、布地商を営む父親ジャンの店で、首を吊った状態で発見された。多額の借金を抱えていたので、みずから命を絶ったものと思われた。息子の早すぎる死は家族の悲劇だったが、一家は非寛容なカトリックの国、フランスに住む、新教徒のユグノーであり、そのことが災難をもたらした。人々が集まり、噂話をして、マルク＝アントワーヌがカトリックに改宗しようとしたので、それに反対して父親が殺したのだ、という風説が広まった。ジャン・カラスは逮捕された。共犯者とされる4人も一緒だった。

恐ろしい裁判

　トゥールーズの治安判事が証人たちの話を聞いた。その証言は噂話に過ぎなかったが、18世紀のフランスではそれが証拠として採用された。カラスの事件は上訴裁判所でも審理され、判決は有罪だった。拷問の刑に処せられたのは、4人の共犯者に不利な証言を引き出すためである。だが、カラスは頑として無実を主張した。そのあと、車裂きの拷問を加えられ、首を絞められ、火あぶりにされた。

　その直後、哲学者のヴォルテールがカラス事件に注目し、冤罪を主張した。新聞を使って世論を盛り上げたので、一般大衆もユグノーへの偏見が司法を歪めて評決に影響を与えたと信じるようになった。3年間の努力が実を結んで、カラスの有罪判決は取り消された。■

狂信は理性の成功に立腹し、
これまで以上に闘争心を
かきたてられたようだ。
ヴォルテール

参照 平沢貞通 224-25 ■ エリザベート・バートリ 264-65 ■ ドレフュス事件 310-11

精神の異常により無罪
ダニエル・マクノートン（1843年）

19世紀のイングランドには、数百年前から認められてきた原則があり、精神的な欠陥のある刑事被告人は法的責任を問われないとされてきた。裁判所のほうも、正邪の判断がつく犯罪者と判断がつかない犯罪者とを区別していた。しかし、1843年のある裁判によって、現行制度に異議申し立てがなされ、弁護側が精神異常を主張する場合、被告人の法的責任をどう判断するかについての新しい基準が提唱された。

人違い

1843年1月20日、スコットランドの木材旋盤工、ダニエル・マクノートンは、トーリー党の英国首相ロバート・ピールをロンドンで暗殺する計画をたてた。首相官邸のあるダウニング街にやってきたマクノートンは、そこを歩いていた一人の男を殺そうとした。彼が首相だと思ったその男は、実は首相秘書のエドワード・ドラモンドだった。マクノートンは冷静にピストルを取り出し、至近距離からドラモンドの背中を撃った。その場で警官に取り押さえられたので、2発目は撃てな

ダニエル・マクノートン。妄想型統合失調症を患っていたことは確実で、その裁判は心神喪失を法的に定義する画期的なものとなった。

かった。数日後、ドラモンドは死に、マクノートンは殺人の容疑で起訴された。

有罪ながら心神喪失

マクノートンの裁判で弁護側は9人の証人を呼び、彼が常々挙動不審であり、被害妄想に悩まされていたことを証言させた。被告も「迫害を受けた末、やむにやまれず」ピール首相の暗殺を計画したと申し立てた。警察の取り調べに対して

事件のあとさき

場所
英国、ロンドン

テーマ
暗殺未遂

以前
1800年 ジェイムズ・ハドフィールドが英国王ジョージ三世をロンドンの劇場で銃撃しようとする。大逆罪で起訴されるが、複数の医師が心神喪失の証拠を提出し、無罪になる。その結果、病院に収容され、死ぬまでそこで過ごす。

以後
1954年 精神病の病歴のある若者、モンティ・ダラムがワシントンD.C.で押し込み強盗を働き有罪判決を受ける。上訴裁判所は精神障害により法的責任なしとの見解を示す。正邪の判断ができたか否か、それのみを問うこれまでのルールを広げた格好になるが、のちにその見解は取り消される。

参照　ジェフリー・ダーマー 293 ■ エイブラハム・リンカーンの暗殺 306-09 ■ ジョン・F・ケネディの暗殺 316-21

も、政府与党のトーリー党員が彼に付きまとい、殺そうとしたと述べている。検察側は、軽度の精神障害はあったものの、善悪の区別はついたはずだと主張した。しかし、陪審は心神喪失による無罪の評決を出し、マクノートンは死ぬまで精神病院に収容されることになった。

　殺人犯が無罪になったのだから、世論は声高に非難した。自身も暗殺計画の標的になったことがあるヴィクトリア女王も不満を口にした。世間を騒がせた大事件で精神障害による無罪が確定したケースはこれが初めてだった。

法的基準

　一般大衆も王室もこの結末には納得しなかった。政府は、法律の専門家を集め、マクノートン裁判への一連の疑問に答えようとした。その結果、マクノートン・ルールと呼ばれる基準ができあがり、心神喪失が問われる裁判ではその基準が適用されることになった。かいつまんでいうと、次のようなルールである。まず、刑事被告人は正気であると見なされる。精神異常の理由での弁護が成立するためには、被告人に精神的な欠陥もしくは疾病があり、犯行時に正邪の判断がつかなかったことを立証しなければならない。このルールは現在でもさまざまな国で採用されている。アメリカ合衆国では州によってマクノートン・ルールに「抵抗不能衝動」の条項を付け加えているところもある。たとえ正邪の判断ができても、抵抗できない衝動に駆られて犯行にいたった場合は無罪になりうるという条項である。

　ほとんどの場合、心神喪失によって無罪になった被告人は、無期限に、あるいは一生、精神療養施設に収容されることになる。■

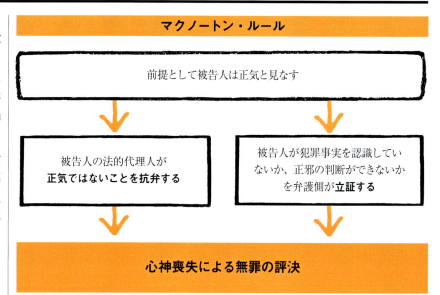

マクノートン・ルール

前提として被告人は正気と見なす

→ 被告人の法的代理人が**正気ではないことを抗弁する**

→ 被告人が犯罪事実を認識していないか、正邪の判断ができないかを弁護側が**立証する**

→ 心神喪失による無罪の評決

精神に異常がある英国の殺人犯は一般の精神病院に収容されていたが、1863年、警備の厳重な初の専門施設、ブロードムア病院ができた。

精神異常の犯罪者のための病院

　触法精神障害者のための施設は19世紀初頭から存在した。1800年の触法精神障害者法によって、英国では精神に障害のある犯罪者を通常の刑務所や施設に収容することは禁じられたが、専門施設は扱いも環境もひどいものだった。

　触法精神障害者のための施設は、表向きは一般の精神療養施設と同じだが、患者やスタッフにとって危険な施設も見受けられる。アメリカ合衆国のマサチューセッツ州南部にあるブリッジウォーター州立病院は、患者が死んだり、虐待を受けたり、必要もないのに拘束されたりして、論争の的になってきた。

　一方で職員にも危険が及ぶ。スティーヴン・シーガーはカリフォルニアのナパ州立病院で精神科医として働いた経歴を持つが、その著書『ゴモラの門の向こう側で』には患者の一部が日常的に暴力をふるっていたことが赤裸々に綴られている。

ケイトに暇を出す
ドリッピング殺人者（1879年）

事件のあとさき

場所
英国、サリー州、リッチモンド

テーマ
営利目的の殺人

以前
1809年 イングランドで、ヨークシャーの魔女と呼ばれたメアリ・ベイトマンがレベッカ・ペリーゴ殺しで絞首刑になる。毀損遺体が人前にさらされたごく初期の犯罪者の一人である。

1849年8月9日 スイス人のメイド、マリア・マニングとその夫フレデリックが、マリアの愛人パトリック・オコナーを殺し、自宅のキッチンの床下に埋める。数日後、二人は逮捕され、裁判にかけられて、1849年11月13日ロンドンで処刑される。

以後
1977〜78年 スコットランド人、アーチボルド・ホール、通称・怪物執事が、複数の貴族の邸宅で執事として働きながら、4人を殺し、終身刑を申し渡される。

ンリー・ポーターが、知り合いのアイルランド人、ケイト・ウェブスターと最後に会ったのは、窃盗罪で刑務所に入っていたケイトが出所したときだった。その6年後、1879年の3月に、ケイトはロンドン西部に住むポーターの自宅を訪ねてきた。絹のドレスを着て、えらく羽振りがよさそうだった。結婚して今はトマス夫人と名乗り、サリー州リッチモンドの豪邸を相続したのだという。事情があって、その家や家具を売りたいので、誰か適当な業者を知らないか？　ヘンリーはジョン・チャーチという業者を紹介した。

そのあと、ケイトはヘンリーの息子、ロバートを雇い、リッチモンドの自宅から箱を一つ鉄道の駅まで運ぶ手伝いをさせた。結局、その箱は、ケイト本人がテムズ川に捨てた。

驚愕の発見

その箱は、翌日、下流で見つかった。石炭運搬人が橋を渡っているときに発見したのである。盗品が入っているのではないかと期待しながら箱を引き上げて開けてみると、中には内臓を抜き取った女性の上半身と茶色の紙に包まれた脚が2本入っていた。腰を抜かさんばかりに驚いて、運搬人は通報した。近くで人間の足首から先の部分が一つ見つかっていた。

剃刀を使って体から頭を切り離しました。そのあと、同じ剃刀で肉を削ぎ落としました。
ケイト・ウェブスター

警察はただちに不気味な箱の中身をその足首と結びつけた。

一方、リッチモンドのメイフィールド・コテージ2番に住むジュリア・トマス夫人の隣人たちは不安を募らせていた。55歳のトマス夫人が、2週間前から姿を見せないのだ。メイドのケイトのほうは日常的に目撃されていた。3月18日、ジョン・チャーチが手配した荷馬車が何台も家にやってきた。トマス夫人の家具を68ポンドで買い取るのだという。誰の指図かと訊かれて、運送業者は「トマス夫人です」と答え、ケイトを指さした。ケイトはあわててその場を立ち去り、リヴァプール行きの列車に乗った。

チャーチは、依頼人の「トマス夫人

殺人 207

参照 リジー・ボーデン 208-11 ■ エリザベート・バートリ 264-65

絞首人ウィリアム・マーウッド。新しく完成させた「長落とし法」でケイト・ウェブスターを処刑する。落下距離が長いので、首の骨がすぐに折れる。

犯罪人類学

19世紀を通じて、ヨーロッパやアメリカ合衆国では学術論争のたびに疑似科学が大手を振ってきた。その一例がイタリアの医者で犯罪学者、チェーザレ・ロンブローゾが提唱した犯罪人類学である。ダーウィンの理論を誤用して、犯罪者は進化論的に見れば原始人への先祖返りであり、だらんと垂れた腕や、傾斜した額、大きく突き出た耳、左右非対称の顔面といった特徴を持つと考える。

ケイト・ウェブスターも裁判中に中流階級の傍聴者や報道陣からそういった目で見られ、女性らしくない筋骨たくましい肉体に注目が集まった。生まれてからずっと肉体労働をしていれば女性でもそんな体格になるのだが、そう考える者はいなかった。20世紀の初頭になると、ロンブローゾの説には疑義が呈されるようになった。

が偽者だと気づいて警察を呼んだ。家宅捜索の結果、血痕が見つかり、暖炉からは焦げた指の骨が見つかった。人間の脂肪がこびりついた銅の大鍋も出てきた。ロンドン警視庁はアイルランドに逃げたケイト・ウェブスターを現地で逮捕した。7月2日、中央刑事裁判所で裁判が始まった。証人尋問が6日間続き、吐き気を催す犯行が明らかになった。

ケイト・ウェブスターがジュリア・トマス宅で働き始めたのは1879年1月。二人の仲はすぐ険悪になった。大酒飲みでろくに仕事をしないのに業を煮やして、1か月後、トマス夫人はケイトに暇を出した。ただし、解雇まで数週間の猶予を与えた。3月2日の午後、トマス夫人は教会の礼拝に出る支度をしていた。ケイトがその手伝いをしてくれるはずだったが、酒場で呑んでいて、帰るのが遅くなり、結局、トマス夫人は遅刻した。

礼拝からトマス夫人が帰ってきたとき、二人は口論になった。ケイトによると、酔った勢いでトマス夫人を突き飛ばしたところ、夫人は階段から転げ落ちたという。そのあと、大声を出されると困るので、夫人を絞め殺した。肉切り包丁や骨切りのこぎり、剃刀などを使って、ケイトは死体を解体し、一部を台所で焼却した。

残ったバラバラ死体は大型の旅行鞄と箱に詰めた。箱のほうはのちにテムズ川に遺棄することになる。逃亡する代わりに、ケイトは殺した雇い主の服を身につけ、トマス夫人になりすまして、家財道具を売りさばいた。一部の新聞報道によれば、ケイトはトマス夫人の死体を茹で、浮き上がってきた脂をすくって、近所のパブに売りつけたという。肉を焼いたあとに溜まった脂をドリッピングというが、この脂はドリッピングだと偽ったのである。それによってケイトは「ドリッピング殺人者」と呼ばれるようになった。ケイト・ウェブスターは有罪が確定し、1879年7月29日に絞首刑になった。■

リジー・ボーデン斧を取り母の頭を狙っては40回も切りつけた

リジー・ボーデン（1892年）

事件のあとさき

場所
アメリカ合衆国、マサチューセッツ州

テーマ
立証されていない家庭内殺人

以前
1497年 ローマ教皇アレクサンデル六世の息子、ジョヴァンニ・ボルジアが、複数回刺されて、ローマのテヴェレ川に遺棄される。犯人については、対立する別の一族、政敵、実の兄弟など、さまざまな噂があったが、事件は未解決のままである。

以後
1996年 12月26日、アメリカのコロラド州で、6歳の少女、ジョンベネ・ラムジーが行方不明になり、身代金を要求する不気味なメモが自宅の階段で見つかった。のちに地下室で同少女の絞殺死体が発見された。容疑者不詳のままだが、両親が殺したと考える者もいる。

　1892年8月の暑い日に事件は起こった。アビー・ボーデンの後頭部は19回斧で切りつけられていた。就寝中の夫、アンドリューの顔には11回切りつけられた跡があった。医学検査官が結論づけたところによると、二人の死亡時刻には2時間の差があるという。

　その日の朝、6時15分、住み込みのメイド、ブリジット・サリバン（通称マギー）は、フォール・リヴァー、2番通り92番のボーデン家で目を覚まし、地下室まで薪を取りにいった。10分後、アビーが台所に入ってきて、午前7時には夫と朝食の席についていた。そのすぐあと、一番下の娘、リジーが青いドレスを着てやってきた。アビーは、ブリジットに1階の窓

参照 O・J・シンプソン 246-51 ■ 切り裂きジャック 266-73

殺人 209

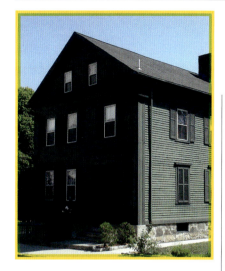

ボーデン家。 フォール・リヴァー、2番通り92番。アンドリューは裕福だったが、高級住宅地に住むより、仕事に便利なこの場所を選んだ。

手の階段を上がって自分の部屋に行き、ベッドに寝たとき、市庁舎の鐘が11時を打つのが聞こえた。11時10分ごろ、ブリジットはリジーに呼ばれた。「マギー、すぐ来て！ 父さんが死んでる。誰かが入ってきて殺したんだわ」ブリジットが急いで下に降りると、裏手の廊下にリジーが立っていた。リジーは、アンドリューの死体は居間にあるといった。ブリジットはリジーの指示でシーベリー・ボウエン医師を呼びにいった。医師は見つからず、ブリジットはすぐ戻ってきた。

そのうちに、隣人、アデレイド・チャーチル夫人が騒ぎを聞きつけてやってきた。そして、取り乱しているリジーを慰めようとした。納屋にいたら、家からうめき声が聞こえてきた、とリジーは説明した。家に入ったら、長椅子で父親が死んでいたという。チャーチル夫人がアビーの所在を尋ねると、友だちの家に行って

この古いドレス、燃やすわ。
ペンキがついたんだもの。
リジー・ボーデン

留守だと答えた。その直後、アビーを呼んできたらどうかとメイドがいうと、リジーは少し前に音が聞こえたから、アビーはもう帰ってきているのではないか、と返事をした。メイドはチャーチル夫人と2階を調べに行った。踊り場の高さまで視線が届いたとき、メイドは、血まみれのアビーの死体を目にした。来客用の寝室にうつ伏せで倒れていた。

11時45分、警官の第一陣が駆けつけ、家の中を調べて回った。誰かが鍵をこじ開けて入ってきた形跡はなく、盗まれたものもないようだった。玄関と地下室の

拭きを命じ、来客用の寝室の枕カバーを替えるため2階に上がっていった。

午前9時、アンドリューは所用で外出した。戻ってきたのは10時半ごろで、玄関の鍵を開けようとしてがちゃがちゃ音をさせていたのをブリジットが聞いている。ブリジットは駆けつけて、扉を開けた。そのあと、スプリング錠はちゃんと施錠したという。すると、2階からリジーの笑い声が聞こえてきた。

アンドリューは居間に入り、メイドは窓拭きを続けた。リジーが階段を下りてきて、父親に話しかけた。ブリジットが二人の話を聞くともなく聞いていた。リジーの義母、アビーは出かけているという。病気の友だちから手紙がきて、その友だちのお見舞いに行ったらしい。ブリジットは食堂に移り、そこの窓拭きを始めた。あとでリジーがやってきて、アイロン掛けにとりかかった。そうしながら、二人はおしゃべりをした。

悪夢が始まる

くたびれて吐き気も感じたので、ブリジットはリジーに断って昼寝をした。裏

防御創

暴力事件の被害者は、襲われたとき、とっさに手を上げて、攻撃を避け、身を守ろうとする。そのときにできる手足の傷のことを「防御創」という。防御創がなかった場合、なんらかの理由で被害者は身を守ることができなかった、と考えるのが殺人捜査の経験則である。縛られたり眠らされたりしていた場合も防御創はできないが、信頼している人間に不意打ちされて、心の準備ができていなかった場合もそういうことになる。アン

ドリューにもアビーにも防御創はなかった。

アンドリューの場合は当然ともいえる。襲われていたとき眠っていたからである。しかし、アビーのほうは、来客用の寝室の掃除をしていて、部屋の入口から遠いほうのベッドのわきで襲われたと思われる。アビーを襲った犯人は相手が気がつかないようにこっそり忍び寄ったか、それともよく知っている相手が豹変して斧で襲ったか、そのどちらかだろう。

リジー・ボーデン

殺人1

アビー・ボーデンが寝室の掃除のため2階にあがる。午前9時から10時半のあいだ。

↓

視野の外から何者かに**斧で側頭部を切りつけられる**。

↓

アビーは振り返り、**うつ伏せに倒れる**。顔に打撲傷あり。

↓

殺人者はアビーの背中にまたがり、後頭部を**19回切りつける**。

↓

アビー・ボーデンの死体は、午前11時半ごろ住み込みのメイド、ブリジットと、隣人チャーチル夫人によって発見される。

殺人2

住み込みのメイド、**ブリジット**が、アンドリュー・ボーデンを玄関で出迎える。午前10時半ごろ。

↓

玄関を閉めたあと、ブリジットは2階にいるリジー・ボーデンの**笑い声**を聞く。

↓

アンドリュー・ボーデンは居間の長椅子でうたた寝をする。そのとき、彼の靴を脱がせたと、リジーは証言している。

↓

アンドリューは斧で襲われ、**10回か11回、頭部を切りつけられて**、致命傷を負う。

↓

午前11時10分、リジー・ボーデンが助けを求める。メイドを呼び、父親が死んでいると叫ぶ。

> 尊敬すべき市民とその老妻、自宅にて斧でめった切りにされる。
> 《フォール・リヴァー・ヘラルド》紙

扉には鍵がかかり、被害者や天井や壁には血がついていたが、ほかの場所に血痕はなかった。ブリジットに案内されて一人の警官が地下室に下りてみると、斧が2本入った箱が見つかった。1本には血と毛がこびりついていた。1本は刃だけで、灰にまみれていた。

フリート副署長がリジーを尋問して、当日の行動を調べた。リジーによると、その日は昼までアイロン掛けをする予定だったという。父親が帰ってきて、疲れていたのか、ソファで居眠りを始めたので、靴を脱がせた。そのあと15分か20分、納屋に行って、釣りの重りにする鉛を探したという。アビーが病気の友人のお見舞いに行くところは見ていない。リジーの証言に出てきた納屋を、捜査官の一人が調べにいった。その日は風のない蒸し暑い日で、納屋は息苦しいほど暑かったので、20分近くそんなところにいたとは考えられなかった。しかも、床には埃が積もっていたのに、足跡はない。捜査官はリジーのアリバイを疑った。

逮捕と無罪放免

8月11日、両親を殺した疑いでリジーは逮捕された。義母に遺産が多く渡るように父親が遺言を書き換えようとしている、そう疑ったのが動機だという。最初は裁判にはならないだろうと考えられて

いた。検視審問のときに、通りすがりの行商人の証言が出てきたからである。その行商人は、一人の女性が庭を歩いて、家の横の扉に近づくのを見たという。リジーのアリバイを裏づける可能性がある証言だった。斧についていた血と毛は牛のものだというハーバード・メディカル・スクールの医師の証言もあった。

ところが、急に風向きが変わり、リジーの運命は暗転した。まず、留置所の婦人看守の証言があった。面会にきた姉のエンマに、リジーが「エンマ、あなたが私を売ったのね？」と話しているのを聞いたというのである。さらに、リジーの親友が検視審問で語った目撃談もある。それによると、惨劇から数日後、リジーは台所のストーブで青いドレスを燃やしていたという。こうした証言が積み重なり、リジーは殺人容疑で起訴された。

リジー・ボーデンの裁判は1893年に始まった。6月20日、90分の審議の末に、陪審団は無罪の評決を出した。リジーは遺産で町の高級住宅地に家を買った。その家で1927年に死んだ。

ボーデン家の未解決殺人事件は多くの人の興味をかきたててきた。犯人は？ 犯行方法は？ 動機は？ 納得できるものから、荒唐無稽なものまで、さまざまな説がたてられた。リジー犯人説を採るものは、検察側の申し立てに重きを置く。犯行の機会があったこと、蒸し暑くて埃が溜まっていた納屋の件、証言に最低でも30か所の矛盾があること、青いドレスを焼却したこと。さらに二つの重要な事実がある。義母が上の寝室で死んだあと、踊り場を行き来した人物はリジー以外にいなかったこと。その後、メイドとチャー

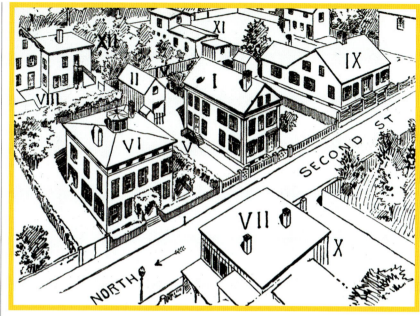

Vで示したのがボーデン家の横の扉。この扉は午前9時半から10時半まで掛け金が外されていた。外部の者がこの扉から侵入し、まずアビーを殺し、90分以上も隠れていて、そのあとアンドリューを殺したのだろうか？

チル夫人が踊り場まで階段を上がってきて、義母の死体を目にする。また、リジーは父親の靴を脱がせたと証言しているが、現場の写真を見ると、父親はちゃんと靴をはいているのである。■

リジー・ボーデン

リジー・アンドリュー・ボーデンは32歳の未婚女性で、裕福だが吝嗇（りんしょく）な父と、その再婚相手である義母と一緒に暮らしていた。フォール・リヴァーでもよく知られた一家である。その性格については意見が分かれ、「慈善事業に力を入れている親切な日曜学校の先生」という者もいれば、「万引き癖のある仏頂面の女で、アビーの猫が気に入らないのでその首を切ったこともある」という者もいる。

リジーが近親相姦をしていたという噂もある。合意の上であったのかどうかは不明だが、その相手は伯父のジョン・モース、そして実父だったといわれている。リジーの寝室からアンドリューの寝室に通じる扉があり、普段はたんすで隠されていた、というのが実父と関係があったと主張する人たちの根拠のひとつである。確実なのはリジーが窃盗の常習犯だったことで、事件前は裁判沙汰にならないように父親が裏から手をまわしていたが、父親の死後には絵画を万引きした容疑で起訴されている。その件は裁判が始まる前に示談が成立した。

陪審が無罪の評決を出したのは、証拠の大半が状況証拠だったからだが、それだけではなく、当時の人々に、上流の未婚女性がこんな残虐な事件を起こすはずがない、という思い込みがあったことも影響しているようである。

指紋のみが絶対確実かつ実行可能な識別法である

ストラットン兄弟（1905年）

ストラットン兄弟

事件のあとさき

場所
英国、ロンドン

テーマ
証拠としての指紋

以前
1902年 窃盗犯ハリー・ジャクソンが指紋を証拠にして有罪になった英国最初の男になる。盗みに入ったロンドンの邸宅の窓敷居に指紋が残っているのを警察が発見した。

以後
1911年 殺人犯トマス・ジェニングズが指紋を証拠にして有罪になったアメリカ合衆国最初の男になる。

2014年 米ユタ州の警察が、78歳のルシール・ジョンソンが殺された1991年の事件を指紋によって解決する。レゴ・ブロックについていた指紋から当時ジョンソン宅で遊んでいた子供の身元がわかり、その父親が隣の部屋でジョンソンを殺したことが判明した。

> アルフレッド・ストラットンを逮捕するまで、金庫についていた指紋と同じ指紋は見つかりませんでした。
> **刑事部警部 チャールズ・コリンズ**

アルフレッド・ストラットン、アルバート・ストラットンの兄弟は、ロンドン南部で老夫婦が営む塗料店に押し入り、強盗殺人事件を起こした。店には二人が残していったものがあった。空っぽになった金庫についた、脂による指紋である。この指紋がもとで二人は裁判にかけられ、のちに指紋分析が発展する道を開いた。

残忍な犯行

トマス・ファローと妻のアンは、デットフォード・ハイ・ストリートにある自分たちの店、〈チャップマン油絵具店〉の上に住む老夫婦だった。1905年3月27日の朝、出勤してきた店員が、店の中に倒れて死んでいるトマスを発見した。頭にひどい傷を負っていた。アンは寝室で意識を失っているのが見つかった。頭部を殴打されていて、数日後に死んだ。錫製の金庫がアンのそばに落ちており、警察はストッキングの覆面を2つ見つけた。

刑事たちはその金庫を包んでロンドン警視庁の指紋局に運んだ。指紋局ができたのは4年前のことだった。調べてみると、親指の指紋がついていた。被害者の指紋や、現場で捜査に当たった警官たちの指紋、指紋局が持っている8万件の指紋などと照合したが、該当者はいなかった。

転換点

警察は目撃者を探した。犯行時刻に店から出てくる二人の男を牛乳屋が見ていたが、ストラットン兄弟にはたどりつけなかった。捜査が動いたのは3月31日。エレン・スタントンという目撃者が兄弟を見たと警察に話した。3月27日の朝、歩いて仕事場に行く途中で、デットフォード・ハイ・ストリートの北の端を走って横断している二人を目撃したという。兄弟は逮捕されて、3月31日に面通しが行われ、16人の中からスタントンは兄弟を選び出した。

アルフレッドの女友達から事情を訊いたところ、ストッキングは彼女が貸したものだとわかった。そして、同日夜、出所不明の現金を持ってアルフレッドがやってきたとも証言した。状況証拠が多すぎたが、指紋を採ってみると、アルフレッドの指紋が金庫に残されていたものと一致した。

見事な戦術

裁判で検察側の代理人は指紋という新しい科学捜査法を陪審に説明した。ロンドン警視庁のコリンズ警部は証言台に

サー・メルヴィル・レスリー・マクノートン。この事件の捜査に当たる。彼が参加したベルパー委員会（1900年）は、犯罪者の指紋を採って分類することを提唱した。

参照　ジョン・レナード・オール 48-53 ■ リンドバーグ愛児誘拐事件 178-85 ■ コリン・ピッチフォーク 294-97

立って、アルフレッド・ストラットンの親指の指紋と金庫についていた指紋とを拡大して並べ、11か所の特徴が一致することを示した。

弁護側の代理人、ルース氏は、指紋の科学的信憑性に疑問を呈し、コリンズのやり方を疑問視した。犯行現場の指紋はアルフレッド・ストラットンが拘留中に採られた指紋とは一致しない、とも主張した。

コリンズは天才的な戦術を思いついた。ある陪審員の指紋をその場で採取して、不一致に見えるのは、指を押し当てたときの圧力の差によるものであることを実証したのである。陪審団はその実験に納得して、審理に2時間もかけないで有罪の評決を出した。兄弟はのちに死刑判決を受けた。指紋が殺人罪の決め手になったのは英国初のことだった。

大々的に報道されたこの裁判には悪影響もあった。犯罪者がこの新しい科学捜査法を知って、指紋を残さないように対策をたてるようになったのである。■

> 事情通の犯罪者は
> 指紋ですぐ身元が割れるのを
> 知り、薄い生ゴムや、金箔師が
> 金箔のあいだにはさむ薄膜、
> 絹の指サックなどを使って
> 指先を覆うようになっている。
> 《ミラー》紙

指紋鑑定

紀元前200年から人によって指紋が違うことは知られていたが、世界で初めて組織的に指紋を採取して身元確認に使ったのは、インド総督府の司法官、サー・ウィリアム・ジェイムズ・ハーシェルである。1981年、英国の科学者、サー・フランシス・ゴルトンがそれを発展させた。

人はそれぞれ手指の（足指も同じ）腹面に形の違う隆線を持ち、終生不変で、腹面が傷を負っても再生される。そのことを発見したゴルトンは指紋照合の効率的なシステムを考えた。古典的著書『指紋』（1892年）で、ゴルトンは、指紋隆線や畝や形状を「それ自体、小宇宙である」と述べている。

犯罪の現場から採取される指紋は3つに分類できる。顕在指紋は、血や脂やインクや泥によってできるもので、肉眼ではっきり見ることができる。汗や脂によって遺留品についているものの、目には見えない指紋のことを潜在指紋という。可塑指紋とは、肉眼で見える立体的な指紋のことで、弾力のある柔らかい物体に指が触れたときに残される。

指紋鑑定の正しさは歴史が証明しているが、1990年代以降、その解釈に異議を唱える判例も出てきた。誤差があることも判明しており、それによる「誤判定」の例もある。専門家でも間違えるほどそっくりな指紋も存在している。2002年、アメリカの連邦判事の一人は、指紋鑑定によって二つの指紋が完全に一致するという結果が出ても、正しいとはいえない、と陪審に注意を呼びかけている。指紋鑑定はそのうちDNA鑑定に取って代わられるかもしれない。

ヘンリー・システムは、今でも広く使われている識別法で、指紋を4種類に分類する。弓状紋、渦状紋、蹄状紋、混成紋である。ヘンリー・システムという名称は、1901年、ロンドン警視庁に指紋局を設立したサー・エドワード・リチャード・ヘンリーに由来する。

弓状紋
波のような模様をつくる。山型に盛り上がって、鋭角に近い頂点を形づくる。

蹄状紋
曲線がもとの側に戻って環状になる。

渦状紋
円形もしくは螺旋形の模様を描く。

混成紋
弓状紋、蹄状紋、渦状紋が組み合わさったもの。

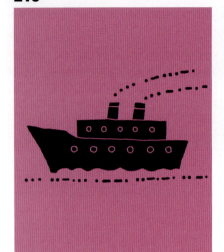

ありがたい、やっと終わった どうなるか不安で 仕方なかった
クリッペン医師（1910年）

事件のあとさき

場所
英国、ロンドン

テーマ
妻殺し

以前
紀元前29年 妹にそそのかされて嫉妬に駆られたユダヤの王、ヘロデ大王が、愛する2番目の妻とその一族を殺す。

1871年 ロンドンで翻訳者であり学者でもあるジョン・セルビー・ワトソンがピストルの銃床で妻の頭部を殴打して殺す。

以後
1935年 ロンドンの医師、バック・ラクストンが内妻を絞殺し、それを目撃したメイドも殺す。二人の死体はバラバラにされ、自動車で運ばれて、スコットランドの峡谷に捨てられる。

2002年 アメリカ人、スコット・ピーターソンが妊娠中の妻を殺す。のちに妻と胎内の子を殺した罪で有罪になる。

1910年2月、ミュージック・ホールの歌手、コーラ・クリッペンが失踪した。H・H・クリッペン医師の妻であったコーラは、1月31日、自宅で開かれたパーティに出ていたが、それ以来、誰も彼女を見ていない。消息を聞かれたクリッペン医師は、二人の故国、アメリカに帰って、急死したのだと答えた。コーラの友人たちは不審に思い、ロンドン警視庁を動かした。事情聴取を受けたクリッペンは、実は妻は生きている、愛人のブルース・ミラーと駆け落ちをした、と証言を変えた。不名誉なことなので、嘘をついていたのだという。

逃亡

数日後、クリッペンは、若い愛人、エセル・ル・ニーヴを連れて逃亡した。エセルは男装し、クリッペンの息子と名乗っていた。二人はカナダ行きの客船モントローズ号に乗った。クリッペン宅を捜索した警察は、人間の上半身――頭部と手足はなかった――を地下室の床下で発見した。病理医でも性別は判定できなかったが、生前のコーラが人に話していた傷跡があったことから、コーラ本人と断定された。また、死体からは毒物が検出されたが、その毒は妻が失踪する直前にクリッペンが買ったものだった。

その一方で、事件を報道で知っていたモントローズ号の船長は、問題の二人が乗船していることを知り、英国に無線電信を打って警察に通報した。警察は、速い船でケベックに先回りし、到着した二人を逮捕した。クリッペンは妻殺しで有罪になり、1910年11月に処刑された。■

クリッペンとル・ニーヴ。並んで被告席に立っている。ル・ニーヴは無罪になったが、クリッペンは最後まで無実を訴えていた。2007年、コーラと思われていた遺体のDNA鑑定をしたところ、被害者は男性と判明した。

参照 リジー・ボーデン 208-11 ■ O・J・シンプソン 246-51

殺人 **217**

私自身の意志を乗っ取った別の意志が、私を駆り立てました
カイヨー夫人（1914年）

事件のあとさき

場所
フランス、パリ

テーマ
激情犯罪

以前
1859年 アメリカ合衆国の政治家、ダニエル・シックルズが妻の愛人を射殺する。裁判では「一時的精神錯乱」により無罪となる。

1906年 フランスのレース・ドライバー、アルベール・ルメートルが、離婚訴訟を起こした妻を撃つ。その後自殺を図るが未遂に終わる。裁判では激情による犯行と見なされて無罪。

以後
1955年 ロンドンのナイトクラブのホステス、ルース・エリスが浮気した愛人を射殺する。謀殺ではなく故殺であり、相手の挑発が犯行の要因だと家族は主張したが、認められなかった。英国最後の女性死刑囚でもある。

　ガストン・カルメット編集長の《フィガロ》紙だけが、ジョゼフ・カイヨーを攻撃していたのではなかった。左翼政治家で元首相のカイヨーには汚職の噂が付きまとっていた。だが、中でも痛烈に批判していたのが右翼編集長カルメットで、名誉を失墜させるべくキャンペーンを張っていた。

　1913年12月、カルメットは、カイヨーの2番目の妻アンリエットとカイヨーが交わした恋文を公表すると脅した。手紙のやりとりがあったときカイヨーは最初の妻とまだ離婚していなかった。1914年3月16日、アンリエットは新聞社の編集部に押しかけ、カルメットに6発の銃弾を撃ち込んだ。のちにカルメットは死んだ。

　裁判で証言台に立ったアンリエット・カイヨーは、そのころ広く信じられていた「感情の生き物」というイメージどおりの女性を巧みに演じた。男だけの陪審団は、彼女がカルメットを撃ったのは計画的な犯行ではなく、殺意もなかった——おそらく女性特有の発作的な激情に駆られたのだ、と考えた。彼女の犯罪は、公務で忙しい夫を困らせるための「受動

至近距離からカルメットを撃つアンリエット。のちに彼女は警察に語った。「フランスにはもう正義がないので……このキャンペーンをやめさせることができるのは自分しかいないと思いました」

的攻撃行動」だったのかもしれない。事実、カイヨーの政治家としての経歴は頓挫し、私生活でもアンリエットに頭が上がらなくなった。カイヨーの名誉を守るためにすべてを捨てた女性という定評が広まったからである。■

参照　プーラン・デヴィ 46-47　■　O・J・シンプソン 246-51

彼女は黒髪がきれいな美女だった

ブラック・ダリア事件
（1947年1月15日）

ブラック・ダリア事件

事件のあとさき

場所
アメリカ合衆国、カリフォルニア州、ロサンゼルス

テーマ
未解決殺人事件

以前

1932年5月4日 スウェーデンのストックホルムのアトラス地区にある自宅アパートでリリー・リンドストロームの死体が発見される。血液が抜き取られていたので、「吸血鬼殺人」として有名になる。

1943年7月27日 オーラ・マレーがロサンゼルスのフォックス・ヒルズ・ゴルフ場のクラブハウスのそばで撲殺され、死体が放置される。

以後

1996年1月17日 自転車に乗っていた9歳のアンバー・ハガーマンが誘拐され、4日後に死体で発見される。

1999年4月26日 英国のジャーナリスト、ジル・ダンドーが、フラムの自宅の外で射殺される。バリー・ジョージが逮捕され、殺人容疑で起訴されたが、のちに無罪放免される。

エリザベス・ショート

ある冬の朝、午前10時を少し過ぎたころ、ロサンゼルス南西部の郊外で、ベティ・バーシンジャーは空き地のそばを散歩していた。そのとき、ぎょっとするものを見た。西39番通りがサウス・ノートン大通りにぶつかるあたり——レイマート・パーク地区では恋人の小道として知られる場所の歩道わきに、全裸女性の切断死体が転がっていたのである。その日、1947年1月15日から、ロサンゼルス史上最大の捜査が始まった。

死体は腰の上で切断されており、血を抜かれ、洗われた形跡があって、上半身と下半身は30センチ離れて置かれていた。被害者の緑がかった青い目は開いたままで、両手は頭の上にあがり、肘は曲がっていた。脚は広げられていた。手首と足首と首にはロープの摩擦痕があり、両腕と左太腿と右乳房には深い裂傷があった。唇の両端が切り裂かれ、不気味に笑っているようだった。南カリフォルニア大学の教育学部が所蔵している報告書によれば、「BD」という文字が腿に刻まれていたというが、真偽のほどはさだかではない。

ロサンゼルス市警殺人課刑事、フィニス・ブラウンとハリー・ハンセンは、現場に到着して部外者の立ち入りを禁じるが、その前に新聞記者が写真を撮っていた。死体の損傷はひどかったものの、汚れは洗い取られており、物的証拠は見つからなかった。身元は指紋で判明した。22歳の女優志願の娘、のちにブラック・ダリアと呼ばれる、エリザベス・ショートである。別の場所で殺され、空き地まで車で運ばれてきた、と刑事たちは考えた。ロサンゼルス郡の主任検察官、フレデリック・ニューバー博士は、震盪によ

> 彼女はぼくが内気なのを知っていて、ぼくが赤面すると喜ぶんです。「今度、一緒にダンスに行きましょう」なんて言うんですが、ほんとはいい子でした。
> **ボブ・パシオス**

家族からは「ベス」と呼ばれ、友人からは「ベティ」と呼ばれていたエリザベス・ショートは、マサチューセッツ州メドフォードで育った。ミニ・ゴルフのゴルフ場を造っていた父親は大恐慌のときに家族を捨てた。ショートは16歳で喘息を患い、母親は転地療養のために彼女をフロリダに行かせた。そこでショートは空軍将校マシュー・ゴードン・ジュニアと出会った。1943年、19歳のとき、父親と同居するためにカリフォルニア州ヴァレイホに行ったが、1年もたたないうちに一人でサンタバーバラに移った。1943年の9月、未成年飲酒の罪でサンタバーバラで逮捕、裁判官はメドフォードの実家に戻ることを命じるが、ショートはフロリダに舞い戻った。

友人たちにはゴードンと婚約している、といったが、ゴードンは1945年8月に戦死。その数日後に第二次世界大戦は終わった。同じ年、メドフォードに戻ったが、落ち着くことができず、1946年、ロサンゼルスに移る。ショートが殺されたあと、その所持品の中からゴードンの結婚通知状が見つかった。結婚相手は別の女性だった。

参照　ドリッピング殺人者 206-07　■　マンソン・ファミリー 230-37　■　切り裂きジャック 266-73　■　ハーヴェイ・グラットマン 274-75

ブラック・ダリア事件における証拠物件の数々。ショートの出生証明書や「ブラック・ダリア復讐者」を名乗る人物の脅迫状もある。

る脳出血と、口を切り裂かれたことによる出血多量が死因であると結論づけた。

最後の行動

　1946年の5月から数か月間、ショートはハリウッドのナイトクラブ〈フィレンツェ・ガーデン〉裏に部屋を借り、ウェイトレスの仕事をしていた。映画の業界人ともコンタクトを取っていたが、そのうちの一人、マーク・ハンセンはショートの家主でもあり、そのナイトクラブの共同経営者でもあって、複数の映画館の共同所有者でもあった。ショートの親友、女優でモデルのアン・トスは、ショートが〈フィレンツェ・ガーデン〉のバーレスク・ショーに出る予定だったことを警察に話した。ショートも1947年1月2日の母親宛ての手紙にそう書いている。フィービ・ショートが娘から受け取った手紙はそれが最後になった。

　1月9日木曜日、ショートはサンディエゴへの旅行から戻ってきた。同行者は25歳になる既婚のセールスマン、ロバート・〈レッド〉・マンリーだった。マンリーはビルトモア・ホテルでショートをおろした。そこで彼女は街に来た姉と会うことになっていた。黒いテイラード・スーツを着て同じ色のスエードのハイヒールをはいていた彼女が、ロビーの電話を使い、歩いて出ていくのが目撃されている。そのあとオリーヴ通りを南に向かい、5分歩いてカクテル・ラウンジの〈クラウン・グリル〉に行った。何人かの客が憶えていたが、彼女は誰かを捜している様子だったという。6日後、1月15日の明け方、一台の黒い高級セダンがレイマート・パークの空き地のそばに停まった。数時間後、エリザベス・ショートの死体が発見された。

謎の手紙

　1月23日、《ロサンゼルス・ヘラルド・イグザミナー》紙の社会部長、ジミー・リチャードソンに、ショートを殺したという男から電話があった。相手は《イグザミナー》紙の健闘をたたえ、ネタ切れを心配した。そこで協力を申し出て、いずれ出頭するつもりだが、それまでは警察と追いかけっこをしたい、と話した。そして、「ベス・ショートの遺品を郵便で送る」と告げた。1月24日、郵便局のある仕分け係が手にしたマニラ封筒には、新聞から切り取った単語や文字を貼りつけた文章が書かれていた。「ロサンゼルス・イグザミナーその他のロサンゼルスの新聞へ。ダリアの所持品だ。あとで手紙を送る」中にはショートの出生証明書と社会保障カード、写真、住所録などが入っていた。住所録にはマーク・ハンセンという名前が浮き出し印刷されていた。

　そのあと3通の手紙が届いたが、どれも差出人は「ブラック・ダリア復讐者」だった。1通目はインクの手書きで、葉書に書かれていた。「じゃじゃじゃーん。1月

> うちのドラッグ・ストアによく来ましたよ。だいたいいつもセパレーツの水着を着て、腹を見せていました。ときには黒いレースの服を着ていました。
> **アーノルド・ランダーズ・シニア**

殺人　**221**

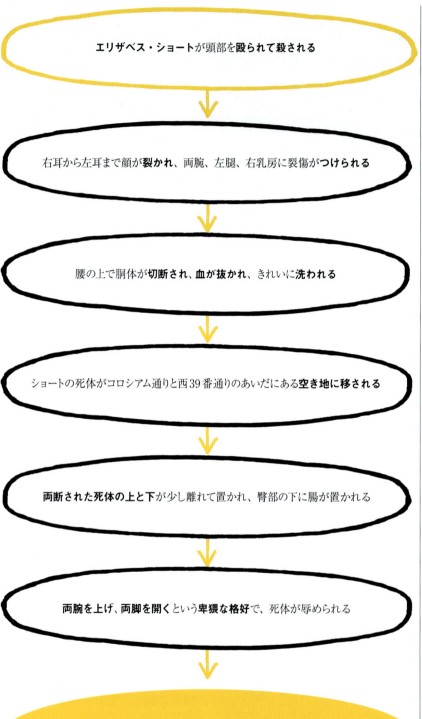

29日水曜に自首する。警察には楽しませてもらった。ブラック・ダリア復讐者より。」2通目は封書で、また切り抜いた活字が使われていた。「ダリア殺しの犯人はもうだめ——服役を望む」しかし、期限日の1月29日に届いた3通目の手紙で、犯人は心変わりを表明する。新聞の活字を切り抜いて貼りつけた文面にはこう書いてあった。「気が変わった。おまえらとはまともな取引きはできない。ダリア殺しは間違っていなかった。」

一面トップ

捜査の初期段階で容疑者として150名以上の男が取り調べられた。アン・トスの証言によると、マーク・ハンセンはショートを誘惑しようとしたが、はねつけられたという。いわば動機があったわけで、ハンセンは第一容疑者になった。

続いて警察は、死体発見現場から3キロ離れたゴミ置き場で、ショートのハンドバッグと片方の靴を見つけた。いずれもガソリンで拭いた跡があり、指紋は消されていた。マーク・ハンセンはハンドバッグと靴がショートのものであることは認めたが、自分の住所録を彼女が使っていたことは否定した。結局、証拠不十分でハンセンは釈放された。次に容

ショートっていう娘を殺した犯人を捕まえようとしても無駄さ。見つかりっこないんだから。
電話をかけてきた正体不明の男

殺人 **223**

重要参考人ロバート・〈レッド〉・マンリーと妻のハリエット。釈放された直後、警察署での抱擁。妻が最初の子を出産した直後、彼はショートと関係を持った。

疑はロバート・マンリーに向けられた。捜査記録にも正式に容疑者として名前が載っており、取り調べではショートと知り合いであることを否認していたが、あとで証言を変えた。しかし、嘘発見器のテストを二度受けても嘘の反応が出なかったので釈放された。

何か月ものあいだ事件は新聞の一面トップを飾り、エリザベス・ショートの死と経歴にまつわる扇情的な記事がメディアを賑わした。女性が被害者になった殺人事件が耳目を集めると花にちなんだ呼び名をつける慣例があったので、新聞はこの事件を「ブラック・ダリア殺人事件」と呼んだ。ショートが黒い服を好み、黒く染めた髪にダリアの花を飾っていたことからその呼び名がついたのである。

未解決の謎

事件の捜査は暗礁に乗り上げたが、1949年の夏、また動き始めた。美容院の従業員で、36歳のルイーズ・スプリンガーが、夫の車の後部座席で絞殺されているのが見つかったのである。現場は西38番通り、ショートの死体が発見された場所から一ブロックしか離れていないところだった。ブラック・ダリア殺しの犯人がまたやった、と誰もが思った。ロサンゼルス市警はふたたび大規模な捜査を始め、今度は両方の事件を視野に入れて動いたが、結局、二つの殺人には関係がないという結論に達した。

長期間の捜査にもかかわらず、ブラック・ダリア事件は未解決に終わった。さまざまな犯人像が浮かんでは消えたが、専門家の意見はだいたい一致している。犯人には医学の心得があり、性別は男性、人の注目を浴びるのを好む。

ブラック・ダリア事件で注目すべきは、自ら出頭してきた自称犯人の多さである。500人近くが自首してきたが、ほとんどが有名になりたいだけの一般人で、全員が追い返された。専門家は「復讐者」なる者が送ってきた手紙の信憑性も疑っている。新聞を売るための自作自演ではなかったか、という説もある。ブラック・ダリア事件は今でもロサンゼルス市警の歴史の中でもっとも厄介な未解決殺人事件として知られている。■

犯行現場のステージングとポージング

犯罪者の中には現場の状況を変えて法医学調査を混乱させようと企む者がいる。これは「ステージング」と呼ばれる行為である。「ポージング」はそれとは違い、殺人犯が被害者に変わったポーズをとらせたり、体に印をつけたり、装飾品や衣類などの「記念品」を持ち帰ったりすることをいう。犯人自身が仮面をつけることもあれば、被害者の体や髪を洗ったり、特殊な結び方の紐を残したりすることもある。ポージングは警察や一般大衆へのメッセージであり、殺人者自身の妄想をかきたてる手段でもある。ブラック・ダリア事件では被害者が卑猥なポーズをとらされたが、切り裂きジャックの事件でも似たようなことが行われた。死んでからも完璧に支配して屈辱を与えるのがその目的である。

しかし、心理分析官にはそうした行為が犯人の性格や心的傾向、行動パターンなどを知る手がかりとなる。それによって警察は一連の犯罪を一つに結びつけることができるのである。

画家は薬物に詳しかった……恐ろしいまでに
平沢貞通（1948年）

事件のあとさき

場所
日本、東京

テーマ
大量毒殺

以前
1871年 英国ブライトンでクリスティアナ・エドモンズが、菓子店でチョコレートを何枚も買い、町の薬局から手に入れたストリキニーネを混ぜて、店に戻す。それを食べた多くの人が体調不良を訴え、その中の4歳の男の子が死んだ。

以後
1982年 シカゴで、大人6名と12歳の少女1人が、鎮痛解熱剤のタイレノールを飲んで死ぬ。何者かが無差別殺傷を狙って青酸カリを入れたタイレノールを商店や薬局の棚に並べたからである。

1948年1月26日、中年の一人の男が、白い腕章をつけ、帝国銀行椎名町支店を訪れた。東京都防疫班の者だと名乗り、赤痢が発生したのでGHQの命令で予防薬を飲んでもらいたい、と行員たちに告げた。その場にいた銀行員と関係者合わせて16人が差し出された錠剤と少量の液体を飲んだ。すぐに全員が床に倒れ、もがきはじめた。その瀕死の人々の体をまたぎ、男は強盗に変じて目に入った金をすべて奪い去った。被害額は16万円、当時としては大金だった。

毒殺者を追え

青酸化合物を飲まされた全員が死んでいたら、その労力に見合うかどうかは別にして、完全犯罪が成立していただろう。奇跡的に4人が生き残り、犯人の人相風体を証言した。

実は、この数か月のあいだに、一人の男が毒を使って銀行強盗を企てる事件がすでに2度起こっていた。2度目のときに男は「山口二郎」という偽の名刺を差し出し、最初のときには「厚生技官・医

防疫関係者を名乗る男が
帝国銀行椎名町支店を訪ねる

16人に**液体の青酸化合物**を飲ませ、
12人が死ぬ。毒殺犯は現金と
小切手を奪って逃走

警察が**名刺**から
平沢貞通を割り出し逮捕する

裁判で平沢が無実を主張するが、
有罪になり死刑判決を受ける

参照　ドレフュス事件 310-11

平沢の養子、武彦（右）。平沢の死後、再審請求を続けた。2013年に亡くなったが、平沢の弁護士たちはほかの親類を立てて法廷闘争を行った。

学博士・松井蔚・厚生省予防局」という本物の名刺を渡していた。アリバイが成立した松井によると、名刺はこれまで92枚配っているという。さいわい、名刺交換の際には受け取った名刺の裏に時間と場所を書く習慣があった。そのデータを使って警察は名刺を受け取った62人を突きとめ、それぞれが無関係だと判明した。あと22枚の捜査も進み、いずれの持ち主も容疑者から除外された。

名刺を受け取った人物のうち、平沢貞通という著名な画家が容疑者として浮上した。松井から受け取ったはずの名刺が手もとになかったのである。スリに盗まれた、というのが平沢の言い分だった。アリバイも証明できず、しかも、生き残った被害者のうち2人が平沢が犯人だと証言した。さらに、平沢が10万円の現金を持っているのが見つかったが、その出所を平沢は説明できなかった。

1948年8月21日に逮捕された平沢は、無実を主張した。しかし、そのすぐあと、類似未遂事件への関与を自白した。その自白はのちに取り消すことになる。1950年に裁判が始まると、これまでの自白は警察の強要と精神疾患によるものだと訴えた。死刑判決が出たが、そのあと32年間獄中で過ごし、肺炎により95歳で死んだ。無実説が根強く残っていたので、法務大臣は誰も死刑を執行できなかったのではないかといわれている。■

平沢貞通（ひらさわ・さだみち）

平沢貞通はテンペラ画家として知られていた。テンペラとは卵黄をベースにした混合顔料で、早く乾くことで知られている。ルネサンス期に油絵具が登場するまで、よく使われていた絵具だった。平沢は1892年に東京で生まれたが、5歳のとき、一家は北海道の小樽に引っ越した。画家を目指していた平沢は小樽中学校で美術部に入った。まだ子供だったのに、絵は顧問の先生よりうまいといわれていた。22歳のとき、昆布を干すアイヌの女性を描いた絵が全国的な画展に入選し、前途有望なプロの画家として活動を始めた。16回続けてその絵が帝展に選ばれたこともある。

しかし、第二次大戦後は人気にも翳りが見えていた。死刑囚になってからは悪辣な犯罪者の絵ということでほとんど顧みられることがなくなった。獄中の平沢は、再審請求の資料を集めたり、何百枚ものデッサンを描いたり、自伝を執筆したりして過ごした。

まともでない不合理な思いに、私はずっと苛まれてきた

テキサス・タワー乱射事件（1966年）

事件のあとさき

場所
アメリカ合衆国、テキサス州、オースティン

テーマ
無差別殺人

以前
1897年 マレーシアのボルネオで、アンタキンと呼ばれる男が妻の不貞を知って逆上し、無差別に人を刺してまわり、15人が命を落とす。

以後
1999年 米コロラド州のコロンバイン高校で男子生徒2人が無差別に銃撃を始める。20分もたたないうちに13人が死に、24人が負傷する。

2011年 ノルウェーでアンネシュ・ブレイビクが69人を射殺する。現場の島では労働党主催の青少年向けキャンプが行われていた。

2012年 コネティカット州ニュートンのサンディ・フック小学校でアダム・ランザが児童20人と職員6人を射殺する。

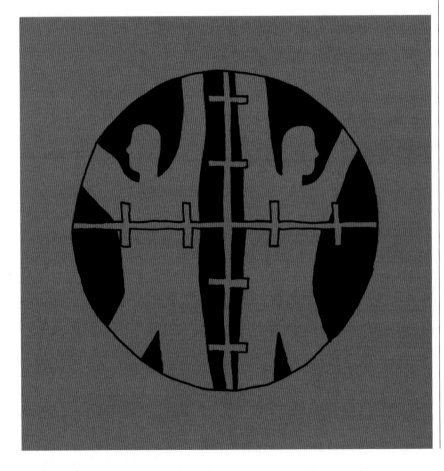

1966年8月1日午前11時ごろ、工学部の大学院生チャールズ・ホイットマンが、オースティンにあるテキサス大学の時計塔に入った。修理工の格好をしていた。エレベーターの27のボタンを押すと、最上階に着くのを冷静に待って、台車を引きながらエレベーターを降りた。台車には、さまざまな銃器と弾薬が入った軍用の小型トランクが載っていた。

台車を引いて今度は階段を使い、展望台のロビーまで上がった。応対に出てきた受付のエドナ・タウンズリーをライフルの銃床で2度殴り、意識不明になった

参照 ジョン・レノン殺害事件 240 ■ ジョン・F・ケネディの暗殺 316-21

テキサス大学時計塔。 M1カービン銃1丁、銃身を切り詰めたライフル1丁、複数のナイフ、鉈1丁その他を持って、ホイットマンはここに立てこもった。アメリカにおける学校での銃乱射事件はこれが最初だった。

彼女をソファーのうしろに隠した。彼女はそこで絶命した。展望デッキから、一組のカップル、シェリル・ボッツとドン・ウォールデンが現れると、ホイットマンはライフルを2丁振りかざし、礼儀正しく挨拶をした。二人はホイットマンを見て、鳩を撃ちにきたんだろうと思った。二人が退出すると、ホイットマンはロビーの入口に簡単なバリケードを築いた。27階から上がってきた家族連れがバリケードに近づくと、ホイットマンは2人を射殺し、2人に重傷を負わせた。準備は整った。ホイットマンは展望デッキに出て、銃器を並べた。

上空の殺人者

11時48分、銃声が響きはじめ、時計塔から銃の煙が上がった。周辺は5区画分の広さがあった。最初の被害者は妊娠8か月の女子学生だった。彼女が地面に倒れると、男友達が助けようとしたが、彼もまた1発の銃弾を受けた。

ホイットマンは、キャンパスを歩いていたほかの学生や職員を次々に狙った。何人かは即死だったが、そうでない者はその場に倒れたり、物陰に這っていったりした。続いてホイットマンはキャンパスの西側を通る街路に照準を合わせ、銃撃を続けた。何百人もの観光客や通行人や店員が、木のうしろに隠れたり、事務所の机の下に潜ったりしながら、その惨事を目撃した。撃たれたまま死んだふりをしている者もいた。ホイットマンの犯行が始まって4分後には警察が呼ばれ、現場に急行した。警官の一人は石柱のあいだに隠れていたが、ホイットマンはそれに気がつき、柱の隙間に正確に狙いを定めて撃ち殺した。やがてオースティンじゅうの警察官が招集された。集まってきた者の中には、非番の警官もいたし、

チャールズ・ホイットマン

チャールズ・ジョゼフ・ホイットマンは1941年フロリダ生まれ。父親は家族に金銭的な苦労はかけなかったが、家族を叱りつけたり殴ったりする厳格な人物だった。チャールズは礼儀正しく賢い子供で、12歳のときにボーイ・スカウトの模範団員であるイーグル・スカウトになった。最年少記録だった。ハイスクール時代も人望を集めたが、医学的な問題を抱えていた。

卒業後は海兵隊に入り、数々の勲章

テキサス・レンジャー、トラヴィス郡保安官事務所の保安官代理、猟銃を手にした一般市民もいた。最初の犠牲者が出てから20分後、70メートル下から警察側の射撃が始まり、ホイットマンは展望デッキの分厚い壁のうしろに退却を余儀なくさせられた。それでも、塔の水を排出する放水口から乱射を続けた。しかし、着弾の範囲はかなり狭くなった。塔のそばをもらい、狙撃兵として表彰もされた。1961年、機械工学を学ぶためオースティンのテキサス大学に入り、1年後に結婚している。1963年、海兵隊基地キャンプ・レジューンに呼び戻され、兵歴の残りを勤める。そのときに、銃器の私的利用や誓約違反で軍法会議にかけられている。それにもかかわらず、1964年に名誉除隊の証明書をもらった。テキサス大学に戻ると、今度は建築工学を学び、臨時の仕事に就いたりした。1966年にはアンフェタミンを常用するようになり、激しい頭痛に悩みはじめる。

228　テキサス・タワー乱射事件

には警察の軽飛行機が飛んでいて、そこから狙撃手がホイットマンに必死で狙いをつけようとしていたが、ホイットマンに発砲されたので、飛行機は旋回して退却した。

　その一方で、時計塔に突入を試みた警官もいる。ラミロ・マルティネスと、ハウストン・マッコイ、ジェリー・デイの3人である。銃を持った一般市民、アレン・クラムもそれに加わった。クラムは書店主だったが、元軍人なので、3人はその場で保安官代理に任命した。4人は建物に入り、エレベーターで最上階に向かっ

た。前もって打ち合わせはしていなかったので、とりあえず4人はデッキに出て犯人を包囲しようと考えた。クラムのライフルが暴発して、ホイットマンが北西の角に注意を向けた隙を狙って、マルティネスがホイットマンに向けてリボルバーを何発も発射した。マッコイは12ゲージのショットガンを構え、ホイットマンを2度撃った。大粒の散弾が首と頭部に当たった。4人は身元確認のため死体を調べた。1時間半にわたって街を恐怖に陥れた犯人の名前を、そのとき初めて知った。

　乱射事件の直後、警察は犯人の当日の行動を調べ上げた。ホイットマンの凶行の犠牲者はほかにも2人いた。妻と母親である。妻は夫婦の寝室で寝ているとこ

> チャーリーは16歳のころにはリスの目をくりぬいたりしていた。
> **チャールズ・ホイットマン・シニア**

ろを刺し殺され、母親は自分のアパートで殺されていた。ホイットマンはそれぞれの死体をシーツで覆い、手書きのメモを残していた。しかし、ホイットマンの精神状態を知る手がかりは、7月31日午後6時45分に書かれたホイットマン自身

塔の上からホイットマンが見た光景。キャンパスが鳥瞰できる。現場に急行する特殊班がまだなかったので、犯行は長いこと続いた。

事件後の記者会見。ラミロ・マルティネス（左）と他の3人が、ホイットマンと対決した際とっさに考えた戦略を図で説明している。

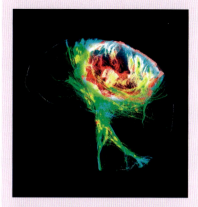

脳損傷と犯罪的暴力

議論の余地はあるが、ホイットマンの事件は、脳に生じた異常が明確に暴力傾向と結びついたごく初期の実例と見なされている。射殺されたあとホイットマンの遺体は死体保管所に運ばれ、電動骨鋸で頭蓋骨の頭頂部が切り取られた。脳を取り出してみると、5セント玉くらいの腫瘍が視床の下で見つかった。視床とは意識や認識をつかさどる部分である。

さらに腫瘍は扁桃体を圧迫していた。扁桃体とは大脳の奥の側頭葉内側部に位置する神経の束で、感情の処理に重要な関わりを持つ。ホイットマンの乱射事件の30年前、アメリカの神経病理学者ポール・ビューシーとドイツの心理学者ハインリヒ・クリューヴァーは、猿の脳を研究して、恐怖の喪失、情動の低下、過剰反応の傾向が扁桃体の損傷によって生じることを発見した。ホイットマンの無意味な暴力衝動も、それによって説明することができる。

の遺書にある。タイプライターと手書きのその遺書には、次のように書かれていた。「最近、私は自分がよくわからない。どこにでもいるような理性のある知的な青年と思われているが、このところ（いつからかはわからないが）まともでない不合理な思いに、私はずっと苛まれてきた。一度医者に相談したこともある……わけのわからない衝動に負けそうで怖いんだということを伝えようとした。そのときから精神的な動揺に一人で耐えている……だが、どうしようもない」

妻を殺すつもりだ、と述べたあとで、ホイットマンは続けている。「私の行為で妻に多大な迷惑をかけることに耐えられない……この世界は生きるに値しない世界だ。だから、私は死ぬことにする。その世界で妻が一人苦しむのは耐えられない……同じ理由で、母の命も絶つことにする……」

妻と母だけでなく、ホイットマンは一日で冷然と14人を殺し、31人に怪我を負わせた。犠牲者は最初の20分に集中している。この事件が起こるまで、アメリカ合衆国の警察は、のちに「銃乱射犯」と呼ばれることになる犯罪者に対応する方策を考えていなかった。この事件によって捜査法の見直しが図られた。その結果、発足したのが全国組織SWAT（特別機動隊）である。1966年以来、類似の凶悪事件が起こると、ただちにSWATが出動することになっている。■

私が死んだら検視解剖をして
精神障害の証拠を探してください。
チャールズ・ホイットマン

さあ
ヘルター・
スケルター
のときがきた

マンソン・ファミリー（1969年）

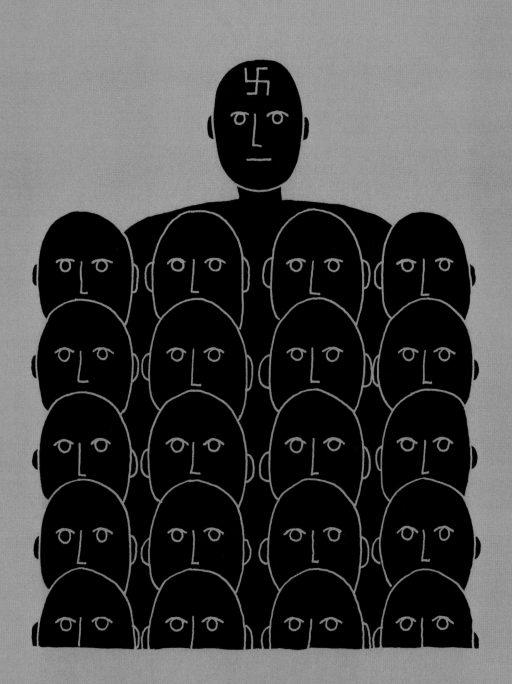

事件のあとさき

場所
アメリカ合衆国、カリフォルニア州

テーマ
カルト殺人

以前

1955年 ジム・ジョーンズがカルト集団、人民寺院を作り、その結果、1978年、ガイアナのジョーンズタウンで、自殺・殺人により918人の命が奪われる。

以後

1986〜89年 自分には魔力があると信じたドラッグ密売人、アドルフォ・コンスタンツォとその信奉者が、メキシコで人身御供の儀式として25人を殺す。

1989年 カルト指導者ジェフリー・ランドグレンが、米オハイオ州カートランドにある自分の農場で、カルトへの「不忠」が見えるとして、エイヴリー一家を殺すように命じる。

1997年 地球を通り過ぎる宇宙船に魂を乗せるため、カルト集団ヘヴンズ・ゲートの信者39人が集団自殺する。

女優シャロン・テイトの血まみれの全裸死体が自宅の居間の床に手足を広げて横たわっていた。妊娠8か月の腹部には十字架が刺さっていた。この26歳の映画スターには16か所の刺し傷があった。首に巻きつけられたロープは、36歳になるセレブ専門のヘアスタイリスト、ジェイ・セブリングの死体に結ばれていた。ビバリーヒルズのすぐ北のシエロ・ドライブにあるその家の玄関には、テイトの血で「PIG（豚）」という文字が書かれていた。

テイト、セブリング、その他4人の死体は、1969年8月9日に家政婦によって発見された。現場は借家で、高名な映画監督ロマン・ポランスキーの自宅である。正面の芝生には、大手コーヒー会社の女相続人アビゲイル・フォルジャーの死体と、投資家兼俳優ヴォイテク・フリコフスキーの死体があった。家の私道に駐めてあった車では、スティーヴン・ペアレントという若者が射殺されていた。

犯行には脈絡がないように見えた。警察は動機の見当がつかず、悪魔崇拝の儀式説を唱える者もいた。ところが、次の日の夜、現場から近いロス・フェリス地区で、裕福なラビアンカ夫妻が同じような手口で惨殺されたのである。

初期の段階では、2番目の事件は模倣犯によるものと考えられていた。しかし、1969年の夏が終わるころには、チャールズ・マンソン率いるカルト集団が犯人として浮かび上がってきた。

フリー・セックスの預言者

事件の2年前、マンソンは32歳で、ミュージシャンを目指していたが、その人生の半分は窃盗などで刑務所暮らしをしていた。1967年3月21日に刑務所を出てサンフランシスコに移ると、カルト指導者として頭角を現した。マンソンにはカリスマがあり、催眠術でも使うように人を自由に操ることができた。刑務所で学んだ宗教思想の影響でフリー・セックスの哲学を説き、ほどなく女性信者を中心にしたグループができた。

初期の信奉者

カリフォルニア州バークレーに住んでいたとき、マンソンは大卒の23歳の女性、メアリ・ブラナーと出会った。ブラナーはのちにマンソンの息子、ヴァレンタイン・マイケルを生む。マンソンはブラナーの家に転がり込み、すぐにほかの女性18人も同居するようになった。その中の一人が18歳のヒッピー、レスリー・ヴァンホーテンで、のちに「ファミリー」が起こしたロサンゼルスの連続殺人で重要な役割を担う。1967年の夏が終わるころ、マンソンは信奉者の一部をつれて改造したスクール・バスに乗り、国内を旅しながら、パーティやドラッグの日々を送った。マンソンのもとに走った女性の一人が、カリフォルニア生まれの19歳、スーザン・アトキンスだった。1968年の晩春、

> テイトの家を荒らすのは楽しかった……首を切り取られた鶏みたいに、みんな走りまわってたよ。
>
> **テックス・ワトソン**

チャールズ・マンソン。おもに若い女性からなるファミリー全員に、霊的・性的影響を行使した。女性と寝ると、男性のメンバーに褒美としてその女性を与えた。

参照 ワイルドバンチ 150-51 ■ テッド・バンディ 276-83 ■ ラスプーチン暗殺 312-15

殺人　233

マンソンはビーチ・ボーイズの歌手、デニス・ウィルソンとしばらく交流した。南カリフォルニアを車で旅行していたウィルソンは、ヒッチハイク中のマンソンの信者2人を乗せて、自宅に連れて帰った。その中の一人が20歳のパトリシア・クレンウィンクルだった。

翌日、ウィルソンがレコーディングの仕事を終えて自宅に戻ったとき、私道で待っていたのがマンソンだった。家の中には信奉者10数人がいた。ウィルソンはマンソンと意気投合し、しばらく全員を家に泊めることにした。ウィルソンはみんなの食費、服代に、10万ドル使った。そして、マンソンの音楽的才能に惹かれ、曲をいくつか共作した。業界の関係者にも紹介したが、その中にドリス・デイの息子でレコード・プロデューサーのテリー・メルチャーがいた。メルチャーの持ち家を借りて住んでいたのが、テイトとポランスキーである。だが、メルチャーは、マンソンの期待に反して、後援者にはならなかった。もともとマンソンには暴力傾向があり、勝手気ままな性格だったので、ウィルソンもすぐ嫌気がさした。グループを見限り、家を明け渡した。

> 私は彼に自分をゆだねました。すると彼は私を私自身に戻してくれました。彼からもらったのです……自分自身への信仰心を。
> **スーザン・アトキンス**

マンソン・ファミリーは明瞭な組織構造を持ったグループではなかった。メンバー同士の関係ができたのは、中心にマンソンのカリスマがあったからである。

- **スティーヴ・〈クレム〉・グローガン**。牧場従業員、ドラッグ常習者、ファミリーの友人。ラビアンカ事件とシェイ殺しで有罪。
- **メアリ・ブラナー**。ヒンマン殺しの共犯。ファミリーの中で最初にマンソンの子を産んだ。
- **リネット・〈スクィーキー〉・フロム**。殺人には関与していなかったが、裁判所の外で寝ずの番をする。
- **リンダ・カサビアン**。テイト=ラビアンカ事件の共犯。後悔してマンソンに不利な証言をする。事件の詳細を語った。
- **テックス・ワトソン**。マンソンの凶暴な右腕。元優等生だが、テイト=ラビアンカ事件では殺人を主導する。
- **レスリー・ヴァンホーテン**。犯行時は19歳、殺人に関係した最年少のメンバー。
- **ボビー・ボーソレイユ**。ゲイリー・ヒンマンを殺す。ドラッグ取引のトラブルがあった。ファミリーではないが、マンソンと行動を共にする。
- **パトリシア・クレンウィンクル**。熱烈なマンソン信奉者。テイト=ラビアンカ事件に関与。アビゲイル・フォルジャーを十数回刺す。
- **サンドラ・〈ブルー〉・グッド**。テイト殺しに参加を希望した。額に十字を刻み、マンソンの裁判を支援する。
- **スーザン・〈セクシー・セイディー〉・アトキンス**。1967年にある家のパーティでマンソンと知り合う。8件の殺人に関与。
- **ルース・アン・ムアハウス**。16歳のときマンソンのもとに走る。バーバラ・ホイトへの殺人未遂で起訴。

チャールズ・マンソン

マンソン・ファミリー

スパーン農場。西部劇映画のロケ地。『白昼の決闘』(1946年)などが撮影された。山地なのに開けた土地が多い。マンソン・ファミリーは1969年までここで暮らした。

1968年の8月、マンソンと取り巻きは市当局の命令でその家から追い出された。

サンフェルナンド・ヴァレーに西部劇映画を撮影するロケ地があり、すでに朽ち果てていたが、スパーン農場と呼ばれるその場所に、マンソン・グループは移り住んだ。代わりに雑用をするという条件で地権者はそこに住むことを許可した。牧場で生活するうちに強く結びついたグループは、自分たちを「マンソン・ファミリー」と呼び、共同生活を送って、乱交やLSDパーティに明け暮れた。

1968年から1969年のほぼ2年間、ファミリーはスパーン農場で生活した。メンバーはどんどん増えていった。大学をドロップアウトした若者で、テキサス出身ゆえに「テックス」と呼ばれていたチャールズ・ワトソンや、16か月の子を持つシングル・マザー、リンダ・カサビアンなどが新しく加わった。1968年12月、マンソンがある友人を訪ねると、その友人は発表されたばかりのビートルズの「ホワイト・アルバム」を聞かせてくれた。マンソンはビートルズに並々ならぬ興味を抱いた。そして、その歌には隠されたメッセージがあり、災厄が迫っていることをファミリーに警告してくれているのだ、と考えた。その災厄がなんなのか、マンソンには心当たりがあった。

ヘルター・スケルター

1968年の大晦日、スパーン農場でキャンプ・ファイアを囲んでいたとき、マンソンはファミリーのみんなにこう語りかけた。アメリカでは白人と黒人の人種的緊張が高まっている。アフリカ系のアメリカ人は間もなく国じゅうで反乱を起こすだろう。しかし、白人は差別主義者と非差別主義者の二つに分断されているので、負けるのは明らかだ。マンソンによれば、ビートルズがファミリーに向けて、その人種戦争を生き延びるためのメッセージ、デス・ヴァレーに逃れよというメッセージを発信してくれたという。迫り来るその最終戦争に備えて、マンソン・ファミリーは準備を始めた。ビートルズの曲名にちなみ、マンソンはその戦争を「ヘルター・スケルター」と名づけた。

最初にマンソンが得た啓示は、ビートルズのような音楽アルバムを作ることだった。わかる者にはわかる意味を歌詞に込めて、混沌をもたらす引き金にすること。1969年の初めごろ、ファミリーは砂漠を出て、ロサンゼルスのカノガ・パークの家に移り、人種間の緊張を肌で感じて、自称「世界を変えるアルバム」の曲を作ろうとした。

6月になっても世界最終戦争は起こらず、われわれが先頭に立って手本を見せなければならない、とマンソンは唱えるようになった。「ヘルター・スケルター」

の起こし方を全国民に示すため、裕福な白人を殺し、アフリカ系アメリカ人に罪をなすりつける必要がある、と主張した。

7月25日、マンソンはファミリーの一員で若いロック・ミュージシャンのボビー・ボーソレイユと、ブラナー、アトキンスの3人を、マンソンの友人、ゲイリー・ヒンマン宅に送った。金があると思われていたヒンマン宅から資金を盗んで、地下銀行を作るのが目的だった。

ところが、2日間監禁されても、ヒンマンは脅しに屈しなかった。怒り狂ったマンソンは剣でヒンマンの片耳を切り落とした。マンソンの指示でボーソレイユがヒンマンを刺し殺した。メンバーの一人がヒンマンの血で壁に「政治家の豚は死ね」とメッセージを残し、ブラック・パンサーのシンボルを描きそえた。その黒人過激派政治結社の犯行と見せかけるためである。

計略は失敗した。8月6日、ボーソレイユは、ヒンマンの車を乗りまわしていたときに、殺人容疑で逮捕された。2日後、マンソンはいよいよ「ヘルター・スケルター」を始めるときだ、と宣言し、手始めにポランスキーが住んでいる家を襲うように命じた。1969年8月8日の夜、ポランスキーの妻、シャロン・テイトは行きつけのレストラン〈エル・コヨーテ〉で食事をした。同席していたのがフォルジャーとフリコフスキー、セブリングだった。テイトの出産予定日は2週間後で、ロンドンにいるポランスキーの帰国が延びたことで不満をこぼしていた。午後10時30分頃、4人はベネディクト・キャニオンを見下ろすテイトの広い家に戻った。

死の夜

真夜中近くになって、ワトソン、アトキンス、クレンウィンクル、カサビアンが車でその家に到着した。私道でワトソンが18歳の学生、スティーヴン・ペアレントを射殺した。ペアレントは離れに住んでいる管理人を訪ねてきていた。カサビアンは車で待機し、ほかの3人が家に押し入って、4人全員を殺害した。

翌朝の午前9時15分、テイトのメイド、ウィニフレッド・チャップマンが死体を発見した。惨状を目にして、チャップマンは悲鳴を上げ、街路に飛び出して助けを求めた。隣人が警察に通報した。現場に着いた警官は、被害者の顔に恐怖の表情が浮かんでいるのを見たという。テイトの胎児は助からなかった。事件の衝撃

> 恥じることは何もしていない。神の前に出るのも平気だ。虫一匹殺してないんだから。
> チャールズ・マンソン

は近隣に広がったが、マンソンは不満だった。彼が予言した人種戦争の引き金にならなかったからである。

翌日の晩、前夜の殺人者4人と、レスリー・ヴァンホーテン、18歳のスティーヴ・〈クレム〉・グローガンは、マンソンと共に、スーパーマーケットの重役で44歳になる裕福なリーノー・ラビアンカ宅に向かった。ロサンゼルス市ロス・フェリス地区ウェイヴァリー・ドライブの豪邸である。居間の寝椅子で眠っていたラビアンカに銃を突きつけて起こしたのはマンソンだった。ラビアンカの妻、ローズマリーはその居間に連れてこられ、二人とも枕カバーを頭にかぶせられた。これは強盗だ、協力すれば危害は加えない、というのが犯人の言い分だった。

そのあとマンソンは、ヴァンホーテンとクレンウィンクルに、ワトソンの指示に従えと言い残して立ち去った。ワトソンは夫妻を殺すように指示されていた。クロームめっきの銃剣でワトソンはリーノーを十数回刺し、腹部に「戦争」という文字を刻んだ。ヴァンホーテンとクレンウィンクルはローズマリー・ラビアンカを殺すように指示された。遺体の背中と臀部の41か所に刺し傷があった。クレンウィンクルは夫妻の血で壁に「蜂起せよ」「豚どもに死を」と書いた。冷蔵庫の扉に「ヘルター・スケルター」と書いたの

チャールズ・マンソン

オハイオ州シンシナティ生まれ。母親のキャスリーン・マドックスは16歳だった。恵まれない子供で、母親は出産後すぐに窃盗罪で服役、マンソンはウェスト・ヴァージニアの親類に預けられた。10代の頃から酒屋での万引きや自転車泥棒など軽犯罪の常習犯で、別々の食料品店で2度続けて万引きをしたあと、13歳のときに少年矯正施設に入れられる。IQは高かったが、字は読めず、施設の職員は反社会的な暴力傾向があったことを認めている。1951年10月、軽警備の刑務所に送られ、1954年5月に出所する。

1955年、病院の給仕婦、ロザリー・ジーン・ウィリスと結婚して、息子のチャールズ・ジュニアが生まれた。マンソンが刑務所に舞い戻ると、二人は離婚した。1958年に仮出所するが、偽造小切手を換金しようとしてすぐにまた収監される。1967年3月に釈放され、サンフランシスコに移って、カルト集団のリーダーになる。

マンソン・ファミリー

シャロン・テイト。女優でモデル。1967年のロマン・ポランスキーの映画『吸血鬼』に主演し、1968年1月にポランスキーと結婚した。その17か月後に殺される。

も彼女だが、ヘルター（Helter）の綴りがHealterになっていた。そのあと、犯人たちは血まみれの現場を離れた。

8月10日の午後10時30分頃、ローズマリー・ラビアンカの息子、フランク・ストラザーズがキャンプ旅行から戻り、リーノー・ラビアンカのボートが私道にあるのを見つけた。不安になって、妹とそのボーイフレンドを電話で呼んだ。男2人が中に入ってみると、ラビアンカ夫妻の死体があった。初期段階でロサンゼルス市警は、類似事件であったにもかかわらず、ヒンマン事件、テイト事件、ラビアンカ事件に関連があるとは思っていなかった。

ヒンマン事件は保安官事務所の担当で、ロサンゼルス市警はテイト事件はドラッグに関係があると思い込んでいた。3つの事件を個別に調べていた捜査班は壁にぶつかったが、その理由の一つとして互いに意思疎通ができていなかったことが挙げられる。しかし、マンソン・ファミリーの「スプリー」犯罪は続き、警察はやがて重要な手がかりを得る。

ボビー・ボーソレイユのガール・フレンド、キティ・ルートジンジャーが、カリフォルニアのデス・ヴァレーで機械に火をつけた容疑で逮捕された。その場所は、ファミリーの新しい隠れ家、バーカー農場のそばだった。ルートジンジャーは、スーザン・アトキンスがヒンマン殺しに関係していたことを警察に密告した。ヒンマン事件ではボーイフレンドのボーソレイユがすでに服役していた。

一方、8月16日には、関連のない事件で保安官事務所がスパーン農場の捜索をした。保安官はそこが自動車泥棒のアジトではないかと考えていた。スーザン・アトキンスが逮捕され、マンソンとワトソン、それにブルース・デイヴィスという信奉者が、農場の従業員、ドナルド・シェイを殺害した。シェイが警察に通報したと思ったからである。

自動車泥棒の容疑で留置所にいたとき、スーザン・アトキンスは同房の女性に自分がテイト事件とラビアンカ事件に関わったことを話した。同房者はそれを警察にしゃべった。アトキンスは自白しただけでなく、共犯者を告発する証言もした。自分だけ死刑を免れるためだった。

ファミリーの裁判

マンソンとクレンウィンクル、アトキンスの3人は7件の殺人罪と1件の共謀罪で起訴された。ヴァンホーテンはラビア

私の家族の誰にも、
彼らは罪の贖いをしていません。
デブラ・テイト

殺人 **237**

スーザン・アトキンス、パトリシア・クレンウィンクル、レスリー・ヴァンホーテン。1970年8月、入廷時の写真。3人とも額に十字を刻んでいる。

ンカ殺しに加わっただけなので、2件の殺人罪と1件の共謀罪のみだった。カサビアンは犯行時外で待っていて、事件のあとは農場に逃げ帰ったので、証言と引き換えに免責特権が与えられた。

裁判は1970年6月15日に始まった。宣誓証言の1日目、マンソンが法廷に現れたとき、その額には十字が刻まれていた。それ以降に出廷したファミリーのメンバーたちは、女性を含め全員がそれに倣って、額に同じしるしを刻んだ。

アトキンスとその共同被告人たちは審理を妨害しようとして、マンソン作曲の歌を出廷と退廷のときにいつも歌った。アトキンスは周囲を馬鹿にするように笑っては暴言を吐いた。ファミリーのメンバーが裁判所の周辺にたむろし、歩道で寝ずの番をした。のちにマンソンと共同被告人は全員が坊主頭になった。

そんな戦術も裁判の流れを変えることはできなかった。検察側は、マンソンのいう人種戦争を起こすことが殺人の動機であったと主張した。カサビアンの証言がその重要な証拠になった。一方、弁護側は、3日のあいだ証人を一人も呼ばず、証拠提出を打ち切った。そのことにマンソンと信奉者は怒った。裁判が終わり、あとは最終弁論だけになったとき、ヴァンホーテンの弁護人、ロナルド・ヒューズが週末の旅行に出たまま失踪し、数か月後に死体で発見された。

結審は1971年1月。マンソンとアトキンスとヴァンホーテンとクレンウィンクルは、27の訴因すべてで有罪、死刑の宣告を受けた。1972年、カリフォルニア州では死刑が廃止されたので、刑は無期懲役に切り替わった。マンソンの信奉者、ブルース・デイヴィスとスティーヴ・グローガンは、ヒンマン及びシェイの殺害容疑で有罪になった。

1971年、マンソンの信奉者、キャサリン・シェア、リネット・フロム、デニス・ライス、スティーヴ・グローガン、ルース・アン・ムアハウスが、ファミリーの元メンバー、バーバラ・ホイトに対する殺害を謀議した疑いで有罪判決を受けた。ホイトが裁判で証言するのをやめさせるのが目的だった。ホイトと、カサビアンと、もう一人の元メンバー、ポール・ウォーカーは全員がマンソンに不利な証言をした。シェアはのちになって、有利な証言をしなければ危害を加えるとマンソンに脅されたと主張した。

事件から何十年たっても、マンソンはニュースに登場し、刑務所内でインタビューに応じた。マンソンの事例が特異なのは、自分では一人も殺さず、異様な説伏の力によって操られた信奉者が、みずからすすんで犯行に及んだ点にある。■

カルトの心理学

俗説とは違い、カルトに入る者の95パーセントは心理学的に正常である。性格とも大きな関係はない。個人的、環境的な理由——自分の居場所を見つけたい、人生の答えを見つけたい、組織化された超俗の生活に憧れる、といった理由によって、人はカルトに入信する。

人を集め、脱会者を少なくするのは、カルトのリーダーの能力次第である。リーダーには信じられないほどのカリスマがあるのが普通で、自由に人を動かすことができて、メンバーに多大なる影響を与える。

さらにリーダーは、集団としてのアイデンティティが確立するように仕向ける。礼拝や単純作業、性的乱交を命じたりするのはそのためである。メンバーはリーダーが定めた規則に従い、しばしば外部との交流も禁じられる。そのため逃げるのは難しくなり、カルトの外にある脱会支援団体との接触も断たれることになる。

ディンゴがうちの赤ん坊を連れていった!
アザリア・チェンバレンの死（1980年）

事件のあとさき

場所
オーストラリア、ノーザンテリトリー州ウルル・キャンプ地

テーマ
容疑者になった両親

以前
1665年 イングランドの下女、アン・グリーンが自分の赤ん坊を殺した容疑で絞首刑になる。レイプで身籠った子だが、アンは死産だったと主張した。

以後
1999年 英国のサリー・クラークが自分の乳児2人を殺したという無実の罪で有罪判決を受ける。乳児突然死が続けて2度起こるのは考えにくいという「専門家」の証言が誤審の原因である。

2015年 米インディアナ州の裁判所がパーヴィ・パテルに20年の刑を宣告する。ゴミ収集箱から彼女が流産した24週の胎児が見つかったからである。

マイケル・チェンバレンの説明によると、自分たちの赤ん坊アザリアが、ディンゴと呼ばれるオーストラリアの野犬に連れ去られたことを知ったとき、妻のリンディはひどく取り乱したという。警察が事情聴取をしたとき、その妻は落ち着き払っていた。これは話が違う。警察は、ウルル（エアーズ・ロック）のそばに設営した二人のテントを調べ、疑惑を深めた。

証拠の断片

警察は警察なりの仮説をたてた。一家の車の前の座席で、膝に抱いた娘のアザリアを、リンディがはさみで刺し殺したのではないか。そう考えれば、車のダッ

私がここに来たのは、皆さんにこう伝えたいからです。すべてを失ったと思っても、正義は実現します。
マイケル・チェンバレン

シュボードに血がついていたことや、ぼろぼろになった衣服の一部が近くに落ちていたことも説明がつく。死体は見つからなかったが、警察はこの推理に自信を持っていた。オーストラリアの奥地には人がいないので、小さい死体ならどこにでも隠すことができる。警察は自分たちの推理と矛盾する証拠は無視した。近くでキャンプをしていた人たちは野犬の遠吠えを聞いていたし、現場のテントの周

オーストラリアのディンゴ。 人間や家畜を襲うので淘汰されてきたが、「減少種」に指定されたことや捕食性のキツネを追い払う役に立つことから、見直しが図られている。

参照 リンドバーグ愛児誘拐事件 178-85

殺人　239

チェンバレン夫妻。1981年の最初の検視審問で無罪になり、アザリアの写真を持って会見に臨む。州警察はその評決を不服とし、リンディを有罪にすべく邁進する。

母親が自分の赤ん坊を殺したという話を信じたのだろう。アザリアの失踪事件のあと、ディンゴによる襲撃事件が何件か報告されており、死者も出ている。1998年、クィーンズランド沖のフレイザー島では、ディンゴの群れに襲われて連れ去られそうになった幼い娘を父親が奪還している。3年後、同じ島で襲われた9歳の少年、クリントン・ゲイジは助からなかった。

リンディが娘を殺したという説が一人歩きを始めると、すべての証拠は彼女の有罪を示しているように見えてくる。法医学的分析に不備があったのは、捜査官の予断に従って結論がねじ曲げられたからである。警察も大衆もリンディの反応の「不自然さ」を責めた。不当な非難だが、それだけ先入観にとらわれていたといえる。ディンゴによる新たな襲撃例と法医学の進歩があって初めてチェンバレン夫妻は容疑を晴らすことができた。■

辺では足跡や犬の毛や何かを引きずった跡も見つかっていた。しかも、マイケルは牧師で、赤ん坊を殺す動機はなかった。裁判所の法医学者、ジョイ・クールが行ったテストの結果は警察の見解を支持するもので、1982年10月29日、リンディは娘を殺した容疑で有罪になり、収監された。裁判所の判断によれば、マイケルは事後従犯で、妻の犯罪の証拠隠滅に協力したという。彼は保釈された。

1986年、現場付近のディンゴの巣から赤ん坊の上着が見つかり、裁判結果に疑問が投げかけられた。それによってリンディ・チェンバレンは「情状酌量」により釈放された。1988年、リンディと夫に下された判決は覆された。だが、まだ疑惑の目を向ける者もいた。1995年に新しく開かれた検視審問でも疑いは晴れず、アザリアの死に関しては「判断保留」の結論が出た。2012年になって初めて検視当局はディンゴが乳児を殺したことを認めた。最新の検査技術によって判明したのだが、家族の車で見つかり、クールが「胎児ヘモグロビン」つまり乳児の血液と認定したものは、酸化銅など自動車の製造過程でこぼれた化学物質とミルクとの混合物だった。さらには、1982年リンディの有罪の証拠となった、赤ん坊の衣服の切れ端についていた血の手形は、実は血でもなんでもなかったのである。

被告席に立たされるディンゴ

オーストラリア土着の野犬、ディンゴは、もともと無害な動物とは思われていなかった。家畜を襲うので、農場主は害獣と見なしていた。しかし、アザリアの事件以前に人間の子供を襲った記録はない。おそらくオーストラリアの大衆は、自国を代表する動物、ディンゴが恐ろしい生き物であることを認めたくなくて、

オーストラリア人は
もうディンゴに危険がないとは
いえないでしょう。
リンディ・チェンバレン＝クライトン

ぼくは無名だった世界で一番有名な誰かさんを殺すまでは

ジョン・レノン殺害事件（1980年12月8日）

事件のあとさき

場所
アメリカ合衆国、ニューヨーク市

テーマ
セレブへのストーカー行為

以後

1981年 ジョン・ヒンクリー・ジュニアが、女優ジョディ・フォスターに校内で付きまとうため、イェール大学に入学する。3月30日、「フォスターへの求愛」のためロナルド・レーガン大統領への暗殺未遂事件を起こす。

1989年 ロバート・ジョン・バードが、3年間ストーカー行為を行ったのちに、女優レベッカ・シェーファーを射殺する。

1995年 ヨランダ・サルディバルが、ファン・クラブの運営を巡ってヒスパニック系テキサス人の歌手セレナに付きまとい、首になった3月31日、セレナを殺害する。

2004年 メタルバンド、パンテラのファン、ネイサン・ゲイルが、コンサートで数人を殺害する。パンテラ解散に激怒したのが原因。

マーク・デイヴィッド・チャップマンが1980年12月8日、ジョン・レノンの背中に銃弾を撃ち込んだとき、彼は自分の世代の偶像を破壊しただけでなく、新種の殺人者の到来を告げることになった。セレブ殺人者である。米国最南部地方で過ごした子供時代から、チャップマンはビートルズの大ファンだったが、のちに背を向けた。

名声への執着

チャップマンは不安定な自我の持ち主で、自分は価値のない人間だという思いにいつも取り憑かれていた。1977年にはハワイで自殺未遂をしたが、死ねなかった。

チャップマンがジョン・レノンに執着しはじめたのは、レノンの伝記を読んでからだという。チャップマンはJ・D・サリンジャーの『キャッチャー・イン・ザ・ライ』にのめり込み、やがてレノンを「偽者」と見なすようになった。ニューヨーク市で彼は何か月もレノンに対してストーカー行為を行っていた。

1980年12月、ついに行動を起こし、レ

ダコタ・ビルディングでのファンの献花。事件の悲しみは世界中に広がった。少なくとも3人のファンが後追い自殺している。

コーディングを終えてダコタ・ビルディングに戻ってくるレノンを待ち伏せした。チャップマンは38口径の拳銃をレノンに向かって5発発射した。門衛が拳銃を取りあげたときもチャップマンは抵抗せず、現場に腰をおろして警察が来るのを待っていた。レノンは病院に運ばれたが、到着して7分後に死が宣告された。

チャップマンは有名になりたくてレノンを撃ったと言った。医師の診断は精神異常。1981年6月、罪状を認め、「20年から終身まで」の判決を受けた。■

参照 カイヨー夫人 217 ■ トゥパック・シャクールとビギー・スモールズ殺害事件 254-57 ■ ジョン・F・ケネディの暗殺 316-21

殺人 **241**

誰に送り込まれた? 誰に言われて 私にこんなことをする?

ロベルト・カルヴィ殺害事件
(1982年6月17日)

事件のあとさき

場所
英国、ロンドン

テーマ
マフィアの暗殺

以前
1957年　「マッド・ハッター」と呼ばれたアルバート・アナスタシアが、行きつけのニューヨークの理髪店で、マフィアのドン、ヴィト・ジェノヴェーゼの命令により暗殺される。
1980年　米フィラデルフィアの犯罪組織のボス、アンジェロ・ブルーノが、相談役アントニオ・カポニグロの指示で殺される。メセドリン取引きの利益分配が原因。

以後
1986年　米シカゴの犯罪組織のボス、ロッコ・インフェリスが、ラスベガスでの商売をまかせていたアンソニー・スピロトロとその弟の殺害を命じる。
1990年　ルッケーゼ・ファミリーの一員、アンソニー・ディラピが組織から抜けるため米カリフォルニアに逃げるが、発見され、アンソニー・カッソの命令により射殺される。

　1975年、ロベルト・カルヴィはアンブロシアーノ銀行の頭取になった。アンブロシアーノはバチカンと縁が深く、宗教関連の団体に資金調達を行う目的で、その75年前に創立された。主な出資者はバチカン銀行。その関係でカルヴィは「神の銀行家」と呼ばれたが、頭取としては褒められたものではなかった。

　資金を流用して政治団体に流したり、ヴェネト・カトリック銀行の支配的利権を確保したり、複数のオフショアファンドを設立したり、その動きには疑惑が付きまとった。巨万の富を国外に持ち出し、株価をつり上げ、無担保ローンで蓄財をした。それがイタリア銀行の目に留まり、金融当局による調査が始まった。

　カルヴィは有罪になり、執行猶予つき4年の判決を受けたのち、保釈された。10億ドル近い銀行の負債には、シチリア・マフィアがらみのものもあった。アンブロシアーノ銀行は1982年6月に破綻し、その同じ月にカルヴィはローマの自宅アパートから失踪した。

　4日後、ロンドンのブラックフライアーズ橋の足場からぶら下がっているカルヴィの死体が発見された。ブラックフライアーとは黒い修道士の意味である。カルヴィは「ロッジP2」のフリーメイソン、通称「黒い修道士」に属しており、橋の名前との関連が注目を集めた。最初は自殺として処理されたが、検察側は裏取引を暴露されるのを恐れたマフィアの犯行ではないかと考えるようになった。フリーメイソン説、政治団体犯行説などもある。容疑者5人が2005年に起訴されたが、証拠不十分で釈放された。■

バチカン、マフィア、フリーメイソン、政治家。それがみんな絡んで、この裁判だ。
ルカ・テスカロリ

参照　バーニー・メイドフ 116-21 ■ シチリア・マフィア 138-45 ■ ビール戦争 152-53 ■ ラスプーチン暗殺 312-15

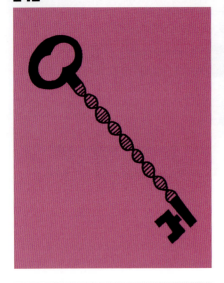

無実なのに、私は死刑囚だった
カーク・ブラッズワース（1984年）

1984年、元アメリカ海兵隊員、カーク・ブラッズワースは、9歳の少女、ドーン・ハミルトンに対する性的暴行、強姦、殺人の容疑で逮捕された。少女の死体は、メリーランド州ローズデールの自宅近くにある公園内の林で発見された。

逮捕は匿名の電話に基づいている。電話の女性はブラッズワースが被害者と一緒にいるのを見たと警察に話した。ほかの2人の目撃者も面通しでブラッズワースを同定した。ただし、当時、事件は大

カーク・ブラッズワース。手にしているのはドーン・ハミルトンの写真。1984年の8月にこの少女に性的暴行を加え殺害したとされたが、冤罪だった。

事件のあとさき

場所
アメリカ合衆国、メリーランド州、ローズデール

テーマ
冤罪（えんざい）

以前
1950年 英国人、ティモシー・ジョン・エヴァンスが妻と娘を殺した容疑で有罪になり、絞首刑になる。15年後に開かれた審問会は、真犯人はエヴァンスと同じアパートに住んでいたジョン・レジナルド・ハリデイ・クリスティであると結論づけた。

以後
1987年 高校2年生のティム・マスターズが、米コロラド州フォート・コリンズのペギー・ヘットリック殺しで有罪になる。そのあと判事はただちにマスターズを釈放するように命ずる。証拠のDNAが被害者の男友だちのものと一致したからである。

イノセンス・プロジェクト

市民運動の弁護士2人によって1992年ニューヨークで設立されたイノセンス・プロジェクトは、冤罪の在監者をDNA鑑定で救うことを目的とした非営利法律組織である。刑事司法制度の変革を求める運動もしている。

イノセンス・プロジェクト（無実の計画）とはいうものの、当事者が無実を叫ぶだけでは判決を覆す法的根拠にはならない。通常はDNA鑑定などの新しい証拠があって初めて冤罪を訴えることができる。

DNA鑑定が犯罪捜査に初めて導入されたのは1989年のことである。アメリカ合衆国では、2016年上半期までに重罪で収監されていた340人の潔白がDNA鑑定によって証明された。その約半数が収監の代償として賠償金を受け取っている。無実が晴れた冤罪被害者のうち20人は死刑囚だった。

殺人 243

参照 コリン・ピッチフォーク 294-97

私に起こったことは
誰にでも起こりうることだ。
カーク・ブラッズワース

きく報道されていたので、判断に影響が出ることを憂慮して、目撃者はニュースを見ないようにいわれていた。ところが、それを無視して、目撃者は面通しの前にテレビでブラッズワースの顔を見ていた。直接の証拠はなかったのに、ブラッズワースは強姦と第一級殺人で起訴され、死刑を宣告された。

1986年、メリーランドの控訴裁判所は、被告に有利な証拠を検察側が違法に秘匿していたという理由で、ブラッズワースの死刑判決を覆した。再審が行われたが、ブラッズワースはふたたび有罪になり、終身刑2回分の判決を受けた。

それから7年、ブラッズワースは無実を訴えながら刑務所の図書館で働いた。1992年、DNA鑑定という新しい技術があることを知り、現場で採取されたDNAが自分の罪を晴らしてくれることを期待して、ブラッズワースは裁判所に申し立てをした。それがうまくいった。1993年、ブラッズワースの遺伝子情報が現場のDNAと一致しないことが証明され、彼は釈放された。■

1984年7月—ドーン・ハミルトン（9歳）の死体がメリーランド州ローズデールの公園で発見される。

1984年8月—警察は元海兵隊員カーク・ブラッズワースを逮捕し、起訴する。

1985年3月—陪審がドーン・ハミルトン殺害容疑でカーク・ブラッズワースに有罪の評決を出す。量刑は死刑。

1986年7月—メリーランド控訴裁判所が検察側の証拠隠匿を理由に判決を覆す。再審が決まる。

1987年4月—二度目の評決でも有罪になり、終身刑2回分の判決が下る。

1992年4月—ボルティモア郡検察局がブラッズワース裁判で使った証拠をDNA鑑定のために提出する。

1993年5月—カリフォルニアの研究所が被害者の下着に付着した体液はブラッズワースのものではないと結論づける。

1993年6月25日—下着についた体液がブラッズワースのものではありえないことをFBIが認める。

1993年6月28日—カーク・ブラッズワースはジェサップの刑務所を出て自由になる。

前代未聞の邪悪な行為
ジェイムズ・バルジャー殺害事件
（1993年2月12日）

事件のあとさき

場所
英国、マージーサイド

テーマ
子供による殺人

以前
1954年 ニュージーランドのクライストチャーチで、16歳のポーリーン・パーカーと、15歳のジュリエット・ヒュームが、ポーリーンの母親、アノラを殺す。

1968年 英国で11歳のメアリ・ベルが、2度にわたって事件を起こし、それぞれ3歳と4歳の男児を殺す。

以後
1999年 12歳のライオネル・テイトが米フロリダで6歳のティファニー・エウニックを殴り殺す。

2001年 フロリダのキング家の兄弟、12歳のデレクと13歳のアレックスが、野球のバットで父親を殺し、自宅に火を放つ。

　1993年2月12日金曜日、2歳のジェイムズ・バルジャーは母親のデニスに連れられて、英国マージーサイドのショッピングモール、ブートル・ストランドに来ていた。午後3時42分、デニスは肉屋で買い物をした。ジェイムズは入口の外で待っていた。そこから10歳の小学生2人に連れ出され、むごたらしい死を遂げることになる。少年たちは鉄道の線路で幼児を虐待して殺害した。

　支払いをすませた母親が振り返ると、**防犯カメラの映像**。タイムスタンプは午後3時42分。ジェイムズ・バルジャーは殺人者の1人と安心したように手をつないでいる。トンプソンとヴェナブルズは2歳児を連れて歩き、3キロ先で凶行に及んだ。

　息子はいなくなっていた。狼狽して警備員に助けを求めると、警備員は館内のスピーカーで迷子の放送をした。ジェイムズの年格好や服装を流したが、見つからなかった。午後4時15分、母親は警察に通報した。午後5時30分、ショッピングモールの閉店時刻になってもジェイム

参照　リンドバーグ愛児誘拐事件 178-85　■　リジー・ボーデン 208-11　■　ストラットン兄弟 212-15　■　アザリア・チェンバレンの死 238-39

ズの行方はわからなかったので、マージーサイド警察は大規模な捜索を開始した。最大の手がかりは防犯カメラの映像だった。それには肉屋から離れる2歳児の姿が映っていた。ビデオでその動きを探るうちに、最上階にいる映像が見つかった。2人の少年と一緒にいるようだった。生きているジェイムズが映っている最後の映像では、少年の1人に手を引かれ、3人でリーズ＝リヴァプール運河の方に向かっていた。しかし、それがわかっても、警察はジェイムズを発見できなかった。

誘拐から殺人へ

2日後、一人の少年がウォルトン・レーンの警察署に駆け込んできた。署から数分の距離にある線路上で、損傷の激しい死体を見つけたという。ジェイムズ・バルジャーはもはや迷子の幼児ではなく、殺人の被害者になったようだった。死体の身元が確認されると、警察は2人の重要参考人を追いはじめた――ビデオに映っていた少年たちである。一人の女性の証言から、2人の身元が特定された。その子供たちは女性の店によくやってくる問題児で、名前はジョン・ヴェナブルズとロバート・トンプソンだった。

トンプソンとヴェナブルズは拘引されたが、警察もこの2人に殺人ができるとはとうてい信じられなかった。どちらもまだ10歳なのに、ジェイムズの遺体には数多くの無惨な傷がついていたからである。とにかく、警察は事情聴取をはじめた。その過程で、少年たちの犯罪の全貌が徐々に明らかになっていった。

取り調べのあいだトンプソンは不気味なほど冷静だったが、つい口を滑らせ、ジェイムズの着衣について詳しすぎるほど詳しい証言をした。ヴェナブルズのほうは病的に興奮していた。2月19日、彼はジェイムズ・バルジャー殺しを自白した。2月20日、両容疑者は誘拐及び殺人の罪で起訴された。動機は明らかにされなかった。

被告席の子供たち

小学生の殺人犯の裁判は国を揺るがした。被告席の上に顔が出るように、小さな台が裁判所に運び込まれた。全国民が息を呑んで見守るなか、トンプソン、ヴェナブルズ両人にとって不利な証拠が次々に明らかになっていった。

バルジャーの血が1人の少年の靴に付着していた。もう1人の少年の靴跡は、バルジャーの顔に残っていた靴跡と一致した。ある女性は同じ日に少年たちが自分の息子を誘拐しようとしたと証言した。また、警察の取り調べでヴェナブルズが話した内容も法廷で明らかになった。それによると、彼は列車や車に子供を轢か

> この醜悪な出来事は、
> 社会が社会の名に値しないものに
> なったことを示している。
> トニー・ブレア

せて事故に見せかけようと考えていたという。有罪の証拠が積み重ねられた。弁護士は、2人は幼すぎて刑事責任を負うことはできないと申し立てた。その一方で、児童心理学者は、2人には善悪の区別がついていたはずだと証言した。刑事責任を問える11歳になっていたので、トンプソンとヴェナブルズは起訴され、11月24日に有罪になり、8年間収監された。

刑期は2度延長されたが、トンプソンとヴェナブルズは2001年釈放された。■

刑事責任年齢

20世紀中ごろの裁判所は、子供の情緒的・精神的・知的成熟に基づいて刑事責任年齢を設定すべきであると考えていた。国ごとにその年齢は違う。英国では10歳だが、ほかのヨーロッパの国では15歳が多い。アメリカ合衆国では6歳から11歳まで州によって異なっている。

刑事責任年齢に満たない法律違反者は、それ以上の年齢の犯罪者とは扱いが異なり、犯罪を犯しても起訴されることはない。国によっては両親が責任を問われることもあり、子供は施設に入れられたりする。

英国は2014年に刑事責任年齢を上げることを検討したが、ジェイムズ・バルジャーの母親はそれに反対した。犯行が数か月早く、トンプソンとヴェナブルズが10歳未満であったなら、2人は裁判にかけられることはなかっただろうし、刑罰も受けなかっただろう。

いつかこの男に殺されるような気がして怖い

O・J・シンプソン
（1994年6月12日）

O・J・シンプソン

事件のあとさき

場所
アメリ合衆国、カリフォルニア州

テーマ
被告が有名人

以前
1954年12月2日 ボクシングの興行主ドン・キングが、クリーヴランドで自分が開いていた違法賭博場に盗みに入ったとされる人物を射殺。

1978年10月12日 パンク・ロッカー、シド・ヴィシャスが、ガール・フレンドのナンシー・スパンゲンを刺し殺す。殺人罪で起訴されるが、裁判の前にヘロインの過剰摂取で死亡。

以後
2001年1月22日 元プロ・フットボール選手レイ・キャルースが妊娠したガール・フレンドを謀殺した容疑で有罪になる。

2013年2月14日 パラリンピックの陸上ランナー、オスカー・ピストリウスが、ガール・フレンドのリーバ・スティンカンプを射殺する。

ニコール・ブラウン・シンプソン。1994年、夫の出演映画『裸の銃を持つ男 PART33 1/3 最後の侮辱』のプレミアで。二人は1992年に離婚したが、その後よりを戻していた。

ロサンゼルスのブレントウッドにあるアパートメントの玄関で、黒いドレスを着た裸足の女性が血だまりに突っ伏していた。その横の茂みには、25歳の男性の遺体があった。1994年6月13日午前12時10分、この不気味な現場を隣人がたまたま通りかかった。彼が見つけたのは、ニコール・ブラウン・シンプソンとロン・ゴールドマンの死体だった。どちらも死後しばらくたっていた。ニコールの首には深い切り傷があり、首と胴体が離れそうになっていた。ゴールドマンのシャツは顔までめくられていて、傷だらけの上半身がむき出しになっていた。隣人は通りかかったパトカーを止め、サウス・バンディ・ドライヴのアパートメントは間もなく捜査員であふれた。

高級住宅街のブレントウッドでこんな凶悪犯罪は珍しかった。それ以上に捜査陣が色めき立ったのは、被害者のニコール・ブラウン・シンプソンが、元フットボールのスターで俳優、O・J・シンプソンの別れた妻だったからである。

悲劇の背景

事件の夜、ニコールは、レストランの〈メッツァルーナ〉で、母親や子供と食事をしていた。午後9時35分、眼鏡を店に置いてきたニコールの母は、レストランに電話をかけてそのことを伝えた。続いてニコール自身が電話をかけて、友人でもあるウェイター、ロン・ゴールドマンに、その眼鏡を家まで届けてくれないかと頼んだ。ゴールドマンは午後9時50分に仕事を終えると、ニコール宅に向かった。それから2時間少したって、2人の死体

が発見された。被害者2人の身元が確認され、捜査員はロッキンガムにあるシンプソンの家に向かった。そこには血のついた自動車、白いフォード・ブロンコがあった。令状はなかったが、シンプソンの安全確認を理由にして、マーク・フールマン刑事は壁を乗り越え、捜査チームを邸内に入れた。家の中を見てまわったフールマンは、血のついた手袋を発見した。のちにそれは殺人現場で発見された手袋の片われであることがわかった。DNA鑑定の結果、その血はニコールとゴールドマンのものであると確認された。

のちに、シンプソンの血が3滴、シンプソン宅の門で見つかった。シンプソンの手の傷から落ちたものだった。手袋の発見、両方の家で見つかった血の鑑定結果などが、二重殺人でシンプソンの逮捕状を請求する根拠になった。

劇的な自首

シンプソンの弁護士チームは、1994年6月17日にシンプソンを自首させる段取りをつけて、捜査側と交渉していたが、シンプソンは逃亡した。長年の友でありフットボールの選手仲間でもあったアル・カウリングズが、白いフォード・ブロンコの助手席にシンプソンを乗せ、フリーウェイを逃げていった。シンプソンはときおり銃口を頭に当て、自殺をほのめか

私は100パーセント無罪だ。
O・J・シンプソン

殺人 249

参照　クリッペン医師 216 ■ マンソン・ファミリー 230-37 ■ トゥパック・シャクールとビギー・スモールズ殺害事件 254-57

白いフォード・ブロンコ。日が暮れかかったころ、ロサンゼルスのフリーウェイを低速で逃亡し、追跡されている。テレビ中継された追跡劇は社会現象になり、シンプソン事件に注目が集まった。

した。午後2時、ロサンゼルス市警はシンプソン逮捕に向けて無線で緊急配備を敷いた。夕方近くになって、ブロンコが見つかり、捜査員が1人車に近づいたが、シンプソンが頭に銃口を当てていたので、そのまま引き返した。そこから低速のカーチェイスが始まり、警察車両20台とヘリコプター9機が車を追った。何千人もの野次馬が跨線橋に集まり、白いブロンコを応援した。走りつづけろ、と書かれた手作りの旗を持っている者もいた。各テレビ局は通常の放送を中断し、9500万の視聴者がこの追跡劇を目撃した。

フリーウェイを80キロ走ったのち、午後8時、シンプソンのブレントウッドの邸宅で追跡は終わった。おとなしく投降するのと引き換えに、シンプソンは自宅で1時間母親と話すのを許された。その間、捜査員はブロンコの車内を調べ、8000ドルの現金と、衣類、変装道具——あごひげや口髭、化粧用品——家族の写真、銃弾の入った拳銃などを見つけた。

法廷の顔ぶれ

6月20日、シンプソンは罪状認否のため法廷に召喚されたが、2件の殺人いずれも無罪を申し立てた。保釈が認められず、シンプソンは拘留された。のちに論議の的になったが、検察側はロサンゼルスのダウンタウンで裁判を行うことにした。その結果、陪審団には黒人が多く含まれることとなった。

ロサンゼルス市警のベテラン刑事トム・ロンギが捜査責任者で、主任検察官には地方検事補マーシャ・クラークが選ばれた。共同検察官は地方検事補クリストファー・ダーデンだった。シンプソン側は解説者や俳優として活動し、『タワーリング・インフェルノ』『カプリコン・1』『裸の銃を持つ男』三部作などに出演している。

シンプソンは1977年に18歳のウェイトレス、ニコール・ブラウンと出会い、1985年に結婚した。シドニーとジャスティン、2人の子供がいる。家庭内暴力が絶えず、結婚生活は破綻をきたし、1992年2月25日にニコールのほうが離婚訴訟を起こす。ニコール殺人容疑でシンプソンが起訴されたのはそれから2年後のことである。

O・J・シンプソン

本名オレンタール・ジェイムズ・シンプソン。カリフォルニア州サンフランシスコ近郊の貧しい公営住宅で育つ。フットボールが好きで、フットボール奨学金を得て南カリフォルニア大学に進学。1968年にはもっとも活躍した選手に与えられるハイズマン賞を得ている。

卒業後、ドラフトでＮＦＬのプロ選手になり、バッファロー・ビルズやサンフランシスコ・フォーティナイナーズで11シーズン活躍する。1973年には史上初めて2000ヤードを超えるランを記録し、のちにフットボールの栄誉の殿堂入りをする。引退後

O・J・シンプソン

法廷のO・J・シンプソン。隣は弁護士のジョニー・コクラン・ジュニア。コクランは、人種差別を強調しすぎるとクリストファー・ダーデン地方検事補に批判された。

の弁護人には、F・リー・ベイリー、ロバート・カーダシアン、ロバート・シャピロ、アラン・ダーショヴィッツ、ジョニー・コクラン・ジュニア、バリー・シェックなど高名な弁護士がついた。「ドリーム・チーム」と呼ばれたその弁護団にシンプソン側が払った費用は300万ドルから600万ドルだったといわれている。

物議を醸した裁判

裁判は1995年1月24日に始まり、134日続いた。法廷のケーブル・テレビのカメラを通して、人々は生放送で裁判を見守った。刑事や弁護士、裁判長のランス・イトウまで有名人の仲間入りをした。これは「世紀の裁判」と呼ばれた。

全米の興味を惹いた理由の一つは、シンプソンが有罪か否かで国論が二分されたからである。白人の77パーセントはシンプソン犯人説を採っていたが、アフリカ系アメリカ人は逆で、72パーセントが無罪だと考えていた。弁護側は警察の人種的偏見による冤罪であると主張し、DNA鑑定は捜査の不手際でサンプル自体に汚染が生じていたと申し立てた。

捜査官の一人は、シンプソンの靴を自宅に持って帰り、6時間以上、自分の車のトランクに置きっぱなしにしたことを認めた。つまり、証拠保全に問題があった。さらに、科学捜査班による血液サンプルの管理に不手際があったことも明らかになった。科研に提出された血液の瓶は、上着に入れたまま何時間も持ち歩いていたものだった。しかも、その科研でサンプルの検査をするとき、技師がシンプソンの血液の一部をこぼしたともいわれている。

フールマン刑事の言動にも厳しい目が向けられた。反対尋問で、F・リー・ベイリーは、2つ目の手袋を発見したフールマンを追求し、過去に人種差別的発言をしたことを問題視した。フールマンはそれを否定したが、くり返しそんな発言をしている録音テープが見つかった。そのテープが根拠となり、刑事の証言の信憑性が疑われた。偽証罪で告発されたフールマンは、証拠を捏造したのかという問いに、黙秘権を行使した。

1995年6月15日、弁護側のコクランに攻められて、ダーデン検事は証拠物件の革手袋をシンプソンに着用させることになった。シンプソンにはその手袋が小さすぎた。最終弁論でコクランはその手袋の一件を取りあげ、「合う」と「無罪」をかけて、「手袋が合わなければ無罪だ」と訴えた。陪審の判断は速かった。わず

証拠保全

犯罪現場から集められた証拠品は、「汚染」を防ぎ、改竄されていないことを証明するため、きわめて慎重に扱われる。証拠の信頼性を保ち、法廷で使用可能なことを保証する目的で、法の執行者は証拠保全の手順を確立している。証拠を入手して、保管して、移管して、分析した段取りを、時系列に従って記録しておくのである。

その記録によって、証拠の出所がよそにあるのではなく当該の犯罪と結びついていること、あるいは無実の人間を陥れるために捏造されたものでないことが確定される。保全のため、証拠物件には取り扱った者すべてのイニシャルがラベルに記される。検察官は証拠保全の記録書類によって証拠物件が改竄されたものではなく、犯行現場で見つかったものであることを立証する。書類に矛盾があったり、受け渡しの記録が途切れていたりしていると、法廷では証拠として認められない。

殺人 **251**

> われわれは人種カードを切った。しかも、積み重ねたカードの一番下から取り出した。
> **ロバート・シャピロ**

か4時間の審議で、O・J・シンプソンに無罪の評決が出た。これには全米が衝撃を受けた。陪審団に黒人が多かったことを批判する者もいたが、陪審員のほうはロサンゼルス市警の無能さと検察側の証拠の弱さを指摘した。

民事罰

1997年、ロン・ゴールドマンの両親がシンプソンを相手取って不法死亡の民事訴訟を起こした。ニコールの父親も裁判に訴えた。民事なのでシンプソンを刑務所に入れることはできないが、賠償金を求めることはできる。その民事訴訟でシンプソンは負け、3350万ドルの賠償金を両方の遺族に支払った。

2007年、シンプソンはまた裁判に巻き込まれた。9月13日、シンプソンは数人の友人と共にラスヴェガスのホテルの一室に押し入り、スポーツ記念品のディーラーに銃を突きつけて、自分から盗んだとシンプソンが主張する品物を返せと脅した。2008年10月3日、殺人事件で無罪になった日から13年目、重罪の10の訴因でシンプソンに33年の懲役刑が申し渡された。この判決によってついに正義がなされた。そう信じる者は多い。■

1994年6月12日の出来事は、数人の重要な関係者の証言によって再構成され、陪審に提示された。証人にはシンプソンの家の客と運転手も含まれる。

午後6時30分 ニコール・ブラウン・シンプソンが実母と娘と一緒にメッツァルーナで食事をする。

午後9時35分 ニコールの母親がメッツァルーナに電話をかけ、眼鏡を忘れてきたことを伝える。ロン・ゴールドマンがそれをニコール宅に届けることを約束する。

午後9時50分 ゴールドマンがレストランを出てニコール宅に眼鏡を持っていく。

午後10時15分 シンプソンの隣人、パブロ・フェンジェブスが誰かの悲鳴と犬の吠える声を聞く。

午後10時25分 リムジンの運転手、アラン・パークがシンプソンの家に到着する。パークはシンプソンを乗せて空港に向かうことになっていた。

午後10時40分 シンプソン宅の客の一人、ケイトー・ケリンが、何かが部屋の壁にぶつかる大きな音を3度聞く。

午後10時40分～10時50分 パークが繰り返しインターフォンのボタンを押すが、返事はない。午後10時58分ごろ、背の高い黒人が私道を歩いて家に向かってくるところを目撃する。

午後11時ごろ パークがインターフォンのボタンを押すと、O・J・シンプソンが返事をする。寝過ごしたという。

午後11時～11時15分 シンプソンがバッグをリムジンに入れ、ロサンゼルス空港に向かう。

午後11時45分 シンプソンがシカゴに飛び立つ。

6月13日午前12時10分 ニコール・ブラウン・シンプソンとロン・ゴールドマンの死体が、ニコールのタウンハウスの外で見つかる。

スパイ技術専門店での犯罪

クレイグ・ジェイコブセン
（1997年8月）

事件のあとさき

場所
アメリカ合衆国、ネヴァダ州、ラスベガス

テーマ
複数殺人

以前

1978年 米カリフォルニア州の砂漠の町、バーストウ近郊で、ジャクリーヌ及びマルコム・ブラッドショウという姉弟の死体を羊飼いが見つける。

1984年 ウィリアム・リチャード・ブラッドフォードが、モハーベ砂漠のキャンプ地で15歳のトレイシー・キャンベルを絞殺し、その場に死体を放置する。

以後

2009年 アルバカーキのウェスト・メサの砂漠で女性11人の死体が埋められているのが発見される。2001年ごろに埋められたと思われる死体もあった。

2013年 2010年2月から失踪していたジョゼフ・マクステイとその妻サマーが、カリフォルニア州ヴィクトリアヴィル近くの砂漠で、幼い息子たちと一緒に殺害されているのが見つかる。

1997年8月、歌手でダンサー、ジンジャー・リオスの死体が、モハーベ砂漠に埋められているのが見つかった。この20歳の女性が最後に目撃されたのは、4月4日、ネヴァダ大学のそばにあるスパイ技術専門店でのことだった。

リオスは信用調査報告をきれいにする方法を書いた本を買うためその店に行った。夫のマーク・ホリンガーを車で待たせ、店に駆け込んだ。夫によると、彼女はほんの数分で出てくるつもりだったという。ところが、出てこなかった。店主のクレイグ・ジェイコブセン（別名ジョン・フラワーズ）は、リオスを奥の部屋に連れ込み、強くその顔を殴った。それが致命傷になった。そのあと彼は死体をゴミ袋に詰め、ワゴン車のうしろに乗せると、強い漂白剤で奥の部屋を拭き、リオスの死体をアリゾナに運んだ。

ジェイコブセンの妻、シェリル・シッコンは、リオスが店に入ってきたとき、夫と一緒にいた。リオスの死体を見て、夫とアリゾナに同行した。しかし、自分も殺されるのではないかと不安になって、のちに警察に出頭した。リオスの死体を埋めた場所まで警察を案内したのは、事件から4か月後のことだった。

2人目の犠牲者

リオスの死から1か月後、ラスベガスの女性がまた行方不明になった。カイロプラクティック療法師の娘、メアリ・ストッダードである。5月10日、アリゾナ州ピナル郡の砂漠でハンターが若い女性の死体を発見した。法医学の復顔が行われたが、反響がなかったので、死体はジェイン・

クレイグ・ジェイコブセン。 警察による1997年の顔写真。髪ぼうぼうのだらしない格好をしている。ジェイコブセンは、「カチンとくることをいわれて」かっとしたからジンジャー・リオスを殺したと主張している。

殺人 253

参照　クリッペン医師 216　■　アザリア・チェンバレンの死 238-39　■　イアン・ブレイディとマイラ・ヒンドリー 284-85

アリゾナ州ピナル郡。この一帯には人里離れた砂漠の谷が続く。その谷の一つが犠牲者たちの埋葬場所になった。その墓は、フェニックスの南東の町、フローレンスの近くにある。

ドウ2278DFAZ番と名づけられた。死体が埋められていた場所はリオスが埋められていた場所に近く、どちらにもコンクリート板がかぶせられていたので、同一犯の犯行が疑われた。

逮捕と拘留

1997年8月、ジェイコブセンは、逃亡犯対策チームによってロサンゼルスで逮捕された。暴行及び偽造でフロリダから逮捕状が出ていたからである。リオス殺害を認め、ラスベガスで2人目の女性を殺し、アリゾナに埋めたことも認めた。2人目はメアリ・ストッダードであると証言したので、ジェイン・ドウの身元も特定されたかに思われた。アリゾナの当局は郡の共同墓地にその身元不明の死体を再埋葬していたが、どこに墓があるかは記録

になかった。死体がないので、検察側はリオス事件だけを取り上げるしかなかった。ジェイコブセンは2000年に有罪が確定し、最低25年収監されることになった。

3人目の犠牲者

そのあと事件は奇妙な方向に展開した。非営利団体ドウ・ネットワークによって、ジェイン・ドウの遺体が見つかり、身元が判明したのである。遺体はメアリ・ストッダードではなかった。その正体はクリスティーナ・マルティネスで、1997年5月、フェニックスでコインランドリーに出かけたまま行方不明になっていた15歳の少女だった。その2ブロック先にはジェイコブセンが経営する別の店があった。2014年、大陪審はマルティネス殺害容疑でジェイコブセンを起訴した。共同墓地でストッダードの遺体はまだ見つかっていない。■

法医学による復顔

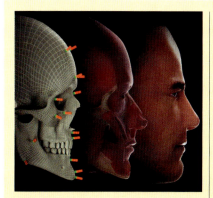

復顔ソフト。頭蓋骨、年齢、人種、体重などのデータを使って、写真のようにリアルに顔を復元することができる。

コンピュータ化された3D技術の進歩で、復顔術は大きな発展を遂げた。昔は手作業で粘土から顔を作っていたが、今や頭蓋骨を前後左右からスキャンして正確なデジタル復元画像を作成することができる。身元不明死体関連の犯罪にはとくに有効である。

復元されたイメージは、遺族と思われる人に見せたり、警察のデータベースを検索するときに使ったり、ドウ・ネットワークに送ったりする。ドウ・ネットワークは行方不明者と身元不明の死体とを結びつける活動をしているアメリカ合衆国の非営利団体である。法医学による復顔が身元確認につながる成功率は、アメリカ合衆国では50パーセントほどである。

法医学による復顔の技術は、リチャード三世やコペルニクスやツタンカーメンなど、歴史的人物の遺骨などから生きていたときの顔を再現することにも使われている。

関係者は怖がっていて、警察とは話したがらない

トゥパック・シャクールとビギー・スモールズ殺害事件（1996年と1997年）

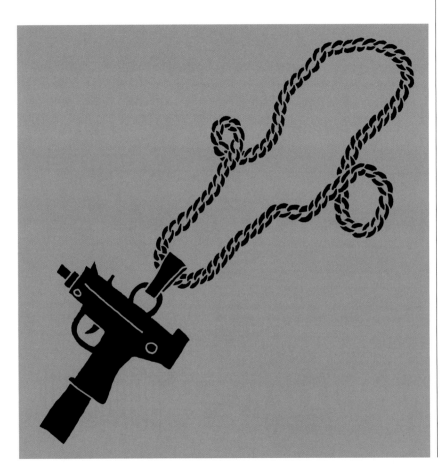

事件のあとさき

場所
アメリカ合衆国、ネヴァダ州ラスベガス及びカリフォルニア州ロサンゼルス

テーマ
自動車からの銃撃

以前
1931年7月 ヴィンセント・コール配下のヒットマンがニューヨークのハーレムで自動車から抗争相手を撃った際、外で遊んでいた子供にその銃弾が当たる。

1996年7月31日 26歳のラッパー、シーグラム・ミラーが、カリフォルニア州オークランドで近づいてきた車から撃たれ死亡する。

以後
2004年5月7日 報道車両に乗ったポーランドの従軍記者ヴァルデマール・マイルウィッツが、イラクのバグダッド南部で近づいてきた車に狙撃されて死亡する。

2012年9月3日 メデジンで、コロンビアの麻薬王グリセルダ・ブランコが、走ってきたオートバイから狙撃されて死亡する。

1990年代後半、ヒップホップ界の大スター2人、トゥパック・シャクールとビギー・スモールズが射殺された。不気味なことに、2人とも同じように走行中の自動車から銃撃された。

西海岸で活動するシャクールと、ノトーリアス・B・I・Gの名前で東海岸で活動するスモールズとは、同じような音楽を追求する現代アメリカの語り部だった。シャクールがニューヨークに行くと、いつもステージにスモールズを上げ、ラップをやらせた。ノトーリアス・B・I・Gをスターに押し上げようとしていたのである。しかし、死の数年前には、「東西海岸ヒッ

参照　ジョン・F・ケネディの暗殺 316-21　■　アルド・モーロの誘拐 322-23

ビギー（左）とトゥパック。1994年5月、ローヤルティ・ホテルにて。二人は即興ラップのバトルを繰り広げ、ドリーム・ハンプトンがそれを動画に収める。二人が共演した数少ないビデオの一本である。

プホップ抗争」と呼ばれる争いに2人とも巻き込まれていた。シャクールがスモールズと仲違いしたのは、1994年、マンハッタンのクォード・スタジオで待ち伏せていた3人の男に銃撃されたときからだった。3万5000ドル相当の貴金属をシャクールとスタッフから奪うと、3人は逃げていった。そのとき、同じ建物の中でスモールズもレコーディングをしていたので、シャクールはスモールズとレコード・プロデューサーのショーン・コムズにはめられたことを確信した。それ以来、二人は二度と仲直りしなかった。1996年9月7日、まだ25歳だったシャクールは、ネヴァダ州ラスベガスのパーティに車で向かっていたとき、別の車の何者かに銃撃された。その6日後、息を引き取った。

半年後の1997年3月9日、24歳のスモールズは、カリフォルニア州ロサンゼルスのピーターセン自動車博物館で開かれたパーティからの帰り道、車に乗っているときに通りかかった車から4発の銃弾を撃たれた。シャクールは30分もたたないうちに息を引き取った。

暴行

1996年9月7日、シャクールはラスベガスのMGMグランドホテルで行われた

> 偉い連中にしたら、
> 貧乏人の子供がまた
> 通りで殺されたってだけさ。
> 本気で事件を解決するわけがない。
> **DJシェイ**

9月7日午後8時30分
シャクールと側近たちが
タイソン＝セルドン戦を見終わって、
ラスベガスのMGMグランドホテルを
離れる。

午後8時30分〜9時
シャクールとボディーガードが
ホテルの外で
オーランド・アンダーソンと揉み合う。

午後11時15分
BMW750セダンに乗った
シャクールがラスベガスの交差点で
至近距離から狙撃される。

9月8日〜9日
サザン・ネヴァダ大学の
医療センターで
シャクールが3度の手術を受ける。

9月13日午後4時3分
呼吸器不全でシャクールが
死亡宣告を受ける。

トゥパック・シャクールとビギー・スモールズ殺害事件

ストリート・ギャングと縄張り抗争

　ストリート・ギャングの抗争は、無関係な市民を巻き込むことにもなる厄介なものだが、たいがいは低所得者の居住地で起こる。ロサンゼルス市警によれば、そういう地区で育った者がストリート・ギャングに入る理由は5つあるという。自分が偉くなったような気がすること。仲間意識があること。対立する組織から守ってもらえること。犯罪行為がやりやすくなること。そのほか、単に誘われて入る者もいる。ストリート・ギャングは排他的な党派性を確立するために、目印として、タトゥーや、衣服や、独自の手振りを工夫する。

　ストリート・ギャングの抗争の原因はほとんどが縄張り争いである。血で血を洗う争いの典型は、ロサンゼルスのブラッズとクリップスの抗争だろう。対立は、コンプトン近辺の縄張りを巡って1970年代に始まった。ロサンゼルス南部でストリート・ギャングがらみの殺人事件が多いのはそのせいだといわれている。

　ボクシングのマイク・タイソン＝ブルース・セルドン戦を見物した。友人や、バック歌手、デス・ロウ・レコードのプロデューサーであるマリオン・ナイト・ジュニアなどの側近を連れて会場をあとにするとき、側近たちが、ストリート・ギャング、サウスサイド・クリップスのメンバーであるオーランド・タイヴ・アンダーソンを見つけた。

　ナイトは対立するストリート・ギャング、ピルズ・ブラッズに入っていた。アンダーソンを見て、ナイトの友人、トレヴォン・〈トレイ〉・レーンがシャクールにいった。「あいつは、1か月前、おれの首からデス・ロウのペンダントがついた金のネックレスを奪ったチンピラの一人だ」シャクールはアンダーソンに飛びかかり、側近全員が参加して殴る蹴るの暴行を加えた。その様子はカジノの監視カメラで撮影されていたが、おかまいなしだった。しかし、アンダーソンは側近たちを告訴せず、それぞれが違う運命をたどることになった。

葬儀の車列。1997年3月18日。ブルックリンのセントジェイムズ・プレイスを通り、ビギーの母ヴォレッタ・ウォレスの家に向かっている。報道関係者とファンが集まりスターに別れを告げた。

シャクール銃撃される

　アンダーソンに暴行を加えたあと、シャクール一行は自動車を連ねてパーティに向かった。午後11時15分、フラミンゴ・ロードとコヴァル・レーンの交差点で、地元ナンバーの白いキャデラックがナイトの黒いセダンに横づけした。セダンにはナイトとシャクールが乗っていた。横に並んだとき、キャデラックの後部座席の男が窓を開け、片腕を伸ばして発砲した。シャクールには3発が命中した。うち1発は胸部に当たった。ナイトのほうは頭蓋底に榴散弾がめりこんだ。

　ラスベガス都市圏警察の自転車隊の2人が交差点脇の立体駐車場で銃声を聞き、急いで道路まで下りてきた。2人は、銃撃を避けてUターンしたナイトのセダンを追った。キャデラックのほうは別の通りに入り、夜の闇に姿を消した。

　そのあと7日間、シャクールは昏睡したまま危篤状態にあった。数回の手術を受け、胸部の出血を止める処置もとられた。だが、銃撃の傷がもとで、9月13日の午後に息を引き取った。

　カリフォルニア州コンプトンの路上では、シャクール襲撃に端を発したブラッズとクリップスの抗争が5日間続き、死者3人、負傷者10人が出た。警察は、シャクールが銃撃されたことに怒ったブラッズ側の報復との見解を示した。

ビギー撃たれる

　5か月後の1997年2月、スモールズ（本名クリストファー・ウォレス）は、2枚目

> うちの息子が死んだのは
> トゥパックとは関係がないと思う。
> トゥパックが死んだのも
> 息子とは関係ないはずよ。
> ヴォレッタ・ウォレス

のスタジオ・アルバムの宣伝と、そのアルバムからシングル・カットされた「ヒプノタイズ」のMV撮影のためロスに出向いた。3月7日、スモールズはソウル・トレイン音楽賞の会場に現れ、歌手のトニ・ブラクストンに賞を渡したが、故トゥパック・シャクールとの確執が原因で客席からブーイングが起こった。

3月8日、スモールズはレコード・プロデューサーのショーン・コムズや側近たちと一緒に、ロサンゼルス市ウィルシャー大通りのペーターセン自動車博物館で開かれた《ヴァイブ》誌とクウェスト・レコード主催のパーティに出た。スモールズが母親に語ったところによると、ロンドンへの飛行機をキャンセルしてそのパーティに出席したのだという。

人が多すぎることを理由に防火責任者がパーティの閉会を告げ、スモールズとその側近たちは午前0時30分、2台のGMCサバーバンに分乗して博物館を去った。スモールズは助手席に座っていた。コムズが乗った車両に続いて、ウィルシャー大通りと南フェアファックス・アヴェニューの交差点で停まったとき、シボレー・インパラが横につけてきた。

そのあと起こった出来事は、シャクールに降りかかった災難と瓜二つだった。

ボタンダウンのシャツを着てボウタイを締めた男がインパラの運転席の窓を開け、9mmのブルースチールのピストルを撃った。4発がスモールズに命中した。

インパラはスピードを上げて走り去り、スモールズの側近たちは急いで彼を病院に運んだ。医師たちは力を尽くしたが、スモールズは30分後に死んだ。

未解決犯罪

シャクールの事件を捜査した警察は犯人逮捕に至らなかった。捜査を時系列に従って語った宣誓供述書で、コンプトン警察組織犯罪課のティモシー・ブレナン刑事はシャクールを殺したのはアンダーソンではないかと述べている。しかし、アンダーソンは、1998年、この事件とは無関係なコンプトンでの銃撃戦で死んだので、起訴することはできなかった。ブレナン刑事はスモールズ事件担当の機動捜査班にも配属されていた。こちらの場合も警察は犯人を特定できなかった。

ラッパー2人のこの殺人事件にはさまざまな陰謀説がささやかれたが、いずれも根拠に乏しかった。スモールズがシャクールを殺させたという噂も根強く残っている。しかし、その説を裏づける証拠はない。ビギー・スモールズ事件と「東西海岸ヒップホップ抗争」とを結びつける証拠も警察は見つけていない。それでも、コムズがアンダーソンを雇ってシャクールを消したのだ、とか、ナイトがスモールズに殺し屋を差し向けたのだ、などと主張する者が今でもいる。

ロサンゼルス市警によれば、スモールズのボディガードはクリップスのメンバーが務めていて、その連中との金銭的なトラブルで撃たれたと考えるのが妥当なところだという。つまり、シャクール事件とは関係がない。いずれにしても、新しい本や伝記映画や二人の死にまつわる新説はいまだに出つづけている。■

3月9日午前0時30分
ビギー・スモールズとその取り巻きがロサンゼルスのピーターセン自動車博物館を出る。

スモールズのサバーバンが博物館付近の赤信号で停車する。一台のシボレー・インパラが横づけする。

インパラを運転していた男が至近距離からスモールズの胸部に銃弾を4発撃ち込む。

スモールズはロサンゼルスのシダーズ＝サイナイ医療センターに運ばれる。

午前1時15分
ビギー・スモールズが
銃創により
死亡宣告を受ける。

連続殺

人者

はじめに

古代中国で
濟東王の**劉彭離**が
29年にわたって
虐殺を繰り返す。

ハンガリーの伯爵夫人
エリザベート・バートリが
若い女性を数百人**誘拐**して
拷問し殺害する。

コロラド育ちの
ハーヴェイ・グラットマンが、
モデルにならないかと
若い女性たちをホテルの部屋に
誘い込み、殺害する。

紀元前141〜121年　　**1585〜1610年**　　**1957〜58年**

1324年　　**1888年**　　**1961〜78年**

アイルランドで
貴族のアリス・カイトラーが
夫を4人殺し、
魔術の殺人として
告発される。

切り裂きジャックが
ロンドンのイースト・エンドに
出没し、街の売春婦を
殺害し腹を切り裂く。

テッド・バンディが
さまざまな人物に
なりすまし、アメリカの
7つの州で**女子大学生を
標的**にする。

「連続殺人（シリアル・マーダー）」という言葉は、1930年、ベルリン警察のエルンスト・ゲンナートが考えた。きっかけはデュッセルドルフとその周辺で9人を殺害したペーター・クルテンの事件である。その44年後、FBIの行動社会学者、ロバート・レスラーが、「連続殺人者（シリアル・キラー）」という言葉を使いはじめた。少しの「冷却期間」を置いて、別々の場所で3件以上の殺人を行う人物のことを、特にそう呼ぶ。

レスラーは連続殺人と大量殺人とを区別する。後者は東京の帝銀事件やチャールズ・ホイットマンのスプリー殺人のように、1か所で最低4人の被害者が出た事件のことをいう。レスラーは「シリアル・キラー」という言葉を広めた人物として知られている。今でも、さまざまな場所で連続殺人の定義の見直しが図られている。それが成り立つには被害者は最低4人いる、という者もいるし、2人でいいという者もある。「冷却期間」というのも曖昧である。FBIは連続殺人の定義を次のように修正している。「同一の犯人（たち）による別々の事例での2名以上の違法な殺人」。殺人のパターンを把握した捜査当局は、この新しい基準によって、早い段階から連続殺人の捜査に必要な態勢を取ることができるようになった。

高貴な殺人者

連続殺人は現代の産物だと思われているが、現実には何百年も前からシリアル・キラーは存在した。古代中国の劉彭離（濟東王）や、デイムの称号を持つ14世紀アイルランドのアリス・カイトラー、17世紀初頭のハンガリーの伯爵夫人エリザベート・バートリなど、社会的地位の高い人物によって連続殺人が行われてきたことにも留意すべきだろう。

そんな歴史的理由があって、ロンドンのホワイトチャペル地区で1888年に起こった連続殺人の容疑者に英国王室の一員の名前が挙がったのかもしれない。切り裂きジャックはおそらく労働者階級だろうが、ちょうどいい時代に、ちょうどいい場所に登場したため、大衆の想像力に火をつけることになった。1829年に首都圏警察ができてロンドンでは現代的な捜査法が確立されていたし、印刷媒体が急増したことにより、極悪非道な事件は詳細に報道されて瞬く間に広まった。その報道自体が金儲けの種にもなりはじめ

連続殺人者 261

イアン・ブレイディと
マイラ・ヒンドリーが
子供たちを**誘拐・拷問**し、
英国のサドルワース・
ムーアに死体を埋める。

フレッド・ウェストと
妻のローズマリーが、
英国のグロースターの自宅で
最初の被害者を
殺害する。

DNA 鑑定の結果、
英国の小さな村で起こった
2件の殺人がパン屋の
コリン・ピッチフォークの
仕業であると判明する。

英国の医師
ハロルド・シップマンが
多数の高齢者に
薬物を注射して殺していた
ことがわかり逮捕される。

↑ **1963〜65年**　↑ **1971年**　↑ **1983〜86年**　↑ **1998年**

1968〜69年　**1978〜91年**　**1990年**　**1999年** ↓

北カリフォルニアで
ゾディアックと名乗る人物
によって7人が殺され、
**暗号のメッセージが
送りつけられる**が、
未解決に終わる。

オハイオ州とウィスコンシン州で
ジェフリー・ダーマーが
若い男性を17人**殺害し**、
死体をばらばらにする。

ロシアで、**最初は
容疑者から外れていた**
アンドレイ・チカチーロが
数十人を殺した容疑で
逮捕される。

サディストのジョン・
エドワード・ロビンソンが
オンライン・チャットで
知り合った女性を
誘い出し、8件目にして
最後の殺人を行う。

ていた。扇情的な通俗小説（「ペニー・ドレッドフル」と呼ばれた）の続き物が毎週発刊され、残虐な殺人を描いたその内容に、英国の大衆は夢中になった。

日記と記録

　1950年代になると、カメラをはじめとする記録媒体が広く手に入るようになり、連続殺人犯は自分で犯罪を記録することもできるようになった。探偵実話雑誌の表紙に載っている縛られた半裸の女性の写真に刺激されて、連続殺人犯のハーヴェイ・グラットマンは、カリフォルニアで少なくとも3人の女性を拉致し、縛りあげ、写真を撮ったあとに殺した。逮捕されたあと、グラットマンが撮った写真は、彼の異常な妄想を育んだその探偵実話雑誌に掲載された。同じように、1960年代の英国で、「ムーアズ殺人」の犯人、イアン・ブレイディとマイラ・ヒンドリーは、強迫神経症的な殺人者として、おそらく史上初めて被害者の声を録音した。そのテープが裁判で再生され、法廷は静まりかえった。そこには10歳の少年レズリー・アン・ダウニーが拷問される様子が痛ましくも記録されていたのである。

　連続殺人事件が起こるとメディアが取材するのは昔も今も変わっていない。その事件の直後、アメリカの西海岸で、「ゾディアック」と名乗る人物がサンフランシスコとその周辺の新聞社に自分の犯罪の証拠を送りつけ、第一面でこれを記事にしなければ凶行を繰り返すと脅迫した。ゾディアックの最後の手紙が届いてから5年後の1974年、テッド・バンディの裁判がテレビで中継されたが、シリアル・キラーは醜い怪物であるという通念はそのとき打ち砕かれた。女子大生を次々に殺したバンディは、見た目は魅力的で、たいがいの親が娘の結婚相手にどうかと思うような好男子だったからである。バンディの裁判が行われていたちょうどそのとき、ヴァージニア州では、レスラー率いる行動科学班が、シリアル・キラーのプロファイリングを行うようになっていた。

　1980年代、連続殺人は空前の発生率を記録した。1980年代後半から1990年代にかけて世界を震撼させた事例には、ロシアのアンドレイ・チカチーロ事件、アメリカ合衆国のジェフリー・ダーマー事件、英国のフレッド＆ローズマリー・ウェスト事件、ハロルド・シップマン事件などがある。■

侯国の民を殺す……遊びとして
劉彭離（紀元前141～121年）

事件のあとさき

場所
中国、済東

テーマ
娯楽としての連続殺人

以前
紀元前313年 古代ローマで数人の男が急死し、婦人たちによる大量毒殺の噂が広まる。170人ほどの女性が逮捕されるが、毒ではなく薬を飲ませたのだと主張する。だが、自分で作った飲み物を飲まされて2人が死ぬ。

以後
2007年 ロシアでアレクサンドル・ピシュシキンが1992年から2006年にかけて少なくとも48人を殺した容疑で裁判にかけられる。チェスボード・キラーとして知られるピシュシキンは64人を殺すつもりだったと主張する。チェス盤のマス目の数である。ピシュシキンがチェスをやっていたビツァ公園が主な犯行現場になった。

シリアル・キラーは決して現代の産物ではない。切り裂きジャックやウェスト夫妻以前に、あるいはテッド・バンディが最初の犠牲者を殺したときより千年以上も前に、済東王の劉彭離は古代の中国で子供を含む何十人もの男女を虐殺した。

5人の兄弟のうちの一人、劉彭離は紀元前2世紀に済東の地を治めていた。大乱が続き、政治は乱れて、景帝の弟だった父は帝位を継げなかった。

済東という侯国を治めるようになってすぐに劉彭離は奴隷やごろつきを集め、夜な夜な狼藉を働くようになった。侯国の民は支配者を恐れて暮らした。劉彭離は臣民を殺し財産を奪った。動機は快楽のため、それ以上のものではなかった。

統治が始まって29年目、このシリアル・キラーの乱行は終わりを迎えた。彼に殺された者の息子が、この暴虐を阻止することができる唯一の人物に訴え出たからである。その人物こそ劉彭離のいとこ、

> 彼は傲慢かつ残虐で、王と民のあいだの礼には無頓着だった。
> **司馬遷**

武帝だった。やがて劉彭離の犯罪は明るみに出て、少なくとも100件の殺人の首謀者であることが認定された。

廷臣たちが劉彭離の処刑を願い出たことで、武帝はことの重大さを知ったが、親戚を殺すに忍びなかった。そこで、劉彭離の皇族としての身分を剝奪し、遠国に追放した。これは処刑の次に重い罰であった。■

参照 テッド・バンディ 276-83 ■ フレッド＆ローズマリー・ウェスト 286-87 ■ ハロルド・シップマン 290-91 ■ ジェフリー・ダーマー 293

連続殺人者 **263**

デイム・アリスには ある種の悪魔が 憑いておる
アリス・カイトラー（1324年）

事件のあとさき

場所
アイルランド、キルケニー

テーマ
魔女と魔術

以前
1317年 フランスのカオールの司教ユーグ・ジェローが生皮を剝がれ、火あぶりになる。ローマ教皇ヨハネス二十二世を暗殺しようとして魔術を使ったと宗教裁判所が認めたからである。

以後
1697年 スコットランドで1550年代に始まった魔女狩りが終息する。魔術を使った罪で200人が裁判にかけられて有罪になる。拷問によって自白が引き出され、魔女刺しと呼ばれる役人が尖ったもので被疑者を刺したりした。血が出なければ有罪である。

　夫を1人亡くすと不運といわれるが、続けて4人の夫を亡くせば人は不審に思う。しかも、4人とも裕福だった。夫、ジョン・ル・ボアが亡くなり、デイム・アリス・カイトラーが4度目に未亡人になったとき、地元の人々は魔術を使ったとして彼女を告発した。

魔女として告発

　14世紀のカトリック教会は魔術をあまり深刻には考えていなかった。ヨーロッパじゅうで魔女狩りが始まるのは16世紀、17世紀のことである。しかし、カトリック教会は噂に眉をひそめ、聖職者の有志が大々的な調査をすることになった。

　デイム・アリスはオソリー司教区を束ねるキルケニーの司教としばしば衝突していた。司教はデイム・アリスが裕福なことやアイルランドの支配層と付き合いがあることに嫉妬していた。ル・ボアの遺児がやってきて、悪魔が使う粉を見つけたとか、洗礼を受けていない赤ん坊の体の一部があったとか、泥棒の頭蓋骨で煮込んだ足指の爪が見つかったといった話をしたとき、司教はそれに飛びついた。デイム・アリスは裁判にかけられ有罪になったが、手続きが遅れているあいだに、イングランドに逃げた。デイム・アリスのメイド、ペトロニラ・デ・ミースは共犯として有罪になり、1324年11月3日に火あぶりにされた。■

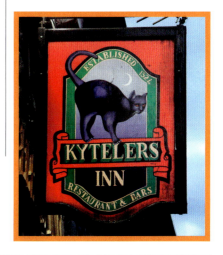

キルケニーにある宿屋カイトラー。アリス・カイトラー自身が創業したといわれる。アイルランドで最初に魔女として有罪になった人物とのつながりが評判になり、現在も営業中。

参照 リジー・ボーデン 208-11 ■ クリッペン医師 216

処女の生き血で彼女はいつまでも若さを保つだろう

エリザベート・バートリ（1585〜1610年）

事件のあとさき

場所
ハンガリー王国

テーマ
女性殺人鬼

以前
紀元前47〜42年 スリランカ初の女王、アヌラーダプラのアヌラが、5年に及ぶ治世を始める前に、息子と4人の夫を毒殺する。

以後
1876〜96年 英国のケイヴァーシャムで、看護師アメリア・エリザベス・ダイヤーが、約400人の幼児を殺害する。

1988年 行方不明になった入居者を調べにきた警官が、シリアル・キラー、ドロシア・プエンテの経営する米カリフォルニアの下宿屋で、庭に埋められていた7人の遺体を発見する。

1989〜90年 元売春婦のアイリーン・ウォーノスが米フロリダで至近距離から7人の男を射殺する。死刑判決を受け、毒物注射で処刑される。

煉瓦を積みあげ、石工たちはその50歳の女をスロヴァキアにあるチェイテ城の窓のない部屋に閉じ込めた。空気抜きと食事を差し入れるための狭い隙間が何か所かあいているだけだった。「血の伯爵夫人」は4年ほどその独房に閉じ込められていた。女性として史上最多の犠牲者を出した殺人者は、こうして無惨な最期を遂げた。

伯爵夫人エリザベート・バートリ・ド・エチェディはハンガリーの名門の出身である。15歳でフェレンツ・ナダスディ伯爵と結婚したときには、ヨーロッパの王族が祝宴に駆けつけた。二人はチェイテ城に居を定めた。

ナダスディはハンガリー軍の指揮官で、オスマン帝国と戦っていた。「黒英雄」の異名を持つナダスディは、捕虜を残酷に拷問することで知られていた。その妻は、一見、ほかの貴婦人と変わりはなく、貴婦人のためのエチケット学校を開いたり、困窮した戦争未亡人のための施設をつくったりしていた。

暗い妄執

エリザベートはオカルトに惹かれるようになった。魔女を自称する女性たちとつきあいはじめて、下女たちを虐待する

> 影がおまえを包むだろう。その中で時間をかけて悪行に満ちた人生を悔い改めるがいい。
>
> **トゥルゾー・ジェルジ伯爵**

ようになった。1604年にナダスディが死ぬと、バートリの嗜虐癖はエスカレートしていった。バートリは男女を問わず何人も愛人をつくったが、その中の一人である子供たちの女家庭教師から人をいたぶることについての助言を受け、若い女性を誘拐し、拷問するようになった。最初は農民の娘を狙い、職をちらつかせて城に誘った。あとになると、自分のエチケット学校に通う娘たちも毒牙にかけた。

やがて、伯爵夫人に関する噂が広まった。ある高名なルター派の聖職者はバートリを毒婦と非難した。1610年、犠牲者の一人がチェイテ城から逃げだした。その娘の証言がハンガリー王マーチャー

参照 ドリッピング殺人者 206-07 ■ リジー・ボーデン 208-11 ■ テッド・バンディ 276-83 ■ イアン・ブレイディとマイラ・ヒンドリー 284-85

シュ二世を動かし、トゥルゾー・ジェルジ伯爵が調べることになった。

1610年12月30日、伯爵は城の一斉捜索を命じた。血を抜かれた少女の死体がひとつ見つかった。もう一人、瀕死の娘もいた。さらに調べると、生きている少女が数人、地下牢で見つかった。地下には50体ほどの死体が埋まっていた。

トゥルゾーが主導した裁判で、バートリとその召使いたちは、1585年から1609年までのあいだに数百人の若い女性を拷問して殺した罪に問われた。注目に値するのは血を抜き取られて死んだ者がいたことである。召使いの一人が証言したところによると、バートリの覚え書きには、650人以上の犠牲者の詳細が書かれていたという。

共犯者4人は断首され、死体は焼かれた。バートリは貴族だったので処刑は免れ、1614年、幽閉生活の末に死んだ。権勢を誇ったこの未亡人は、ハプスブルグ家の皇帝による陰謀の犠牲者ではないかと推測する者もいる。陰謀の黒幕は彼女の子供たちだ、とする説もある。■

エリザベート・バートリ。「血の伯爵夫人」「女ドラキュラ」の異名を持つ。死後も悪名は残り、若さを保つため処女の生き血を浴びた話が語り継がれる。

連続殺人者 265

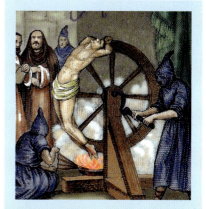

中世の拷問

12世紀からヨーロッパでは拷問が盛んになってきた。容疑者に罪を自白させるのが目的であり、違法行為に対する罰でもある。

1252年、ローマ教皇インノケンティウス四世は、異端の容疑がかかった者から自白を引き出す手段として宗教裁判官が拷問を使うことを許可した。自白を無理強いすれば、信仰の罪で人を追訴するのも楽になる。ヨーロッパ中世は宗教的混乱を抱えていたので、信仰に関する罪も増えていたのである。

犯罪者を抑制し、社会秩序を保つことが目的で、見せしめに拷問を公開することもあった。中世は戦争と飢餓と疾病の時代であり、犯罪はできるだけ減らしたかったのである。

よくあるやり方は、火で炙る、手足を切断する、首を切る、の3つである。ときには拷問が見世物になった。町の住人は、鉄の首かせをつけられた罪人が鞭打ちの刑に処せられるのを見物した。刑罰としての拷問はたんなる前置きで、そのあと公開処刑が行われることもよくあった。公開処刑が終わると、死体は――もしくはその一部や首は、町を囲む壁に串刺しにされてさらされた。

今度また内臓の一部を送ってやろう

切り裂きジャック（1888年）

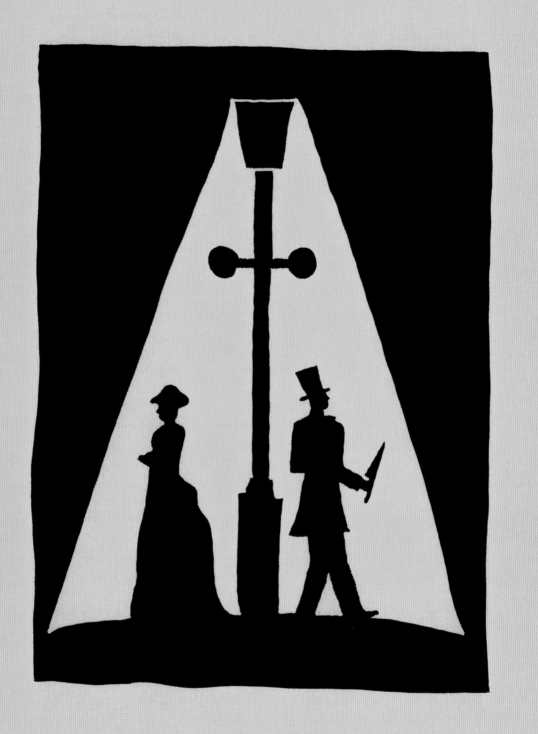

切り裂きジャック

事件のあとさき

場所
英国、ロンドンのホワイトチャペル地区

テーマ
売春婦連続殺人

以前
1866年 フランスの倉庫の人足、ジョゼフ・フィリップが、パリで6人の売春婦を殺害する。当人は「好色性強硬症」、すなわち性的妄想に取り憑かれたある種の恍惚状態、意識喪失状態にあったと主張している。

以後
1975〜80年 〈ヨークシャー・リッパー〉・ピーター・サトクリフが、売春婦を含む13人の女性を殺害する。
1982〜98年 「グリーン・リバー・キラー」として知られるゲイリー・リッジウェイが、米ワシントン州で少なくとも48人の売春婦を殺害する。
1983〜2002年 大富豪のロバート・ピックトンが、少なくとも6人から49人の売春婦を殺害し、ブリティッシュ・コロンビアのバンクーバーにある自分の養豚場に埋める。

商売女の集まる酒場近くの裏通りで**売春婦**を襲う。

↓

被害者の首を**切り裂き**、何度も腹を刺す。

↓

被害者の内臓を**抜き取り**、その一部を戦利品として持ち帰る。

↓

被害者の死体に**侮辱的な姿勢**をとらせる。

↓

ホワイトチャペルの裏町に姿を消し、次の犠牲者を探す。

1888年8月7日火曜日午前3時30分頃、馬車の御者、アルバート・クロウは、ロンドンのホワイトチャペル・ロードにある、ジョージ・ヤード・ビルディングズの自室に帰ろうとしていた。地区でいえば、ホワイトチャペルとスピタルフィールズのあいだに当たる。その建物の前に倒れている女を見て、クロウは浮浪者が酔い潰れているのだと思った。スカートがめくれ上がっていた。午前5時、入居者の一人、ジョン・ソーンダーズ・リーズは、真実に気がついた。その女は殺されていたのである。

解剖を行ったティモシー・キリーン医師によれば、被害者は喉と腹部を40回近く刺されていた。夫が身元を確認し、マーサ・タブラムという39歳の女だとわかった。職業は売春婦。入居者のジョゼフ・マーニイと妻のエリザベスが午前2時に帰ってきたとき、死体はなかったことが判明した。凶行は午前2時から3時半のあいだに行われたことになる。

犯行のパターン

24日後、ふたたび女が殺された。その残虐な犯行はタブラム事件によく似ていた。死体は、8月31日午前3時40分、バックス・ロウにある馬小屋の外で、2人の労働者によって発見された。局部は剥き出しになっていた。午前4時に到着した外科医ヘンリー・ルウェリンは、喉を横に切り裂いた2本の切り傷が致命傷であることを確認した。さらには、死後、腹部を切り裂いていることもわかった。胴体にも脚部にもまだ体温が残っており、死んでからまだ30分ほどしかたっていないようだった。ペチコートについていたクリーニングのタグが、救貧施設のもの

参照 ブラック・ダリア事件 218-23 ■ エリザベート・バートリ 264-65 ■ テッド・バンディ 276-83

だったので、被害者の身元はそこに住んでいるメアリ・アン・ニコルズ、通称ポリーであると判明した。9月8日午前6時、市場で働いているジョン・デイヴィスが、スピタルフィールズ、ハンベリー通り29番にある自宅の裏庭で3人目の死体を見つけた。凶行を行った犯人は、被害者の内臓を抜き取り、肩に腸をのせていた。最初の2人と同じく、このアニー・チャップマンも売春婦だった。それを示すように、死体は脚を大きく広げられていた。殺しただけでは飽き足らず、さらに死体を辱めようとしているようだった。

30分後に到着したジョージ・バグスター・フィリップス医師は、ハンカチが首にきつく巻かれ、被害者が窒息死していることを見てとった。今度もまた犯人は被害者の首を切り裂いていた。さらに詳しく調べると、子宮の一部が切り取られていた。死亡推定時刻は午前4時30分かその少し前だった。

最初の手がかり

この3件の殺人事件の手がかりは少なかったが、検視審問で証人のエリザベス・ロングは、チャップマンが現場近くで5時30分頃に男と話しているのを見たと証言した。男は40歳ぐらいで、髪は黒っぽく、外国人を思わせる、「落ちぶれているのに見栄を張っているような」外見をしていたという。茶色の鳥打ち帽をかぶり、外套を着ていた。チャップマン事件の現場で警察は革の前掛けを見つけていた。

そこから、「革の前掛け」という怪人物の噂が広まった。そいつはユダヤ人の殺人鬼で、英国の売春婦を殺して回っているのだという。ポーランド系ユダヤ人

切り裂きジャックの被害者を発見した警官たち。 1891年の《ル・プチ・パリジャン》紙の挿絵。謎の殺人者は英国のみならず世界中で有名になった。

切り裂きジャック

で靴屋のジョン・ピッツァーという男がいて、たまたま「革の前掛け」というあだ名で呼ばれていたため、新聞は彼を容疑者として名指しした。9月10日、なんの証拠もないのにピッツァーは逮捕された。しかし、2件の殺人でアリバイが成立したため釈放された。のちに彼は新聞社を名誉毀損で訴えている。

捜査に進展がなかったので、ホワイトチャペルの人々は自分たちで身を守ることにした。地区の商人は殺人のせいで客足が絶えることを案じて、ホワイトチャペル自警団をつくり、夜間パトロールを始めた。自警団の会長には建設業者のジョージ・ラスクが選ばれた。毎晩、自警団は午後9時に〈クラウン〉というパブに集合した。パトロールに出るのはわずかな報酬を目当てにする失業者で、警棒以外の武器は持っていなかった。

二本立て

しばらくは何も起こらず、ホワイトチャペルの人々は安堵していた。警察が目を光らせ、自警団も活動しているので、動けないのだろうと思われた。ところが、1888年9月30日、「二本立て」の殺人が起こった。一時間も間をおかずに、2つの死体が見つかったのである。

午前1時、ホワイトチャペルの東部で、労働者クラブの給仕長、ルイス・ディームシュッツが、ポニーの曳く小型馬車に乗って、ダットフィールズ・ヤードに入っ

> おれは淫売が嫌いだ。
> 捕まらないかぎり、
> ずっとあいつらを切り裂いてやる。
> **切り裂きジャック**

た。すると、ポニーが騒ぎはじめたので、マッチを擦って、暗闇に下りてみた。ゆらめく明かりの中でそこに見えたのは、血の海に横たわる女の姿だった。片手に

3 9月8日午前6時。アニー・チャップマンの死体がハンベリー通り29番で発見される。

2 8月31日午前3時40分。メアリ・ニコルズの死体がバックス・ロウ（現在のダーワード通り）で発見される。

スピタルフィールズ

6 11月9日午前10時45分。メアリ・ケリーの死体が、ドーセット通り付近のミラーズ・コート（現在のホワイツ・ロウ駐車場）で発見される。

ホワイトチャペル

1 8月7日午前3時30分。マーサ・タブラムの死体がジョージ・ヤード・ビルディングズ（現在のガンソープ通り）で発見される。

シティ

5 9月30日午前2時。キャサリン・エドウズがマイター広場で発見される。

4 9月30日午前1時。エリザベス・ストライドの死体がダットフィールズ・ヤード（現在のヘンリークズ通り）で発見される。

ホワイトチャペルと隣接するスピタルフィールズはロンドン東部の地区である。19世紀、ホワイトチャペルの安くて狭い貸室や貸家には労働者や移民、ユダヤ人が住んでいた。

連続殺人者 271

「親方へ（Dear Boss）」で始まる赤い文字の手紙。1888年9月27日にロンドンのセントラル・ニュース・エージェンシーに送りつけられた。殺人者が有名になりたがっていたことがうかがえる。初めて「切り裂きジャック」と名乗った。

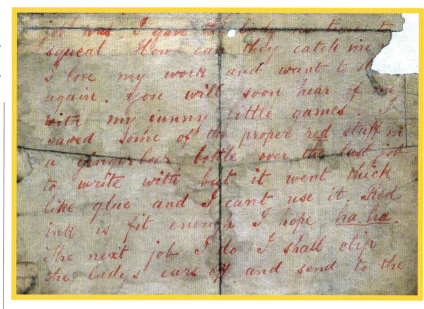

はカシュー（口臭を消す錠剤）の箱が握られていた。明らかに不意を衝かれて襲われたようだった。のちにディームシュッツが証言したところによると、自分が死体に近づいたとき、犯人はまだ現場にいたような気がしたという。被害者は44歳の売春婦、エリザベス・ストライドだった。

しかし、その夜の流血沙汰はまだ始まったばかりだった。一時間もたたないうちに2人目の女の死体が発見された。現場はマイター広場の南の角、ダットフィールズ・ヤードからは歩いて15分の距離だった。フレデリック・ブラウン医師が午前2時に現場に到着した。

アニー・チャップマンと同じように、腸は右肩の上に引きずり出され、両脚は広げられていた。今度は顔にも切った跡があった。鼻の先と両方の目蓋が切り取られ、両頬に三角の図形が刻まれていたのである。検視でブラウン医師は左の腎臓と子宮の一部がなくなっているのを発見した。死体が質札を2枚身につけていたという報道を読んで、ジョン・ケリーという男が身元確認をした。被害者は彼の内縁の妻で、46歳のキャサリン・エドウズだった。

メモと落書き

2件の殺人があった夜、ゴールストン通りを捜索していたアルバート・ロング巡査は、午前3時、とある階段に捨てられていた血まみれのエプロンを見つけた。壁には白いチョークで「ユダヤ人は理由なしに責められる連中ではない」という謎のメッセージが書かれていた。いち早くそこに駆けつけたトマス・アーノルド警視は、この落書きが反ユダヤの暴動を引き起こすことを恐れ、「ゴールストン通りの落書き」を消すように命じた。

メディアがこの連続殺人を大きく報じたため、警察にはいたずらの手紙が次々に舞い込むようになった。9月27日に送られてきた赤インクの手紙も、最初はいたずらだと思われていたが、やがて重要な意味を持つことになる。差出人は犯人を名乗り、次は「耳をそぐ」と予告していた。死体検分でキャサリン・エドウズの耳たぶが切り取られていたことがわかったので、捜査陣はこの赤インクの手紙に注目した。この手紙の写しを作り、ビラを作って配付して、広く手がかりを求めた。この手紙は「切り裂きジャック」の署名がついた最初の手紙で、その名前はまたたくまに広まっていった。

手がかりはさらに増えることになる。10月16日、自警団の団長、ジョージ・ラスク宅の玄関先に、小包が一つ置いてあった。手書きで「地獄より」と書いてあっ

被害者としての売春婦

社会通念によれば、性労働に従事する者は社会的に不名誉な立場にあり、家族とは疎遠、警察との関係も悪いと考えられている。ゆえに、消息が途絶えても人は関心を持たない。住所が定まらない生き方をしているため、誰にも行方を告げずよそに移ったのだろうと思われる。失踪者として警察に通報があったときにはもう遅い。

被害者のそんな立場を勝手に解釈して、殺人者は道徳に歪んだ自己正当化を行う。「グリーン・リバー・キラー」として知られるゲイリー・リッジウェイは、自分が殺した女性について、警察にこう語っている。「おれがやってることは、あんたたちのためになると思ってたよ。売春婦を始末してやってるんだからな」

性労働者は、無防備なまま見ず知らずの他人の相手をする。得体の知れない客の傷ついたエゴによって危険にさらされる。性労働と薬物依存の関連性が指摘されているが、薬物欲しさに、いつもなら避ける危険をあえて背負い込んだり、わざとガードを下げたりする者もいる。

て、中には人間の内臓が入っていた。ロンドン病院の外科医、トマス・ホロックス・オープンショウが調べた結果、アルコール漬けの腎臓だとわかった。10月19日、《デイリー・テレグラフ》紙は、その腎臓は40代半ばの酒呑みの女性のものであると報じたが、オープンショウ医師はそこまで決め付けるのは無理があると反論した。結局、捜査当局も外科医たちも、腎臓を送りつけたのは医学生のいたずらの可能性が高いと結論づけた。

最後の犠牲者

切り裂きジャックの犯行の最後の幕は、1888年11月9日、ミラーズ・コート13番で切って落とされた。そこには25歳のアイルランド人の売春婦、メアリ・ケリーが住んでいた。ケリーの家主、ジョン・マッカーシーに雇われて家賃を集めていたトマス・ボウヤーが、家賃29シリングを取り立てるため、午前10時45分にその部屋に向かった。ノックをしても返事がなかったので、カーテン代わりにぶら下げられた布のあいだから室内を覗いたとき、ぎょっとしてのけぞった。ケリーの全裸死体が手足を広げてベッドに横たわっていたのである。めった斬りにされ

ていた。午後1時30分、アーノルド警視が部下に突入を命じた。

死体の腐敗の進み具合を見て、トマス・ボンド医師とジョージ・バグスター・フィリップス医師は、犯行時刻は午前2時から8時のあいだであろうと考えた。死体の損壊ははなはだしく、脚の皮膚は剝がされ、乳房と内臓は切り取られて死体のまわりに並べられていた。顔は裂傷だらけで人相もわからなかった。内臓の中で心臓だけがどこにも見当たらなかった。

ケリーの死体はこれまでの4体よりも損傷が激しく、年齢もかなり若かった。当時の警察は切り裂きジャック事件の一つとして捜査していたが、犯人は別にいて、ジャックの仕業に見せかけたという説も出てきた。犯人として名前が挙がっている一人に、ケリーの愛人、ジョゼフ・バーネットがいた。しかし、バーネットはケリーの死後何時間かたってから事情聴取を受け、そのまま釈放された。今度もまた警察は切り裂きジャックの正体につながる証拠を見つけることができなかった。突然始まった犯行は、ぷっつりと途絶えた。その後も似たような事件が起こり――たとえば1981年のフランシス・コールズ惨殺事件――ジャックの犯行説

> 女から取った腎臓を半分送る……あと半分は焼いて食った。うまかったぞ。
> 切り裂きジャック

も出ているが、一般にはケリーが切り裂きジャックの最後の犠牲者とされている。

困難な捜査

今では考えられないことだが、切り裂きジャックは警察の手から逃れ続け、ついに事件は迷宮入りとなった。とはいえ、証拠と目撃者が少ない事件だったので、捜査に困難が付きまとったのは理解できる。犯行は深夜に行われ、現場は人通りの少ない危険な地区で、過熱した報道も捜査の妨げになったからである。

初期段階で警察は、この「ホワイトチャペル連続殺人」は地元のならず者集団の仕業だと思い込んでいた。1888年4月3日にエマ・スミスという女性がならず者たちに襲われた事件があったが、ロンドン警視庁の切り裂きジャック関連のファイルに、その事件が間違って入っていたせいで誤解を生んだといわれている。

捜査は行き詰まった。1888年9月、ロンドン警視庁は、フレデリック・ジョージ・アバーライン刑事を捜査陣に迎えた。アバーラインは14年間ホワイトチャペルを管轄していた警察官で、よそに移っていたのを呼び戻されたのである。その地区の犯罪者にも詳しいことから、犯人につながる情報を得ることが期待されていた。しかし、その策は功を奏さなかった。

先駆的な捜査法

切り裂きジャックが現代のシリアル・キラーを生んだとしたら、その最大の敵を生んだのは法執行機関だったといえる。最大の敵とは犯罪プロファイラーである。メアリ・ケリーが殺されたあと、首都警察「A課」所属の外科医トマス・ボンドは、「正典の5人」、つまり切り裂きジャック本人が関わったと見られるニコルズ、チャップマン、ストライド、エドウズ、ケリーの5人の事件について、ロンドン警視庁に報告書を提出した。ボンドは、時代を先取りしたその文書で、現在では「リンケージ分析」と呼ばれる手法を使い、特徴的な類似性を根拠に、一連の犯罪が一人の個人によって行われたことを証明した。

殺害されたあとの被害者が喉を裂かれて横たわっていたことから、ボンドは一人の人間が性的動機によって実行した死体損壊の事例であると見てとった。殺人者の心理に重点を置くそのやり方は、当時広く行われていた骨相学的アプローチを超える大きな進歩だった。

連続殺人者 273

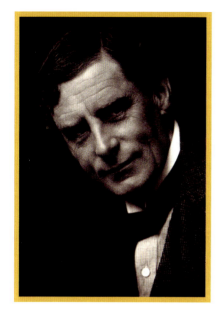

画家ウォルター・シッカート（左）、クラランス公アルバート・ヴィクター王子（中）、サー・ウィリアム・ガル（右）。いずれも現代の「リッパー研究家」によって容疑者と名指しされた。

切り裂きジャックは単独で行動しているようだった。アバーラインが地区の顔役たちに聞き込みを続けても、有力な手がかりは何一つ得られなかった。

新聞や雑誌も切り裂きジャックの犯行に色めき立った。警察の仕事は増えていった。記事の中の間違った情報をひとつひとつ潰していかないといけなかったし、模倣犯や住民の不安にも対処する必要があった。それだけでなく、ジャーナリストたちも探偵気取りで捜査に乗り出し、警官のあとをついてまわる者も現れた。売春婦の格好をして切り裂きジャックが現れるのを待つ者までいた。

それ以来、125年以上の歳月が流れ、無数の自称名探偵や作家や安楽椅子探偵によって、さまざまな容疑者が指摘されてきた。クラランス公とその侍医サー・ウィリアム・ガル。ポーランド人の理髪師アーロン・コシミンスキーのような精神異常者。しかしながら、現代のわれわれも、1888年当時の人々と同じく、ジャックの正体をつかむには至っていない。

アニー・チャップマンの検視審問で、フィリップス医師は証言中に、切り裂きジャックは医療関係者かもしれないという考えを述べた。被害者の内臓を取り出すには解剖学的知識が必要だからである。ボンド医師は異を唱え、ケリー事件を例に取って、切り口を見るかぎり精肉屋でもやらない素人なみの手際の悪さだったと述べた。それでも、内科医、もしくは外科医のイメージはそれ以来ずっと付きまとっている。切り裂きジャックが、医療専門家の使うような、真ん中から両側に開く、小型のかばんを持っていたという新聞記事の影響が大きかった。

犯人像をプロファイリングする

切り裂きジャックがロンドンのイースト・エンドの住人であることは、現代の社会科学者のあいだでもほぼ意見は一致している。本名まではわからないにせよ、シリアル・キラーの研究が進んだ今、人物像を推察することはできる。

一時的か慢性的か、性的不能者であった可能性が高い。それは暴力的な異常性欲のせいだったのかもしれないし、逆に性的不能が異常性を生んだのかもしれない。「切り裂き魔」の仲間、アンドレイ・チカチーロやロバート・ナッパーと同じく、犠牲者を刺したり切ったりバラバラにしたりすることで性的興奮を得ていたことも考えられる。疎外された個人である切り裂きジャックは、人とつながりたい、とくに女性とつながりたいと強く願っていた。そう考えれば売春婦をターゲットにしたことも説明できるかもしれない。■

> 犯人はおそらく物静かで目立たない男だろう。
> **トマス・ボンド医師**

私と一緒にいるくらいなら、彼女らは死んだほうがましだったんです
ハーヴェイ・グラットマン（1957～58年）

事件のあとさき

場所
アメリカ合衆国、カリフォルニア州ロサンゼルス

テーマ
記念品を保存する殺人者

以前
1950年代 米ウィスコンシン州の農場主、エド・ギーンが、自分が殺した犠牲者たちの骨などで深皿等の日用品を作る。ロバート・ブロックの小説『サイコ』の原案になり、のちにヒッチコックが映画化する。

以後
1969年 シリアル・キラーで靴フェチシストのジェローム・ブルードスが米オレゴン州で逮捕される。女性3人を殺害した容疑で有罪になり、終身刑を受ける。

1996年 ウクライナで、52人を殺した容疑でアナトーリ・オノプリエンコが逮捕される。オノプリエンコはまわりに家のない住宅を狙い、住人をすべて殺して、被害者の男女の下着を記念品として持ち帰った。

ハーヴェイ・グラットマンのアパートにあった道具箱には、集めた写真が保管されていた。写真には後ろ手に縛られた女性が恐怖に目を見開いているところが写っていた。別の写真には、同じ女性の死んだ姿が写っていて、その死体が撮影用のポーズを取らされていた。

1950年代最恐のシリアル・キラーが残したサインがその写真だった。最後にはそれが彼の有罪につながった。

10代のレイピスト
コロラド育ちのハーヴェイ・グラットマンは、友だちのいない、やせた出っ歯の男だった。子供のころから反社会的傾向があり、変態的な性的嗜好の持ち主だった。まだ10代のときから女性のアパートに押し入り、縛りあげてレイプする犯行を繰り返した。記念として写真も撮った。

1945年、グラットマンは家宅侵入で捕まり、窃盗罪で有罪になった。保釈中に女性をレイプし、その結果、8か月のあいだ刑務所に入ることになった。

釈放されるとニューヨーク州オールバニーに引っ越したが、そこでもすぐに連続強盗の容疑で有罪になった。収監されたとき、サイコパスの診断を受けたが、

モデルを使い
ボンデージ**写真を撮る**

同じモデルを縛り
暴行する写真を撮る

絞殺したあと、
自分の好みのポーズを取らせ、
撮影する

そのすべての**写真を保管**して、
犯罪のすべての段階を
再現できるようにする

連続殺人者 275

参照　切り裂きジャック 266-73　■　イアン・ブレイディとマイラ・ヒンドリー 284-85　■　ジェフリー・ダーマー 293

グラットマンの事情聴取を行うロサンゼルス市警の捜査官たち。オレンジ郡サンタ・アナ付近でロレーン・ヴィジルを襲い、逮捕された直後のことである。グラットマンはすべての犯行をすぐに自白した。

写真がすぐに見つかることがわかっていたので、グラットマンは3件の殺人を自白した。やがて写真の入った道具箱も見つかった。グラットマンは2件の第一級殺人で有罪になり、死刑が宣告され、1959年9月18日、サン・クウェンティンの州刑務所でガス室に送られた。

犠牲者の記念品を収集するというグラットマンの欲望を精神医学的に研究した結果、アメリカにおける連続殺人の捜査法は大きく変わり、FBIの「暴力犯罪者逮捕プログラム」の設立へとつながった。暴力犯罪が繰り返されたときのパターンを探る試みである。グラットマンにはさまざまな強迫観念があったと考えることで、一度では満足できなかったその犯行の性格が説明できる。のちに彼は「シリアル・キラー」に分類された。■

模範的な囚人でもあり、1951年に仮釈放、その後の7年間は、コロラド州デンバーでテレビ修理業者として働いた。

写真でおびき寄せる

1957年、グラットマンはロサンゼルスに移った。モデルの仕事をしないかと若くて美しい女性を誘うため、偽名を使って写真家のふりをした。

次々とモデルの事務所を訪れては犠牲者を探し、見つかるとホテルの部屋に誘い込み、探偵実話雑誌に載せるという口実でボンデージ写真を撮った。そのモデルの2人、ジュディス・ダルとルース・マーカドは、撮影中にグラットマンに縛られ、性的暴行を受けた。そのあと、グラットマンは犠牲者を絞殺し、死体の写真を撮って、砂漠に死体を遺棄した。3人目の犠牲者、シャーリー・アン・ブリッジフォードは求人広告を通じてグラットマンと知り合った。1958年10月27日、オートバイで巡回中の警官が、ロレーン・ヴィジルという女性を誘拐しようとしていたグラットマンを発見した。道路わきに駐めてあった自動車に近づいたところ、車内で男が女性の頭に銃を突きつけ、縛ろうとしていた。警官は急いで止めに入り、グラットマンを逮捕した。

裁判結果と判決

自分のアパートに置いてある被害者の

記念品を集める殺人者

シリアル・キラーの多くは自分の犯行の記念の品を手元に置いておく。その戦利品をもてあそんで、殺人の快楽をふたたび体感するのである。精神科医によれば、野球カードやコインや切手を集める普通の衝動が、逸脱し、歪んだかたちで表れたのがその衝動であるという。有名な殺人犯の中にも記念の品を収集した者がいる。切り裂きジャックは犠牲者の内臓を持って帰ったといわれている。グラットマンなどのシリアル・キラーの何人かは被害者が死ぬ瞬間を写真に収めた。残虐な犯罪を記録に残しておきたいというこの不可解な衝動から派生して、「殺人関連収集品（マーダラビリア）」つまり殺人犯に関連した品を集める一風変わった趣味が生まれた。犯行時に殺人犯が着ていた衣類、使われた凶器、獄中から殺人犯が送った葉書や手紙などを収集するのである。オークションサイトeBayでは2001年にマーダラビリアの取引を禁止したが、ほかのeコマース・サイトでは活発に売買が行われている。

私は
殺すのが
好きだっただけだ

テッド・バンディ（1961〜78年）

テッド・バンディ

事件のあとさき

場所
アメリカ合衆国、ワシントンからフロリダまでの7州

テーマ
大学生が被害に遭った殺人

以前
1966年 シカゴで、リチャード・スペックが、看護学生8人の首を絞め刺殺した罪で終身刑になる。

1973年 「女子大生殺し」として知られるエドマンド・ケンパーが、カリフォルニアで少なくとも6人の女子学生を殺し、自分の母とその親友を殺した罪で、複数の終身刑を宣告される。

以後
2004年 ルイジアナ州立大学周辺で発生した一連の殺人事件で、DNA鑑定によりデリック・トッド・リーが有罪になる。

テッド・バンディ(中央)。1979年の裁判中に、いかにも如才ない態度で官選弁護人補エド・ハーヴィー(左)やレオン郡の警察官と相談をしている。

テッド・バンディはハンサムな法学生だった。人当たりがよく、知的に見えた。チャールズ・マンソンやデニス・ニルセンと同じシリアル・キラーだとは誰も思わなかっただろう。被害者のほうも同じで、かつてシリアル・キラーが餌食にしたような売春婦ではなく、ほとんどが白人で容姿端麗な中流の女子大学生だった。

テッド・バンディの被害者はこれまで判明しただけでも30人いるが、自分に不用心なところがあるとは誰も思っていなかっただろう。困っている彼を助けるつもりで、つい気を許したことが命取りになった。バンディは自分が困っているふりをした。偽のギプス包帯で片腕をつったり、松葉杖をついたり、ヨットの操縦や教科書のことで助けを求めたりした。愛車のフォルクスワーゲン・ビートルに相手を誘いこむと、車の下に隠してあったタイヤレバーをつかみ、その鉄の棒で頭を殴って、車に押し込み、手錠をかけた。

劇場型サイコパス

バンディは役作りをして演技をするのを好んだ。夜になるとアパートや学生寮に押し入り、女性を誘拐して殺した。長い茶色の髪を真ん中で分けた女子大学生がとくに好きだった。当時の流行の髪型でもあったが、無意識のうちに同じ髪型をしたガールフレンドに対する復讐を行ったのだと考える者もいる。おそらくそのガールフレンドに拒絶されたか馬鹿

連続殺人者 **279**

参照　切り裂きジャック 266-73　■　ハーヴェイ・グラットマン 274-75　■　コリン・ピッチフォーク 294-97

> 罪悪感はまったくない。
> 罪悪感がある人を
> かわいそうに思う。
> **テッド・バンディ**

```
┌─────────────────────────────────────┐
│ 腕をつったり、偽のギプスをつけたり、松葉杖をついたりして、同情を誘う │
└─────────────────────────────────────┘
                    ↓
┌─────────────────────────────────────┐
│ 若い女性に落とした本を拾ってもらったり、      │
│ 横断歩道を渡ったりするのを助けてもらう        │
└─────────────────────────────────────┘
                    ↓
┌─────────────────────────────────────┐
│ その女性をフォルクスワーゲンに誘い込む        │
└─────────────────────────────────────┘
                    ↓
┌─────────────────────────────────────┐
│ タイヤレバーで頭を殴り、手錠をかけて、連れ去る  │
└─────────────────────────────────────┘
                    ↓
┌─────────────────────────────────────┐
│ 女性を殺害し、                              │
│ 国立公園自然保護地に運んで埋める            │
└─────────────────────────────────────┘
```

にされたかしたのだろう。

精神的に不安定だった少年時代

　バンディの家庭環境は複雑だった。フィラデルフィアで過ごした子供時代には、祖父母のことを両親と信じ、実母のエリナを姉だと思っていた。

　そのころからテッドは（幼少期の名前はシオドア・ロバート・カウエル）人を怖がらせるのを好んでいた。のちに家族が暴露した話によると3歳のころには、まだ20歳前だった叔母が寝ているところに台所から持ってきた包丁を並べてにやにやしていたという。目を覚ました叔母が怯えると、その姿を見ておもしろがり、大笑いした。

　シリアル・キラーの精神構造と動機を研究してきた精神科医のドロシー・オトノウ・ルイス博士は、死刑が確定したあとのバンディと何度も面接している。博士によると、幼児期のその行動は「きわめて異様な」ものであり、バンディ自身、虐待を受けていたか、家族の極端な暴力を目撃したかで、幼少期になんらかのトラウマを負った可能性があるという。

　包丁の出来事のせいか、ほかに理由があったのか、4、5歳のとき、テッドとエリナは実家を出ることになり、遠く離れたワシントン州タコマの伯父の家で暮らしはじめた。エリナはミドルネームのルイーズを使うようになり、未亡人か離婚女性のふりをした。

　1951年、エリナはジョニー・バンディという病院のコックと知り合い、のちに結婚した。子供は4人生まれた。母親からあまり愛情を注がれてこなかったテッドは、今や弟2人、妹2人とその愛情を奪い合うことになった。家族の絆を強め、ジョニー・バンディを幼いテッドの父親代わりにするため、テッドにはシオドア・ロバート・バンディという新しい名前が与えられた。

　しかし、テッドには何かが欠けていた。それは父親でも、母の愛情でも、暴力のない家庭環境でもない。欠けていたのは共感だった。人とのあいだに感情の絆を作る能力がなかった。彼には良心が欠け

テッド・バンディ

バンディのフォルクスワーゲン。犯行現場の写真。この車はのちにソルトレイク郡保安官事務所の元副保安官、ロニー・アンダーソンが買い取り、現在では国立犯罪刑罰博物館に展示されている。

殺人は色欲とも暴力とも関係がない。所有欲の問題だ。
テッド・バンディ

ていた。

殺人嗜好

バンディの最初の犠牲者と思われるのは、1961年8月31日の早朝にワシントン州タコマの自宅から失踪した8歳の少女、アン・マリー・バーである。バーは今でも行方不明のままになっている。少女がいなくなったとき、バンディはまだ14歳だった。失踪との関わりはずっと否定していた。しかし、ロバート・ケッペル捜査官は、最初に殺した被害者の名前をバンディが絶対に明かそうとしなかったことから、バンディが少女を殺したと見て間違いないだろうと推測している。

理由はほかにもある。再婚前の母親とテッドが暮らしていた親類宅は、バーの家の近所にあった。引っ越したあともバンディはその親類宅をよく訪ねていた。アン・バーの失踪にまつわる噂が広まってもタコマ警察は取り合わなかったが、アンの両親はずっと疑っていた。さらに、ルーイヴィル大学の法学部教授、ロナルド・ホームズ博士によれば、刑務所でバンディにインタビューしたとき、最初に人を殺したのは15歳のときだと語ったという。立証されたバンディの最初の殺人は1974年1月の出来事である。彼は27歳で、2年前、心理学の学位を取ってシ

アトルのワシントン大学を卒業していたが、その大学の21歳の学生、リンダ・アン・ヒーリーを、彼女が友人と共同で借りていた家の地下にある寝室から誘拐した。それから1年ほどたった1975年3月に、シアトル東部のテイラー・マウンテンで彼女の頭蓋骨が見つかっている。

ヒーリーを殺したあと、バンディはもう誰にも止められなかった。1974年2月から1975年8月のあいだに、数週間の間隔で、十数人の若い女性を殺害した。その期間中にバンディはユタ州に引っ越し、ユタ大学の法学部に入学した。

バンディのフロリダでの被害者。21歳の学生マーガレット・ボウマン（左）は就寝中に襲われ、12歳のキンバリー・リーチ（右）は学校から誘拐された。

最初の逮捕

バンディが最初に逮捕されたのは1975年8月のことである。午前3時、愛車のフォルクスワーゲンでソルトレイクシティの郊外を走っていると、ハイウェイ・パトロール隊のボブ・ヘイワード巡査部長が無灯火運転に気がついた。ヘイワードが道路わきに車を止めさせようとすると、そのまま逃亡し、住宅街でのカーチェイスが始まった。バンディの車は廃れたガソリン・スタンドに追い詰められ、追跡劇は終わった。なぜ逃げたのかを問われたバンディは、自分はユタ大学の法学生で、ドライブイン映画館を出たあと、道に迷ったのだと説明した。黒のタートルネックと黒のズボンをはいたバンディはいかにも学生らしく見えたが、『タワーリング・インフェルノ』を見ていたという証言は信じられなかった。ソルト・レイク・シティではまだ上映されていなかったからである。車を調べたヘイワードは、破れたタイツとバール、ロープ、スキー用の目出し帽を発見した。バンディは冷静にそれぞれの由来を説明したが、ヘイワードは疑いが捨てきれず、公務執行妨害で逮捕した。

しかし、実際には、前年のある事件についての容疑で起訴された。1974年11月、ユタ州マレーで、18歳のキャロル・ダロンチのところにバンディが近づいてきて、あなたの車が盗まれたようなので、署まできて盗難届を出してください、と話しかけた。ダロンチはバンディのフォルクスワーゲンに乗ったが、警察署とは逆方向に向かっていることを指摘すると、彼はがらりと態度を変え、彼女に手錠をかけようとした。ダロンチが抵抗したので、バンディは誤って片方の手に両方の手錠をかけた。ダロンチは逃げ出して警察に行った。犯人はフォルクスワーゲンに乗ったハンサムな男で、ぴかぴか光る高級そうな靴をはいていた、と彼女は証言した。

この地域で続いている若い女性の失踪

テッド・バンディ

バンディの未婚の母、22歳のエレナ・ルイーズ・カウエルは、1946年に妊娠していることを知ると、ヴァーモント州バーリントンにある「未婚の母のためのエリザベス・ランド保護院」で出産した。エレナの父親、サミュエルは、暴力と虐待をなんとも思わない男で、妻子を支配していた。エレナは赤ん坊の父親が誰なのか自分でもわからなかった。やがてサミュエル・カウエルの子ではないかという噂が広まった。

1946年11月24日、シオドア・ロバート・カウエルが生まれた。エレナは施設に子供を残して実家に帰った。バンディが最初に捨てられたのはそのときである。1947年、エレナは父親にいわれて子供を引き取るため施設に向かった。一家は赤ん坊をテディと呼んだ。

バンディはずっとエリナが姉で祖父母が両親だと思っていた。学校でバンディを教えた教師の一人によると、15歳のとき自分が私生児だと知ってバンディは「ぽきんと折れた」という。母親が1951年に結婚して、その夫のジョニー・バンディは妻の息子を正式に養子にした。しかし、テッドは、ジョニーの知的レベルが低いことを嫌がって、決してなつかなかった。

282　テッド・バンディ

事件を調べていたジェリー・トンプソン刑事は、ソルト・レイク・シティでヘイワードによって逮捕された男の人相が、前年にマレーで誘拐されそうになったキャロル・ダロンチの証言に出てくる男の人相と一致することに気がついた。

　バンディのアパートを捜索すると、若い女性が失踪した町のいくつかをバンディが訪れていた証拠が見つかった。車からは女性の髪が発見され、バンディへの疑惑は高まった。面通しでダロンチがバンディを確認したので、バンディは誘拐暴行未遂の罪で逮捕された。捜査陣は殺人での起訴も視野に入れていたが、それにはもっと確実な証拠が必要だった。

　やがて、殺人の被害者、キャリン・キャンベルの毛髪がバンディの車から発見され、それが動かぬ証拠となった。1976年6月30日、バンディはコロラドのユタ州刑務所に収監された。10月、キャンベル殺害容疑で起訴され、アスペンのピトキン郡裁判所で裁かれることになった。

脱走囚

　法律の知識があるので、バンディは自分で自分の弁護人をつとめた。裁判が行われていないときは、裁判所の図書館を使う許可も与えられた。一人きりになったバンディは、図書館の窓から飛びおりて、アスペン山に逃げた。ハイキング道やキャンプ場を6日間さまよったのち、盗難車に隠れているところを発見された。バンディはその後コロラドのガーフィールド郡刑務所に移された。

　2度目の脱走は、何か月も入念に準備を整えてから決行された。刑務所の見取り図と小型の金属用のこぎりを囚人仲間から手に入れ、独房の天井に穴を開けて、その穴をくぐれるまで体重を落とした。逃亡路を何度も検証したあと、1977年12月30日に脱獄した。車を盗み、ヒッチハイクをし、飛行機に乗り、列車に乗って、フロリダ州タラハシーにたどり着くと、フロリダ州立大学のそばに部屋を借りた。

　タラハシーに来てから1週間後、バンディは、カイ・オメガ女子寮に忍び込み、4人の若い女性を襲い、そのうちの2人を殺した。そのあと、近くのアパートで5人目を襲った。

　2週間後、バンディは12歳のキンバリー・ダイアン・リーチを学校の前で誘

警察官

非番の消防士

**大学生
「クリス・
ヘイガン」**

**大学生
「ケネス・
ミズナー」**

バンディは変装して他人になりすますのを好んだ。そのときには電話帳をめくって参考にした。髪型を変え、髭やほくろをつけ、メガネや衣装を工夫して、幅広い偽の人格をつくりあげた。

連続殺人者 **283**

ニタ・ジェイン・ニアリー。バンディの裁判で、二人の学生が殺された夜、フロリダ州立大学のカイ・オメガ女子寮からバンディが出てくるところを見たと証言する。

拐した。のちにその死体は豚小屋で発見されている。キンバリーが失踪してから1週間もたたないうちに、バンディは盗難車を運転していた容疑で逮捕された。カイ・オメガ女子寮でも、キンバリーの学校前でも、バンディを見た目撃者がいた。物的証拠も見つかった。3件の殺人すべてで有罪になり、バンディには死刑が宣告された。

死刑囚監房

9年半のあいだ、バンディはフロリダの死刑囚監房で何十人もの人々と文通をしていた。その中には、アンの母、ビバリー・バーも含まれている。バンディは、古くからの友人キャロル・ブーンと結婚し、子供までもうけている。一説によれば、二人は看守に賄賂を払い、見て見ぬふりをしてもらったという。ほかのシリアル・キラーの事件では警察の「相談役」をつとめ、彼についての本を書く者がいれば積極的に協力した。再審と死刑の延期を何度も申し出たが、すべて却下された。死刑囚監房での最後の日々に、バンディ

は疑われた殺人36件のすべてを告白し、表に出ていなかった数多くの殺人の詳細も語った。合計で50件ほどの殺人に関与していたことになる。しかし、裁判所が任命したある精神科医によると、被害者の数は100人に及ぶかもしれない。バンディ自身は、10の州にまたがって300件の殺人を行ったとロナルド・ホームズ博士に語っている。処刑を2、3か月延ばしてもらえたら、失踪したほかの女性について詳しく話そう、とバンディは申し出たが、フロリダ州知事ボブ・マーティネスは「殺人者との取り引き」を拒絶した。

1989年1月24日の夕刻、42歳のテッド・バンディは電気椅子で死んだ。なぜ多くの女性を殺したかという問いへの答えは、死を間近にして語ったバンディ本人の言葉から推察できるかもしれない。「私は殺すのが好きだっただけだ。ただ殺したかったんだ」■

殺人者とのインタビュー

犯罪病理学の研究者や、手がかりを求める捜査官、スクープ狙いのジャーナリストなどが、これまでにも許可を得て収監中のシリアル・キラーのインタビューをしてきた。その結果、何百時間ものインタビュー動画が存在し、その多くはインターネットで見ることができる。

その内容を精査すれば、シリアル・キラーの心理が洞察できるかといえば、必ずしもそうではない。刑務所の外にいる一般大衆に自分の声や行動を伝える機会が与えられると、シリアル・キラーはある種の役者になり、インタビューの相手に合わせて演技をする。相手が理解したいと思っていれば迎合し、驚きたいと思っていればわざとショッキングな発言をする。テッド・バンディが冷やかに改悛の情を見せても、チャールズ・マンソンが狂気をうかがわせる痛烈な社会批判をしても、ジェフリー・ダーマーが驚くほど率直な反応を示しても、それはみんなパフォーマンスであり、シリアル・キラーの心理的肖像を納得のいくように描こうとしても、実像からは遠ざかるばかりなのである。

計算ずくの、残虐で、冷酷な殺人
イアン・ブレイディとマイラ・ヒンドリー（1963～65年）

事件のあとさき

場所
英国、マンチェスター近郊のサドルワース・ムーア

テーマ
歪んだ関係の殺人者

以前
1958年1月29日 アメリカ中西部を60日間、車で旅して、11人を殺した10代の二人組、チャールズ・スタークウェザーとキャリル・アン・フュゲートが逮捕される。殺人行脚のとき14歳だったフュゲートは、自分はスタークウェザーの人質だったとのちに主張している。

以後
1993年2月17日 カナダの強姦殺人犯、ポール・ベルナルドが終身刑になる。妻のカーラ・ホモルカも殺人の共犯だったが、警察と取引をして、罪を減じられる。

1963年7月12日、16歳のポーリン・リードはマンチェスターでダンスに行く途中だった。そのとき、マイラ・ヒンドリーが車で通りかかり、少女を車内に招き入れた。21歳のヒンドリーは少女を乗せた車を近くの田園地帯まで走らせた。オートバイに乗ったヒンドリーの愛人、イアン・ブレイディが、うしろをついてきていた。ブレイディは少女をレイプし、虐待を加えてから、喉を切り裂き、サドルワース・ムーアの湿地に埋めた。

歪んだ関係

リードはこのカップルの最初の犠牲者だったが、最後ではなかった。1963年から1965年のあいだに、二人はさらに4人の子供を誘拐し、虐待を加えたのちに殺害した。俗にいう「ムーアズ殺人事件」である。被害者の4人はサドルワース・ムーアに埋められていたが、1人はついに見つからなかった。

1961年、18歳のときに、マイラ・ヒンドリーはイアン・ブレイディと付き合いはじめた。ブレイディは22歳だった。日常的に暴力を受け、支配されていたヒンドリーは、彼のいいなりになった。そして、ブレイディを喜ばせるために子供を調達

> 私はいつも体じゅうにあざや歯形がついていました。彼は私の家族を殺すと脅迫しました。私はすっかり彼に支配されていたのです。
> **マイラ・ヒンドリー**

し、その子供にブレイディは性的暴行を加え、絞殺した。

ポーリン・リードの殺害から数か月後の1963年11月の土曜日の午後、二人は12歳のジョン・キルブライドを誘拐した。ブレイディは少年をレイプし、紐で絞殺した。ブレイディの堕落した行いをヒンドリーも楽しむようになり、二人は次の犠牲者、12歳のキース・ベネットを誘拐した。少年はマンチェスターの祖母の家に行く途中だった。1964年6月16日、ブレイディとヒンドリーはサドルワース・ムーアにベネットを車で運んで埋めた。広範囲にわたって捜索が続けられたが、その死体

連続殺人者 285

参照 テッド・バンディ 276-83 ■ フレッド&ローズマリー・ウェスト 286-87 ■ コリン・ピッチフォーク 294-97

今や偶像化されたイアン・ブレイディとマイラ・ヒンドリーの写真。1966年4月、3件の殺人で裁判中に撮影された。5人の少年少女の死の背景には、二人の不安定な関係がある。

はまだ見つかっていない。

12月26日、ブレイディとヒンドリーは定期市の会場で、10歳の少女、レスリー・アン・ダウニーに近づき、荷物を運ぶのを手伝ってくれと声をかけた。誘拐したあと、ダウニーをロープで縛り、ポルノ写真のようなポーズを取らせて撮影した。ダウニーが悲鳴を上げ、命乞いする声が録音されたテープも存在する。そのあと少女は絞殺され、埋められた。

告白と転落

やがてブレイディは自信過剰になって、ヒンドリーの17歳の義弟、デイヴィッド・スミスに自分の所業を打ち明けた。1965年10月、工学を勉強している学生で、やはり17歳のエドワード・エヴァンスを自宅に誘い込んだあと、ブレイディはヒンドリーに命じてスミスを呼びに行かせ、スミスも殺人に加担させようとした。ブレイディがエヴァンスを斧で撲殺するところを、スミスは恐怖に怯えた目で見ていた。ブレイディやヒンドリーと一緒に後片づけをしたあと、スミスは妻のいる家に逃げ帰った。スミスと妻は公衆電話から警察に通報し、エヴァンスの死体のある場所まで捜査員を連れていった。

ブレイディとヒンドリーは逮捕された。

二人の家を捜索した警察は、卑猥な写真やダウニーの声が録音されたテープを発見した。サドルワース・ムーアで撮られた大量の写真も見つかった。150人もの捜査員が動員され、サドルワース・ムーアの大捜索が始まった。レスリー・アン・ダウニーとジョン・キルブライドの死体が見つかったのはそのときである。

1966年、イアン・ブレイディとマイラ・ヒンドリーは3件の殺人で有罪になった。その判決を受けて、二人はポーリン・リードとキース・ベネットの殺害も自供した。

その後

1987年、100日に及ぶ捜索の結果、ポーリン・リードの腐乱死体が見つかった。殺人犯の片割れ、ヒンドリーは2002年11月15日に獄中で死亡、60歳だった。1985年、ブレイディは触法精神障害者の認定を受け、専門病院に移された。彼は、釈放されたいとは思わないと語り、死を許可してくれとくり返し訴えた。2017年5月に79歳で死亡。■

虐待関係にあるシリアル・キラー

犯罪の前歴のない女性が愛人や夫にそそのかされて残虐な犯行に走る例は昔から数え切れないほどある。自分はパートナーに支配され操られていたのだとあとになって主張する女性もいる。

男女が虐待関係にあるとき、支配的な立場にある側は、もう一方を孤立させることで自尊心を破壊しようとする。場合によっては、肉体的、感情的、言語的、精神的、性的な虐待につながることもある。支配的なパートナーは被支配者をコントロールするため、相手が自分で決断を下す権利を奪う。

マイラ・ヒンドリーの場合がそうであったかは、いまだに甲論乙駁が続いている。被害者の遺族はヒンドリーが自分の意志で犯行に加わったことを疑わない。しかし、いくつかのインタビューの中でヒンドリーは、自分には殺人への衝動はなく、イアン・ブレイディによって肉体的に虐待され、意志が操られていただけだと主張している。

言葉にできない おぞましさ
フレッド&ローズマリー・ウェスト（1971〜87年）

事件のあとさき

場所
英国、グロースター

テーマ
殺人カップル

以前
1890〜93年 自宅で託児所を経営していたオーストラリアの夫婦、ジョン・メイキンとセーラ・ジェイン・メイキンが、託児所の赤ん坊たちを殺して自分の土地に埋める。未婚の母親たちから養育料を受け取っていた。

以後
1986〜89年 老夫婦、フェイ・コープランドとレイ・コープランドが、住所不定の労働者たちを米ミズーリ州の自分たちの農場で雇い、次々に殺害する。

1987年1月〜2月 米ミシガン州のカップル、グウェンドリン・グレアムとキャシー・ウッドが、自分たちが勤めていた養護施設で5人の年配の女性を殺し、死体にいたずらをする。

 女性のヒッチハイカーを**車に乗せる**

 友人や売春婦を自宅のパーティに**招く**

 自分の**子供**も誘う

 被害者を家に**閉じ込め**、性的拷問と虐待をくり返す

被害者がもう帰りたいと言ったり、警察に届けると言ったりしたら、**殺す**

 被害者の死体をばらばらにし、自宅の庭や近くの野原に埋める

　1972年10月、17歳のキャロライン・オーウェンズは、グロースターからヒッチハイクで出かけようとしていたとき、フレッド・ウェストと妻のローズマリーに会った。ウェスト夫妻は灰色のフォード・ポプラに少女を乗せ、世間話を始めた。そのあと、自分たちの子供の子守りをしないかと持ちかけた。その翌日、オーウェンズはウェスト邸に移った。ところが、夫婦の「セックス・サークル」に参加しないかという度重なる誘いに嫌気がさして、オーウェンズは仕事を辞め、数週間でウェスト邸から出ていった。

　12月、ウェスト夫妻はオーウェンズが一人で歩いているのをまた見かけた。二

連続殺人者 **287**

参照　テッド・バンディ 276-83　■　イアン・ブレイディとマイラ・ヒンドリー 284-85　■　コリン・ピッチフォーク 294-97

人は、失礼なことをしたお詫びにうちでお茶でもどうかと彼女を誘った。オーウェンズは承諾した。ところがそのあと12時間にわたって彼女は試練に耐えることになった。二人はその17歳の少女を縛ってレイプしたのである。事が終わると、オーウェンズは泣き崩れた。それを見てフレッド・ウェストは、必ず戻ってきて子守りの仕事をすると約束してくれたら、家に帰してやる、と言いだした。

深く傷ついたキャロライン・オーウェンズは母の待つ家に逃げ帰り、警察に通報した。しかし、恥ずかしさが先に立ってレイプの被害を訴えることはできず、1973年、グロースター治安判事裁判所で、ウェスト夫妻は強制猥褻という軽い罪に問われ、100ポンドの罰金で釈放された。

続く悪夢

この事件は氷山の一角にすぎなかった。グロースターのクロムウェル通りにあるウェスト邸では20年近くにわたって誰にも知られることなく犯罪的行為が行われていた。ウェスト夫妻は、10代の少女を子守りとして雇ったり、若い女性に部屋を貸したりして、犠牲者を「刈りいれ」ていたのである。さらには自分たちの子供を虐待することもあった。

> おれはローズと16のときに出会った。
> ちゃんと仕込んだから、
> おれのやりたいことを
> やってくれるようになった。
> **フレッド・ウェスト**

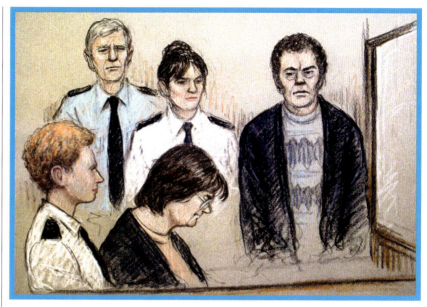

1992年の夏、民生委員と警官がウェスト邸にやってきた。若い女性が一人行方不明になった件と児童虐待の件で家宅捜索が行われ、子供5人が養い親に預けられることになった。

しかし、その子供たちに関して、民生委員から警察に連絡が入ったのは、それから1年後のことだった。家宅捜索のとき、子供たちが、フレッドとローズマリーの実子、16歳のヘザー・ウェストについて、「家のテラスの下にいるよ」と話していたというのだ。それがきっかけになって、英国史上稀に見る凶悪な殺人事件が明るみに出た。

クロムウェル通り25番の庭を警察が掘り返すと、ヘザーの遺体やフレッド・ウェストの8歳の娘、チャーメインの遺体だけでなく、チャーメインの母親、キャサリン・コステロの頭蓋骨も見つかった。チャーメインはウェスト夫妻の最初の被害者である可能性が高い。1971年、フレッドの最初の妻であるコステロとのつながりを断ち切るためにローズマリーがチャーメインを殺し、そのことにコステ

法廷画。1994年6月30日、グロースターの治安判事裁判所に出廷したフレッドとローズマリーの様子。フレッドは12件の殺人で起訴されたが、ローズマリーのほうは10件に留まった。

ロが気づいたのではないかと疑い、今度は二人でコステロを殺した。フレッドとローズマリーの娘、ヘザーは、生まれたときからずっと殴る蹴るの虐待を受け続け、1987年、「ものすごい夫婦喧嘩」のあと、夫の留守中に、ローズマリーによって殺害された。

クロムウェル通り25番には合計で9体が埋められていた。同じグロースターでウェスト夫妻が前に住んでいた家でも1体が見つかり、さらに2体が離れた草地で掘り出された。二人は20年間で合計12人を殺した容疑で起訴された。

フレッド・ウェストは罪状を認めたが、裁判の始まる10か月前、毛布を使って独房で首つり自殺をした。ローズマリーは無実を訴えたが、10件の殺人で有罪になり、終身刑が申し渡された。■

これはゾディアックからの電話だ

ゾディアック事件（1968〜69年）

事件のあとさき

場所
アメリカ合衆国、カリフォルニア州、サンフランシスコ

テーマ
自己顕示的殺人

以前
1945〜46年　「口紅殺人者」と呼ばれたシカゴのウィリアム・ハイレンズが、自分の犯行現場に口紅でメッセージを残す。

以後
1976〜77年　ニューヨークのブロンクスで、シリアル・キラーのデイヴィッド・バーコヴィッツが、「サムの息子」と署名した手紙を被害者の遺体のそばに残す。

1990〜93年　ゾディアック事件の模倣犯、ヘリバート・シーダが、ニューヨークで3人を殺す。

1969年7月4日はマイケル・マジョーにとって素晴らしい夜になるはずだった。サンフランシスコ湾には何発も花火が上がり、デートの相手、22歳のダーレン・フェリンは美しかった。ヴァレイホのブルー・ロック・スプリングズで駐車場に駐めたダーレンの車に二人が座っていると、車が近づいてきた。その車から男が出てきて、車内を電灯で照らし、発砲を始めた。フェリンは死に、マジョーは重傷を負った。その直後、ヴァレイホの警察に男の声で電話があった。「殺人の通報だ。コロンバス・パークウェイを1マイル走ったところに、茶色の車が駐まっている。ガキが9ミリのルガーで撃たれている。おれは去年もガキどもを殺した。じゃあな」

送りつけられた暗号

7月31日、《クロニクル》、《エグザミナー》、《ヴァレイホ・タイムズ＝ヘラルド》の新聞社3社に手紙と暗号が届いた。手紙には不吉な脅迫が記されていた。もしも明日の午後までに新聞の一面にこの暗号を掲載しなければ、殺戮を続ける。手

「表出／変容」タイプの暴力

社会心理学を応用した犯罪学者リー・メラーの「表出／変容」理論によれば、手紙を送ったり、現場にメッセージを残したり、被害者に象徴的なポーズを取らせたりして、警察と意思の疎通を図ろうとする犯罪者は、自己規定の確立を試みているのだという。みずからの社会的欠陥ゆえに、そんな犯罪者はいつも自分に不満を抱き、恒久的な自我の危機にさらされている。そのため崩壊した人格を殺人者に偽装して統一感を得ようとする。はなはだしい場合には、芝居がかった衣装を身にまとったり、「ゾディアック」のような偽名を名乗ったりする。メラーが「表出／変容」型の犯罪者10人をサンプル調査したところ、犯行時にその9割が独身であり、大人になりきれていないことを自覚していた。そして、男としての自信がなく、職業も不安定で、警察あるいは軍隊の、もしくはその両方の文化に執着を持っていた。

連続殺人者　289

参照　リンドバーグ愛児誘拐事件 178-85　■　ブラック・ダリア事件 218-23　■　テッド・バンディ 276-83

「ゾディアック」と名乗る殺人犯の似顔絵。1969年10月のポール・スタイン事件の直後、3人の目撃者の話を聞いてサンフランシスコ警察が作成し、配布した。

紙の主はフェリン殺しの犯人を名乗り、1968年にヴァレイホで起こった二重殺人も自分の犯行だと書いていた。その事件も手口はよく似ていた。

議論の末に新聞社は暗号を公開した。2通目の手紙が8月4日にヘラルド社に届き、送り主は「ゾディアック」と名乗った。

死の終幕

1969年8月8日、サリナス在住の夫婦が、その408文字の暗号を解いた。自分は人狩りをしていて、殺人は娯楽であり、自分の死後、被害者たちは来世で自分の奴隷になるという。

9月27日の午後、ブライアン・ハートネルとセシリア・シェパードが、ナパ郡のベリエッサ湖畔で、黒ずくめの覆面の男に襲われた。男はロープで二人を縛り、何度も刺した。ハートネルは助かって事件の様子を証言したが、シェパードは死んだ。立ち去るとき、犯人は車の扉にゾディアックのマークを描いた。サンフランシスコで1969年10月11日に起こった殺人も、ゾディアックとの関連が指摘されている。その夜、タクシー運転手のポール・スタインが客に射殺された。犯人は血に染まったスタインのシャツの一部をちぎり、財布と鍵を盗んで、車内の指紋をきれいに消していった。目撃者が3人いたが、その証言はまちまちだったので、犯人特定にはつながらなかった。2日後、犯人はスタインのシャツの一部を《クロニクル》に送りつけた。手紙が送られるのは1978年まで続いたが、ゾディアックは捕まらなかった。

第一容疑者

捜査の途中でさまざまな名前が浮上したが、有力な容疑者と見なされたのはアーサー・リー・アレンだった。1969年の事情聴取で、アレンは、母親からゾディアック社の腕時計をもらったことを認めた。その時計のシンボルマークは十字に円を重ねたものである。アレンの友人の一人は、アレンが、男女二人組をランダムに殺したい、ゾディアックのマークを描いた手紙を警察に送って挑発したい、などと述べていたことを証言した。しかも、1968年、1969年の事件現場のすぐ近くに住んでおり、1968年の事件で使われたのと同じ銃弾を所持していた。

2002年、アレンの死後10年目に、ゾディアックの手紙の封筒に付着していた唾液のDNAと、アレン自身のDNAとが比較されたが、一致しなかった。しかし、アレンは封筒の糊をなめるのが嫌いで、他人にやらせていたことがあとで判明した。■

アーサー・リー・アレン犯人説の証拠

- ゾディアック社の腕時計を母からもらう。丸に十字のシンボル・マークがついている
- 無作為に選んだ男女二人組を殺して、暗号の手紙で警察を挑発したいと複数の友人に語る
- 各犯行現場のすぐ近くに住む
- ゾディアックが使ったのと同じ製造元の銃弾を所有する

彼の目に映った自分の姿は医療の神だった
ハロルド・シップマン（1975〜98年）

事件のあとさき

場所
英国、ハイド、マンチェスター近郊

テーマ
医療従事者の殺人

以前
1881〜92年 スコットランド系カナダ人の医療従事者、トマス・ニール・クリームが、アメリカ人と英国人の複数の女性をクロロフォルムで毒殺する。

1895〜1901年 米マサチューセッツの看護師、ジェイン・トッパンが、患者と自分の家族を含めて、少なくとも30人を毒殺する。

1970〜87年 「死の天使」ドナルド・ハーヴェイが、複数の病院で、さまざまな手口を使い、37人から57人の患者を殺害する。

以後
1988〜2003年 米ニュージャージーで、チャールズ・カレンが、看護師として働きながら40人の患者を殺害する。

2001〜02年 男性看護師コリン・ノリスが、スコットランドのグラスゴーで、高齢の患者を何人も殺害する。

20歳のときに結婚して4人の子供がいるハロルド・シップマンは、優しい医者だと思われていた。1975年、その経歴に傷がついた。ペチジン中毒になっていたシップマンは、処方箋を偽造してその薬品を持ち出そうとした。だが、600ポンドの罰金を払い、更生治療を受けると、その行為は人々の記憶から消えていった。

ところが、彼の患者が前触れもなく死ぬ率があまりにも高かったので、怪しく思う者が出てきた。シップマンが治療していた高齢女性の多くが火葬にされるのを不審に思った葬儀社の従業員が、ハイドにあるブルック外科医院のリンダ・レナルズ医師に相談すると、レナルズ医師は南マンチェスター地区の検視官にその話を伝えた。警察がざっと調べたが、違法行為の証拠は出てこなかった。

傷ついた評判

タクシー運転手のジョン・ショウは、ハイドにあるシップマンの外科医院まで患者を乗せていくことがよくあったので、多くの患者と知り合いになった。1995年3月、ネッタ・アッシュクロフトが急死したとき、ショウは何かおかしいと思った。近所では評判の医師だったし、警察に話しても信じてもらえないだろうと思ったので、心苦しいながらも黙っていたが、そのあともシップマンの患者は次々に死んでいった。1998年の8月、ついにショウは確信した。シップマンは患者を殺している。そして、ようやく警察に自分の

ハロルド・シップマン医師。逮捕時に撮影された顔写真だが、ごく平凡な顔をしていて、恐ろしい犯罪者には見えない。その犯行は何年間も見逃されていた。

連続殺人者 **291**

参照 バークとヘア 22-23 ■ ジョン・エドワード・ロビンソン 298-99 ■ アレクサンドル・リトビネンコの毒殺 326-31

懸念を伝えた。実はシップマンもすでに失策を犯していた。1998年6月24日、81歳のキャスリン・グランディが自宅で死んでいるのが発見された。グランディはハイドの市長を務めたことがある裕福な女性だった。グランディの娘で事務弁護士のアンジェラ・ウッドラフが遺書を開封すると、家族には遺産を残さず、かかりつけの医者ハロルド・シップマンに全財産を与えると書いてあった。ウッドラフは文書偽造を警察に届けた。グランディの遺体が掘り起こされると、体内から鎮痛作用のある合成麻酔薬が検出された。死亡診断書に「老衰」と書いたシップマンが逮捕されたのは9月7日のことだった。グランディの偽の遺書をタイプしたのと同じ型のタイプライターがシップマンの病院から見つかった。遺書にはシップマンの指紋がついていた。

傲慢と拒否

それに続いて、警察はほかの15名の女性患者の殺人でもシップマンを告発した。2000年1月31日、すべての罪状で有罪になった。キャスリン・グランディの遺産38万6000ポンドを狙っていたシップマンは15回分の終身刑を宣告された。その後の捜査で、少なくとも218件の死に責任があることがわかった。実際には250件を超えているかもしれない。

明白な証拠が揃っていたが、シップマンは罪を認めず、長時間の事情聴取でも、取調官に背を向けていた。しかし、58歳の誕生日を目前にして、シップマンは独房の窓から首を吊って自殺した。囚人の

> 彼はただ
> 人の生死を操っている感覚を
> 楽しんでいただけだ。
> **検視官ジョン・ポラード**

一人によると、シップマンは数日前に、最初からずっと彼を応援してきた妻のプリムローズの手紙を受け取っていた。文面には、「私にはすべてを話して、どんなことでも」という一節があった。

シップマンは生と死をつかさどる力を持つ自分に酔っていて、それが動機だったと考えられている。遺産をだまし取るのが目的だったにしては、やり方が杜撰で、結局は破滅につながった。とはいえ、自宅にあった宝石類100点のうち、プリムローズの私物であることが証明できたものは66点しかなかった。■

- シップマンが**往診に行く**

  ↓

- 患者に鎮痛麻酔薬の**致死量を注射する**

  ↓

- **架空の死因**をでっちあげ、火葬を勧める

  ↓

- **少なくとも218人を殺害し、逮捕される**

高齢者受難

2006年、英国の犯罪学者デイヴィッド・ウィルソンは、英国における犯罪被害者の統計で高齢者の占める割合が大きいことを指摘した。ただし、その数が大きく膨らんだのはハロルド・シップマンの大量殺人のせいである。

ウィルソンによれば、老人は——とくに家族から疎外されている者や、そもそも家族がいない者は、生活が非可視化しており、何週間も、何か月も、他人の目に触れないことがある。社会福祉の不備によって、貧しい高齢者は、しばしば空き巣・強盗の入りやすい住居に住んでおり、隣近所の住人もたがいに無関心であったりする。老人の死は一般の市民と違い自然死と見なされやすいので、事件性があっても捜査の対象にならない場合がある。

注目に値するのは、シップマンの被害者の大多数が労働者階級か中下流階級であったことで、裕福な著名人が犠牲になって初めてシップマンに疑惑の目が向けられたのである。

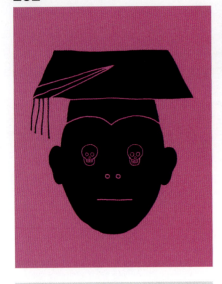

造化の出来損ない
アンドレイ・チカチーロ
(1978〜90年)

ソビエト社会主義共和国連邦にシリアル・キラーはいないというのが公式見解だったが、1983年の初めごろからロストフ近辺で若い女性や子供の惨殺死体が見つかるようになり、当局は見解の見直しを迫られた。殺害方法は残忍で、捜査陣も殺人鬼は1人、それが少なくとも6件の殺人を行ったと認めざるを得なかった。

大規模な捜査が行われ、アンドレイ・チカチーロが逮捕された。ナイフとロープを持っており、容疑者の人相とも一致していた。しかし、血液を採取したところ、A型だとわかり、犯人の精液から判明した血液型はAB型だったので、チカチーロは釈放された。

1990年、犠牲者は増え続け、警察は捜査に躍起になった。11月6日、ドンレスホス駅近くの森から出てくるチカチーロが目撃された。膝と肘は泥で汚れ、頬には赤い染みがついていた。覆面捜査官はこれまでの記録を読み直し、報告書を提出した。同じ森で若い女性の死体が発見されたとき、チカチーロの名前が再浮上した。逮捕され、精液のサンプルが採られたが、AB型だった。チカチーロは血液型と体液の型が一致しない特異体質だったのである。チカチーロは犯行を認め、1994年2月に処刑された。■

ソビエトのシリアル・キラー、アンドレイ・チカチーロ。1993年の法廷審問にて。その審問で52件の残虐な犯行が明らかになり、ロシアの一般大衆に衝撃を与えた。

事件のあとさき

場所
ソビエト社会主義共和国連邦

テーマ
連続惨殺事件

以前
1944年 米ロサンゼルス在住のオットー・ウィルソンが変態的な性的妄想を満足させるため複数の売春婦を殺し内臓を抜く。

以後
1985〜99年 オーストラリアのメルボルンでピーター・デュパスが少なくとも3人の女性を殺し、記念品として乳房を切り取る。

1992〜93年 ロンドン南東部でロバート・ナッパーが何十人もの女性を襲って3人を殺害し、死体の一部を戦利品として保管する。

参照 切り裂きジャック 266-73 ■ テッド・バンディ 276-83 ■ コリン・ピッチフォーク 294-97

連続殺人者 **293**

おれは病気か悪魔か、あるいはその両方だ
ジェフリー・ダーマー（1978～91年）

事件のあとさき

場所
アメリカ合衆国、オハイオ州とウィスコンシン州

テーマ
死体愛好者の殺人

以前
1947～52年 エド・ギーンが米ウィスコンシンの共同墓地から死体を盗み、死体から調度品を作る。

1964～73年 エドマンド・ケンパーが生まれ故郷の米カリフォルニアで、死体愛好症的連続殺人及び食人行為を行う。

1978～83年 デニス・ニルセンがロンドンで12人前後の男性を絞殺し、床下に死体を隠す。

以後
1994～2004年 ショーン・ギリスが米ルイジアナ州で8人の女性をレイプし殺害する。異様な死体損壊の理由は本人にも説明できなかった。

1991年7月22日の真夜中少し前、片方の手首から手錠をぶら下げた若い男が半狂乱になってミルウォーキーの2人の警官に助けを求めた。「変態」に監禁されそうになったのだという。3人は現場のアパートに向かった。ドアを開けたのは、その部屋の住人、ジェフリー・ダーマーだった。

ダーマーは言い訳をしてその場を取り繕おうとしたが、猛烈な死臭はごまかしようがなかった。ダーマーの寝室で捜査官が見つけた写真には、全裸の男性がばらばらにされる様子が写っていた。写真の背景はまさに今いる寝室だった。ダーマーはその場で逮捕された。部屋の捜索に入った警察は、いくつもの箱と、215リットルのドラム缶1つ、冷凍庫などを発見した。部屋の冷蔵庫には、解体された人体の一部がぎっしり詰まっていた。浴室のシャワーヘッドからは、人間の骸骨一揃いと、色を塗った複数の頭蓋骨がぶら下がっていた。

取り調べを受けたダーマーは、17人の若い男性を殺害し、屍姦したことを自白した。さらには食人行為にも手を出し、犠牲者の肉を食べたことを認めた。

裁判と死

裁判は1992年1月30日に始まった。焦点はダーマーに刑事責任能力があるかどうかだった。検察側、弁護側の双方から説得力のある主張がなされたが、責任能力ありと判断され、終身刑15回分の判決を受けた。1994年11月28日、同じ刑務所の囚人、クリストファー・スカーヴァーによって、金属棒で撲殺された。■

おれはただ妄想のとおりに
動いただけなのに……
なにもかもがうまくいかなかった。
ジェフリー・ダーマー

参照 切り裂きジャック 266-73 ■ テッド・バンディ 276-83

若い女性への脅威

コリン・ピッチフォーク
（1983〜86年）

事件のあとさき

場所
英国、レスターシャー

テーマ
DNAによる有罪判決

以前
1968〜72年 米シアトルのサミュエル・P・エヴァンズが、39年前の2件の殺人で有罪になる。DNA鑑定が解決につながった一番古い犯行である。

以後
1987年 連続強姦犯トミー・リー・アンドリューズが、アメリカ合衆国で初めてDNA鑑定により有罪になる。

1988年 米ヴァージニア州のティモシー・ウィルソン・スペンサーが、殺人犯として、アメリカで初めてDNA鑑定により有罪になる。

2003年 米ウィスコンシン州のスティーヴン・エイヴリーの冤罪がDNA鑑定によって晴れ、18年間収容されていた刑務所から釈放される。

1986年8月2日、15歳の少女の死体が発見されて、イングランドの小さな村、ナーバラは大騒ぎになった。ドーン・アシュワースが友人宅からの帰り道に行方不明になって2日後のことだった。ドーンはレイプされ、絞殺されていた。死体は彼女が歩いていた小道から少し離れた野原で見つかった。現場で採取された精液のサンプルを法医学的分析にかけたところ、犯人は血液型A型の男性で、珍しい酵素を持っていることが判明した。

ドーンの事件の3年前、1983年11月21日に、やはりナーバラの小道でリンダ・マンの他殺体が発見されていた。ドーン・

参照 ストラットン兄弟 212-15 ■ カーク・ブラッズワース 242-43 ■ ハーヴェイ・グラットマン 274-75

連続殺人者 **295**

DNAと法医学的証拠

　デオキシリボ核酸（DNA）はわれわれの生体情報を保存し伝達する分子生体物質である。そのパターンは人によってそれぞれ違う。1981年、レスター大学の遺伝学者アレック・ジェフリーズ教授は、遺伝性疾患を研究しているうちに、遺伝的指紋を採取する方法を見つけた。それは、現代の犯罪学関係者にとって、法医学的証拠から個人を特定する画期的な発見であった。

　ナチスの戦争犯罪人、ヨーゼフ・メンゲレ（写真・下）は第二次世界大戦の直後、南アメリカに逃亡した。1979年、ブラジルで海水浴中に事故死したが、その後、世界各地でメンゲレの目撃情報が相次ぎ、生存説が無視できなくなって、戦時中の犯罪によって彼を裁くべきだという声が高まった。ジェフリーズ教授はメンゲレとされる埋葬された死体の大腿骨から採取したDNAと、息子ロルフのDNAとを比較して、その死体が悪名高い「死の天使」本人であることを立証した。

アシュワースと同じく彼女も15歳で、レイプして絞殺する犯人の手口も同じだった。犯人逮捕には至っていなかったが、そのとき採取された精液サンプルの血液型と酵素的特徴はドーン・アシュワースを殺した犯人のそれと一致していた。

　その遺伝子的特徴の一致と犯行の状況の類似によって、ドーン・アシュワース事件を調べていた警察は、同一人物の犯行であると断定した。第三の事件が起こるのも時間の問題ではないかという村人の不安を反映して、地元の新聞は見出しでこう警告した。「犯人を捕まえなければ、次はあなたの娘かもしれない」

法廷画家が描いたコリン・ピッチフォーク。2009年3月、ロンドン控訴院で減刑を訴える。最低30年の刑期が、2年減刑された。

遺伝子指紋法

　警察は遺伝学者アレック・ジェフリーズ博士の協力を仰いだ。博士が最近発見した「遺伝子指紋法」が捜査に応用できるのではないかと考えたのである。拘留中の容疑者が1人いて、リチャード・バックランドという17歳の少年だったが、彼には学習障害があり、その自白に警察は戸惑っていた。1件目の殺人は認めたものの、2件目は否定していたのだ。しかも、リンダ・マン事件の当時、バック

コリン・ピッチフォーク

ランドはまだ14歳だった。むろん、子供が子供を殺す事件もないわけではない。警察もそれはわかっていたが、2件目の殺人の捜査に進展が見られるまで、バックランドを起訴するのは保留していた。2件目は模倣犯の仕業だろうか？

ジェフリーズ博士は2件の事件で採取された遺伝子情報と、バックランドの血液サンプルとを比較してみた。その結果、2人の少女が同一犯によって殺害されたことが確定した。しかし、犯人の遺伝子情報はバックランドとは一致せず、彼は釈放された。警察は大々的な犯人探しに取りかかり、周辺の3つの町にまで範囲を広げ、5000人の男性に血液や唾液の提出を求めた。ジェフリーズ自身も驚いたが、警察は彼に、そして、彼が開発したDNA鑑定法に絶大な信頼を寄せていた。半年がかりで5000のサンプルが調べられた。だが、一致するものはなかった。

正義の道

ナーバラに住むパン屋のコリン・ピッチフォークは、リンダ・マンが殺された晩のアリバイを警察に訊かれた。息子と一緒にいた、と正直に答えたので、事情聴取はそれで終わった。警察に調べられた5000人の一人として、ピッチフォークもDNAのサンプルを提出していた。彼のサンプルも犯人の遺伝子情報とは一致しなかった。ところが、DNA鑑定が行われてから数か月後、ピッチフォークの仕事仲間、イアン・ケリーが地元のパブで酔っ払い、自慢話をした。それによると、ケリーはピッチフォークに頼まれて身代わりを引き受けたというのである。

ケリーは、代わりにテストを受けてくれとピッチフォークに頼まれた。ピッチフォーク自身は、公然猥褻で起訴されたことがある友だちの身代わりで、すでにテストを受けているという。違法行為と知りつつ、ケリーは頼みを聞いた。ピッチフォークは自分のパスポートに細工をしてケリーに渡した。それを持ってケリーは検査場所に出向き、ピッチフォークになりすました。

6週間後、パブでその話を聞いていた女性が警察に行った。女性の証言で、ピッチフォークはただちに逮捕された。ジェフリーズ博士がピッチフォークのDNAと

> これはなんの疑いもなく断言できるが、もしDNA鑑定がなければバックランドは有罪になっていたはずだ。
> **サー・アレック・ジェフリーズ教授**

2つの事件で採取されたDNAとを比較すると、完全に一致した。裁判が始まる前に、ピッチフォークは2件のレイプ殺人の罪を認めた。リンダ・マンが殺された夜に息子と一緒にいたという証言は嘘ではなかったが、ピッチフォークは息子を車に残して犯行に及んでいたのである。

殺人者への進化

ケリーの話を聞いたあと、警察当局と裁判官は、ピッチフォークの嘘にうっかり乗ってしまったのは、ケリーが騙されやすいお人好しだったからだということで、おおむね納得した。やがてピッチフォークは有罪になり、ケリーを操って捜査を混乱させた司法妨害の罪にも問われることになった。

尋問の際、ピッチフォークは、露出の趣味がエスカレートして殺人に至ったことを明かした。これまで彼は、成人、未成年を問わず、何百人もの女性に性器を見せて楽しんできたという。そのやむにやまれぬ衝動が始まったのはまだ12、3

英国の遺伝学者、サー・アレック・ジェフリーズ教授。レスター大学の自分の研究室でDNAコードの研究中。その画期的な手法が犯罪捜査の新しい道を開いた。

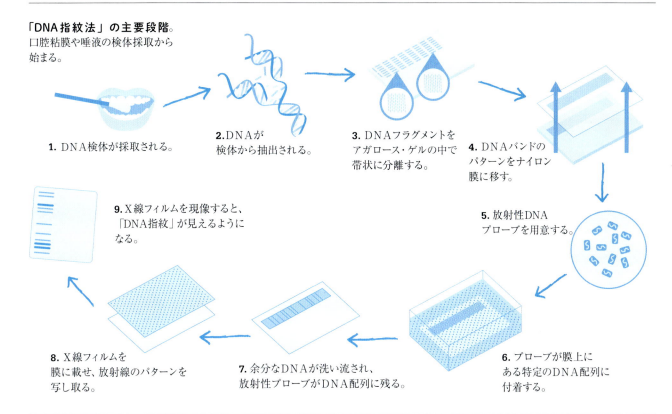

「DNA指紋法」の主要段階。口腔粘膜や唾液の検体採取から始まる。

1. DNA検体が採取される。
2. DNAが検体から抽出される。
3. DNAフラグメントをアガロース・ゲルの中で帯状に分離する。
4. DNAバンドのパターンをナイロン膜に移す。
5. 放射性DNAプローブを用意する。
6. プローブが膜上にある特定のDNA配列に付着する。
7. 余分なDNAが洗い流され、放射性プローブがDNA配列に残る。
8. X線フィルムを膜に載せ、放射線のパターンを写し取る。
9. X線フィルムを現像すると、「DNA指紋」が見えるようになる。

歳のときだった。どんな相手にその行為を行ったか、具体的に語ったので、警察は裏づけを取ることができた。その結果、ピッチフォークの罪状に、さらに2件、強制猥褻の容疑が付け加えられた。

ピッチフォークは露出趣味と同時に、女性を尾けまわして楽しむようになった。それが高じて起こったのが、リンダ・マンとドーン・アシュワースへの強姦殺人だった。たまたま二人はほかに人のいないところでピッチフォークに目をつけられてしまったのである。少女の死体には、激しく殴打されたのちに絞殺された形跡が残っていた。

ピッチフォークは尋問の際、そのような暴力行為を認めようとせず、サイコパスの特徴である心痛の欠如も見られた。ピッチフォークによれば、二人を絞殺したのは自分の身元がばれるのを避けるた

めで、それ以上でもそれ以下でもないという。ピッチフォークはDNA鑑定に基づいて有罪になった世界初の殺人犯であり、最低30年は仮釈放の可能性がない終身刑になった。女性に対する暴力衝動があることは裁判で立証されており、機会さえ与えられればまた殺人に走ることは明らかだった。

情状酌量の訴え

2009年、ピッチフォークは量刑の見直しを訴えた。彼は模範囚であり、楽譜を点字に直して視覚障害者を援助する訓練を受けていた。学問にも親しんで、教養を身につけ、刑務所内で問題を起こしたこともなく、囚人仲間が所内での暮らしに慣れる手助けを率先して行っていた。しかし、犠牲者の遺族は納得しなかった。少女の母の一人は「終身刑は終身刑です」

と主張した。

ピッチフォークの罪は、「公衆の安全が確保された場合に限られる」という但し書き付きで、「最低28年」に減刑された。服役中に彼は美術にも興味を示し、その彫刻の一つは、2009年4月、ロンドンのロイヤル・フェスティバル・ホールに展示された。「音楽を甦らせる」と題したその彫刻は、ベートーベンの第九交響曲の楽譜を細かくちぎって形を整え、人形で小さなオーケストラと合唱団を作ったものだった。600ポンドで買い手がついたが、新聞がそのことを報道すると、一般大衆は怒り狂い、結局その彫刻は展示からはずされた。

2016年、ドーン・アシュワース事件から30年後、ピッチフォークの仮釈放申請は却下された。しかし、今は開放型の刑務所に移されている。■

あなたの求人広告を見ました。そのことでご相談があります
ジョン・エドワード・ロビンソン（1984〜99年）

事件のあとさき

場所
アメリカ合衆国、カンザス州及びミズーリ州

テーマ
広告殺人

以前
1900〜08年 ベル・ガネスが交際相手募集広告に応募してきた数十人の男を殺す。

1947〜49年 マーサ・ベックとレイモンド・フェルナンデス、別名「ロンリー・ハーツ殺人者」が、交際相手を求めるロンリー・ハーツ・クラブの広告を悪用して犠牲者を集める。

以後
2005年 人を絞め殺すことで性的快楽を得る大阪の前上博が、自殺サイトで知り合った3人を絞殺し、死刑判決を受ける。

2011年 伝道師リチャード・ビーズリーと16歳の共犯者ブローガン・ラファティが、ネット上の掲示板クレイグズリストに牧場の求人広告を載せ、応募者をオハイオの荒野に連れ出して、中年男性を3人殺害する。

1984年、19歳のポーラ・ゴドフリーは、「エクィⅡ」という会社の求人に応募してセールス部門で働くことになった。頭が禿げあがったその会社の創立者、ジョン・エドワード・ロビンソンがゴドフリー家を訪れ、テキサス州サンアントニオで職業訓練をするといってポーラを連れ出した。2日後、ポーラ名義の手書きの手紙が両親に届いた。元気にしている、という内容だったが、父親は不審に思って警察に相談した。行方不明者名簿にポーラの名前が登録されたあと、ポーラ名義の2通目の手紙が警察に届いた。家族とは会いたくない、と書いてあったので、その手紙を本物だと信じた警察は捜査を打ち切った。

犠牲者があと3人

同じ年、ロビンソンは、養子縁組の手続きをする、という名目で子供のいない兄夫婦から2000ドルを受け取った。1985年1月10日、「ジョン・オズボーン」という偽名を使い、ロビンソンは19歳のリサ・スタージとその赤ん坊ティファニーをモーテルに連れ込んだ。翌日、ロビンソンは兄夫婦に会い、養子縁組の偽の書類と一緒に赤ん坊を引き渡した。リサ・スタージの消息は以後途絶えたままである。1987年、ロビンソンはまた犯行に及

ジョン・エドワード・ロビンソン。ネットのSM掲示板を使って犠牲者を集め、女性を殺した。

んだ。新聞の求人広告に誘われて、27歳のキャサリン・クランピットが、子供をテキサスに置いたままカンザス・シティにやってきた。そのあと家族は彼女を見ていない。

1987年から1993年のあいだ、詐欺罪でロビンソンは服役していた。西部ミズーリ矯正施設で、ロビンソンは、刑務所図書館司書のビヴァリー・ボナーと知り合った。1993年にロビンソンが仮釈放

連続殺人者 **299**

参照　ハーヴェイ・グラットマン 274-75　■　テッド・バンディ 276-83　■　アンドレイ・チカチーロ 292　■　ジェフリー・ダーマー 293

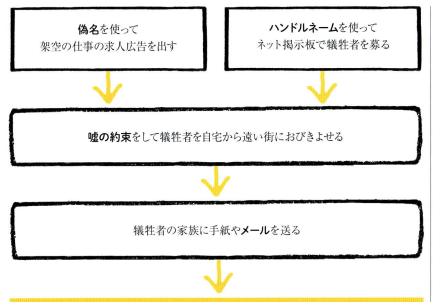

偽名を使って架空の仕事の求人広告を出す

ハンドルネームを使ってネット掲示板で犠牲者を募る

嘘の約束をして犠牲者を自宅から遠い街におびきよせる

犠牲者の家族に手紙やメールを送る

犠牲者を殺害し、相手になりすまして、社会保険小切手の換金を続ける

されたあと、49歳のボナーは夫と別居して、カンザスに引っ越し、ロビンソンの会社の一つに勤めはじめた。ボナーの母親は別居手当の小切手をロビンソンの私書箱宛に送ったが、ボナーは行方不明になった。

オンラインで犠牲者を

1990年代初期、ロビンソンはネット上のSM愛好家秘密サイト、奴隷主人国際会議のメンバーになった。そのあと、同じようなネット上のコミュニティに参加して、オンラインで犠牲者を探しはじめた。「スレイヴマスター」というハンドルネームを使い、電子掲示板でマゾヒストを自称する女性を漁った。1994年、あるフォーラムで45歳のシェイラ・フェイスと出会ったロビンソンは、資産家を装って、シェイラに仕事を世話し、車椅子生活を送る彼女の娘デビーの治療費を出すことも約束した。

シェイラは理想の男と巡りあったと信じた。その年の夏、ロビンソンと会うため、彼女はデビーを連れてカンザス・シティに行った。シェイラ母子の社会保障給付小切手は、そのあとすぐカンザスの私書箱に転送されるようになった。クリスマスにはタイプライターで打ったシェイラの署名入りの手紙が姉妹たちに届いたが、彼女はすでに死んでいた。

ロビンソンは仕事とSMの主従関係を餌に女性たちをカンザス・シティに誘い続けた。空白の便箋に署名を求められてしりごみした女性もいたし、ロビンソンの寝室での要求が異常すぎて逃げ出した者もいた。

それほど運がよくなかった者もいる。まずポーランド移民のイザベラ・レヴィッカが、続いて27歳のシュゼット・トルーテンが餌食になった。ただし、シュゼットの事件はロビンソン逮捕のきっかけになる。シュゼットは母親と定期的に電話で連絡を取る約束をしていたが、3月1日、電話は電子メールに代わった。とても本人が書いたとは思えないメールだったので、姉妹のドーンが2000年3月25日、警察に通報した。

ロビンソンの悪行はすぐに発覚した。トレイラーと収納ロッカーの捜索で数々の物証が見つかったのである。リサ・スタージやビヴァリー・ボナーやフェイス母子の福祉関係の給付金請求書類、シュゼットの署名がある白紙の便箋、イザベラの緊縛写真、ロビンソンと被害者がSM行為にふけっているビデオ、奴隷契約書。

翌朝、リン郡にあるロビンソンの農場を警察犬が捜索すると、プラスチックの大きな円筒形容器に入ったシュゼットとイザベラの死体が見つかった。ビヴァリー・ボナーとフェイス母子の死体は、ミズーリ州レイモアの収納ロッカーで発見された。スタージ、ゴドフリー、クランピットの死体は見つからなかったが、ロビンソンは8件の殺人で有罪になり、死刑を宣告された。■

誰でもメール・アカウントを作って他人になりすますことができる。電話をかけてきてもらったほうが、ずっとずっと安心できる。
アンドリュー・レヴィッキ

暗殺と
政治的

陰謀

はじめに

ローマ帝国の近衛隊が皇帝ペルティナクスを刺殺し、競売で一番高い値をつけた者に帝位を与える。

紀元193年

俳優で南部連合国支持者のジョン・ウィルクス・ブースがワシントンD.C.の劇場で**エイブラハム・リンカーンを暗殺する。**

1865年

ロシアで、王室の相談役の神秘主義者、グリゴリー・ラスプーチンが**毒を盛られ、撃たれ**、ネヴァ川に**捨てられる。**

1916年

1100年代～1200年代

ハッシャーシーンという名前で知られるイスラム教シーア派の暗殺教団が、セルジューク・トルコなどスンニー派の敵対者を暗殺する。

1894年

フランス陸軍大尉**アルフレド・ドレフュス**が、ドイツに機密情報を渡した容疑で有罪になる。

政治的陰謀による暗殺の手段は時代と共に変化しているが、動機はいつも同じである。政治的陰謀はおもに権力の奪取を目的とする。具体的には、指導力のない権力者への反抗であったり、政策を巡る争いであったり、対抗勢力の押さえ込みであったりする。紀元193年にペルティナクスを倒した近衛隊には、次のローマ帝国皇帝を選ぶだけの権力があった。

この章で扱う政治的陰謀の結末は広範囲にわたっている。重要人物を一人取り除いただけで、国や組織がいいほうに変わった例もあれば、大混乱につながった例もある。暗殺がその主要な手段になる。暗殺とは、影響力のある人物を狙った殺人である。暗殺はおもに秘密裏に計画される。陰謀者たちが成功を手にするためには秘密を漏らさないことが絶対条件であり、意表を突くことがその成功の鍵になる。歴史的に見て、陰謀が遂行される前に首謀者が捕まった場合、苛烈な追求が待っている。1605年の火薬陰謀事件で英国の議事堂を爆破しようとして失敗したガイ・フォークスは、国家への叛逆に加担した罪で絞首刑になり、内臓を抜かれ、四つ裂きにされた。

暗殺によって引き起こされた重要な歴史の転換点もいくつかある。たとえば、セルビアの国家主義結社、黒手団による大公フランツ・フェルディナントの暗殺は、第一次世界大戦の引き金になったといわれている。まったくの逆効果に終わる暗殺もあり、その場合は殺された者が殉教者扱いされる。

包括的な広がり

政治的陰謀が一個人の私的な復讐心から生まれることは稀である。たとえ一人で殺したとしても、一般的にその背後には大きな力が動いている。過激派やゲリラやテロリストの地下組織であるかもしれないし、政府機関や対立する政治家の支持母体が関わっているかもしれない。

陰謀の首謀者が一人であることが珍しいように、目的が一つであることもめったにない。暗殺は思いがけないところに波及する。イタリアの元首相、アルド・モーロが、テロリスト集団、赤い旅団によって誘拐され、55日後に殺害されたとき、イタリア共産党とキリスト教民主党が画策していた共闘はご破算になった。ロシアの元スパイ、アレクサンドル・リトビネ

暗殺と政治的陰謀 **303**

ローマで、イタリアの元首相、**アルド・モーロ**が、左翼武装集団の赤い旅団に誘拐され、射殺される。

1978年

ロンドンのホテルで、**ロシアの元スパイ、アレクサンドル・リトビネンコ**が、放射性物質ポロニウムで毒殺される。

2006年

1963年

リー・ハーヴェイ・オズワルドが、オープン・カーでダラスを走行中の**合衆国大統領、ジョン・F・ケネディを射殺する**。

2002年

コロンビアの大統領候補、**イングリッド・ベタンクール**がゲリラ組織に誘拐される。

ンコが2006年ロンドンのホテルで毒殺された事件の首謀者はロシアの諜報部員と考えられた。やがて、ロシア側と英国側の非難の応酬が始まり、双方の大使館から外交官を追放する結果になった。

どう防ぐか

多くの場合、政治的陰謀の首謀者を裁きの場に引き出すのには困難が伴う。暗殺が遂行されたあと、捜査当局が実行犯を逮捕することはできても、謎に包まれた部分が多く、共謀者にまでたどりつくのは難しいかもしれない。リー・ハーヴェイ・オズワルドによるジョン・F・ケネディ大統領の暗殺は個人の犯行のように思われているが、さまざまな陰謀説があり、ＣＩＡやソビエト連邦など、黒幕に操られていたことを示唆する者もいる。同じ

く、アレクサンドル・リトビネンコ殺害事件の解明もいまだ不充分で、証拠の示すところではアンドレイ・ルゴヴォイによる犯行の疑いが濃厚だが、2007年に英国政府が引き渡しを要求しても、ロシア側はそれを拒否した。

現在では技術の進歩によって、FBIやCIA、国家安全保障局（NSA）などの政府機関が政治的陰謀を未然に暴き、阻止することもたやすくなっている。かつて世界中の秘密諜報機関はスパイを使って文書を手に入れ、暗殺計画の動かぬ証拠を開示していたものだが、今では偵察用のドローンや盗聴器など、ハイテク機器も駆使されている。

政治的陰謀を阻止することに特化した法律を施行している国家はまだ多くない。その代わり、陰謀を企てる者が必ず使う、

殺人、賄賂、誘拐といった手段を非合法化する法律に重点を置いている。暗殺は殺人であるがゆえに常に違法だが、権力者を殺した場合には一般の殺人以上に厳しい罰が与えられるのが普通である。

しかし、大半の国には、国家や君主に害をなす者を罰する反逆法がある。たとえば英国では君主の裁量で反逆か否かが決まっていたが、1351年に反逆法が成立して、どんな行いが反逆に当たるのかが定められた。アメリカは1788年に発効した合衆国憲法第三条で叛逆を「合衆国に対して戦争を起こす行為または合衆国の敵に援助及び便宜を与え、これに加担する行為」と定義している。■

見下げ果てた飽くなき金銭欲
ローマ皇帝ペルティナクスの暗殺（紀元193年）

事件のあとさき

場所
イタリア、ローマ

テーマ
国家元首の暗殺

以前
紀元前44年 ローマの独裁官、ユリウス・カエサルが、その社会改革、政治改革に不満を持つ元老院——共和制ローマの統治・諮問機関——の議員たちに暗殺される。

以後
1610年 プロテスタントからカトリックに改宗したフランスのアンリ四世が、その改宗を信じない狂信的なカトリック教徒、フランソワ・ラヴァイヤックによって殺される。

1984年10月31日 インドの首相インディラ・ガンディーがボディガードを務めていた2人のシク教徒から銃弾を浴びせられて死亡する。その年の6月6日、アムリッツァーにあるシク教の聖地に対する攻撃命令を出した首相への報復である。

　皇帝コンモドゥスの暗殺後、ヘルヴィウス・ペルティナクスはローマ帝国の支配者になった。コンモドゥスの悪政で国の経済が行き詰まっていたので、ペルティナクスはまず国家予算の削減を行い、それが不興を買った。とくに不満を抱いていたのが皇帝の身のまわりで警備に当たっていた近衛隊で、その近衛隊がペルティナクスを排除しようと企んだのである。

帝国売ります

　激務の割に報酬が少ない近衛隊は、充分な給料を出せるだけの予算はあるはずだと思い込んで、3月28日に反乱を起こし、300人ほどの兵士が宮殿を襲った。ペルティナクスは脱出を勧められたが、宮殿に留まり、兵士たちと対面した。反乱を鎮められると思ってのことだったが、思惑は外れ、刺し殺された。

　その後に訪れた権力の空白状態の中で、近衛隊は自分たちが承認しない新皇帝は認めないという通告を出した。ペルティナクスの妻の父、フラウィウス・スルピキアヌスは、自分を皇帝に選ぶなら1人につき5000ドラクマを与えようと申し出た。近衛隊はそれを蹴り、帝位を競売に掛けて、一番高い値をつけた者に売ることを決めた。行政官ディディウス・ユリアヌスはこの機を逃さず、近衛隊の駐留地に赴いた。門の外で待つようにいわれると、塁壁の下から大声を張り上げて自分の競り値を告げた。こうして帝国は兵士1人につき6250ドラクマで売られたのである。ユリアヌスは帝位についたが、66日後、暗殺された。■

きみたちは統治者を必要としている。
そして、きみたちを治めるのに
一番適しているのはこの私だ。
ディディウス・ユリアヌス

参照 エイブラハム・リンカーンの暗殺 306-09 ■ ジョン・F・ケネディの暗殺 316-21

職人技としての殺人
暗殺教団（11世紀〜13世紀）

事件のあとさき

場所
アジア南西部、ペルシャとシリア

テーマ
政治的・宗教的動機による暗殺

以前

1336〜1867年 日本では、忍者、もしくは忍びと呼ばれる間諜が、スパイ活動、奇襲、暗殺を請け負っていた。

1948年 英国の支配に反対して民族独立運動を繰り広げたマハトマ・ガンディーが、過激派とつながりのある若いヒンドゥー人に暗殺される。

1965年 公民権運動の指導者、マルコムXが、ニューヨークで演説中に、ネーション・オブ・イスラムの信徒3人に暗殺される。ネーション・オブ・イスラムはアフリカ系アメリカ人の宗教的運動組織で、マルコムXは数年前にその指導者たちと袂を分かっている。

ハッシャーシーン、別名「アサシン」は、ペルシャのハサン・サッバーフが始めた武装教団である。サッバーフは、イスラム教シーア派に属するイスマーイール派から派生したニザール派の開祖で、1090年、ニザールの教えを広め、セルジュク・トルコ、つまりペルシャを征服したイスラム教スンニー派の勢力を抑えようと考えた。そして、山岳地帯の王国、ダイラムのアラムート城砦に向かった。そこはセルジュク・トルコの一部でもあった。砦に入ると、有力者を味方にし、内部からの無血クーデターで城砦の実権を握った。

サッバーフはアルムートから敵地に伝道師団を送り、シーア派の信者を改宗させようとした。ある祈禱時報係を改宗させることに失敗し、口封じにその男を殺したところ、たちまち地方高官の知るところとなり、伝道師団の指導者は処刑された。その報復として、サッバーフは高官に暗殺者を差し向けた。凶器はハッシャーシーン選り抜きのもの――短刀だった。その高官を皮切りに、やがてセ

ハサン・サッバーフ。アラムート城砦で暗殺者2人に指示を与えている。ハッシャーシーンは、少なくとも14人の高位高官を暗殺し、その中には王族も含まれていた。

ルジュク・トルコの異教徒や、ペルシャ人、のちには十字軍の兵士など、教団に逆らう者たちが暗殺の標的になった。

暗殺はハッシャーシーンの歴史を通じて常に政治の道具であった。1228年、モンゴル軍がペルシャに侵攻すると、教団は徐々に権力を失っていった。■

参照 エイブラハム・リンカーンの暗殺 306-09 ■ ジョン・F・ケネディの暗殺 316-21 ■ アルド・モーロの誘拐 322-23

暴君は常に かくのごとし！
エイブラハム・リンカーンの暗殺
（1865年4月14日）

事件のあとさき

場所
アメリカ合衆国、ワシントンD.C.

テーマ
政治的暗殺

以前
紀元前336年　マケドニア王ピリッポス二世が護衛の一人パウサニアスによって暗殺される。動機は不明。息子のアレクサンドロス大王があとを継ぐ。

以後
1995年　イスラエルの首相イツハク・ラビンが平和集会に出席中に過激派のユダヤ人によって暗殺される。

2007年　パキスタンの元首相ベナジル・ブットとほか20名ほどが、選挙運動の集会中に自爆テロで殺される。

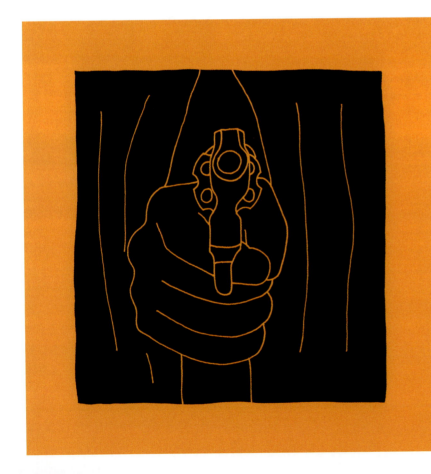

　東部のメリーランド州生まれの有名な俳優、ジョン・ウィルクス・ブースは、南部のヴァージニア州で仕事をしたのがきっかけで奴隷制支持者になった。1861年、南北戦争が勃発すると、ブースは南軍を支持し、南部連合国に同調した。全米の劇場で演劇の興行を行いながら、ブースは南軍に物資を横流ししていた。南北の対立が激しくなるにつれて、北部諸州の奴隷制度廃止論者への憎しみは募っていった。その憎しみの標的になったのがエイブラハム・リンカーン大統領だった。
　1865年3月、南北戦争が最終段階に入ったとき、ブースと同調者数人はワシントンD.C.に集まり、大統領を誘拐して南部連合の首都、ヴァージニア州リッチ

暗殺と政治的陰謀 307

参照　ジョン・F・ケネディの暗殺 316-21　■　アルド・モーロの誘拐 322-23

デリンジャー銃と狩猟用ナイフを持つブース。近くの酒場で酒を呑み、午後9時半ごろフォード劇場にやってきて、大統領を暗殺する。

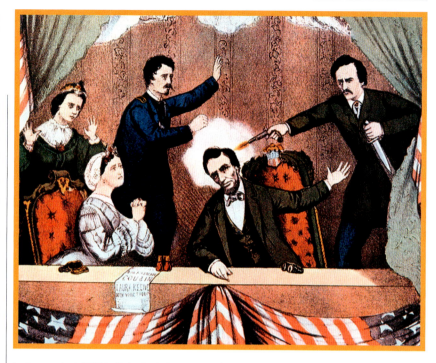

モンドに連れていく計画を練っていた。その計画は、1865年4月9日に挫折した。兵員も武器も消耗し尽くした南軍将軍ロバート・E・リーが、ユリシーズ・S・グラント率いる北軍に投降したからである。事実上、このときに南北戦争は終わった。3日後、南軍側の敗戦を知ったブースは、大統領を亡き者にしたいとの強い決意を抱いた。

劇場での死

4月14日の朝、ブースは、フォード劇場でその夜上演される喜劇『われらのアメリカの親戚』をリンカーンが観にくることを知った。仲間を招集したブースは、政府の中枢を混乱に陥れる大胆不敵な計画を告げた。リンカーンと、副大統領アンドリュー・ジョンソン、国務長官ウィリアム・スーワードを同時に暗殺するというのである。ブース自身は大統領を狙い、ほかの2人は仲間が殺す計画だった。

その夜、フォード劇場で、ブースは舞台を見下ろすボックス席に近づいた。その席ではリンカーンと妻のメアリ・トッド・リンカーンが客2人と一緒に劇を見ていた。警護はいない。ワシントン警察のジョン・F・パーカーが席までリンカーンに付き添っていたが、ブースが着いたときにはそばにいなかったのである。一説によると、パーカーは席を外して酒を飲みに行っていたという。午後10時15分ごろ、ブースはボックス席に入り、扉につっかえをした。舞台上の滑稽な場面に客席から爆笑が上がった瞬間、ブースはリンカーンの後頭部めがけて44口径のデリン

暗殺の動機

暗殺とは、ある人物（しばしば公人）を不意討ち的に殺害することをいう。政治指導者が暗殺される場合、権力の座からその人物を排除するのが動機であり、暗殺者はしばしば独裁政治に対抗して行動を起こす。

つまり、暗殺というのは、社会的、イデオロギー的に深い亀裂が入った社会で発生するものであり、一般大衆の中から暗殺者が生まれ、現状への大衆の不満を暴力で表現する。暗殺者の多くは単独で行動するが、中には秩序紊乱を企む反政府組織の構成員もいる。

暗殺者は、自分と見解を異にする有名人をターゲットにして犯行に及ぶ。たとえば、ジェイムズ・アール・レイは、人種差別の見地から公民権運動家マーティン・ルーサー・キング・ジュニア牧師を暗殺したが、個人的、イデオロギー的な背景を持たないで犯行に及ぶ者もいる。そうした者たちは、権力を持つ個人か集団に金をもらい、単に雇われて、その敵を排除している。

投票は
弾丸より強し。
エイブラハム・リンカーン

エイブラハム・リンカーンの暗殺

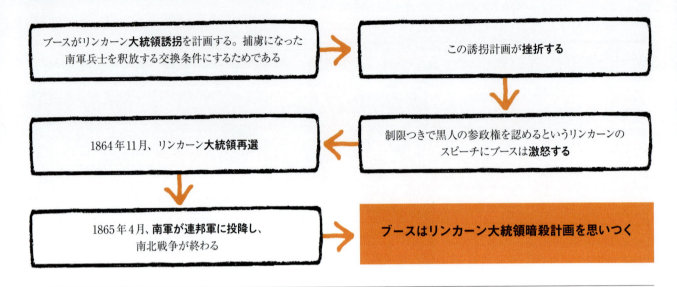

ジャー銃を発射した。銃弾は大統領の左耳のうしろから入り、左目のうしろで止まった。ブースはピストルを捨てると、俳優らしく「シク・センペル・ティラニス！」とラテン語の台詞を叫んだ。逐語訳は「暴君は常にかくのごとし」、意味は「暴君はこのようにして常に私に倒される」で、これはブースが移り住んだヴァージニア州のモットーでもあった。劇場にいた観客は、「南部の復讐だ！」という叫びも聞いたとされている。

その芝居がかった行動が裏目に出て、リンカーンの相席者たちに反撃のきっかけを与え、招待客の一人が暗殺者に跳びかかった。ブースはナイフでその男の腕を刺し、ボックス席から舞台に飛びおりた。ブーツの拍車が旗に引っかかり、つんのめるようにして舞台に転がった拍子に、左の脛骨を折ったが、とにかく劇場の外に逃れて、路地に待たせておいた馬に乗った。馬を用意したのは共犯の劇場従業員、エドマン・スパングラーだった。リンカーン大統領は通りの向かいの建物に運ばれ、家族と6人の医師が付き添って世話をしたが、意識は戻らず、翌朝の7時22分に絶命した。ブースに撃たれて9時間後のことだった。

国じゅうが喪に服す中、ブースを追って大捜索が始まった。懸賞金は10万ドル。暗殺者はすでに逃亡していた。まずサミュエル・マッドという医師のもとを訪れ、骨折の治療を受けている。騎兵隊がワシントンD.C.の近辺を捜索しているあい

ジョン・ウィルクス・ブース。有名な演劇一家の出身で、アメリカ屈指の名優と謳われた。情熱的な演技と、誰よりも目立つパフォーマンスで知られた。

観客は誰もが立ち上がり、舞台に押し寄せた……
AP通信

だ、ブースと共謀者のデイヴィッド・ヘロルドはメリーランド州近くの沼地に何日も潜み、そのあとヴァージニア州に移動していた。

有名な逃亡者

潜伏中、ブースは毎日運ばれてくる新聞に目を通していた。自分がやったことに大衆はある程度共感してくれているだろうと思っていたが、新聞に描かれたブースの姿は英雄ではなく野蛮人だった。すぐにわかったことだが、仲間も何人か逮捕されていた。副大統領を暗殺するはずだったジョージ・アツェロットは怖じ気

暗殺と政治的陰謀

づいて酒浸りの日々を送っていた。陸軍長官のエドウィン・スタントンを殺すことになっていたマイケル・オローレンも同じ理由で役割を果たせなかった。国務長官ウィリアム・スーワード暗殺を請け負っていたルイス・パウエルは、相手の顔と首に重傷を負わせたが、殺害には至らなかった。暗殺が成功したのはブースだけだったのである。

捜査当局は関係者を当たることでブースの行方を突きとめようとした。メアリ・サラットの経営する下宿屋が犯人たちの謀議に使われたとの情報を得て、サラットから事情を聞いていたところ、ちょうどその場にルイス・パウエルが現れ、2人とも逮捕された。

4月26日、ブースとヘロルドは、ヴァージニア州ポートロイヤル郊外の納屋にいるところを連邦騎兵隊に包囲された。ヘロルドは投降したが、ブースは納屋に留まることを選んだ。兵士たちは納屋に火をつけ、ブースが燻り出されるのを待つ

> 私の魂は犯罪者として死ぬには立派すぎる。おお、神よ、そんなことはせず、私を勇者として死なせてください。
> ジョン・ウィルクス・ブース

ことにした。

火の勢いが激しくなったとき、兵士の一人がブースの首を撃った。暗殺者が銃を構えて撃つまねをしたので、やむなく発砲したとの説がある。誰が撃ったにせよ、ブースは納屋から引きずり出され、数時間後に死んだ。

裁判と処刑

1865年の5月と6月、リンカーン大統領暗殺に関与した容疑で起訴された8人が、軍法会議で裁かれた。8人の中には大統領誘拐未遂事件に関わった者も複数含まれていたが、暗殺事件での役割ははっきりしていなかった。7週間のあいだに371人が証言台に立ち、被告のうちの7人が少なくとも1つの罪で有罪になった。

メアリ・サラット、ルイス・パウエル、ジョージ・アツェロット、デイヴィッド・ヘロルドの4人は陰謀に加担したことで死刑の判決を受けた。サミュエル・マッド医師は終身刑、マイケル・オローレンも終身刑だったが、2年服役したあと黄熱病で死んだ。エドマン・スパングラーは懲役6年だった。■

ブースの共犯者4人。1865年7月7日処刑。そのうちの1人、メアリ・サラットは、連邦政府によって死刑に処せられた最初の女性である。

ドレフュスは無実だ 誓っていえる！ 命を賭けてもいい、 名誉を賭けてもいい！

ドレフュス事件（1894年）

事件のあとさき

場所
フランス、パリ

テーマ
冤罪

以前
1431年 ジャンヌ・ダルクが魔術と異端の罪でイングランド人によって火刑に処せられる。のちにその裁判は無効にされ、ジャンヌはフランス人によって列聖される。

以後
1974年 ジェリー・コンロンほか3名が英国の法廷で、IRAによるイングランドのギルドフォード連続パブ爆破事件で冤罪をこうむるが、1989年に釈放される。

1984年 ノース・カロライナでダリル・ハントがデボラ・サイクス殺害容疑で二度にわたり不当な有罪判決を受け、20年近く収監されたあと釈放される。

1999年 元修道女のノーラ・ウォールがアイルランドで強姦罪により有罪になるが、終身刑を受けて刑務所で4日過ごしたあと、判決が無効になる。

18　94年、アルフレド・ドレフュスはフランス軍の大尉だった。国内のドイツ語圏、アルザス地方で、ユダヤ人として生まれた。のちに「ドレフュス事件」と呼ばれる出来事は、パリのドイツ大使館でフランスのスパイが6枚にちぎられたメモを入手したことから始まる。その覚え書きには、姓名不詳のフランス軍士官が軍事機密を売り渡そうとしていたことが詳細に記されていた。

疑惑はすぐドレフュス大尉に向けられた。ドイツが領有権を持つ町、ミュルーズに住む親族をたびたび訪れていたからである。フランス陸軍の情報機関は筆跡鑑定の専門家に依頼して文書の筆跡を調べた。その専門家は、筆跡が違いすぎるので、「自己偽造」、つまりドレフュスが自分の筆跡をごまかすためにわざとこんな字を書いたのだと判断した。明らかに信用できない鑑定結果だったが、ドレフュスは逮捕された。この事件をきっかけにして、国民のあいだにも、報道関係者のあいだにも、反ユダヤ主義のうねりが高まった。

軍法会議にかけられたドレフュスは、機密情報をドイツに渡した容疑で有罪

こういう不名誉な行為を私がやったことにしたいのなら、最低でもその証拠を見せてくれ。
アルフレド・ドレフュス

となったが、その証拠はドレフュス本人にも示されなかった。政府はドレフュスの屈辱的な姿をフランス国民に見せつけようとして、「裏切り者に死を、ユダヤ人に死を」と叫ぶ群衆の前で引きまわしたすえに、フランス領ギアナ沖のディアブル島（悪魔島）での終身刑を申し渡した。

不十分な証拠

事件が明らかになったときから国論は二分され、ドレフュスはスパイだと確信する者もいれば、ユダヤ人への偏見から誤った判断が下されたと考える者もいた。ドレフュスが有罪になってから2年後、陸軍情報部の新しい部長ジョルジュ・

参照 ジャン・カラス事件 203 ■ リジー・ボーデン 208-11

アルフレド・ドレフュス大尉。1895年パリにおいて反逆罪で不当判決を受け、刑務所に連行される。軍服から勲章を剝ぎ取られるという屈辱も受けた。

ピカールは、フェルディナン・ヴァルザン・エステルアジ少佐が真の売国奴であることを裏づける証拠を発見した。ピカールの主張は揉み消され、彼は海外に左遷されて、いわれのない罪で監獄に入れられた。だが、疑惑はくすぶり続け、エステルアジは1898年、ひそかに軍法会議にかけられたが、すぐ無罪になり、国外退去を許された。

そのとき、作家のエミール・ゾラがアルフレド・ドレフュス擁護の声を上げ、フランス大統領に公開状を送って、ドレフュスが無実であることを説き、隠蔽とユダヤ人迫害の罪で大胆にも陸軍を告発した。

2度目の軍法会議

パリの新聞《オーロール》紙はゾラの公開状を第一面に載せ、「私は弾劾する……！」という大見出しをつけた。ゾラ

は自分が逮捕され訴追されることを望んでいた。そうすればドレフュス事件の真相が明るみに出ると考えたのである。思惑どおりゾラは逮捕され文書誹毀罪で訴追されたが、収監される前に英国に亡命し、そこからドレフュスの無実を訴え続けた。1899年、ゾラをはじめとする知識人の圧力に負けて軍部は2度目の軍法会議を開いたが、ドレフュスはまた有罪になった。今度は「酌量すべき情状」つきの判決だった。

体面を保つために新しいフランス大統領エミール・ルーベはドレフュスに特赦を持ちかけた。ただし、自由の身になる代わりに、これからは無実を訴えないこと、陸軍には復職しないこと、という条件がついていた。悪魔島での暮らしはこりごりなので、ドレフュスは家族の待つ実家に戻った。

法律上、ドレフュスは有罪のままだったが、その後、不正行為の証拠が次々に出てきた。1906年7月、ドレフュスに下された判決を民間法廷が無効にし、最終的な免責が確定した。だが、軍法会議では有罪のままだった。そのあと、ドレフュスは、かつて軍服と銃剣を奪われたのと同じ場所で再入隊を許可され、昇進して、レジョンドヌール勲位の将校となった。■

軍法会議

軍法会議とは正義を執行し、懲罰を与える軍の法廷のことである。起源は古代ローマまで遡ることができる。軍に規律を叩き込むため、早くもローマでは軍事裁判が行われていた。アメリカ合衆国では軍法会議が最古の法廷であり、独立以前から始まっていた。議会は英国の軍律に倣って1775年に軍法を定めた。英国における軍の問題は数世紀にわたって事例ごとに招集される「軍司令官と軍務伯の法廷」で裁かれていた。軍務伯（アール・マーシャル）の名に由来する軍法会議（コート・マーシャル）が常設されたのは2009年になってからである。

戦時中には軍法会議の出番も増え、戦場における兵士の行動が裁かれる。チャールズ・リー将軍は1778年のモンマスの戦いにおける臆病な命令違反で軍法会議にかけられた。ヴェトナム戦争時には、ソンミ村ミライ集落で罪のない住民の虐殺を指揮した容疑で、ウィリアム・カリー中尉が軍法会議にかけられた。

わが血を流す者の手には、一生消えない汚れがつくだろう

ラスプーチン暗殺（1916年）

事件のあとさき

場所
ロシア、サンクトペテルブルク

テーマ
無政府主義関連の暗殺

以前
1909年 無政府主義者のシモン・ラドヴィツキがアルゼンチンの国家警察長官ラモン・ロレンゾ・ファルコンを手製の爆弾で爆殺する。

1911年 左翼革命家ドミトリー・ポグロフが、君主制を支持するロシア首相ピョートル・ストルイピンをキエフ歌劇場で暗殺する。ロシア革命の先駆的事件である。

以後
1919年 ドイツの民族主義者アントン・アルコ・ファーライが、バイエルンの社会主義指導者クルト・アイスナーを殺す。アルコ・ファーライの期待に反して、その暗殺がきっかけとなり、バイエルンに社会主義政権が誕生する。

　1916年12月19日、グリゴリー・エフィモヴィッチ・ラスプーチンの死体が、ロシアの首都、サンクトペテルブルクのボリショイ・ペトロフスキー橋の西140メートルのところで発見された。その神秘主義祈禱僧の死は、ロシア皇帝ニコライ二世とその家族の無惨な最期に直結していた。

　若いころのラスプーチンは人嫌いの変人と思われ、酒を浴びるほど呑んだり、殴り合いの喧嘩をしたり、村の娘に痴漢行為を働いたりして、非難の的になっていた。しかし、暴れる動物をなだめる力があり、千里眼のような能力を発揮して馬泥棒を捕まえたこともあった。23歳の

暗殺と政治的陰謀

参照　ローマ皇帝ペルティナクスの暗殺 304　■　ドレフュス事件 310-11　■　アレクサンドル・リトビネンコの毒殺 326-31

グリゴリー・エフィモヴィッチ・ラスプーチン。シベリアの農民の家に生まれたが、性的能力やカリスマがあり、信仰療法を得意としたことから、ロシアの上流社会に多大なる影響力を持つことになった。

とき、家出をして、ヴェルコチュヤの修道院でしばらく暮らしていた。その間に自習で読み書きを覚え、信仰の目覚めを体験した。以後、彼は、ロシアでいう「ストラニク」、すなわち放浪僧となった。

ロマノフ王朝最後のロシア皇帝、ニコライ二世の治世は波乱続きの時代になった。戴冠式の直後、1896年には、即位の記念祝賀会場で将棋倒しの事故により1389人の来訪者が圧死した。死者を悼んでニコライはフランス大使館でのパーティを欠席しようとしたが、叔父たちの圧力に負けて出席した。当然ながら、国民はそれを冷淡で思い遣りに欠ける行為と見なした。ロシアは立憲君主国になるべきだと主張する人々の声に耳を貸さなかったことも、不人気の原因だった。

当然の出世

ラスプーチンがサンクトペテルブルクに着いたのは1903年のこと。当時は神秘主義者や精神的指導者がもてはやされていて、彼もまた社交界の集まりに招かれた。ラスプーチンはその霊的能力で貴族の婦人たちを信者にした。

ニコライの運は下落する一方だった。ロシアは、1904年から05年にかけての日露戦争に負け、海軍は壊滅し、満州における権益を奪われた。1905年1月22日には、嘆願書をたずさえて冬宮殿に押し寄せた非武装の群衆に、宮殿警護の兵士たちが発砲して1000人ほどの死者を出した。血の日曜日と呼ばれるその事件の結果、全国に武装蜂起や大規模なストライキ、テロなどが広まった。ニコライはそれを弾圧したので、もともと不人気な皇帝への反感はさらに高まっていった。

ニコライがラスプーチンとついに顔を合わせたのは1905年のことである。そのとき祈禱僧は皇后アレクサンドラとも謁見した。皇后は、息子のアレクセイが生まれつきの血友病だったので、その治療法が見つかればと思い、信仰療法や神秘主義に惹かれていた。強力なカリスマ性を発揮して、ラスプーチンはたちまちロマノフ家の信頼を得た。アレクセイ皇太子の血友病を治せるとまでいったので、王室には欠かせぬ存在になった。誰よりも執着を見せたのは皇后で、ラスプーチ

グリゴリー・ラスプーチンの出現と、彼が行使した影響力は、ロシア上流社会の堕落の始まりであった。
ミハイル・ロジャンコ

ラスプーチン暗殺

ニコライ二世とその家族。ロマノフ王朝最後の皇帝である。皇帝夫妻は、息子アレクセイや娘たち（左から、マリー、オルガ、タティアナ、アナスタシア）と一緒に処刑された。

ンに何通もの手紙を送った。あとで明らかになったその内容は、性的な意味があると思われても仕方のないものだった。ラスプーチンは折に触れてロマノフ家と特別なつながりがあることを吹聴し、アレクサンドラからもらった封書を大勢の前で見せびらかしていた。

そのため、ロシアの混乱はすべてラスプーチンが原因だとしてスケープゴートにされた。皇帝一家に堕落した邪悪な影響を与えているというのである。1914年の夏、キオーニャ・グセヴァという女性が、ラスプーチンこそ反キリストであると信じ、ナイフで襲って、腹部に幅36センチの、腸がはみ出るほどの傷を与えた。

ラスプーチンが病院で療養しているあいだに、ヨーロッパでは緊張が高まっていた。協商関係にあった英仏露三国と、中央同盟国との戦争は避けられない情勢だった。ラスプーチンは「涙の海」を警告する不吉な電報を皇帝に送り、全員が血で溺れることを予言した。しかし、皇帝は神秘主義者のその予言を無視し、8月1日、ドイツ及びオーストリア・ハンガリー帝国との戦端を開いた。敵側の東部侵攻が始まると、何百万ものロシア兵が命を落とした。そのときもロシアの大衆はラスプーチンを非難した。

神秘主義者としてのラスプーチンの予言は続く。1916年、ラスプーチンは自分の死を予感していた。12月7日、皇帝一家に送った怒りの手紙には、もしもロマノフ家の手によって自分が死んだなら、子供も親族も含めて2年以内に一族は滅亡するだろう、と書かれていた。

不気味な予見

その手紙の9日後、皇帝のただ一人の姪と結婚していたフェリックス・ユスポフ公が、ラスプーチン一家の滞在先に赴いた。ユスポフは、ひどい頭痛に悩まされている妻のイリーナをすぐに治療してもらいたい、という口実でラスプーチンに近づいた。ラスプーチンは、内務大臣アレクサンドル・プロトポポフの忠告を無視してユスポフ宅に向かった。内務大臣は複数のラスプーチン暗殺計画があることを耳にしていたのである。

ユスポフが住んでいたモイカ宮殿に着くと、ラスプーチンは「遊戯室」に通された。実際には地下のワイン庫だったが、玉突きやカードゲームに使う部屋のように偽装されていた。妻はパーティの最中なので、しばらく待ってもらいたい、とユスポフはいって、マデイラ酒とケーキをラスプーチンにふるまった。しかし、

毒物学

16世紀のパラケルススを先駆者とする毒物学は、毒物と薬物を研究する学問である。毒物学による検査結果は被害者の死因を特定し、被疑者が真実を述べているか否かを決める一助となる。法医学の毒物学が死後の検視で用いられるのに対して、臨床毒物学は生きている患者に現れる毒物や薬物の症状を検査する。

法医学における毒物学は、検査の試料として尿や、体の各部分から採取された血液を使う。大腿静脈から採取された血液と、心臓の血液とを比べると、毒物の濃度が違っている場合があるので、このようにすれば毒物学者は全体像をつかむことができる。肝臓や脳、眼球の硝子液などの生体試料も採取し、胃の内容物や胆汁も検査する。そのあと、毒物に対する抗体の反応を利用する免疫学的検定などの検査技術を使って全試料をふるいにかけ、各物質の濃度を調べるのである。

暗殺と政治的陰謀

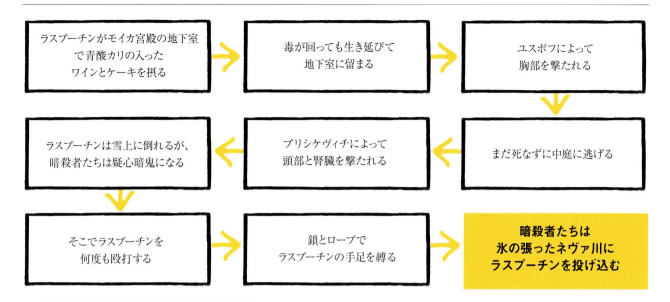

その酒とケーキには青酸カリが入っていて、宮殿に招かれていたのは、ドミトリー・パヴロヴィチ大公、政治家のV・M・プリシケヴィチ、スタニスラフ・デ・ラゾヴェルト医師の3人だけだった。3人ともロマノフ家に対するラスプーチンの影響を排除しようと考えていた。

ユスポフはラスプーチンを部屋に残して出ていったが、戻ってきてもラスプーチンは生きていた。毒殺は失敗したのだ。ユスポフはまた退出すると、上の階にあがり、大公からリボルバー拳銃を受け取った。そして、地下に戻り、神秘主義者の胸を撃った。ラスプーチンは床に倒れた。ユスポフは驚喜して上に行き、ラスプーチンの死を告げた。

安堵した男たちが地下室におりると、ラスプーチンはいなくなっていた。中庭に行ってみたところ、ラスプーチンが足を引きずりながら門に向かっていた。プリシケヴィチがリボルバーで狙いをつけ、4発撃った。銃弾はラスプーチンの腎臓に命中した。雪に倒れ込んだラスプーチンの頭部を、暗殺グループの1人が撃ち抜いた。4人はラスプーチンの死体を何度も殴打し、縛りあげると、氷の裂け目から凍結した川に放り込んだ。

予言の実現

翌日、ラスプーチンの娘マリアが、イリーナの頭痛を治すためモイカ宮殿に行った父親が行方不明になったことを皇后に訴えた。アレクサンドラ皇后は、イリーナが宮殿どころか街にもいないことを知っていた。失踪した神秘主義者の行方を追って、捜査がすぐに始まった。

モイカ宮殿を捜索すると、裏口付近で血痕が見つかったが、ユスポフは犬の血だと主張した。ボリショイ・ペトロフスキー橋の欄干にも血痕がついており、ラスプーチンのオーバー・シューズの片割れも発見された。12月18日、血液の種類を特定するウーレンフート検査が行われ、裏口付近の血は人間の血であることが判明した。ユスポフとパヴロヴィチ大公は自宅軟禁下に置かれた。

ラスプーチンの死体が発見されたのは12月19日。検視の結果、3発目の銃弾が前頭葉を貫通したときに絶命したことがわかった。しかし、青酸カリは検出されなかった。

1週間後、ニコライ二世は、裁判を行わずユスポフとパヴロヴィチを国外退去処分にした。ラスプーチン暗殺には成功したが、二人はロマノフ朝を救えなかった。1917年、ニコライは退位させられ、十月革命でボリシェヴィキが権力を握った。ロマノフ家の人々はエカテリンブルクの館に監禁され、1918年7月17日、銃殺隊により処刑された。ラスプーチンの不吉な予言のとおりだった。■

ラスプーチンがいなければ、レーニンも存在しなかった。
アレクサンドル・ケレンスキー

まだほかに隠された真相があるはずだ

ジョン・F・ケネディの暗殺
（1963年11月22日）

ジョン・F・ケネディの暗殺

事件のあとさき

場所
アメリカ合衆国、テキサス州ダラス

テーマ
アメリカ大統領銃撃

以前
1881年 就任4か月後のジェイムズ・A・ガーフィールド大統領が、イリノイ州出身の作家・法律家、チャールズ・J・ギトーによって射殺される。

1901年 ミシガン州の元鉄鋼労働者、レオン・チョルゴッシュが、ウィリアム・マッキンリー大統領を射殺し、同じ年に処刑される。

1912年 2期目の選挙運動を行っていた前大統領のセオドア・ルーズベルトが、酒場の店主、ジョン・F・シュランクに銃撃されるが、ポケットに入れてあった選挙演説のメモ帳で命拾いする。

以後
1975年 サラ・ジェイン・ムーアがジェラルド・フォード大統領に発砲するが、新品の銃の照準を使いこなせずに的を外す。

1963年11月22日午後12時30分、ジョン・フィッツジェラルド・ケネディ大統領はオープントップのリムジンでダラスのディーリー・プラザをパレードしていた。同乗者は大統領夫人と、テキサス州知事ジョン・コナリー、知事夫人ネリーの3人。テキサスでは大統領に対する不満の声が渦巻いていた。そのため2日間の遊説は大切な政治日程であり、大統領は反感を鎮めるべく苦闘していた。パレードがエルム通りに入ったとき、複数の銃声が鳴り響いた。そのうち1発がケネディの頸部に当たり、もう1発が頭蓋骨を砕いた。午後1時、パークランド記念病院でケネディの死が宣告された。エイブラハム・ザプルーダーが撮影していた家庭用8ミリ映像でのちに何千万人もの人々がその衝撃的な出来事を目撃することになるが、ケネディの死には今でもさまざまな噂や憶測が飛び交っている。

公式見解

正式に発表された事件の顛末は次のとおりである。テキサス教科書倉庫ビルの向かいにいた目撃者、ハワード・ブレナンは、ビル6階の角の窓からライフルが発射されるのを見た。その直後、ブレナンは警察官に近づき、自分が見たことを話した。ビルに勤めているハロルド・ノーマンもやってきて、5階で銃声が響き、床に空薬莢が落ちる音を聞いたと証言した。6階は床を張り替えている最中で、誰もいないはずだった。

そうした情報を得て、ダラス警察はビルを封鎖した。時刻は午後12時30分を過ぎていたが、50分にはなっていなかったという。午後1時3分頃、倉庫の従業員の点呼が取られた。その結果、臨時雇いのリー・ハーヴェイ・オズワルドの姿が見えないことがわかった。オズワルド

> **なんということだ、あいつらは私たちみんなを殺そうとしている！**
> コナリー知事

リー・ハーヴェイ・オズワルド

リー・ハーヴェイ・オズワルドの評価は人によって違う。だまされやすいナイーブな男、精神的に不安定な目立ちたがり屋、政府機関の秘密指令を実行するスパイ。オズワルドは1939年10月18日、ニューオリンズに生まれた。生まれてから17歳になるまでのあいだに22回の引越を経験し、11回も転校した。

17歳でオズワルドは海兵隊に入り、レーダー操作員の任務に就いた。不幸な少年時代を送ったオズワルドだったが、海兵隊時代も似たようなものだった。軍法会議に二度かけられ、不法所持の22口径の拳銃を撃って怪我をして降格処分になっている。

1959年10月、オズワルドはソ連に渡った。海兵隊時代に知った軍事機密を引き渡す代わりに温かい歓迎を受けることを期待していた。しかし、モスクワでの疎外された生活に嫌気が差し、1962年にアメリカに戻った。1963年、自分自身のマルクス主義的信条の発露として、反共的なエドウィン・ウォーカー将軍を狙撃したとされる。それは失敗に終わったが、大統領の暗殺には成功した。

暗殺と政治的陰謀 319

参照 　ダニエル・マクノートン 204-05 ■ エイブラハム・リンカーンの暗殺 306-09 ■ ラスプーチン暗殺 312-15 ■
アルド・モーロの誘拐 322-23

はソ連に亡命していたことがあり、倉庫には午後12時33分までいたことが確認されている。点呼の9分後、捜査官は6階の南東の窓のそばに3つの空薬莢が落ちているのを見つけた。午後1時15分、ダラスの警察官、J・D・ティピットが、オーク・クリフ地区の東十番通りで射殺された。複数の目撃者によれば、現場を離れた犯人は、チケット売り場を素通りしてテキサス劇場に逃げ込んだという。

情報を得た警察が劇場に向かうと、容疑者によく似た男がうしろのほうの席に座っていた。マクドナルド巡査が近づくと、男は不意に立ち上がり、殴りかかってきて、拳銃を抜こうとした。だが、うまくいかなかった。ベントリー巡査が男を羽交い締めにしたからである。容疑者は取り押さえられ、手錠をかけられた。持っていた財布を調べると、容疑者はリー・ハーヴェイ・オズワルド、数時間前に教科書倉庫ビルから行方をくらましていた男だった。

ザプルーダーが撮影した家庭用ビデオの有名な一場面。ピンクの服を着たジャッキー・ケネディが、大統領専用リムジンの後部で、致命傷を負った夫の介抱をしている。

死の待ち伏せ

オズワルドはすぐに逮捕され、午後7時10分、ティピット巡査殺しで正式に告発された。日付が変わって午前1時、ジョン・F・ケネディ大統領殺害の容疑でも告発された。11月24日の朝、オズワルドは郡拘置所に移送されることになり、ダラス市警察本部の地下駐車場に連れていかれた。ナイトクラブの経営者、ジャック・ルビーがそこで待ち伏せをしていて、至近距離からオズワルドの腹部を撃った。オズワルドは、ほんの2、3日前に自分が

> あの人たちはジャックを殺した！
> 私の夫を殺した！
> **ジャッキー・ケネディ**

ジョン・F・ケネディの暗殺

ダラス警察の駐車場でオズワルドがやってくるのを待っていた報道記者やカメラマンをかき分け、ジャック・ルビーが飛び出して、オズワルドを殺す瞬間を捉えた写真。報道カメラマンの一人が撮影した。

殺害した世界的名士と同じように、暗殺による死を迎えた。

ルビーの供述は二転三転して、大統領夫人のジャクリーヌ・ケネディが痛ましい裁判に出なくてもいいように、被告のオズワルドを殺した、オズワルドにはむかついていた、と発言したかと思うと、ダラスの街の名誉回復のためにやった、と言ったりもした。ルビーは殺人で有罪になった。のちにその判決は覆されたが、再審を待っているあいだに、獄中のルビーは肺塞栓で死んだ。

余波

ケネディの死の直後、リンドン・B・ジョンソンがエアフォース・ワンの機上で大統領就任宣誓を行った。ジョンソンが国の最高指揮官になったあとも、ダラスでの出来事についてはさまざまな憶測が乱れ飛んでいた。ジョンソンは、国民を納得させるため、暗殺事件を調査するウォレン委員会をただちに設置した。10か月後、ウォレン委員会はオズワルドの単独犯行説を採る調査報告書をまとめた。凶器はボルトアクション式のマンリハー＝カルカノ・ライフル。倉庫ビルの窓から約8秒のあいだに3発の銃弾が発射された。すべて被害者の背後から発射され、1発目は命中せず、2発目は大統領の上背部から喉に抜け、3発目が後頭部に当たって致命傷になった。しかし、国民の納得は得られなかった。

陰謀説

ケネディ大統領の暗殺ほど論議の的になった事件はなく、20世紀最大の、あるいは史上最大の謎だとする声もある。2013年にAP通信が行った世論調査によると、59パーセントのアメリカ人が大統領暗殺は複数の人間が関わった陰謀であると信じ、リー・ハーヴェイ・オズワルド単独説の支持者は24パーセントに留まった。その10年前のギャラップの調査では、75パーセントの国民が陰謀説を採っていた。いまだに政府内の意見さえまとまっていない。

1979年、ケネディとマーティン・ルーサー・キング・ジュニアの暗殺を調査するために設置された下院暗殺調査委員会（HSCA）は、ウォレン委員会とは違う見解を示した。ウォレン委員会の報告にはおおむね同意しているものの、HSCAは4発目の銃弾がオズワルド以外の者によって発射されたと結論づけ、複数の人間が関わっていることを示唆した。

陰謀説を採る者は、公式発表に見られるいくつかの矛盾点を衝く。代表的なものは、1人の犯人が背後から発砲したという公式見解に疑問を呈する。ザプルーダーが撮影したフィルムを見ると、大統領の頭はうしろに動いて、左に傾いている。これは致命傷となった1発が正面右から飛んできたことを示している。このことから、2人目の狙撃犯がディーリー・

> 頭の右後部がなくなっていました。車の後部座席に落ちていたのです。脳が丸見えで……
> **クリント・ヒル**

暗殺と政治的陰謀

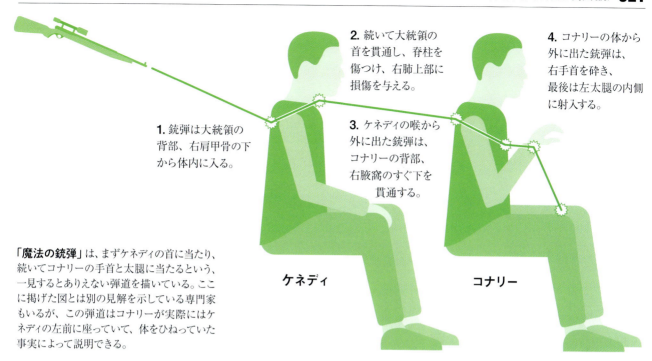

1. 銃弾は大統領の背部、右肩甲骨の下から体内に入る。
2. 続いて大統領の首を貫通し、脊柱を傷つけ、右肺上部に損傷を与える。
3. ケネディの喉から外に出た銃弾は、コナリーの背部、右腋窩のすぐ下を貫通する。
4. コナリーの体から外に出た銃弾は、右手首を砕き、最後は左太腿の内側に射入する。

ケネディ　コナリー

「魔法の銃弾」は、まずケネディの首に当たり、続いてコナリーの手首と太腿に当たるという、一見するとありえない弾道を描いている。ここに掲げた図とは別の見解を示している専門家もいるが、この弾道はコナリーが実際にはケネディの左前に座っていて、体をひねっていた事実によって説明できる。

プラザの「草の多い丘」にいたとする者もいる。さらには、ケネディとコナリー知事の両方を傷つけた2発目の銃弾は、物理法則に反した動きをする「魔法の銃弾」ではないかという疑問も呈された。

そうした指摘は、8人の医師の見解によって裏づけられている。それによると、弾丸が入った射入創はケネディの喉の前部下にあり、出ていった射出口は頭蓋の後部にあったという。緊急治療室の看護師1人と、X線技師1人、検視解剖官2人も、同じ証言をしている。いずれも、銃で撃たれた被害者が運ばれてくるテキサスの外傷センターで働いているので、銃創の検査には経験を積んでいた。

ケネディが撃たれたとき、パレードで後続の車に乗っていた大統領護衛官のクリント・ヒルは、最初、ウォレン委員会にこう証言した。「出血量があまりにも多すぎて、ほかの傷があるかどうかわかりませんでした。見えたのは後頭部にぱっくり口を開けた大きな傷が1つだけです」のちにヒルは第二の傷にも言及した。

オズワルド単独犯行説を採りながらも、陰謀説を捨てない論者もいる。陰で犯人を操っていた組織として、CIA、シークレット・サービス、外国の政府機関などの名前が挙がっている。■

国民はオズワルドが暗殺者であると納得すべきである。
ニコラス・カッツェンバック

リー・ハーヴェイ・オズワルド殺害犯、ジャック・ルビーの顔写真。ルビーがオズワルドを殺したのは、大きな陰謀を隠すための口封じであった、という陰謀説を唱える者もいる。

最後にもう一度キスをします
アルド・モーロの誘拐
（1978年3月16日）

事件のあとさき

場所
イタリア、ローマ

テーマ
過激派集団による殺人

以前
1881年3月 ロシア皇帝アレクサンドル二世が「人民の意志」集団の一人に爆弾で殺される。

1914年6月28日 サラエヴォでセルビアの国家主義結社、黒手団にフランツ・フェルディナント大公が暗殺された事件は、第一次世界大戦の引き金になったといわれている。

以後
1986年10月 西ドイツの外交官、ゲロルト・フォン・ブラウンミュールが、「赤軍派」を名乗るゲリラ組織によって暗殺される。

1989年8月 ブラック・パンサー党の創設者ヒューイ・ニュートンが、カリフォルニア州オークランドで、ブラック・ゲリラ・ファミリーの一員によって殺される。

1978年3月16日、赤い旅団のメンバー4人がローマ市内でアルド・モーロが乗った車を待ち伏せした。武装テロリストたちはモーロを警護していた車に軽機関銃の銃弾91発を打ち込み、そのうちの40数発がボディガードや警官に命中し、全員の命を奪った。モーロは生きたまま銃を突きつけられて連れ去られた。

モーロは戦後のイタリアで在任期間が最も長い首相だった。1963年から1976年まで2期在職し、1978年には政情不安を解消するために奔走し、自分が書記長を務めるキリスト教民主党とイタリア共産党との連立政権をつくろうとしていた。この「歴史的妥協」には右派も左派も大反対していたが、その年に行われる予定の選挙ではモーロが最有力候補で、首相に返り咲くことが予想されていた。

極左テロリスト集団の赤い旅団は、爆弾テロや暗殺や誘拐などの武力闘争でイタリアに共産主義革命を起こすことを目

首相の命の重さは？

1978年4月、赤い旅団は、レナト・クルチョを含む収監中の14人の左翼政治犯を釈放すればモーロを解放すると取引を持ちかけてきた。

暗殺と政治的陰謀

参照 リンドバーグ愛児誘拐事件 178-85 ■ エイブラハム・リンカーンの暗殺 306-09 ■ イングリッド・ベタンクールの誘拐 324-25

アルド・モーロ。1978年3月17日に赤い旅団の旗の前で撮影された写真。赤い旅団のテロリストたちが裁かれる裁判がトリノで行われるのに合わせて、その日、モーロの「人民裁判」が開かれた。

論んでいた。創設メンバーのレナト・クルチョなどが逮捕された赤い旅団は、国民に人気のあるモーロを標的に選び、下院に向かう車列を襲って誘拐したのである。

実を結ばなかった要求

事件から1週間後、赤い旅団は犯行声明を出し、要求に応じなければモーロを殺すと宣言した。イタリア政府は頑なに交渉を拒否したが、それには賛否両論がある。イタリア共産党はテロリストとの関係を否定し、政府が要求に従うなら連立は拒否するといった。モーロ自身は大量の手紙を書き、政府に助命を願った。モーロの家族も、支持者も、ローマ教皇

パウロ六世も、無事に救出されることを訴えた。警察は疑わしいテロリストを数百人拘束し、国を挙げてモーロを捜したが、手がかりはまったくつかめなかった。

4月15日、赤い旅団はモーロに死刑を宣告したことを発表した。望みを絶たれて、モーロは最後の手紙を妻に送っている。自分を見捨てたキリスト教民主党に対しては、党員が葬儀に参加しないように要求した。手紙から2日後の1978年5月9日、モーロは赤い旅団のリーダー、マリオ・モレッティによって殺害された。匿名の情報により、警察は、ローマ市内の歴史地区にほど近いところに停められていたトラックの中で、多数の銃弾が撃ち込まれたモーロの死体を発見した。心臓を11回撃たれていた。

殺害犯発見

モーロの死を受けて、さらに多くのテロリストが逮捕された。ことの重大さに動揺したイタリア政府は、1980年に新しい法律を作ってモーロを殺害したグループの検挙につなげようとした。赤い旅団

> " もう終わりだということを
> 彼は知っていた。
> 私は彼を欺かなかった。
> 彼には、準備しなさい、
> 外に出るから、と告げただけだった。
> **マリオ・モレッティ** "

のメンバーのうち、「悔い改めて」仲間についての情報を提供した者の罰則を軽くする法律である。

そうした努力にもかかわらず、捜査には時間がかかり、モーロ殺害の黒幕が逮捕されたのは1981年4月のことだった。マリオ・モレッティは、北イタリア全土で行われた大規模な掃討作戦の結果、ミラノとパヴィアのあいだにある農場に潜んでいるところを発見された。モレッティはその数々の犯罪に対し、終身刑6回に処せられた。■

政治家を警護する

有力な政治家や要人、軍人を警護するボディガードは、自らの命を賭して被警護者を守る誓いを立てる。政治的権力者にはみんな特任の警護チームがついている。通例はそれぞれが所属する組織、省や部局が手配するが、個人で私的なボディガードを雇うこともある。退任したあとの政治家がそうすることが多い。

国によっては要人に警護専門の部隊をつけるところもある。たとえばアメリカの財務省秘密検察部、通称シークレット・サービスは、大統領の警護に当たり、教皇護衛隊はローマ教皇を警護する。

ボディガードはどこに逃げればいいか計画をたて、行く先々で脱出ルート、潜在的な危険を確認し、被警護者の日々の活動を守る。気力体力ともに充実しているボディガードは、法執行機関の一員であったり、元軍人であったりする。火器の扱いや格闘、救急手当ての訓練を受けており、爆発物検知の専門家もいる。

野蛮行為は私たちのまわりに満ちています
イングリッド・ベタンクールの誘拐（2002～08年）

事件のあとさき

場所
南アメリカ、コロンビア

テーマ
政治的誘拐

以前

1970年10月 英国の外交官ジェイムズ・クロスとケベック州の政治家ピエール・ラポルトが、テロリスト集団のケベック解放戦線によって誘拐され、ラポルトは殺害されるが、クロスは1970年12月に解放される。

1973年8月 のちに大統領になる韓国の政治家、金大中が誘拐され、5日間監禁される。

1981年12月 イタリアの赤い旅団のメンバーがヴェローナでアメリカ合衆国の将軍ジェイムズ・ドジャーを誘拐する。

以後

2010年5月 メキシコの政治家ディエゴ・フェルナンデス・デ・セバーヨス・ラモスが左翼反政府組織によって7か月間拘束される。

苛烈なゲリラ戦争のさなか、コロンビアのジャングルの奥深くで、武装革命家集団、コロンビア革命軍（通称FARC）が、次の攻撃目標を選ぼうとしていた。

コロンビアの元大統領候補、イングリッド・ベタンクールにとって、そのジャングルは6年のあいだ捕虜収容所でもあった。同じく幽閉されていたのは、ベタンクールの選挙対策本部長、クララ・ロハス。ほかにも何人か人質がいた。それぞれ檻に閉じ込められ、泥の上に防水シートを敷いて眠り、川で入浴した。まわりには大きな蛇や昆虫、危険な肉食獣がいた。米と薄いスープだけの粗食に耐えていたので、栄養状態は最悪だった。その悲惨な暮らしの中で、ベタンクールは希望を捨てず、いつの日か救出され、家族のもとに帰れると信じていた。

抜きん出た経歴

フランスで高等教育を受け、1989年、コロンビアに帰国したベタンクールは、外交官、ガブリエル・ベタンクールの娘である。ガブリエルは元教育相であり、ユネスコの事務局長補でもあった。イン

監禁生活を生き延びる

専門家によれば、テロ集団、単独誘拐犯、敵国軍を問わず、誰かに監禁されたときには、生き延びるための原則がいくつかあるという。まず第一に、犯人側には絶対逆らわないこと。いわれたことにすぐ従えば好印象を与えることができるし、悪意はなくても相手の掟を破ることは厳罰につながる。

肉体は物理的な試練にある程度まで耐えることができるが、精神面での強さも同じように重要である。監禁生活の精神的ストレスから逃れるには、相手方の秘密を探って、ささやかな勝利感を得ることも役に立つ。あるいは、家族あての音声録音や手紙が許されたとき、その中に暗号化されたメッセージを隠すのも有効だろう。

監禁中に甚大な情緒的トラウマを負えば、あとあとまで精神的後遺症が残る場合もある。ベタンクールとは違い、ほかの人質の中には、犯人側に強く依存するストックホルム症候群にかかり、自分たちを助けてくれる特殊部隊に逆らった者もいた。

暗殺と政治的陰謀

参照 ポカホンタスの誘拐 176 ■ パティ・ハースト誘拐事件 188-89 ■ アルド・モーロの誘拐 322-23

イングリッド・ベタンクール。ジャングルでの生活で痩せ細り、不健康そうに見える。収容所の動画から印刷されたこの写真は、2007年、捕まったゲリラ兵が持っていたのを押収したものである。

グリッドは平和主義者で、コロンビアの腐敗を一掃することに精魂を傾けていた。1994年、下院議員に選ばれたあと、1997年、自分の政党「緑と酸素の党」をつくった。地滑り的勝利を得て、今度は上院議員に選出された。そして、2001年、コロンビア大統領選挙に出馬表明をした。

囚われた候補者たち

2002年2月、助言を無視してベタンクールは選挙運動のため反政府勢力の支配地域に入った。そこでベタンクールとロハスはFARCのゲリラに誘拐された。無理やり車輛から出され、たがいの首を鎖でつながれて、幹線道路から人里離れた村に入ったあと、捕虜たちは徒歩で熱帯雨林に向かった。

6年間の捕虜生活で、ベタンクールは3度脱走を試みた。泳いで川を下り、何日も熱帯雨林を歩き続けたが、結局は連れ戻された。幽閉中にベタンクールは殴

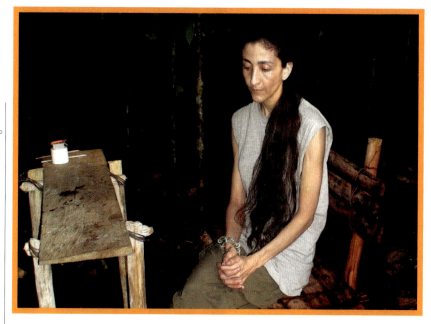

られたり、食事を与えられなかったり、銃を突きつけられて長時間歩かされたりして、何度も死ぬような目にあわされた。

実際、肝炎やマラリアで生死の境をさまよったこともある。健康状態の悪化に伴って、2003年7月、FARCはベタンクールの解放を家族に予告したが、その約束は果たされなかった。

明けない夜、そして解放

フランスによる救出作戦が失敗に終わり、事前にその相談を受けていなかったコロンビア政府が激怒する一幕もあった。ベタンクールの健康状態はどんどん悪くなっていったが、犯行グループからは不定期にビデオと信書が届くだけだった。それによって家族は辛うじてベタンクールの無事を知った。夫のフアン・カルロス・レコンプテは、コロンビア政府が武装部隊を使って救出作戦を行うと人質が殺されるのではないかと恐れてい

た。こうしてゆっくりと6年が過ぎていった。ジャングルの収容所では、クララ・ロハスがゲリラ兵とのあいだに子供を授かったが、出産時の帝王切開で生命の危険にさらされた。手術のメスは蝋燭の炎であぶって殺菌しただけだった。ロハスは、2008年の1月に解放された。

ベタンクールの解放もそれに続いた。2008年7月2日、コロンビアの特殊部隊が、チェ・ゲバラのTシャツまで着てゲリラを装い、反政府勢力の支配地域に潜入、民間機を偽装したヘリコプターでジャングルの敵本部に向かった。そして、別の反政府組織のリーダーに会わせるため人質を移送する、という口実で人質15名をヘリに乗せ、一滴の血を流すこともなく、全員を無事に救出したのである。

コロンビア政府はまだ残っている人質の救出を約束した。家に帰ったベタンクールは、コロンビアの苛烈なゲリラ戦争を象徴する人物になった。■

> それは戦争でした。
> ゲリラとの戦いだけでなく、
> 私たちとの戦いでもあったのです。
> **イングリッド・ベタンクール**

野蛮
で無慈悲

アレクサンドル・リトビネンコの毒殺
（2006年11月）

アレクサンドル・リトビネンコの毒殺

事件のあとさき

場所
英国、ロンドン

テーマ
スパイ戦

以前

1978年9月 ブルガリアからの亡命者、ゲオルギ・イヴァノフ・マルコフが、先端に毒薬リシンを塗ったこうもり傘で脚を刺され、ロンドンで暗殺される。

1983年4月 CIAの職員でスパイのロバート・エームズが、レバノンのベイルートでアメリカ大使館に仕掛けられた爆弾によって殺される。

2006年4月 IRA（アイルランド共和国軍）の一派、アイルランド共和国軍暫定派のデニス・ドナルドソンが、警察とMI5に情報を渡していたことが発覚し、IRAによって殺される。

以後

2010年8月 MI6の諜報員ギャレス・ウィリアムズが、ロンドンの隠れ家で不審な死を遂げているのが発見される。

2006年11月1日、44歳のロシアの元スパイ、アレクサンドル・リトビネンコは、ロンドンのミレニアム・ホテルでモスクワから来た二人の男と会う約束をした。午後3時40分ごろ、リトビネンコがホテルに着くと、ロシア人たちはロビーにあるパイン・バーのうしろのほうにすでに着席していた。ホテルの防犯カメラの死角になっていた場所である。

ロシア人の一人、アンドレイ・ルゴヴォイが緑茶を頼んでいたので、空のカップが3つテーブルに置かれていた。ルゴヴォイは残ったお茶をリトビネンコに勧め、リトビネンコは自分でカップに半分ほど注いだ。砂糖もなく、冷めていたので、リトビネンコは一口か二口飲んだだけで、あとは残した。

リトビネンコはルゴヴォイとその連れ、ドミトリー・コフトゥンを相手に、投機事業の可能性について簡単な打ち合わせをした。ホテルを出るとき、自分では知りようもなかったが、リトビネンコはすでに死んだも同然だった。放射性毒物ポロニウム210が入ったお茶を飲んでいたのである。この時点で、たとえ世界最高の医療チームでも彼を救うことは不可能だった。

その夜、リトビネンコは嘔吐を始めた。11月3日にはバーネット総合病院に入院したが、症状は悪化するばかりで、11月17日にはユニバーシティ・コレッジ病院に移された。最初のうち、医療チームはタリウム中毒を疑い、ロンドン警視庁もその線で捜査を始めていた。武装警官の警護つきで、一連の事情聴取に応じ、リトビネンコは最期の日々を過ごした。自分も捜査官として、自身の殺人事件を解決しようとしたのである。

アンドレイ・ルゴヴォイ。モスクワでの記者会見で怒りをあらわにし、無実を主張する。英国当局は今でも引き渡しを要求しているが、ルゴヴォイはロシアの下院議員になっている。

国家の敵

ロシア連邦保安庁の諜報員であったリトビネンコは、ウラジーミル・プーチン大統領の政権内部の腐敗を暴露したあと、亡命してロンドンに向かった。2000年、政治的亡命者として英国の保護下に入り、英国諜報部MI6の協力者となった。

その後リトビネンコはプーチン批判の急先鋒に立った。モスクワから2人の男

お茶を飲みたいなら、
まだ少し残っています。
これをお飲みなさい。
アンドレイ・ルゴヴォイ

暗殺と政治的陰謀

参照 平沢貞通 224-25 ■ ハロルド・シップマン 290-91 ■ ラスプーチン暗殺 312-15

が現れたときにはロンドンに移住して6年たっていた。あの運命の午後、ホテルで2人に会うことにしたのは、ビジネス・パートナーになれるかもしれないと思ったからである。かすかな疑念を抱いたものの、ルゴヴォイとコフトゥンがロシアのスパイであることは知らなかった。

死の床での証言

11月18日、首都警察特殊事件班の2人の捜査官、ブレント・ハイアット警部とクリス・ホアー部長刑事がユニバーシティ・コレッジ病院の17階の重症管理室でリトビネンコから話を聞いた。

そのあとの3日間で、リトビネンコは18回の聴取に応じた。それは、のべ9時間にも及ぶ。病状が悪化し、激しい痛みに襲われて、話を中断することもしばしばだった。

ベテランの捜査官でもあるリトビネンコは、自分自身の殺人事件で重要な証人になった。容疑者リストを作成して、その一番上には、一緒にお茶を飲んだ二人、アンドレイ・ルゴヴォイとドミトリー・コ

フトゥンの名前を書いた。ホテルでの不可解な会合が心に引っかかっていたのである。

聞き取りが始まって最初の4、5時間で捜査に勢いがつきはじめた。リトビネンコは自分が秘蔵している文書の存在を捜査官たちに明かした。それはロシアの犯罪組織とプーチンとのつながりに言及した文書であり、プーチン大統領が暗殺を指示したことをリトビネンコは確信していた。妻とも電話で連絡を取り、それによってリトビネンコが自宅に保管していたアンドレイ・ルゴヴォイの写真が見つかった。こうしてルゴヴォイはロンドン警視庁の第一容疑者となった。

リトビネンコはMI6に情報を提供する密告者だったが、そのことを警察には明かしていなかった。ここ1週間の動静にも説明のつかない部分があり、ホアーとハイアットにそれを追及されても、口を濁していた。その代わり、情報提供の「窓口」の役を務めている「マーティン」という男の電話番号を教えた。「マーティン」はユニバーシティ・コレッジ病院に

アレクサンドル・リトビネンコ

ロシア生まれのアレクサンドル・リトビネンコは、18歳のときに徴募で内務省に入った。1986年にはKGBの防諜部門に補充員として入局する。

1997年、連邦保安庁（FSB）に移る。そこに勤めているあいだに、リトビネンコは組織犯罪と汚職がロシア政府に浸透していることを知る。その汚職の問題を、プーチン大統領も含めて、上層部と何度も協議しようとした。しかし、話にならないことがわかって、無許可の記者

会見を開き、ロシアの大物実業家の暗殺に関わったとして幹部職員を告発する。

リトビネンコはFSBから追放され、権限踰越（ゆえつ）の容疑で逮捕された。1999年11月に釈放されると、国外に逃げ、政治犯として英国に庇護されて、暗殺されるまで、ジャーナリスト、作家、MI6の協力者として活動を続けた。

> あとになってホテルを出たときも、何かおかしいと思っていた。この二人は私を殺したがっている。同席中ずっとそんな気がして仕方がなかったのだ。
> **アレクサンドル・リトビネンコ**

やってきて、謎のロシア人二人のことを知ると、ただちに調査を始めた。その際、MI6が何をつかんだかは、今でも明らかにされていない。

ロシアの秘密情報機関は、ソビエト時代のKGB（国家保安委員会）も、今のFSB（連邦保安庁）も、暗殺に毒薬を使うことで知られている。ボリス・エリツィン大統領の時代に、毒物の研究をひそかに行っていたモスクワの機関はすべて閉鎖されたが、プーチンが大統領になると、その批判者は次々に謎の死を遂げるようになった。

たとえプーチンが事件に関わっていたとしても、世界の指導者の一人として、罪に問われることはありえない。リトビネンコにもそのことはわかっていたが、せめてルゴヴォイとコフトゥンだけは処罰の対象になるべきだと思っていた。自分の主張を世界に伝えるため、11月19日、リトビネンコは《サンディ・タイムズ》紙の記者、デイヴィッド・レパードのインタビューに応じた。

翌日、リトビネンコの健康状態は悪化、心拍障害と臓器不全の症状が出た。»

アレクサンドル・リトビネンコの毒殺

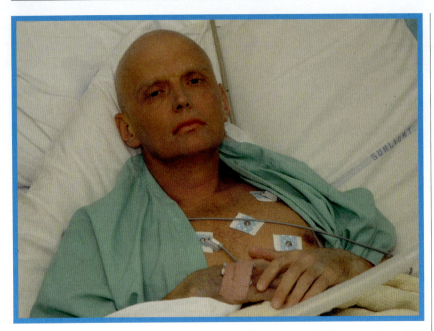

死の床についたリトビネンコ。人々の記憶に残るこの写真には、髪が抜け、痩せ細ってはいるものの、毅然としてカメラのレンズを見つめるリトビネンコが写っている。世界中に配信された写真である。

> あなたは一人の男の口封じには成功したかもしれないが、これからは世界中で抗議の声が湧きあがるでしょう。その声が、プーチンさん、一生あなたの耳に響きつづけるのです。
> **アレクサンドル・リトビネンコ**

そんな中、リトビネンコは最後の事情聴取を受けた。死期が迫っていた。11月20日、リトビネンコは、報道カメラマン、ナターシャ・ワイツを呼んで、最後の写真撮影に応じた。プーチンの部下が何をしたか、世界に知らしめるためだった。

そのときには、毒はタリウムではなく、もっと毒性の強い薬物であることが医療チームにもわかっていた。症状はタリウム中毒とそっくりだったが、はっきりそう断定できる決め手、手足の痺れや痛みがなかった。新たに尿検査を行った結果、放射性同位元素ポロニウム210が発見された。体内に取り込めば必ず死を招く高価で珍しい毒薬である。しかし、医療チームは検査ミスを疑い、ポロニウム210以外の可能性を5つ提示した。それでも、リトビネンコの尿サンプルは、念のため、バークシャーにあるオルダーマストンの原子力兵器研究所に送られた。

11月22日、集中治療室でリトビネンコはたびたび意識を失うようになった。真夜中までに心拍停止に二度襲われた。翌日になると、意識が戻らなくなり、生命維持装置につながれた。やがて、3度目の心拍停止に陥り、11月23日午後9時21分に死が宣告された。その同じ日、オルダーマストンの研究所は、毒物がポロニウム210であったことを公式発表した。

法医学的痕跡

リトビネンコの死を受けて、ルゴヴォイとコフトゥンの容疑は強まった。警察は何か所かの現場でポロニウムの痕跡を探した。ミレニアム・ホテルのパイン・バーでは、床からも、椅子からも、ロシア人たちがいたテーブルからも、茶器や流しの排水からも、ポロニウムの反応が出た。ティーポットは再利用されていたが、さいわいなことに被害は出ていない。コフ

司法管轄外の殺人

一国の政府が国益のために代行者に命じて実行する殺人のことを、司法管轄外の殺人という。その国の法律の外で実行されるので、裁判も許されないまま被害者は死を迎える。司法管轄外の殺人は、通常、軍隊や諜報組織、秘密警察などに属する高度の訓練を受けた暗殺者によって極秘任務として実行される。政府が政敵の抹殺や沈黙を望むときにこの任務が遂行される。仮に裁判になれば、政府が公表したくない情報が明らかになるからである。極端な場合、司法管轄外の殺人は、体制の批判者を抹殺するために行われる。圧政のもと、検閲の手段として実行されることが多い。

司法管轄外の殺人を主観的な別の言葉に置き換えて、必要悪であることを強調する向きもある。対テロ対策として、特定の個人を狙った殺しが正当性を持ちつつある時代ならではの動きである。

暗殺と政治的陰謀

ポロニウム210に直接触れた物品

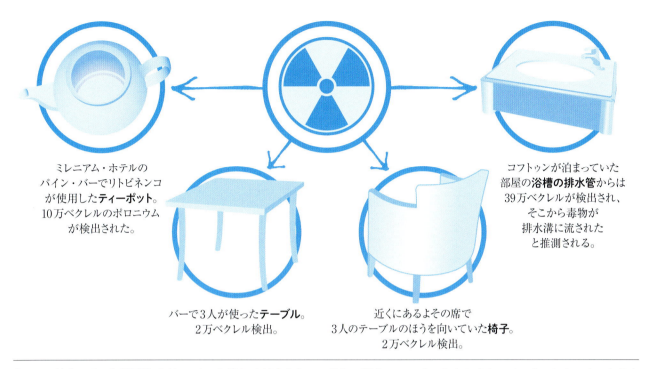

ミレニアム・ホテルのパイン・バーでリトビネンコが使用したティーポット。10万ベクレルのポロニウムが検出された。

コフトゥンが泊まっていた部屋の浴槽の排水管からは39万ベクレルが検出され、そこから毒物が排水溝に流されたと推測される。

バーで3人が使ったテーブル。2万ベクレル検出。

近くにあるよその席で3人のテーブルのほうを向いていた椅子。2万ベクレル検出。

トゥンの泊まっていた部屋はパイン・バーの数階上にあった。その寝室と流しを取り壊して徹底的に調べた鑑識班は、39万ベクレルのポロニウムを含む有機堆積物の塊を発見した。ポロニウムは1万ベクレルで人を1人殺すことができる。会合のあとコフトゥンは部屋に戻り、毒物の残りを排水溝に流して、凶器の処分を図ったと思われる。

証拠が挙がったにもかかわらず、ルゴヴォイとコフトゥンはリトビネンコ殺害容疑を全面的に否認し、モスクワで記者会見を開いて無実を訴えた。自分が泊まっていた部屋のバスルームからポロニウムが見つかったことについて、コフトゥンはなんの説明もしなかった。2か月間の捜査の末、ロンドン警視庁はアンドレイ・ルゴヴォイを殺人罪で起訴するのが妥当であるとの見解を示した。それに対し、ロシア当局は、憲法でロシア国民の受け渡しは禁止されているとの理由で、ルゴヴォイをロンドンに移送するのを拒んだ。

外交への影響

8年間、リトビネンコの聴取記録は公にされず、ロンドン警視庁によって部外秘の扱いがされていた。公表されたのは2015年。2016年1月に開かれた公聴会は、プーチン大統領はリトビネンコの暗殺をじかに命じてはいないにしても、おそらく承諾はしただろう、との結論を出した。

MI6の協力者リトビネンコがイギリス国内で殺された事件は、英露の外交関係に影を落とした。2007年7月、高まった緊張は、ロシア外交官の英国からの追放というかたちで表に現れた。報復として、ロシア側は英国の外交官に国外退去を命じた。

その後、英国はロシア情報部との関係を断った。コフトゥンとルゴヴォイが実行犯であることを証拠は示しているが、リトビネンコ暗殺事件の容疑者はいまだに逮捕されていない。■

マリーナ・リトビネンコ。夫の死に関する328ページの報告書を掲げている。その中で高等法院の判事、サー・ロバート・オウエンは、プーチン大統領にリトビネンコ暗殺の責任があると明言している。

犯罪録

犯罪録

犯罪を根絶した社会は存在しない。洗練された社会であればあるほど――そして社会のルールが精巧であればあるほど――法を犯す余地が大きくなる。ここまで史上もっとも悪名高い犯罪の多くを紹介してきた。しかし恥ずべき犯罪すべてを網羅するデータベースなどない。ここから先では、犯罪史上に名を残した、さらなる探求の価値がある犯罪者たちを紹介していく――その巧妙さ、邪悪さ、大胆さ、さらには愚かさについて。ここに挙げる被害者、犯行手口、動機が、さまざまな犯罪行為の不気味なインデックスとなる。「事実は小説より奇なり」を実感させられる現実の犯罪もある。

ユリウス・カエサル（ジュリアス・シーザー）の暗殺
紀元前44年3月15日

ローマ帝国の政治家ユリウス・カエサルの名声は、ガリア戦争の勝利で一気に高まった。元老院議員の多くはそんな彼を脅威に感じていた。彼を皇帝に、という声が高まると、情勢がさらに緊迫する。紀元前44年3月15日、カエサルは元老院の階段で20回以上も刺されて暗殺された。彼の死がきっかけとなり、帝国は内戦に突入した。
参照　ローマ皇帝ペルティナクスの暗殺 304　■　アルド・モーロの誘拐 322-23

リチャード・パドリコット
1303年4月24日

ロンドンの羊毛商人リチャード・パドリコットは、大量の借金を抱えてやけになり、ウェストミンスター大聖堂に保管されていたエドワード一世の私的宝物を盗み出した。腐敗した聖職者の手引きでウェストミンスター修道院の参事会会議場の地下室に侵入し、10万ポンド相当の金銀財宝を奪ったのである。ロンドンの質屋に出回りはじめた財宝から足が付き、パドリコットは逮捕された。裁判では聖職者をかばって単独犯行を主張し、絞首刑となったあげくに皮を剝がされた。
参照　トーマス・ブラッド 18　■　ハットン・ガーデン強盗事件 58-59

ジュリアーノ・デ・メディチの暗殺
1478年4月26日

ルネサンス期フィレンツェの著名一族メディチ家のジュリアーノは、町の大聖堂で行われた復活祭のミサで、ライバル銀行の一族、フランチェスコ・デ・パッツィとその一味に殺害された。それに続く派閥争いで両家の人間がさらに命を落としたが、メディチ家は権力と影響力を守り抜いた。
参照　シチリア・マフィア 138-45　■　ロベルト・カルヴィ殺害事件 241

かぶき者
16～17世紀

動乱の戦国時代末期の日本には、名門武家一族ながら職にあぶれた武士がたくさんいた。その一部が「かぶき者」として徒党を組み、派手な髪型や服装をして、凝ったデザインの刀や巨大な刀を手に町を練り歩いた。大規模な強盗から小規模な暴行事件を起こす犯罪集団であり、現代のヤクザの先駆けだとも考えられている。
参照　三合会 146-49　■　ヤクザ 154-59

フランソワ・ラヴァイヤック
1610年5月4日

狂信的なカトリック信者のラヴァイヤックは、ユグノー（フランスのプロテスタント）の王アンリ四世を改宗させようと、何度も接見を求めた。彼は1606年にイエズス会に入会しようとしたものの、その宗教的「ビジョン」が狂人の幻覚だとして拒絶された。たとえば彼は、アンリ四世を改宗させるよう神に命じられたと信じていた。アンリ四世がカトリック国オランダに対抗したことに腹を立て、王の改宗を諦めたラヴァイヤックは、パリの通りでアンリの馬車を待ち伏せし、彼を刺殺した。国王殺しの罪で拷問され、内臓抉（えぐ）りと四つ裂きの刑に処されたあげく、怒り狂った民衆の手でさらに死体を

犯罪録　**335**

引き裂かれた。

参照　ジャン・カラス事件 203 ▪ ローマ皇帝ペルティナクスの暗殺 304

カトリーヌ・モンヴォワザン
1677〜82年

　占い師マダム・モンヴォワザンことカトリーヌ・デエーは、「ラ・ヴォワザン」として知られていた。魔術師及び錬金術師を自称する者たちを従え、フランス貴族に毒のサービスを提供した人物だ。彼女の手下が毒薬や魔除けを売り、貴族に「黒ミサ」を行った結果、1000名以上の死者が出た。手下36名は一斉検挙されて「火刑裁判所」で処刑され、ラ・ヴォワザン自身は1680年2月に魔術を使った罪で火あぶりの刑に処された。この一件はのちに政治的な様相を呈する。ラ・ヴォワザンの娘マリ＝マルグリートが、ルイ十四世の寵姫モンテスパン夫人が母の顧客だったことを明かしたのだ。それに続くスキャンダルの影響で、火刑裁判所は1682年に廃止された。

参照　アリス・カイトラー 263 ▪ エリザベート・バートリ 264-65

グレガー・マクレガー
1821〜37年

　スコットランドの兵士マクレガーは、半島戦争で英国のために戦ったのち、スペインからの独立を求めたベネズエラの戦線に加わった。その間、マクレガーはさまざまな称号を詐称し、1821年に英国に帰国した際には、中米の架空の植民地ポヤイス国の王子を名乗った。その架空の植民地の土地を切り売りすることで、莫大な富を手にしたのである。信憑性を持たせるために偽の「ポヤイス」通貨まで作るという念の入れようだった。数百

人のスコットランド人が移住するために出発したものの、未来の故郷はどこにも存在しなかった。マクレガーはこの詐欺行為を何度かくり返したのち、1838年にベネズエラに戻っていった。

参照　クロフォード家の相続財産 66-67 ▪ ブラック・フライデー金買い占め事件 101

堂
1850年代〜

　北米に移住した中国人が設立した集会堂から「堂」と名付けられた、相互扶助的な結社。互助会として始まったものが犯罪集団に姿を変えるのはよくある話で、女性の人身売買に手を染めることが多い。1880年から1920年にかけてサンフランシスコでは「トン戦争」と呼ばれる暴力団抗争が勃発した。1920年代と1930年代にはそれがニューヨークとシカゴにも飛び火している。現在も多くのトンが存在するが、今では純粋な社交クラブであり、アメリカ合衆国の主要都市で中国人コミュニティを支援する集会所として活動している。

参照　三合会 146-149 ▪ ビール戦争 152-53 ▪ ヤクザ 154-59

ジョンとセーラのメイキン夫妻
1892年

　オーストラリア、ニューサウスウェールズの醸造所で荷馬車の御者をしていたジョン・メイキンは、怪我をしたために働けなくなると、妻とともに託児所を始めた。金銭を受け取って私生児を引き受ける商売だ。しかし経費削減のため、夫妻は何人かの赤ん坊を殺害し、定期的に場所を移動することで母親たちの追跡を

逃れようとした。彼らの犯罪が発覚したのは1892年10月のことだった。マクドナルドタウンに越したメイキンの家の家主が、配管工事をしようとして腐敗した赤ん坊の遺体2体を発見したのである。やがてメイキン夫妻が住んでいた3軒の家から12体の遺体が発見された。ジョン・メイキンは1893年8月に絞首刑となり、セーラは終身刑となったものの1911年に仮釈放された。

参照　リンドバーグ愛児誘拐事件 178-85 ▪ フレッド＆ローズマリー・ウェスト 286-87

キャシー・L・チャドウィック
1897〜1904年

　カナダ生まれのこの詐欺師は、偽造や軽いペテンを働いたのち、大胆な詐欺事件を起こした。スコットランド系アメリカ人の鉄鋼王アンドリュー・カーネギーの非嫡出子を詐称したのである。この偽の家系をもとに、彼女は2000万ドルの金を借りて贅沢三昧をした。銀行に、いまに莫大な遺産を相続するので楽に返済できると請け合ったのだ。しかし1904年に策略が暴かれて詐欺が発覚し、カーネギーは彼女との関連を一切否定した。

参照　クロフォード家の相続財産 66-67 ▪ ハリー・ドメラ 70-73 ▪ ティッチボーン詐称事件 177

ヴィンチェンツォ・ペルッジャ
1911年8月21日

　ダ・ヴィンチの名画『モナ・リザ』がパリのルーブル美術館から消えたとき、詩人ギヨーム・アポリネールと画家パブロ・ピカソに盗難の嫌疑がかけられた。2年後、ルーブルで働いていたヴィンチェンツォ・ペルッジャが、母国イタリアのフィレンツェの画廊にその名画を売ろうとし

た。結果、彼は画廊のオーナー、アルフレード・ジェリと、ウフィツィ美術館の館長ジョヴァンニ・ポッジによって警察に通報される。フィレンツェで裁判にかけられたペルッジャは、愛国心からの犯行だったと主張し、温情に満ちた刑期を言い渡された。絵はフィレンツェで展示されたのち、パリに戻された。

参照 チェッリーニの塩入れ盗難事件 56

アンリ・デジレ・ランドリュー
1915〜19年

ランドリューはパリの新聞に恋人募集の広告を出し、裕福な未亡人を自宅におびきよせた。犯行が童話『青髭』の主人公と似ていたことから、「パリの青髭」と呼ばれることもある。女性を誘惑してその財産を確保すると、彼女たちを殺害し、証拠を抹消するために遺体をバラバラにして焼却するのが彼の手口だ。ある犠牲者の妹が彼のもとにたどり着いたことをきっかけに、犯行が発覚した。彼の自宅から、行方不明となった犠牲者の名前が記された書類が発見されたのだ。ランドリューは11件の殺人で有罪となり、1922年にギロチン刑に処された。

参照 ハーヴェイ・グラットマン 274-75 ■ ジョン・エドワード・ロビンソン 298-99

ネイサン・レオポルドと
リチャード・ローブ
1924年5月21日

10代からの友人リチャード・ローブとネイサン・レオポルドは、シカゴの裕福な家庭の出で、名門大学の卒業生だった。ローブは知的なゲームとして完全犯罪へのこだわりを長年抱き続け、それがレオポルドにも伝染していた。1924年5月、二人は学校から帰宅途中だった14歳のボビー・フランクスを誘拐した。ローブが彼を撲殺し、二人でその遺体を湿地に捨て、身元を隠すために酸に浸けた。しかしレオポルドの眼鏡が遺体近くで発見されたことが手がかりとなり、彼らは逮捕された。二人の裁判はメディアで大々的に報じられ、被告弁護人のクラレンス・ダロウによる死刑回避を訴える白熱のスピーチで狂乱は頂点に達した。二人は極刑を逃れて終身刑となった。

参照 ジェイムズ・バルジャー殺害事件 244-45 ■ イアン・ブレイディとマイラ・ヒンドリー 284-85

ジョージ・C・パーカー
1928年

1880年代に完成して以来、ニューヨークのブルックリン橋は数々の信用詐欺師によって（厳密には通行料値上げの権利が）売られてきたという。1928年、ジョージ・C・パーカーが逮捕され、シンシン刑務所に送られた。彼は30年に渡って世間知らずの移民を週に2回騙してきたと自供した。アメリカ合衆国史上もっとも巧みな詐欺師と評されることもあるパーカーは、他にも自由の女神やマジソン・スクエア・ガーデンなど、ニューヨークの名所を「販売」している。

参照 エッフェル塔売却事件 68-69 ■ コンラート・クーヤウ 90-93

チッソ株式会社
1932〜68年

日本の九州にある水俣で、何千人もが死亡し、それ以上の数の人々が重病に冒されたのち、湾の魚介に水銀を含む毒素が蓄積されていることが判明した。毒素は近くにあるチッソ株式会社の化学工場から流れ出たものだった。工場が海水にメチル水銀を捨てていたのだ。「水俣病」と呼ばれるようになったこの病気は、神経的、肉体的な症状を引き起こす――神経システムの損害、視力障害、そして難聴だ。チッソは湾の浄化と、被害者とその家族に対する莫大な補償金の支払いを命じられた。

参照 ボパール化学工場事故 110-13 ■ フォルクスワーゲン社排ガス不正事件 130-31

ジョン・デリンジャー
1934年7月22日

大恐慌時代には多くの銀行強盗が発生したが、中でもデリンジャーはとりわけ世間の注目を浴びた強盗犯だった。インディアナポリス生まれの彼は、20件以上の銀行強盗を成功させ、2回脱獄し、最後はFBI捜査官に射殺された。ディリンジャーほどの有名強盗犯を射殺したこの一件は、J・エドガー・フーヴァーが着手したFBI改革の初期の成功例として挙げられている。

参照 ボニーとクライド 26-29 ■ アルカトラズからの脱出 80-85

ハン・ファン・メーヘレン
1937年

画家としては成功しなかったものの贋作者としては天才的だったファン・メーヘレンは、母国オランダ黄金時代の絵画作品を専門にしていた。フランス・ハルスやピーテル・デ・ホーホを始めとする巨匠の贋作が人気を博したが、なんといっても17世紀の巨匠の最高傑作として賞賛されたのが、彼が描いた「フェルメール」の作品だった。ナチスの高官ヘルマン・ゲーリングの所持品からその作品が

発見されたことが、ファン・メーヘレンの運の尽きだった。オランダの財産を敵に売りさばいた罪で訴追されるのを避けるため、ファン・メーヘレンはより罪の軽い偽造を自白したが、1年の刑期を言い渡されて服役後1か月ほどしたころ、心臓発作で亡くなった。

参照 チェッリーニの塩入れ盗難事件 56 ■ エルミア・デ・ホーリー 74-77

ルース・エリス

1955年4月10日

28歳の元モデルでありロンドンのナイトクラブのホステスだったエリスは、恋人デイヴィッド・ブレークリーを射殺したことで世に知られた。彼女の裁判はほんの14分で片が付き、有罪判決が下された。彼女は控訴することなく、死刑を受け入れた。まもなくブレークリーのエリスに対する暴力が明るみに出ると、大勢が彼女の死刑執行保留を求めて声を上げた。しかし1955年7月13日、群衆の陳情もむなしく、エリスは英国で死刑に処された最後の女性となった。彼女の事件が、英国における死刑制度廃止運動の転機となった。2003年、彼女の家族が本人死亡のまま故殺への減刑を求めて上訴した。エリスが暴力を受けていたというのがその根拠だ。しかしエリスが罪を犯した当時、謀殺・故殺の区別が存在しなかったという理由で却下された。

参照 カイヨー夫人 217 ■
O・J・シンプソン 246-51

チャールズ・スタークウェザーとキャリル・アン・フュゲート

1957年12月～1958年1月

スタークウェザーは18歳、フュゲートは14歳だった。スタークウェザーがフュ

ゲートの母親、義父、義妹を殺害したあと、二人は一緒に逃げた。それから2か月に渡り、さらに8人を殺害したのち、二人は逮捕された。スタークウェザーは1959年に電気椅子で処刑されたが、フュゲートが同じく死刑にならなかったことにひどく腹を立てていた。アメリカ合衆国史上、最年少で第一級殺人の裁判にかけられたフュゲートは、17年間服役した。フュゲートがみずからすすんで殺人に加担したのか、もしくは暴力的な恋人の人質だったのかについては、いまだ疑問が残るところだ。

参照 イアン・ブレイディとマイラ・ヒンドリー 284-85

ディック・ヒコックとペリー・スミス

1959年11月14日

ディック・ヒコックとペリー・スミスは服役中に出会った。釈放されたあと、二人は米カンザス州の田舎町ホルカムのクラター家に押し入った。実は囚人仲間から、クラター家には1万ドル入りの金庫があると聞かされていたのだ。それが嘘だとわかると、二人はクラター夫妻と、最年少の子供2名を殺害した。6週間に及ぶ捜査ののち、スミスとヒコックは逮捕され、1965年4月14日に処刑された。当時《ニューヨーク・タイムズ》紙に掲載された記事を読んだ小説家トルーマン・カポーティが、作家仲間のハーパー・リーと共にホルカムを訪れた。彼は被害者、容疑者、そしてコミュニティについて数千ページにも及ぶメモを取った。その成果は、1965年9月、「ノンフィクション・ノヴェル」の『冷血』として出版された。犯罪実録ジャンルの最初にしてもっとも有名な作品である。

参照 ストラットン兄弟 212-15

フランク・ルーカス

1960年代～1970年代初頭

米ノースカロライナ生まれのルーカスがニューヨークに出たのは、1960年代のことだった。彼はアジアのギャングからではなく、黄金の三角地帯（ミャンマー、ラオス、タイ）から麻薬を直接仕入れるという革新的な手法で成功した。軍とのコネを使い、軍用機や基地を利用して東南アジアからヘロインを密輸したのである。死亡した兵士の棺桶に麻薬を忍ばせたという伝説も残っている。長期にわたる捜査の結果、ルーカスは1976年に70年の刑を言い渡された。しかし、一族のメンバー、マフィア、さらには腐敗したニューヨーク市警の警官や麻薬取締局の捜査官の名前にいたるまでの共犯者の名前を告げることで、大幅に減刑された。1981年に釈放されたルーカスは、1984年7月、麻薬がらみの罪で7年の刑を言い渡され、再び服役した。1991年に釈放されてからは、自身の麻薬がニューヨークのハーレムに及ぼした被害を修復すべく活動している。

参照 メデジン・カルテル 166-67 ■
〈フリーウェイ〉・リック・ロス 168-171

キティ・ジェノヴェーゼ殺害事件

1964年3月13日

バーのマネージャーだった28歳のキャサリン・〈キティ〉・ジェノヴェーゼがニューヨークのクイーンズの自宅アパートメント近くで刺殺された事件は、いわゆる「傍観者効果」の典型としてたびたび引用される。彼女の死後の報告によれば、30人以上の近隣住民が襲撃を目撃しながら、誰も止めに入らなかったという。最近の調査により、実際に事件を目撃す

るか耳にした「傍観者」の数に疑問が呈され、状況を正しく報道しなかった《ニューヨーク・タイムズ》紙が批判された。事件から数日後、別の強盗事件で逮捕されたウィンストン・モーズリーが、他の2名の女性とジェノヴェーゼのあとをつけて強姦し、殺害したことを自供した。

参照 クレイグ・ジェイコブセン 252-53

ジャック・レネ・メスリーヌ
1965～79年

変装を得意としたメスリーヌは、「千の顔を持つ男」として知られていた。窃盗、強盗、誘拐と、さまざまな犯罪を何百と犯した人物だ。犯行場所は母国フランスのみならず、ベネズエラ、カナリア諸島、そしてカナダに及んでいる。彼はロビン・フッドのような幅広い評判の持ち主だった。数度の脱獄でも有名だが、彼を捕らえるために編成された特別部隊によって1979年に射殺された。

参照 アルカトラズからの脱出 80-85 ■ テッド・バンディ 276-83

バンディドス・モーターサイクル・クラブ
1966年～

ベトナム帰還兵ドナルド・チェインバースが米テキサスで設立したバイカー・ギャングで、アメリカ合衆国全土とヨーロッパ、さらにはオーストラリアや東南アジアといった遠方にまで支部が次々と生まれている。全世界に散らばるメンバーが、麻薬取引、暴行、そして殺人等の罪で逮捕されている。彼らは誇らしげに「1パーセンター」を自称する。バイク乗りの99パーセントは法を遵守する市民で、残りの1%が「無法者」だとされることに言

及しているのだ。また、コサックスやヘルズ・エンジェルス等のライバル集団を相手に、たびたび「バイカー戦争」でなわばり争いをくり広げている。

参照 ワイルドバンチ 150-51 ■ ヘルズ・エンジェルス 160-63

マーティン・ルーサー・キング・ジュニアの暗殺
1968年4月4日

公民権運動の著名な主導者キング牧師は、米メンフィスのモーテルのバルコニーで白人至上主義者アール・レイに射殺された。この事件でFBIは史上もっとも大規模な捜査を行い、全米で人種暴動が巻き起こった。レイは1968年7月にロンドンで捕まり、アメリカ合衆国に引き渡された。それからほぼ10年がたった1977年6月10日、レイは他の5名と共にテネシー州の刑務所から脱獄したが、すぐに捕まっている。

参照 アルカトラズからの脱出 80-85 ■ エイブラハム・リンカーンの暗殺 306-09

ドナルド・ハーヴェイ
1970～82年

米オハイオ生まれのこの連続殺人鬼は、仕事中に犯行をくり返していた。最初は病院の用務員として、のちに看護師として、50人以上の患者を殺害したとされている。毒殺という洗練された手を使うときもあれば、残忍に首を絞めることもあり、さまざまな手口で殺人をくり返した。

参照 クリッペン医師 216 ■ ハロルド・シップマン 290-91

エドウィン・ジョン・イーストウッドとロバート・クライド・ボーランド
1972年10月6日

この二人の左官職人は、オーストラリア、ヴィクトリア州の人里離れた地域にあるファラデイ・スクールに銃を手に侵入し、6名の女子生徒とその教師をヴァンに乗せて拉致した。男たちは、100万オーストラリアドルを支払わなければ人質を殺害すると脅す身代金要求のメモを残していったが、ことは思うようには運ばなかった。20歳の教師メアリー・ギブスが生徒たちを連れて逃げだし、誘拐犯は逮捕されたのである。ボーランドは17年の刑を、イーストウッドは15年の刑を言い渡された。

参照 ジョン・ポール・ゲティ三世誘拐事件 186-87 ■ チャウチラ誘拐事件 190-95

ピーター・サトクリフ
1975～80年

トラック運転手のピーター・サトクリフは、ブラッドフォードやリーズ等、イングランド北部の町を徘徊し、女性を襲っては殺害した。被害者はたいてい売春婦だった。死体をバラバラにしたことから、「ヨークシャーの切り裂き魔（リッパー）」と呼ばれるようになった。ウエスト・ヨークシャー警察は、犯人が録音したとされるテープに執着しすぎたとして批判された。のちにそのテープは偽物だと判明したのだ。それでもサトクリフは1981年1月に逮捕され、20件の殺傷容疑で有罪となった。

参照 切り裂きジャック 266-73 ■ アンドレイ・チカチーロ 292

パトリック・アンリ

1976～77年

7歳の少年フィリップ・ベルトランは、1976年1月、フランスのトロアの学校を出たところでアンリに誘拐された。彼はフィリップの母親に電話で身代金を要求しておきながら、すぐにフィリップを絞殺し、その後も金を要求し続けた。1977年1月に開かれた彼の裁判は、歴史に名を残すものとなった。彼の弁護人ロベール・バダンテールが死刑を適用しないよう法廷を説得し、これがフランスにおける死刑制度廃止につながったのである。

参照 リンドバーグ愛児誘拐事件 178-85 ■ アルド・モーロの誘拐 322-23

サリンズ列車強盗

1976年3月31日

アイルランド共和社会党の党員が、キルデア州サリンズ郊外でコーク・ダブリン間の郵便列車を待ち伏せして襲撃し、約20万ポンドを奪って逃走した。3人の容疑者──オスガー・ブラナック、ニッキー・ケリー、ブライアン・マクナリー──は有罪となったが、当局は男たちの自供に頼りすぎた。自供を強要されたとして、のちに有罪判決が覆されてしまったのだ。

参照 大列車強盗 30-35 ■ ワイルドバンチ 150-51

アラン・ラマール

1978～79年

「オアーズの殺人者」と呼ばれたラマールの事件は、フランスを震撼させた。若い女性が標的にされたというだけでなく、犠牲者を車で轢き殺したり、女性ヒッチハイカーを拾っては手にかけるという犯行手口が恐怖を駆り立てたのだ。犯人アラン・ラマールは、その事件の捜査に加わっていた憲兵だったことがわかった。彼は統合失調症と診断されたために責任能力なしとされ、現在はフランスの精神病院に収容されている。

参照 ジョン・レナード・オール 48-53 ■ ダニエル・マクノートン 204-05

ジョーンズタウンの大虐殺

1978年11月18日

900名以上の男女と子供が、青酸カリを混入された飲料を飲んで死亡した事件だ。大虐殺の現場は、カルト指導者ジム・ジョーンズが南米ガイアナに設立した施設だった。「人民寺院」の教祖ジョーンズも信者と共に死亡したが、彼は多くの信者に「革命的自殺」を説いていた。毒を飲むよう強要された者もいる。

参照 平沢貞通 224-25 ■ マンソン・ファミリー 230-37

デニス・ニルセン

1978～83年

ニルセンは、バーで拾ったホームレスの若者や同性愛者の男性をロンドンのマスウェル・ヒルにある自宅アパートに連れ帰り、殺害した。相手の首を絞めて失神させたあと、バスタブで溺れさせたのだ。水浴びと服を着せる儀式めいたことをしたあと、彼は犠牲者の屍姦に及んだ。そのあとは死体をバラバラに切断し、処分した。焼いたものもあれば、床下や配水管の中に隠したものもある。肉片が彼の住む建物の配管に詰まったため、犯行が発覚した。

参照 アンドレイ・チカチーロ 292 ■ ジェフリー・ダーマー 293

ゲオルギ・マルコフの暗殺

1978年9月11日

ブルガリアの作家ゲオルギ・マルコフは、1969年に英国に亡命したのち、母国の共産政権にとって厄介者となった。彼はロンドンのバス停で脚に刺すような痛みを感じた4日後、死亡した。検視解剖の結果、死因は腿に撃ち込まれたリシン入りの小弾丸だとされた。マルコフが現場で傘を手にした人物を見たと言い残していたことから、捜査官は改造された「傘型銃」によって小弾丸が撃ち込まれたものと推測した。犯人は捕まっていないが、ブルガリアと協力していたKGBの仕業という意見が多い。

参照 ロベルト・カルヴィ殺害事件 241 ■ アレクサンドル・リトビネンコの毒殺 326-31

フランシス・オルメ

1979～97年

「バックパッカー殺人犯」フランシス・オルメは、少なくとも9名を絞殺、刺殺したことが判明しているが、フランス全土でさらに多くの殺人を犯しているのではないかと考えられている。彼が放浪生活を送りながら無作為に犠牲者を選んでいたこともあり、各地警察の捜査は難航した。取り調べにおいても彼の供述は真実と嘘がごちゃ混ぜで、捜査官を混乱させた。オルメはクラインフェルター症候群だ。それはつまり彼にはX染色体が1本多いことを意味する。そのために生まれつき性交渉が不可能なはずなのだが、そんな彼がレイプを自供したため、捜査官は困惑した。実際は共犯者の犯行だった。オルメは1997年と2004年に行われた裁判で、複数の終身刑を言い渡された。

参照 ゾディアック事件 288-89 ■

コリン・ピッチフォーク 294-97

張子強（チャン・シェキョン）
1980年代～1998年

広西自治区生まれのこのギャングの親分は、香港で一連の強盗事件を起こして世間の注目を浴びたのち、1996年に李澤鉅（ヴィクター・リー）、そして1997年に郭炳湘（ウォルター・クオック）を身代金目的で誘拐し、世界にその悪名を広めた。李澤鉅はアジアで最も裕福な男とされる李嘉誠（リ・カシン）の息子で、郭炳湘は香港の不動産王、郭得勝（クオック・タッセン）の息子だ。両名とも、家族が莫大な身代金を支払ったあと、解放されている。張子強は1998年8月に逮捕され、強盗、誘拐、武器と爆薬の密輸等、複数の容疑で有罪となり、1998年12月に銃殺隊によって処刑された。

参照 ジョン・ポール・ゲティ三世誘拐事件 186-87 ■ パティ・ハースト誘拐事件 188-89

コル・ヴァン・ハウトとウィレム・ホレーデル
1983年11月9日

世界的なビール会社のCEOフレディ・ハイネケンは、60歳のとき本社の前で運転手ごと誘拐され、オランダのアムステルダムにある隠し二重壁の小屋に監禁された。警察の捜索が失敗に終わると、ハイネケン家は身代金を支払った。そのあと警察にハイネケンの居場所と犯人の内3名の名前を告げる匿名の情報が入った。首謀者だったコル・ヴァン・ハウトとウィレム・ホレーデルはパリに逃げ、共犯者のマーティン・エルカンプス、ヤン・ブラート、フランス・メイヤーは逮捕された。ヴァン・ハウトとホレーデルも結局フランスで逮捕され、オランダに引き渡された。二人は誘拐罪で11年間服役した。

参照 リンドバーグ愛児誘拐事件 178-85 ■ ジョン・ポール・ゲティ三世誘拐事件 186-87

ヨーゼフ・フリッツル
1984～2008年

ヨーゼフ・フリッツルは、18歳の実の娘エリーザベトを7年に渡って虐待したあげく、オーストリアの自宅地下に監禁した。その後エリーザベトは、24年もの年月、地下に閉じ込められたままだった。その間、ヨーゼフは彼女を虐待し、強姦し、7人の子供を身ごもらせている。うち数人は階上に運ばれ、ヨーゼフとエリーザベトの母親と一緒に暮らした。母親は当初、エリーザベトの失踪届を出していた。ヨーゼフはのちに妻に、エリーザベトはあるカルト宗教に入信したのだと告げている。エリーザベトと子供たちがようやく脱出できたのは、2008年のことだった。娘の1人を病院に連れて行く必要性が生じたときのことだ。ヨーゼフが、その娘の医療記録だといって「母親エリーザベトから」だという書類を提出したところ、不審に思った病院職員が警察に連絡を入れ、警察がエリーザベトの行方不明に関するファイルを調べ直したのだ。ヨーゼフがエリーザベトに娘の見舞いを許可したことを受け、病院が警察に連絡を入れた。エリーザベトは警察に拘束されたのち、父親の虐待について洗いざらい語った。2009年、ヨーゼフは終身刑を言い渡された。

参照 ナターシャ・カンプッシュ誘拐事件 196-97

トーマス・スウェット
1985～2005年

若き料理人スウェットは、米ワシントンD.C.とメリーランドで、家屋、車、不動産に次々と放火していった。被害者の多くは、彼が目をつけて家まであとをつけていった魅力的な男性だった。DNA鑑定と火事現場近くで彼の車を捉えたビデオが決め手となり、ようやく逮捕されたとき、スウェットは死者や負傷者を出した400件近くの放火を認めた。アメリカ合衆国の放火魔としては最長の活動記録だった。

参照 ジョン・レナード・オール 48-53 ■ ジェフリー・ダーマー 293

アドルフォ・コンスタンツォ
1986～89年

キューバ系アメリカ人のコンスタンツォは、思春期に麻薬取引の世界に引きずり込まれると同時に、自身の家系に受け継がれてきた魔術的なサンテリア教にも関心を抱いた。彼と彼に追随する「ラリった悪魔崇拝者」たちは、まずは墓場から盗んだ骨をゆでることから始め、やがてサンタ・エレナ牧場の荒れた屋敷で殺人に着手した。コンスタンツォに黒い魔力を吹きこむという名目で20名以上を殺害したのである。遺体が発見されたのち、コンスタンツォとその信者はメキシコ・シティに逃亡した。1989年5月6日、警察が別件で彼のアパートメントを訪ねると、コンスタンツォはパニックに陥り、警察に向けて発砲を始めた。生きたまま連行されることを拒んだコンスタンツォは、信者の一人アルヴァーロ・デ・レオンに自身を撃たせた。コンスタンツォが死ぬと、信者たちは逮捕され、殺人罪で起訴された。

犯罪録 **341**

参照 マンソン・ファミリー 230-37 ■
エリザベート・バートリ 264-65

アイリーン・ウォーノス
1989〜90年

ウォーノスは米ミシガン生まれの連続殺人犯で、10代半ばでフロリダのハイウェイに立つ娼婦となった。7名の犠牲者は全員、客として出会った相手のようだった。最初の犠牲者リチャード・マロリーは、州間道路75号線で彼女を拾った。犠牲者全員が至近距離から銃で撃たれており、捕まったときウォーノスは、彼らにレイプされそうになったからだと主張した。地元の質屋に犠牲者の所持品が出回ったことから足が付き、ウォーノスは逮捕された。警察は彼女の元恋人のティリア・ムーアを利用して、ウォーノスから自白を引き出した。7件の殺人で有罪となったウォーノスは死刑を言い渡され、2002年10月、薬殺刑に処された。
参照 プーラン・デヴィ 46-47 ■
エリザベート・バートリ 264-65

シナロア・カルテル
1989年〜

シナロア・カルテルは、もともとメキシコ北西部のシナロア州を拠点にマリファナの密輸を行っていたギャングで、ペドロ・アビレス・ペレスが結成したカルテルだ。1989年以降は「麻薬王（エル・チャポ）」ホアキン・グスマン・ロエーラ主導のもと、世界最大勢力の犯罪シンジケートに成長した。マリファナに加え、ヘロイン、コカイン、メタンフェタミン、そしてMDMAをアメリカ合衆国に密輸していると言われている。「麻薬王」は3度、刑務所から脱走している。最初は1993年に収監されたのちの2001年。

2014年に再び捕まるが、2015年7月に再度脱獄した。2016年1月に3度目の逮捕となったが、11月にまた脱獄し、アメリカ合衆国とメキシコで再び最重要指名手配犯とされた。
参照 ヘルズ・エンジェルス 160-63 ■
メデジン・カルテル 166-67

ビバリー・アリット
1991年2月〜4月

子殺しの看護師アリットは、英国のリンカンシャー州にあるグランサム・アンド・ケスティーヴン総合病院の小児病棟で働いていた。自身の立場を利用し、1991年の59日間で少なくとも4人の子供を殺害し、さらに少なくとも9人を殺そうとした。4月22日、アリットは生後15か月のクレア・ペックの付き添いを担当していた。ぜんそくの発作で入院していた子供だ。アリットが付き添っている最中、ペックは心停止で死亡した。病院の医師は、アリットが一人で世話をしているときに心停止になる子供が多いことに気づき、不審に思っていた。のちの捜査で、子供たちの心停止はインスリン注射によって引き起こされていたことが判明した。1993年5月、アリットは有罪となり、13回の終身刑を言い渡された。
参照 エリザベート・バートリ 264-65 ■
ハロルド・シップマン 290-91

ギュイ・ジョルジュ
1991〜98年

犯行現場が歴史的な刑務所に近かったことから、パリのメディアに「バスティーユの殺人鬼」と命名されたギュイ・ジョルジュは、19歳から32歳までの女性7人を強姦、拷問、そして殺害した。ジョルジュは1970年代から若い女性の首を

絞めたり、強姦したり、刺したりといった暴力行為をくり返していた。殺人を開始した1991年、彼はすでに服役中だったのだが、模範囚だったために昼間の外出を許可されていた。捜査の末、1998年に逮捕されると、ジョルジュは自身の犯行についてぺらぺらと自供し、「自己愛性人格障害」と診断された。それでも心神喪失は認められず、刑事責任能力ありとして、2001年4月に終身刑を下された。
参照 切り裂きジャック 266-73 ■
テッド・バンディ 276-83

ニック・リーソン
1992〜95年

頭脳明晰なリーソンは1992年にシンガポールに派遣され、英国の老舗銀行、ベアリングス銀行でデリバティブ取引を担当することになった。しかし行内の敏腕トレーダーとして称賛されていたリーソンの評判は、1995年、粉々に砕け散った。実は8億3200万ポンドの損失を出していたことが明らかになったのだ。リーソンはその損失を秘密の架空取引口座に隠していた。そのため、監視役の上司の目に触れることのないまま、損失額はどんどん膨れ上がっていった。日本の阪神・淡路大震災後に莫大な損失を被ると、彼は国外に逃亡した。しかし同年末にフランクフルトで逮捕され、詐欺と偽造の罪で6年半の刑期を言い渡された。
参照 バーニー・メイドフ 116-21 ■
ジェローム・ケルヴィエル 124-25

ジャン＝クロード・ロマン
1993年1月10日

フランスのペテン師ロマンは、進級試験に落ちて医学部を落第しながらも、18年も医師のふりをしていた。実際は無

職にもかかわらず、研究職に就いていると偽り続けたのだ。妻には、自分は動脈硬化症の専門家であり、稼ぎはヘッジファンドに投資していると嘘をつき、彼女の金で生活していた。嘘がばれかけてせっぱ詰まったロマンは、1993年に妻、子供たち、両親、そして愛人を殺害し、秘密を守ろうとした。そのあと薬を飲んで自宅に火を放って自殺を試みた——もっとも、薬に効果はなく、火を放ったタイミングも悪くて近隣住民に通報されてしまう。ロマンは救出されたが、自宅から遺体が発見されると逮捕された。その後、終身刑を言い渡されている。

参照　クロフォード家の相続財産　66-67
■ ハリー・ドメラ 70-73

ポール・ベルナルドとカーラ・ホモルカ
1990〜92年

カナダのオンタリオ州スカーボロで、このカナダ人夫妻により、10代の少女たちが強姦、殺害された。最初の犠牲者はホモルカの妹タミーで、1990年に殺された。ホモルカはベルナルドに、クリスマス・プレゼントとして妹の処女を約束していたようだ。タミーは薬を盛られ、襲われている最中に自身の嘔吐物をのどに詰まらせて死亡した。1991年、二人は再び犯行に及び、14歳のレズリー・マハフィーを殺害した。1992年には15歳のクリステン・フレンチを強姦したあげく殺害した。二人の犯行が終わりを迎えたのは1993年だった。一連の強姦事件を捜査していた警察が、ベルナルドのDNAが犯人のものと一致することを発見したのだ。一方ホモルカは、ベルナルドに激しい暴力をふるわれ、実家に戻っていた。彼女は犯行を自供し、12年の刑を言い渡された。ホモルカは2005年に釈放されたが、ベル

ナルドは今も鉄格子の向こうにいる。

参照　イアン・ブレイディとマイラ・ヒンドリー 284-85

カールトン・ホテルの宝石強盗
1994年8月11日

ケーリー・グラントとグレース・ケリー主演の映画『泥棒成金』（1955）の舞台、仏カンヌのインターコンチネンタル・カールトン・ホテルが、現実世界でおそらく史上もっとも大胆な宝石強盗の現場となった。武装した3人の男が機関銃を撃ち放ちながらホテルの宝石店に押し入り、4750万ポンド相当の宝石を手に逃走したのである。のちにそれが空砲だったことが判明している。強盗犯は捕まらなかった。2013年、同ホテルが再び狙われた。武装強盗がロビー脇の宝石展示場に侵入し、7900万ポンド相当の宝石を奪ったのだ。

参照　アントワープのダイヤモンド強盗 54-55　■ ハットン・ガーデン強盗事件 58-59

ライナー・ケルペン
1996年10月1日

ペンキ職人のライナー・ケルペンは、息子のスウェンと共に、ドイツの富豪実業家ヤクブ・フィッツマンをエシュボルンのオフィスから身代金目的で誘拐した。9日後、要求額が支払われた。ところが数週間後、警察が誘拐犯の隠れ家だった山小屋に踏み込んだところ、フィッツマンの遺体を発見した。死後しばらく経過していた。その6年前、ケルペン親子はフィッツマンの6歳になる甥を誘拐していた。おじのときとは違い、少年は身代金が支払われたあとで釈放されている。

参照　リンドバーグ愛児誘拐事件 178-85

ウェスト・メサの殺人事件
2001〜05年

2009年、女性の遺体11体と胎児の遺体1体が米アルバカーキ西部の平原で発見された。地中に浅く埋められてから数年がたっていた。犠牲者は全員売春婦で、行方不明届が出されていた。検死の結果、殺害方法や犯人についてはほとんど解明されなかったが、彼女たちの似通った年齢、ライフスタイル、そして埋葬方法から、おそらくすべて単独犯による犯行だったと考えられている。

参照　クレイグ・ジェイコブセン 252-53　■ テッド・バンディ 276-83

メレディス・カーチャー殺害事件
2007年11月1日

英国人の交換留学生カーチャーが、強姦され、刺されたあげく、窒息死させられた。遺体はイタリアのペルージャの鍵のかかった彼女の自室で発見された。ルームメイトのアメリカ人、アマンダ・ノックスが、帰宅してカーチャーの部屋の鍵がかかったままであることに気づき、通報したのだ。しかしノックスはまもなく、イタリア人の恋人ラファエレ・ソッレチート、そして現場で血痕付きの指紋が発見された地元の犯罪者ルディ・ゲードと共に、殺人への関与を疑われるようになった。3人とも有罪が宣告されたが、ノックスとソッレチートに結びつく証拠はほとんどなかった。さらにノックスは、イタリア警察から尋問された際、誘導され、脅されたと訴えた。ノックスは4年近くイタリアの刑務所に服役した。数年に

犯罪録 **343**

渡ってメディアに派手に取り上げられたあと、ノックスとソッレチートは潔白とされた。ゲードは今も服役中だ。

参照 カーク・ブラッズワース 242-43 ■ ドレフュス事件 310-11

バス運転手ハンター、ダイアナ
2013年8月

メキシコのシウダー・フアレスで、黒装束に身を包み、金髪のかつらをつけた中年女性が、2日連続で2名のバス運転手を射殺した。地元メディアに、「バス運転手ハンター、ダイアナ」と称する犯人を名乗る人物からEメールが届いた。100人以上の女性が、市営バスに乗車したのち、強姦、殺害され、駐車場や砂漠地帯に捨てられる事件が発生していた。「ダイアナ」自身も被害者で、彼女は犯人は運転手だと見なし、仕返しに射殺するつもりだという。捜査は行われたものの、フアレス警察は犯人を突きとめることができなかった。

参照 プーラン・デヴィ 46-47 ■ リジー・ボーデン 208-11

オスカー・ピストリウス
2013年2月14日

南アフリカ共和国のパラリンピック陸上選手ピストリウスは、プレトリアの自宅の閉ざされたバスルーム・ドア越しに銃弾4発を発砲し、交際相手のリーバ・スティンカンプを殺害した。ピストリウスは、相手を侵入者と勘違いし、自身とスティンカンプを守るために発砲したのだと主張した。検察は彼を「過失殺人」の罪に問い、ピストリウスは2015年に殺人で有罪となった。ところがたった6年の刑期しか言い渡されなかったことに、

検察も、女性の権利活動家たちもショックを受けた。南アフリカでは、殺人の場合、通常は短くとも15年の刑が言い渡されるはずだった。2016年8月に量刑を増やすよう求める訴えが起こされたが、却下された。

参照 クリッペン医師 216 ■ O・J・シンプソン 246-51

デレク・ホワイト
2014〜16年

NASCAR（全米自動車競争協会）のカナダ人ドライバーだったホワイトは、3億9600万ポンド規模のタバコの密輸に加担した。モーホーク族の血を引くホワイトは、モントリオールの居留地カナワキに住んでいた。米ノースカロライナ州から仕入れたタバコのほとんどが、カナダ政府がタバコの販売に課す高額な税金の支払いを避けるため、こうしたインディアン居留地で売られていたのだ。ホワイトはまた、タバコを国境を越えて運ぶ仕事にも関わっていた。密輸団のメンバー数人が逮捕されると、ホワイトは2016年3月に自首した。その年の4月、彼はNASCARから出場停止の処分を受けている。

参照 ホーク・ハースト・ギャング 136-37 ■ 〈フリーウェイ〉・リック・ロス 168-71

ボコ・ハラム
2014年4月14日

ボコ・ハラムは、ナイジェリア北東部のチボクにある学校から、276名の女子生徒を誘拐した武装イスラム勢力である。彼女たちは、さらに北にある反乱組織のテリトリーに連れて行かれた。約100名の少女が逃げるか解放されるかしたが、交渉が進む中、いまだ多くが捕ら

えられたままだ。赤十字とスイス政府の仲介で一部の少女が解放されたが、錯綜する情報によれば——そのすべてを当局は否定している——少女たちは政府に捕まったボコ・ハラムの指揮官たちの釈放、もしくは多額の身代金と交換されたのだという。

参照 パティ・ハースト誘拐事件 188-89 ■ チャウチラ誘拐事件 190-95

バングラデシュ中央銀行サイバー強盗事件
2016年2月4〜5日

1973年に創立されたSWIFT（国際銀行間通信協会）は、資金送金のために、世界の主要銀行の多くを網羅する閉鎖されたコンピューター・ネットワークを構築している。2016年、あるハッカー集団が職員になりすましてバングラデシュ中央銀行（SWIFT加盟メンバー）から海外の銀行に何十回も不正な送金を行った——その額は総額6億7300万ポンドに上る。送金の大半はブロックされるか回収されたが、6400万ポンドは消えてしまった。内部の犯行か、巧妙なハッカーの仕業かは、いまだ判明していない。

参照 ソシエテ・ジェネラル銀行強盗 44 ■ ハットン・ガーデン強盗事件 58-59

索引

太数字（ゴシック体）は見出し項目の掲載ページ。

あ 行

アーヴィング、イーディス　89
アーヴィング、クリフォード　63, 77, **88-89**
アーゴール船長、サー・サミュエル　176
アーサー・アンダーセン社　122, 123
アールグレン、グレゴリー　185
RBN（インターネット・サービス・プロバイダー）　128
IRA　82, 328
アイアランド、ウィリアム・ヘンリー　90
アイスナー、クルト　312
アイスマン＝シアー、ルース　188
アイルランド共和社会党　32, 150
アウトロー・モーターサイクル・クラブ　160
赤い旅団　322-23, 324
アツェロット、ジョージ　308, 309
アトキンス、スーザン　232, 233, 235, 236, 237
アドボリ、クウェク　124
アナスタシア、アルバート　241
アヌラーダプラのアヌラ　264
アバーライン、フレデリック・ジョージ　272-73
アバグネイル、フランク　62, 63, **86-87**
アリエリー博士、ダン　125
アル・メグラヒ、アブデルバセット　35
アルカトラズからの脱出　13, 62-63, **80-85**
アルコ・ファーライ、アントン　312
アルバーン、ソール　118-19
アルベルト将軍、カルロ　142
アレクサンドラ（皇后）　313-14, 315
アレクサンドル二世（ロシア皇帝）　322
アレクサンドロス大王　306
アレン、アーサー・リー　289
アングリン、クラレンス　82, 83-85
アングリン、ジョン　82, 83-85
暗殺と政治的陰謀　47, 167, **300-331**
　　冤罪　310-11
　　過激派集団による殺人　322-23
　　国家元首の暗殺　304, 306-09, 312, 316-23
　　司法管轄外の殺人　330
　　宗教的な動機　305
　　スパイ戦　328-31
　　動機　302, 305, 307
　　包括的な広がり　302-03
　　無政府主義関連の暗殺　312-15
アン女王戦争　20, 21
アンダーソン、ウィリアム　24
アンダーソン、ウォレン　111-12
アンダーソン、オーランド・タイヴ　256, 257
アンドリューズ、トミー・リー　294
アントワープのダイヤモンド強盗　17, **54-55**
アンブロシアーノ銀行　241
アンリ四世（フランス）　304
イーストカッスル・ストリート強盗　164
イザベラ・スチュワート・ガードナー美術館　54
異端審問　265
イップ・カイ・フーン　78
イノセンス・プロジェクト　242
医療従事者の殺人　290-91

刺青　157, 159
イングランド内戦　18
インサイダー取引　101
陰謀説　303, 320-21
ヴァンホーテン、レスリー　232, 233, 235, 236, 237
ウィード、スティーヴン　188
ヴィクトリア女王　205
ヴィシャス、シド　248
ウィリアムズ、ギャレス　328
ウィルソン、オットー　292
ウィルソン、デニス　233
ヴィルヘルム、ホーエンツォレルン家　71
ヴィンターコルン、マルティン　131
ウィンチェル、ウォルター　183-84
ウーレンフート検査　315
ウエスト、アレン　82, 83-84, 85
ウェスト、フレッドとローズマリー　261, **286-87**
ウェストポート連続殺人事件　**22-23**
ヴェトナム戦争　311
ヴェナブルズ、ジョン　**244-45**
ウェブスター、ケイト　200, 201, **206-07**
ウェルズ、オーソン　77
ウォーカー、ポール　237
ウォーカー将軍、エドウィン　318
ウォーターゲート事件　108
ウォーノス、アイリーン　264
ウォール、ノーラ　310
「ウォール街の狼」　124
和勝和（ウオシンウオ）　146, 147
ヴォルテール　203
嘘をつく心理　125
ウッズ、フレッド　195
エイヴリー、スティーヴン　294
英国諜報部（MI6）　328, 329
エヴァンズ、サミュエル・P　294
エヴァンズ、ティモシー・ジョン　242
エームズ、ロバート　328
SM愛好家　299
エスコバル、パブロ（麻薬王）　135, 166, 167
エステルアジ少佐、フェルディナン・ヴァルザン　311
エッフェル塔　68-69
エドウズ、キャサリン　271
エドモンズ、クリスティアナ　224
エドワーズ、ロナルド・クリストファー（バスター）　32, 34, 35
エプソムダービーすり替え詐欺　94
FBI
　　D・B・クーパー　40, 41, 42-43
　　アルカトラズからの脱出　85
　　サイバー犯罪　129
　　シティ・オブ・ロンドン債券強奪事件　114, 115
　　パティ・ハースト　189
　　フランク・アバグネイル　86, 87
　　ボニーとクライド　27, 29
　　リンドバーグ愛児誘拐事件　181, 182
F1のトロフィー　37
MI6　→英国諜報部
エリス、ルース　217

エル・チャポ　→グスマン、ホアキン
冤罪　201, 203, 242-43, 294, 310-11
エンロン社事件　99, **122-23**
追い剝ぎ　16, 17, 19, 25, 47
王家伝来の宝石（フランス）　18
王室の宝飾品（英国）　16, 18
王族になりすます　71-72, 73
オートン、アーサー　177
オール、ジョン・レナード　17, **48-53**
オールディントン・ギャング　136
オズボーン、マーク・リー　114-15
オズワルド、リー・ハーヴェイ　303, **318-21**
オチョア、ホルヘ・ルイス　166
オドンネル・ギャング　152, 153
オノプリエンコ、アナトーリ　274
オルソン、ヤン＝エーリク　189
オルタモント・フリーコンサート　162
オローレン、マイケル　309
オロフソン、クラーク　189

か 行

カーター大統領　189
カーネギー（鋼鉄王）　66
ガーフィールド、ジェイムズ・A　318
海賊行為　20-21
海賊紳士　→ボネット、スティード
カイトラー、アリス　260, **263**
カイヨー、アンリエット　200-01, **217**
カイヨー元首相　217
カウリングズ、アル　248
カエサル、ユリウス　304
火炎性愛（ピロフィリア）　50
化学工場事故　110-13
過激派集団による殺人　322-23
カサビアン、リンダ　233, 234, 235, 237
カストロ、アリエル　196
ガチャ、ホセ・ゴンサロ・ロドリゲス　166, 167
カッソ、アンソニー　241
家庭内殺人　208-11
ガネス、ベル　298
かぶき者　156
株式市場操作　101
カポニグロ、アントニオ　241
カポネ、アル　68, 152, 153
カポネット、アントニーノ　142-43, 144
カマーフォード、トマス（タッカー）　168
カミンズ社　130
カモッラ　140
カラス、ジャン　200, **203**
カリ・カルテル　166
カリー中尉、ウィリアム　311
ガル、ウィリアム　273
カルヴィ、ロベルト　200, **241**
ガルヴィッツ、ニーナ　180
カルトゥーシュ　19
カルト集団
　　カルト殺人　232-37
　　心理学　237

大量殺人・自殺　232
カルメット、ガストン　217
カレン、チャールズ　290
贋作　74-77
観相学　12
ガンディー、インディラ　304
ガンディー、マハトマ　305
カンプッシュ、ナターシャ　175, **196-97**
ギーン、エド　274, 293
企業による過失　110-13
企業犯罪　130-31
企業腐敗　126-27
疑似科学　207
偽書　88-89
偽造
　贋作　74-77
　偽書　88-89
　小切手　86, 87
　文書　90-93
義賊化　25, 136
キッド、ウィリアム　20
ギトー、チャールズ・J　318
キナストン、ハンフリー　19
記念品を保存する殺人者　274-75, 292
金大中　324
キャシディ、ブッチ　150-51
キャルース、レイ　248
ギャング　26-29, 152-65, 256
キャンベル夫人、サー・マルコム　74, 76
共生解放軍(SLA)　188-89
切り裂きジャック　13, 260, **266-73**, 275
ギリス、ショーン　293
ギルフォード連続パブ爆破事件　310
ギレスピー、ジョン　94-95
キング、デレクとアレックス　244
キング、ドン　248
キング、マーティン・ルーサー、ジュニア　82, 307, 320
銀行強盗　24, 25, 27, 44, 150, 189
金庫破り　44, 54-55, 58-59, 114
禁酒法　12, 135, 152-53
金融バブル　100
金融犯罪　→知能犯罪
クーパー、D・B　16-17, **38-43**
クーパー、リン・ドイル　42-43
クーヤウ、コンラート　63, **90-93**
クーリエ炭鉱爆発　110
クーリッジ、カルヴァン　109
グールド、ジェイ　98, 101
グスマン、ホアキン(エル・チャポ)　166
口紅殺人者　→ハイレンズ、ウィリアム
グッド、サンドラ　233
首飾り事件　62, **64-65**
クラーク、サリー　238
クラーケンウェル犯罪シンジケート　164
クラック・コカイン　134, 169-70
グラットマン、ハーヴェイ　260, 261, **274-75**
クラランス公アルバート・ヴィクター王子　273
グラント、ユリシーズ・S　101
クリーム、トマス・ニール　290
グリーン・リバー・キラー　→リッジウェイ、ゲイリー
グリーン、アン　238
グリーン、グレアム　32
クリスティ、ジョン・レジナルド・ハリデイ　242
クリスト、ゲイリー　188

クリッペン医師　200, **216**
クリントン大統領　189
クルチョ、レナト　323
クルテン、ペーター　260
クレイ、レジーとロニー　134, 135, **164-65**
グレート・ノルディック・バイカー・ウォー　163
クレンウィンクル、パトリシア　233, 235, 236, 237
黒い影　→ソンブラ・ネグラ
グローガン、スティーヴ　233, 235, 237
クロス、ジェイムズ　324
黒髭　→ティーチ、エドワード
クロフォード、ロバート　66
クロフォード家の相続財産　**66-67**
クンストハル美術館　56
軍法会議(コート・マーシャル)　311
ケイシー、マーヴィン　50-52
KGB　329
刑事責任年齢　245
競馬詐欺　94-95
ゲイル、ネイサン　240
激情犯罪　217
ゲティ、J・ポール　186, 187
ゲティ三世、ジョン・ポール　175, **186-87**
ケネディ、ジャクリーヌ　319, 320
ケネディ、ジョン・F　303, **316-21**
ケネディ、ルドヴィック　185
ケベック解放戦線　324
ケラー、ポール・ケネス　50
ケリー、メアリ　272
ケルヴィエル、ジェローム　99, **124-25**
ゲルディ、アンナ　203
ケロッグ・ブラウン・アンド・ルート社　126
ケンパー、エドマンド　278, 293
権謀術数　63, 67
航空機のハイジャック　16-17, 38-43
広告殺人　298-99
強盗、泥棒、放火魔　**14-59**
　追い剥ぎ　16, 17, 19, 25, 47
　海賊行為　20-21
　義賊化　16, 24, 25, 29, 35, 47
　ギャング　26-29
　銀行強盗　24, 25, 27, 44, 150, 189
　金庫破り　44, 54-55, 58-59, 114
　死体泥棒　17, 22-23
　トロフィーの窃盗　37
　ハイジャック　17, 38-43
　ハッカー　13, 58, 128-29
　美術品泥棒　17, 54, 56
　武装強盗　24-25, 114-15
　宝石泥棒　18, 36, 37, 44, 45, 54-55, 78-79, 164
　密輸　57, 136-37
　無法者　24-25
　列車強盗　16, 17, 24, 30-35
　ロビン・フッド　24, 25, 136
拷問　165, 203, 264-65
強力犯罪(ブルーカラー・クライム)　98, 127
コーネル、レベッカ　203
コープランド、フェイとレイ　286
コール、ヴィンセント　254
コール、セオドア　83
ゴールドマン、レヴィ　94
ゴールドマン、ロン　248, 251
小切手偽造　86, 87
国際商業信用銀行(BCCI)　122

黒手団　302, 322
誤審　→冤罪
コーザ・ノストラ　→マフィア
ゴダード、ジョン　98, 114, 115
国境を越えた密輸　57
子供による殺人　201, 244-45
子供の追跡デバイス　175
コナリー、ジョン　318, 321
近衛隊(ローマ帝国)　302, 304
コフトゥン、ドミトリー　329, 330-31
コムズ、ショーン　255, 257
コリンズ、ジョン　58, 59
ゴルトン、サー・フランシス　215
コロンバイン高校銃乱射事件　226
コロンビア革命軍(FARC)　324-25
コンスタンツォ、アドルフォ　232
コントラ軍(ニカラグア)　171
コンドン博士、ジョン　181, 184, 185
コンロン、ジェリー　310

さ 行

サイクス、デボラ　310
債権強奪　114-15
サイコパシー　23, 53, 63, 67
サイバー犯罪　13, 58, 128-29
サウス・シー・バブル　→南海泡沫事件
詐欺師　**60-95**, 100
「詐欺師のための十戒」　69
酒の密造　→密造酒の取引
サザランド、エドウィン　127
サスキンド、リチャード　88, 89
殺人　**198-299**
　暗殺　→暗殺と政治的陰謀
　冤罪　201, 203, 242-43, 294
　家庭内殺人　208-11
　カルト殺人　232-37
　激情犯罪　217
　子供による殺人　201, 244-45
　最初期の証拠　13, 200, 202
　自動車からの銃撃　201, 254-57
　指紋　212-15
　大量殺人　22-23, 252-53
　手段としての暴力　200
　食人行為　202, 293
　女性殺人者　200-201, 206-11, 217, 240, 264-65
　スプリー殺人　201, 260, 284
　精神異常を理由にした弁護　200, 204-05, 217
　セレブへのストーカー行為　240
　大量殺人　201, 260
　大量殺人と自殺　232
　妻殺し　216
　毒殺　224-25, 262, 328-31
　脳損傷　229
　犯行現場のステージングとポージング　223
　被告が有名人　29, 246-51
　人身御供　202
　防御創　209
　マフィアの殺し屋　142-43, 144, 241
　未解決殺人事件　218-23
　無差別殺人　201, 226-29
　容疑者になった両親　238-39
　幼児殺害　264, 286

連続殺人 →連続殺人者
殺人関連収集品（マーダラビリア）　275
サッバーフ、ハサン　305
佐藤宣行　196
サトクリフ、ピーター　268
サボ、マイケル　86
サボタージュ　112
サムの息子　→バーコヴィッツ、デイヴィッド
サラット、メアリ　309
サルディバル、ヨランダ　240
新義安（サンイーオン）　146-47
産業事故　110-13
三合会　134, 135, **146-49**
サンダンス・キッド　→ロングボー、ハリー
サンディ・フック小学校銃乱射事件　226
シア、ジョゼフ　86
CIA　171
シーガー、スティーヴン　205
シーダ、ヘリバート　288
ジイド、アンドレ　73
ジートラツェク、ラインハルト　127
シーメンス社贈賄事件　99, **126-27**
シェア、キャサリン　237
シェイ、ドナルド　236
シェイクスピア、ウィリアム　90
ジェイコブセン、クレイグ　**252-53**
JPモルガン銀行　120
ジェイムズ、ジェシー　12, 24, 25
ジェイムズ＝ヤンガー・ギャング団　12, 16, **24-25**
ジェイムズタウン　176
シェーファー、レベッカ　240
ジェニングス、アル　24
ジェニングズ、トマス　214
ジェノヴェーゼ（ドン・ヴィト）　241
ジェフリーズ博士、アレック　295, 296
シェルドン・ギャング　12, 153
ジェロー＝司教、ユーグ　263
時価会計　122
死刑
　アメリカ合衆国　185
　誤審による死刑　203
　犯罪者の遺体の解剖　23
自己愛傾向　63, 67
死体愛好者の殺人　293
死体泥棒　17, 22-23
シッカート、ウォルター　273
シックルズ、ダニエル　217
シップマン、ハロルド　261, **290-91**
シティ・オブ・ロンドン債券強奪事件　**114-15**
自動車からの銃撃　201, 254-57
シナトラ、フランク　135
シナトラ、フランク、ジュニア　186
シナロア・カルテル　166
篠田健市　158
自爆テロ　306
紙幣印刷機　68
司法管轄外の殺人　330
シムネル、ランバート　177
指紋　212-15
「〈社会の敵〉の時代」　27, 29
シャクール、トゥパック　201, **254-57**
ジャクソン・ストリート・ボーイズ　146
ジャクソン、ハリー　214
シャピロ、カール　118
シャピロ、ネヴィン　118

シャリート、ギルアド　187
ジャンセン、ヘアート・ジャン　74
ジャンヌ・ダルク　310
上海クーデター　149
ジャンモーナ、アントニオ　140
住宅ローン証券の不正販売　130
14K　146, 147, 149
ジュール・リメ・トロフィー　**37**
《シュテルン》誌　91, 92-93
酒類の密輸　57
蒋介石　176
証券取引委員会（SEC）　118, 119, 120, 122, 127
証拠保全　250
小児誘拐　178-85, 186, 188, 190-97, 220
ジョージ、バリー　220
ジョージ三世（英国王）　204
ショート、エリザベス　**220-23**
ジョーンズ、ジム　232
ジョーンズ、ダニー　58, 59
ジョーンズタウン集団自殺　232
ショーンフェルド、ジェイムズ　195
ショーンフェルド、リチャード　195
食人行為　202, 293
女性の人身売買　146
女性犯罪者
　ギャング　26-29, 156
　激情犯罪　217
　子供による殺人　244
　詐欺師　64-67
　詐称　70
　殺人　200-201, 206-11, 217, 240
　盗賊団　46-47
　泥棒　78-79
　列車強盗　150
　連続殺人者　264-65, 284-87, 290, 298
ジョンソン、アンドリュー　307
ジョンソン、リンドン・B　320
ジョンソン、ルシール　214
シリアル・キラー　→連続殺人者
私掠免許　21
人格特性　63, 67
シンクレア、ハリー・F　109
心神喪失　12, 200, 204-05, 217
人身売買　146, 149
深層ウェブ　128
シンプソン、O・J　201, **246-51**
シンプソン、ニコール・ブラウン　248, 249, 251
人民寺院（カルト集団）　232
水銀中毒（水俣病）　110
スーワード、ウィリアム　307, 309
スウェット、トーマス　50
スウィフト、ジョナサン　12
スキリング、ジェフリー　122, 123
スコット、ジョン・ポール　82
スコット、ピーター　36
スコットランドの魔女狩り　263
スター、ベル　26
スタークウェザー、チャールズ　284
スタントン、エドウィン　309
スタンフォード、アレン　104
スティンカンプ、リーバ　248
ストーカー行為　240
ストックホルム症候群　174-75, 189, 324
ストライド、エリザベス　270-71

ストラットン、アルフレッドとアルバート　200, **212-15**
ストリート・ギャングの抗争　256
ストルイピン、ピョートル　312
スノーデン、エドワード　119
スパ・スペリング・ステークスすり替え詐欺　94
SpyEye（スパイアイ）　**128-29**
スパイ戦　326-31
スパジアリ、アルベール　44
スパングラー、エドマン　309
スパンゲン、ナンシー　248
スピルバーグ、スティーヴン　87, 119
スピロトロ、アンソニー　241
スプリー殺人　201, 260, 284
スプリンガー、ルイーズ　223
スペイン内戦　73
スペック、リチャード　278
スペンサー、ティモシー・ウィルソン　294
スペンス、ピーター　130
スミス、ジョン　176
スモールズ、ビギー　201, **254-57**
すり替え詐欺　94-95
スワンソン、エリック　120
政治汚職　108-09
政治的影響　47, 135, 166-67
政治的誘拐　176, 322-25
精神異常の犯罪者のための施設　205
聖バレンタインデイの虐殺　153
Zeusマルウェア　129
赤軍派　322
セキュリタス・キャッシュ・マネジメント社　114
セキュリティー・エクスプレス　114
説得力　63, 67
セブリング、ジェイ　232, 235
セレナ（歌手）　240
セレブへのストーカー行為　240
捜査
　指紋　212-15
　証拠保全　250
　DNA鑑定　42, 216, 242, 243, 294-97
　毒物学　314
　犯罪者プロファイリング　41, 261, 272
　筆跡鑑定　175
　法医学による復顔　253
　リンケージ分析　272
贈収賄　108, 109, 126-27
相続詐欺　66-67
ソーン、グレアム　180
ゾーン、ロバート　185
ソシエテ・ジェネラル銀行　124-25
ソシエテ・ジェネラル銀行（ニース）　17, **44**
組織犯罪　**132-71**
　ギャング　26-29, 152-53, 156
　ギャング間抗争　134-35, 152-53
　定義　134
　犯罪シンジケート　146-49, 160-63, 166-67
　犯罪ファミリー　138-45
　麻薬取引　140, 146, 147, 149, 158, 161-62, 163, 166-71
　密輸　136-37
　無法者集団　150-51
ゾディアック事件　13, 194, 261, **288-89**
ゾラ、エミール　311
ソルティス＝マクレーン・ギャング　152, 153
ソンブラ・ネグラ（黒い影）　46

た 行

ダーク・ウェブ　128, 129
「ダーク・トライアド」　67
タービン、ディック　19
ダーマー、ジェフリー　261, 283, **293**
第一次世界大戦　314, 322
タイート、トーマス　22
大学生が被害に遭った殺人　278-83
大金塊強盗事件　150
大刀会　46
ダイヤー、アメリア・エリザベス　264
ダイヤモンド強盗　54-55
大量殺人・自殺　232
大量毒殺　224-25
大列車強盗　12, 16, 17, **30-35**
ダウ・ケミカル社　113
ダウニー、レズリー・アン　261
田岡一雄　158
竹中正久　158
脱獄　80-85
タバコの被害　113
タフト、ウィリアム・ハワード　108
タブラム、マーサ　268
タマニー・ホール政治腐敗　108
ダラム、モンティ　204
タン、サムソン　147
ダンドー、ジル　220
チーズマン、キース　115
チェイス、フレッチャー　186, 187
チェスボード・キラー　→ピシュシキン、アレクサンドル
チェッリーニの塩入れ盗難事件　17, **56**
チェンバレン、ジャック　75
チェンバレン、リンディ　201, **238-39**
チカチーロ、アンドレイ　261, 273, **292**
知能犯罪（ホワイトカラー・クライム）　**96-131**
　インサイダー取引　101
　過失致死　110-13
　株式市場操作　101
　企業に対する制裁　130
　企業犯罪　99, 130-31
　企業腐敗　126-27
　金融バブル　100
　債券強奪　114-15
　サイバー犯罪　13, 58, 128-29
　産業事故　110-13
　社会的影響　98-99
　政治汚職　108-09
　贈賄　108, 109, 126-27
　知能犯罪とは何か　127
　投資詐欺（ポンジ・スキーム）　98, **102-07**, **116-21**
　フォレンジック会計　123
　不正会計　122-23
　ローグトレーダー　124-25
血の日曜日事件　313
チャーチ、ジョン　206-07
チャーボン・ランド・シンジケート　107
チャールズ二世（イングランド）　18, 19
チャウチラ誘拐事件　175, **190-95**
チャップマン、アニー　269
チャップマン、マーク・デイヴィッド　201, **240**
チャドウィック、キャシー・L　66
チャロナー、ウィリアム　64

「チューリップ狂時代」　100
チョルゴッシュ、レオン　318
青幇（チンパン）　148, 149
ツタンカーメン　253
妻殺し　216
デ・ブリュッカー、アギム　55
デ・ホーリー、エルミア　62, 63, **74-77**
DNA鑑定　42, 216, 242, 243, 294-97
TJX（ディスカウントストア）　128
ティーチ、エドワード（黒髭）　16, **20-21**
ティーポット・ドーム事件　**108-09**
デイヴィス、アンジェラ　40
デイヴィス、ブルース　236, 237
帝銀事件　201, 260
ティッチボーン、ロジャー　177
ティッチボーン詐称事件　174, **177**
テイト、シャロン　232, 235, 236
テイト、ナット　88
テイト、ライオネル　244
ティピット、J・D　319
ディランジャー、アンソニー　241
ティル、アルノー・デュ　177
ディンゴによる襲撃　238-39
ディンズデイル、ピーター　→リー、ブルース
デヴィ、プーラン　12, 17, **46-47**
テキサス・タワー乱射事件　201, **226-29**
デットリ、マルチェッロ　90
デフリーズ、ドナルド　188, 189
デヘスース、ジョージーナ　196
デュ・バリー夫人　64
デュパス、ピーター　292
デリンジャー、ジョン　26
デル・リオ、イグナチオ　36
テロリスト　187
電信詐欺　123
天地会　134, 146, 147
ドイツ銀行　130
統一犯罪報告書　13
投資詐欺（ポンジ・スキーム）　98, **102-07**, **116-21**
盗賊の女王　→デヴィ、プーラン
トーマス、パトリック　115
トーリオ、ジョニー　152, 153
毒殺　262, 326-31
毒物学　314
杜月笙　148, 149
ドジャー将軍、ジェイムズ　324
トッパン、ジェイン　290
ドナルドソン、デニス　328
ドヒニー、エドワード　109
トマス、ジュリア　206, 207
ドメラ、ハリー　**70-73**
ドラモンド、エドワード　204
ドリッピング・キラー　→ウェブスター、ケイト
トルドー、イーヴ（アパッチ）　162
ドレイク、フランシス　21
奴隷主人国際会議　299
トレヴァー＝ローパー、ヒュー　91, 92
ドレフュス事件　302, **310-11**
トレンド・マイクロ社　129
トロフィーの窃盗　37
「堂」（トン）　146
トンプソン、ウィリアム　100
トンプソン、ロバート　**244-45**

な 行

ナイツブリッジ・セーフ・デポジット・センター　58
ナイト、ジョン　114
ナイト、マリオン　256, 257
ナイト、ミッシェル　196
ナイト、ロニー　114
内部告発者　119
ナウンドルフ、カール・ヴィルヘルム　70
ナッパー、ロバート　273, 292
南海泡沫事件（サウス・シー・バブル）　100
南北戦争　24, 101, 306, 308
ニクソン、リチャード・M　108
ニコライ二世（皇帝）　312, 313, 314, 315
ニコルズ、メアリ・アン　269
贋金造り　64
日本のギャング　154-59
ニュートン・ギャング団　32
ニュートン、ヒューイ　322
ニルセン、デニス　293
忍者　305
ヌーナン、ドミニクとデズモンド　164
ネアンデルタール人の殺人　13, 200, **202**
ネヴィソン、ジョン　16, **19**
ネーション・オブ・イスラム　305
ネルソン、ジョージ（ベイビーフェイス）　26, 29
燃費試験結果の改竄　130
脳損傷と犯罪の暴力　229
ノース、ロバート　94
ノール、ジョン（墓場のジョン）　185
ノタルバルトロ、レオナルド　54, 55
ノックス医師、ロバート　22, 23
ノリエガ将軍、マヌエル　167
ノリス、コリン　290

は 行

ハーヴェイ、ドナルド　290
パーカー、ジョージ・C　68
パーカー、ポーリーン　244
パーカー、ボニー　12, 16, **26-29**
パーキンス、テリー　58, 59
バーク、ウィリアム　16, 17, **22-23**
バーコヴィッツ、デイヴィッド　288
ハーシェル、サー・ウィリアム・ジェイムズ　215
バージャー、ラルフ　160-61, 162
ハースト、パティ　174-75, **188-89**
ハースト、ファニー　184
ハーディング、ウォレン・G　108, 109
バード、ロバート・ジョン　240
バートリ、エリザベート　260, **264-65**
ハーナー、ローラ　88
ベルナルド、ポール　284
パーニン、アレクサンドル（サーシャ）　13, 99, 128, 129
パールマン、ルー　118
バーンズ、ジョージ、ジュニア（マシンガン・ケリー）　152
バイオベイル社　122
売春婦連続殺人　266-73, 292
ハイタナ、ヘイデン　94, 95
ハイデマン、ゲルト　91, 92, 93
ハイネケン、フレディ　186

ハイレンズ、ウィリアム　288
パウエル、ルイス　309
パウハタン大首長　176
ハウプトマン、ブルーノ　182-83, 184, 185
パヴロヴィチ大公、ドミトリー　315
パウロ六世（ローマ教皇）　323
ハガーマン、アンバー　220
墓場のジョン　→ノール、ジョン
パサーロ、アラン　162
バス、サム　150
「バス運転手ハンター、ダイアナ」　46
バスキン、ガーション　187
ハッカー　13, 58, 128-29
バッザーノ、ジョン　152
ハッサン、サイード　118
ハッシャーシーン（アッサシン）　302, 305
ハットン・ガーデン強盗事件　17, 58-59
パテル、パーヴィ　238
ハドフィールド、ジェイムズ　204
ハドリー・ギャング　136
ハマー、ドクター・アーマンド　36
ハミルトン、ドーン　242
バルジャー、ジェイムズ　201, 244-45
バロウ、クライド　12, 16, 26-29
パワーズ、フランシス・ゲイリー　176
反逆法　303
バングラデシュ中央銀行　58
犯罪者プロファイリング　41, 261, 272
犯罪シンジケート　146-49, 160-63, 166-67
犯罪人類学　207
犯罪に起因する外傷性ストレス　174, 195
犯罪の美化　12, 16
犯罪ファミリー　138-45
ハンセン、ハリー　220
ハンセン、マーク　221, 222, 223
ハンター、メレディス　162
バンディ、テッド　13, 261, 276-83
バンディドス　160, 163
ハント、ダリル　310
反動としての暴力　200
ハンバート、テレーズ　62, 66-67
反ユダヤ主義　310, 311
BAEシステム社　126
ピース、チャールズ　45
ビーズリー、リチャード　298
ピーターソン、スコット　216
ビートルズ　234, 240
ピール、ロバート　204
ビール戦争　134, 152-53
ピカール、ジョルジュ　310-11
ピカソ、パブロ　74, 76
ピクルス（コリー犬）　37
被告が有名人　29, 246-51
ピシュシキン、アレクサンドル　262
美術史美術館（ウィーン）　56
美術品
　贋作　63, 74-77
　鑑定　75
　窃盗　17, 36, 54, 56
ピストーネ、ジョー・D　115
ピストリウス、オスカー　248
ビッカース社　126
ビッグズ、ロニー　32, 33, 35
ピックトン、ロバート　268
ピッチフォーク、コリン　261, 294-97
人殺し　200

人身御供　202, 232
ヒトラーの日記　63, 90-93
ヒューズ、ハワード　63, 88, 89
ヒューム、ジュリエット　244
「表出／変容」理論　288
平沢貞通　201, 224-25
ピリッポス二世（マケドニア王）　306
ヒル、クリント　320, 321
ヒル、ビリー　164
ヒルサイド・バーグラリー・ギャング　45
ピロフィリア　→火炎性愛
ピンカートン探偵社　25
ピンク・パンサー　78
ヒンクリー、ジョン、ジュニア　240
ヒンドリー、マイラ　261, 284-85
ヒンマン、ゲイリー　233, 235
ファインコットン号事件　62, 63, 94-95
ファストウ、アンドリュー　122
ファルコーネ、ジョヴァンニ　144, 145
ファルコン、ラモン・ロレンゾ　312
ファロー、トマスとアン　214
フィスク、ジェイムズ　98, 101
フィッツマン、ヤクブ　188
フィリップ、ジョゼフ　268
フィルポット、ガス　95
フィンディコグルー、エルカン　128
ブーシェ、モーリス（マム）　163
ブース、ジョン・ウィルクス　302, 306-09
プーチン、ウラジミール　328, 329, 330, 331
フーバー、エドガー　85
フールマン、マーク　248, 250
フェラン、ジェイムズ　89
フェルディナント大公、フランツ　302, 322
フェルナンデス・デ・セバーヨス・ラモス、ディエゴ　324
フェルナンデス、レイモンド　298
プエンテ、ドロシア　264
フォアマン、フレディー　165
フォークス、ガイ　302
フォークナー、ジョゼフ　76
フォード、ロバート　25
フォール、アルバート・ベーコン　98, 99, 108-09
フォクストン、ウィリアム　119
フォスター、ジョディ　240
フォルクスワーゲン社排ガス不正事件　99, 130-31
フォルジャー、アビゲイル　232, 235
フォレンジック会計　123
覆面捜査官　87, 114, 115, 161, 170
不正会計　99, 122-23　→知能犯罪
武器強盗　→強盗、泥棒、放火魔
ブット、ベナジル　306
不動産詐欺　68-69
フュゲート、キャリル・アン　284
ブラウン、フィニス　220
ブラウンミュール、ゲロルト・フォン　322
ブラック・ダリア事件　200, 201, 218-23
ブラック・ハンド・ギャング　152
ブラック・パンサー　235, 322
ブラック・フライデー金買い占め事件　101
ブラッズとクリップスの抗争　256
ブラッズワース、カーク　201, 242-43
ブラッド、トーマス　16, 18
ブラッドショウ、ジャクリーヌとマルコム　252
ブラッドフォード、ウィリアム・リチャード　252
プラトン　13

ブラナー、メアリ　232, 233, 235
プラバカール、マドゥカル・モハンダス　45
ブランコ、グリセルダ　254
フランス革命　62, 64, 65
ブランドン、オスカー・ダニロ　169, 170, 171
フリーメイソン　241
ブリオン、ローラ　150
プリクロピル、ヴォルフガング　196-97
フリコフスキー、ヴォイテク　232, 235
フリッツル、エリザベス　196
フリッツル、ヨーゼフ　196
ブリュヴシュテイン、ソフィア・イヴァノヴナ　78
ブルーカラー・クライム　→強力犯罪
ブルードス、ジェローム　274
ブルーノ、アンジェロ　241
ブルックリン橋　68
フレイザー、フランキー　165
ブレイディ、イアン　261, 284-85
ブレイビク、アンネシュ　226
フロイド、チャールズ（プリティーボーイ）　29
フロム、リネット　233, 237
ブロンガー、ルー　64
文書
　偽造　90-93
　真贋判定　91
文書偽造　90-93
ヘア・サイコパシー・チェックリスト　23, 98
ヘア、ウィリアム　16, 17, 22-23
ヘア、ロバート　23, 98-99
ベアリングズ銀行　124
ペアレント、スティーヴン　232, 235
ベイカー、メアリー　70
ベイトマン、メアリー　206
ヘイマン、バーサ　66
ペイン、ドリス　62, 78-79
ヘヴンズ・ゲート（カルト集団）　232
ベーコン、ケヴィン　119
ベタンクール、イングリッド　303, 324-25
ベック、マーサ　298
ペッターズ、トム　104
ベッチリー、エドワード　37
ペニー・ドレッドフル　261
ベヘマイ村虐殺事件　46
ヘボーン、エリック　74
ベリー、アマンダ　196
ベル、メアリー　244
ヘルズ・エンジェルス　134, 135, 160-63
ペルティナクス（皇帝）　302, 304
ベルファストのノーザン銀行強盗　44
ベルフォート、ジョーダン　124
ベルブノワ、ルネ　82
ヘロデ大王　216
ヘロルド、デイヴィッド　308, 309
ベンデラッド、ハムザ　128, 129
ヘンリー、サー・エドワード・リチャード　215
ホイットマン、チャールズ　201, 226-29
ホイド、ウィリアム　88
ホイト、バーバラ　233, 237
ボウイ、デイヴィッド　88
法医学による復顔　253
放火犯　17, 48-53
放火魔　50
ボウスキー、アイヴァン　101
宝石詐欺　64-65
宝石店襲撃　164
宝石泥棒　18, 36, 37, 44, 45, 54-55, 78-79,

164
ポー、エドガー・アラン 88
ホークハースト・ギャング 134, **136-37**
ボーソレイユ、ボビー 233, 235, 236
ボーデン、リジー 200, 201, **208-11**
ホーニゴールド、ベンジャミン 20-21
ホール、アーチボルド 206
ポカホンタス 174, 175, **176**
ポグロフ、ドミトリー 312
ボコ・ハラム 192
ボディガード 323
ボニーとクライド →パーカー、ボニー、バロウ、クライド
ボニファティウス八世(教皇) 176
ボネット、スティード(海賊紳士) 20, 21
ボパール化学工場事故 98, 99, **110-13**
ホフマン、ハロルド・G 184
ホフマン、マーク 90
ホモルカ、カーラ 284
ポランスキー、ロマン 232, 236
ボルジア、ジョヴァンニ 208
ホルダー、ウィリー・ロジャー 40
ポロニウム210 328, 330, 331
ホワイト、デレク 136
ホワイトカラー・クライム →知能犯罪
ホワイトチャペル連続殺人 →切り裂きジャック
ポンジ・スキーム →投資詐欺
ポンジ、チャールズ **102-07**

ま行

マーウッド、ウィリアム 207
マーシャル、マイク 194
マートン、ロバート 134, 136
マーフィー、ジャック・ローランド 37
マイルウィッツ、ヴァルデマール 254
前上博 298
マクステイ、ジョゼフとサマー 252
マクドナルド社 113
マクノートン・ルール 205
マクノートン、サー・メルヴィル・レスリー 214
マクノートン、ダニエル 12, 200, **204-05**
枕放火魔 →オール、ジョン・レナード
マクリーン、ジョン **45**
マクレガー、グレガー 66, 101
マグロウ、ベッキー 88
マクローディー、ウィリアム 68
マゴン・ド・ラ・ビーユシェット、ルネ＝ティエリ 119
魔術 203, 263
マシンガン・ケリー →バーンズ、ジョージ、ジュニア
マスターズ、ティム 242
マッキンリー、ウィリアム 318
マックル、バーバラ・ジェイン 188
マッケンナ、パトリック 32
マッド医師、サミュエル 308, 309
マットソン、チャールズ 186
マティス、アンリ 76, 77
マドフ、バーナード →メイドフ、バーニー
マニキス、デイヴィッド 115
マニング、チェルシー 119
マニング、マリア 206
マネーロンダリング 55, 122

マフィア
　アメリカン・マフィア 115, 134, 135, 140, 141, 152
　コルレオーネシ 142, 143, 144-45
　指揮系統 144
　シチリア・マフィア 134, 135, **138-45**, 187, 241
　第一次マフィア戦争 142
　第二次マフィア戦争 142
　血の掟(オメルタ) 144
　日本のマフィア 154-59
　面目を失う 142
麻薬取引 140, 146, 147, 149, 158, 161-62, 163, **166-71**
マリー・アントワネット(王妃) 64, 65
マルウェア 128-29
マルコヴィッチ、ジョン 119
マルコーニ社 108
マルコフ、ゲオルギ・イヴァノフ 328
マルコポロス、ハリー 120
マルコムX 305
マルチ商法 →投資詐欺
マルティネス、クリスティーナ 253
マレー、オーラ 220
マング、ローベルト 17, 56
マンス、クリス 94
マンソン・ファミリー 201, **230-37**
マンソン、チャールズ **232-37**, 283
マンリー、ロバート 221, 223
みかじめ料 164-65
ミシシッピ計画 98, **100**
密造酒の取引 134, 152-53
三菱自動車 130
密輸 57, 136-37
水俣病 →水銀中毒
ミニチェロ、ラファエレ 40
身代金 187
身元詐称 86
ミラー、ウィリアム 104
ミラー、シーグラム 254
ミライ集落の虐殺 311
ミルズ、ジャック 33-34, 35
ムアハウス、ルース・アン 233, 237
ムーアズ殺人事件 **284-85**
無差別殺人 201, 226-29
無政府主義関連の暗殺 312-315
ムッソリーニ、ベニート 90, 141
無法者 12, 24-25, 32, 136, 150-51
メイキン、ジョンとセーラ・ジェイン 286
メイソン、サミュエル 24
メイソン、トーマス・モンク 88
メイソン、ビル **36**
メイドフ、バーニー 98, 99, **116-21**
メイドフ、ピーター 120
メイナード、ロバート 21
メーヘレン、ハン・ファン 74
メデジン・カルテル 134, 135, **166-67**
メドウズ、アルジャー 77
メフタ、ハーシャッド 101
メルチャー、テリー 233
メンゲレ、ヨーゼフ 295
モーガン、サー・ヘンリー 20, 21
モーターサイクル・ギャング 160-63
モーリ、チェーザレ 140-41
モーロ、アルド 187, 302, 303, **322-23**
モディリアーニ 76

「モナリザ」 56
モニアー、スティーヴン 185
模倣犯罪 43
モリス、フランク 82, 83-85
モルモン教文書偽造 90
モレッティ、マリオ 323
モンゴルズ 160, 161

や行

ヤクザ 134, 135, **154-59**
薬物の運搬 →麻薬取引
山一抗争 158
山本広 158
誘拐・脅し 28, 29, 47, **172-97**
　監禁生活を生き延びる 324
　子供の誘拐 178-85, 186, 190-97, 220
　集団誘拐 190-95
　ストックホルム症候群 174-75, 189, 324
　政治的誘拐 176, 322-25
　長期監禁の影響 196
　追跡デバイス 175
　動機 174
　犯罪に起因する外傷性ストレス 174, 195
　身代金のルール 187
　拉致強制 188-89
ユスポフ、フェリックス 314-15
油田 108-09
ユニオン・カーバイド社 110-13
幼児殺し 264, 286
羊毛商リチャード 18
ヨークシャー・リッパー →サトクリフ、ピーター

ら行

ラ・モット、ジャンヌ・ド 62, **64-65**
ライス、デニス 237
ラヴァイヤック、フランソワ 304
ラクストン、バック 216
ラスト、ジェフ 72-73
ラスプーチン、グリゴリー・エフィモヴィッチ 302, **312-15**
ラッテンバリー、ジャック 136
ラニアン、デイモン 184
ラビアンカ夫妻 232, 235-36
ラビン、イツハク 306
ラファティ、ブローガン 298
ラボルト、ピエール 324
ラムジー、ジョンベネ 208
ラメンドラ・ナラヤン・ロイ公 177
ランザ、アダム 226
ランドグレン、ジェフリー 232
リー、アンソニー 68
リー、デリック・トッド 278
リー、ブルース(ピーター・ディンズデイル) 50
リーヴィス、ジェイムズ 86
リー将軍、チャールズ 311
リーソン、ニック 124
リーダー、ブライアン 58, 59
リーベック、ステラ 113
リヴィエール、ルシアン 104
リオス、ジンジャー 252
リシン 328
リチャード三世 253

リチャードソン、チャーリー 134, 135, 164-65
リッジウェイ、ゲイリー 268, 271
リッツ・ホテル 68
リトビネンコ、アレクサンドル 302-03, 326-31
リノ・ギャング 46
リヒテル、カール 126
リャン、ジェイムズ・ロバート 131
劉彭離 260, 262
リンカーン、エイブラハム 22, 306-09
リンカーン、メアリ・トッド 307
リンケージ分析 272
リンドストローム、リリー 220
リンドバーグ、アン 180, 181, 183
リンドバーグ、チャールズ 180, 181, 183, 184, 185
リンドバーグ愛児誘拐事件 174, 178-85
リンドバーグ法 174, 182
ル・ニーヴ、エセル 216
ルイ十五世 64
ルーカス、フランク 168
ルースティヒ、ヴィクトル 62, 63, 68-69
ルートジンジャー、キティ 236
ルーブル美術館 56
ルグロ、フェルナン 76-77
ルゴヴォイ、アンドレイ 303, 328, 329, 330-31
ルッフォ、ジョン 86
ルノワール 76
ルビー、ジャック 319, 320, 321
ルメートル、アルベール 217
レイ、エド 192, 194, 195
レイ、ケネス 122, 123

レイ、ジェイムズ・アール 82, 307
レイノルズ、ブルース・リチャード 32, 33
レーガン大統領、ロナルド 240
レスラー、ロバート 260
列車強盗 16, 24, 30-35, 150
レッドブル・レーシング本社 37
レデル、カルロス 166, 167
レノックスビルの虐殺 163
レノン、ジョン 240
連続殺人者 13, 98, 201, 258-99
　医療従事者の殺人 290-91
　インタビュー 283
　記念品を保存する殺人者 274-75, 292
　切り裂き犯 266-73, 292, 293
　広告殺人 298-99
　娯楽としての殺人 262
　死体愛好者の殺人 293
　女性 264-65, 284-87, 290, 298
　大学生が被害に遭った殺人 278-83
　定義 260
　売春婦の殺害 266-73, 292
　プロファイリング 261
　魔女と魔術 263
　連続殺人カップル 284-87
ロアン枢機卿、ルイ・ド 65
ロイズ銀行ベイカー・ストリート支店の強盗 58
ロー、ジョン 100
ロー、ラルフ 83
ローグトレーダー 124-25
ローレン、ソフィア 36
ロカンコート、クリストフ 70
ロシア-エストニア間ウォッカ・パイプライン 57

ロス、(フリーウェイ)・リック 134-35, 168-71
ロス、コリン・キャンベル 203
ロス、チャールズ 180, 188
ロッキード社 108
ロック・マシーン 163
ロッコ、インフェリス 241
ロドリゲス、ヒルベルト 166
ロバーツ、バーソロミュー(ブラック・バート) 20
ロビイスト 108
ロビンソン、ジョン・エドワード 261, 298-99
ロビンソン、シンシア 113
ロマノヴァ、アナスタシア 73
ロルフ、ジョン 176
ロングボー、ハリー(サンダンス・キッド) 150, 151
ロンブローゾ、チェーザレ 207
ロンリー・ハーツ殺人者 →ベック、マーサ、フェルナンデス、レイモンド

わ行・ん

ワイズミュラー、ジョニー 36
ワイルドバンチ 134, 135, 150-51
ワトキンス、シェロン 122
ワトソン、ジョン・セルビー 216
ワトソン、チャールズ(テックス) 232, 233, 234, 235, 236
尹國駒(ワンクオクコイ) 149
ンドランゲタ 140

訳者あとがき

　今や、小説でもドラマでも、犯罪物は大人気です。いや、今とはかぎらず、昔からずっとそうでした。本書の序文は、英国の犯罪作家（英国ではミステリ作家・推理作家のことを crime writer＝犯罪作家といいます）のピーター・ジェイムズが書いていますが、今から100年ほど前に一世を風靡したあるベストセラー作家も、犯罪物を得意にしていました。エドガー・ウォーレスという作家です。

　ウォーレスは新聞記者でしたが、生活のために小説を書きはじめます。そのころ（1905年）彼が妻に送った手紙が残っていて、次のようなことが書かれています。

　「近ごろでは宗教の本か猥褻な本しか売れないようだが、ぼくはその中間を狙って、一つの章に犯罪と、血しぶきと、三つの殺人とが出てくる本を書く

つもりだ。こんなクレージーな時代なんだから、きっと受けると思うよ」

　事実、大受けして、1932年に56歳で亡くなるまで、120冊以上の長編小説を出版しました。ほとんどが犯罪小説で、いずれもよく売れました。

　一つの章に三つの殺人というのはいささか誇張した表現ですが、ウォーレスの小説で、退屈な場面が続くと、必ず殺人シーンが挿入されているのは、まぎれもない事実です。

　ところが、最近の犯罪作家は、もう殺人は書けなくなった、少なくとも、書きにくくなった、と嘆いています。今の社会を背景にした小説で殺人を描いても、その犯人はたちまちDNA鑑定や防犯カメラによって追い詰められるでしょう。名探偵の力を借りるまでもありません。被害者や目撃者がスマートホンを持っていれば、早めの通報も可能でしょうし、被害者の足取りはGPSによって位置情報が記録されています。

　殺人を例に挙げましたが、これは盗みや詐欺など、犯罪全般についてもいえる

ことです。つまり、時代とともに、犯罪の実体も、それに対する社会の考え方も、変化します。

　本書では犯罪を分類して、それぞれを年代順に並べるという編集方針が採られています。それによって、犯罪がどう変化したか、警察や司法機関や世論がその変化にどう応えたかが、見事に浮き彫りにされているのです。

　本書に収められた個々の事例は、インターネットを参照して、散在する断片的な情報を集めれば、かなり詳しいところまで知ることができます。本書の狙いは、そうした情報を、一箇所に集約することです。そして、すでに目を通されたみなさんにはいうまでもないと思いますが、その狙いはうまく当たっています。米国禁酒法時代のビール戦争と、暴走族のヘルズ・エンジェルスとのあいだに、ヤクザの記事がひょっこりはさまれているところなどは、実に面白いではありませんか。読むほどに興味が尽きない本です。

2019年2月　宮脇孝雄

引用出典一覧

強盗、泥棒、放火魔

18 トーマス・ブラッドの恩赦の言
19 〈キャプテン〉・アレクサンダー・スミス
20-21 エドワード・〈黒髭〉・ティーチ
22-23 童謡
24-25 フランク・ジェイムズ
26-29 ボニー・パーカー
30-35 警察無線による第一報
36 ビル・メイソン
37 カップと金との交換を要求する手紙
38-43 D・B・クーパー
44 アルベール・スパジアリ
45 ジョン・マクリーン
46-47 プーラン・デヴィ
48-53 ジョン・レナード・オール
54-55 ヨリス・ファン・デル・アー
56 エルンスト・ガイガー
57 マリ・ルーク
58-59 アーウィン・ジェイムズ

詐欺師たち

64-65 ジャンヌ・ド・ラ・モット
66-67 とある貴婦人
68-69 シークレット・サービス
70-73 ジョン・L・ハインマン教授
74-77 エルミア・デ・ホーリー
78-79 ドリス・ペイン
80-85 マイケル・ダイク連邦保安官
86-87 フランク・アバグネイル
88-89 クリフォード・アーヴィング
90-93 コンラート・クーヤウ
94-95 マーク・リード

知能犯罪

100 チャールズ・マッケイ
101 ジェイムズ・フィスク
102-07 チャールズ・ポンジ
108-09 アメリカ合衆国の政治家
110-13 アブドゥル・ジャバー
114-15 デイヴィッド・コネット及びマーヴィン・スミロン
116-21 バーニー・メイドフ
122-23 ケネス・レイ
124-25 ドミニク・ポット判事
126-27 SECのプレスリリース
128-29 サリー・イェイツ検察官
130-31 マルティン・ヴィンターコルン

組織犯罪

136-37 アダム・スミス
138-45 ニッコロ・トゥッリシ・コロンナ
146-49 匿名の公安局員
150-51 《ワシントン・ビー》紙（1899年）
152-53 アル・カポネ
154-59 ヤクザの一員
160-63 ヘルズ・エンジェルスのモットー
164-65 ロニー・クレイ
166-67 パブロ・エスコバル
168-71 〈フリーウェイ〉・リック・ロス

誘拐・脅し

176 トマス・デイル
177 マーク・トウェイン
178-85 チャールズ・リンドバーグ
186-87 ジョン・ポール・ゲティ三世
188-89 パティ・ハースト
190-95 ジェニファー・ブラウン・ハイド
196-97 ナターシャ・カンプッシュ

殺人

202 ノヘミ・サラ博士
203 ヴォルテール
204-05 マクノートン事件の陪審の評決
206-07 ジュリア・トマス
208-11 縄跳びの伝承歌
212-15 FBIの小冊子『指紋の科学』
216 クリッペン医師
217 カイヨー夫人
218-23 メアリ・アンクファー捜査官
224-25 居木井為五郎警部補
226-29 チャールズ・ホイットマン
230-37 チャールズ・マンソン
238-39 リンディ・チェンバレン=クライトン
240 マーク・チャップマン
241 ロベルト・カルヴィ
242-43 カーク・ブラッズワース
244-45 モーランド判事
246-51 ニコール・ブラウン・シンプソン
252-53 ジェフ・ロスゲン刑事
254-57 ハーパー刑事

連続殺人者

262 司馬遷
263 ジョン・D・シーモア
264-65 エドワード・イートン
266-73 切り裂きジャック
274-75 ハーヴェイ・グラットマン
276-83 テッド・バンディ
284-85 フェントン・アトキンスン判事
286-87 王室弁護士ブライアン・レヴェソン
288-89 殺人犯ゾディアック
290-91 デイヴィッド・ホームズ博士
292 アンドレイ・チカチーロ
293 ジェフリー・ダーマー
294-97 オッテン判事
298-99 ジョン・エドワード・ロビンソン

暗殺と政治的陰謀

304 ヘロディアヌス
305 リューベックのアーノルト
306-09 ジョン・ウィルクス・ブース
310-11 エミール・ゾラ
312-15 グリゴリー・ラスプーチン
316-21 エドワード・ケネディ
322-23 アルド・モーロ
324-25 イングリッド・ベタンクール
326-31 アレクサンドル・リトビネンコ

図版出典一覧

DK would like to thank Marek Walisiewicz of Cobalt id for editorial assistance in the early stages of this book.

PICTURE CREDITS

The publisher would like to thank the following for their kind permission to reproduce their photographs:

(Key: a-above; b-below/bottom; c-centre; f-far; l-left; r-right; t-top)

18 **Getty Images:** Culture Club (cr). **19 Getty Images:** Culture Club (bl). **21 Mary Evans Picture Library:** (cr). **22** Getty Images: Print Collector (bl, br). **23 Getty Images:** Time Life Pictures (tl). **24 Getty Images:** Bettmann (cr). **27 Getty Images:** Bettmann (tl). **28 Alamy Images:** John Frost Newspapers (tr). **29 Getty Images:** Bettmann (cr). **Alamy Images:** Granamour Weems Collection (bl). **32 Getty Images:** STF (bl). **33 Getty Images:** Keystone (tr). **35 Getty Images:** Popperfoto (tr). **Alamy Images:** Trinity Mirror/Mirrorpix (br). **37 Getty Images:** Rolls Press/Popperfoto (br). **40** John F. Ciesla: (tr). **41 Getty Images:** Time Life Pictures (bl). **43** FBI: (br). **45 Getty Images:** Acey Harper (cr). **46 Getty Images:** Jean-Luc Manaud (cr). **47 Getty Images:** Lange Jacques (tr). **Alamy Images:** IndiaPicture (bl). **51 Wikimedia Commons:** Gedstrom (t). **53 Getty Images:** Wally Skalij (tr). **54 Alamy Images:** Philipp Hympendahl (cr). **55 Dorling Kindersley:** (br). **56 Getty Images:** Attila Kisbendek (br). **58 Getty Images:** Photo by Metropolitan Police via Getty Images (tr). **59 Press Association Images:** Elizabeth Cook (tl). **64 Mary Evans Picture Library:** Albert Harlingue/Roger-Viollet (cr). **65 Getty Images:** DEA Picture Library (tr). **Getty Images:** Photo 12 (bl). **66 REX Shutterstock:** Dagli Orti (tr). **69 Getty Images:** Bettmann (tl). **71 Getty Images:** ullstein bild (tl). Getty Images: Print Collector (tc). **72** Topfoto: ullstein bild (tl). **73 Alamy Images:** INTERFOTO (tl). **75 REX Shutterstock:** The Independent (tl). Getty Images: Carl Court (tr). **78 Press Association Images:** (cr). **82 Getty Images:** Josh Edelson/AFP (tr). **83 Getty Images:** Bettmann (tr). **85 Getty Images:** Bettmann (tr). **87 Getty Images:** Janette Pellegrini (tl). **88 Alamy Images:** Moviestore Collection Ltd (cr). **89 Getty Images:** Susan Wood (cr). **Getty Images:** Bettmann (bl). **91 Getty Images:** ullstein bild (tl). Science Photo Library: James King-Holmes/Celltech R&D (tr). **92 Getty Images:** Michael Urban (tr). **93 Alamy Images:** INTERFOTO (br). **94 REX Shutterstock:** Newspix Ltd (bc). **95 REX Shutterstock:** Newspix Ltd (tl). **101 Getty Images:** Bettmann (bc). **104 Getty Images:** Pictorial Parade (tl). **105 Kat Ran Press:** (br). **107 Getty Images:** Bettmann (tr, bl). **109 Getty Images:** David Frent (tl). **111 Getty Images:** AFP (tl). **112 Getty Images:** Bettmann (bl). **113 Getty Images:** Indranil Mukerjee (tr). **Getty Images:** Justin Lambert (bl). **115 Alamy Images:** Anthony Palmer (tr). **Getty Images:** Fotos International (bl). **118 Getty Images:** Bloomberg (tr). **119 Getty Images:** Barton Gellman (bl). **121 Getty Images:** Mario Tama (tl). **122 Getty Images:** Stephen J. Boitano (bc). **123** Getty Images: Dave Einsel (tl). **125** Getty Images: Bloomberg (tr). **127 Alamy Images:** Reuters (tr). **129 123rf.com:** Mikko Lemola (tl). **131 Getty Images:** Sean Gallup (tl). **137 Mary Evans Picture Library:** (tr). **140 Alamy Images:** Art Archive (tc). **141 Getty Images:** AFP (r). **143 Alamy Images:** Reuters (t). **145 Getty Images:** Fabrizio Villa (tr). **Getty Images:** Franco Origlia (bl). **147 Alamy Images:** epa European pressphoto agency b.v. (tr). **149 Getty Images:** Philippe Lopez (cr). **Getty Images:** Laurent Fievet (bl). **151 Getty Images:** Jonathan Blair (t). **153 Getty Images:** Chicago History Museum (tl). **156 Getty Images:** The Asahi Shimbun (tr). **158 Getty Images:** The Asahi Shimbun (bl). **159 Getty Images:** Jiangang Wang (tr). **161 Getty Images:** Chuck Nackle (tl). **162 Getty Images:** Bill Owens/20th Century Fox/Hulton Archive (t). **164 Getty Images:** William Lovelace (br). **167 Alamy Images:** Reuters (tr). **169 Getty Images:** Ray Tamarra (tl). **170 Alamy Images:** Wellaway (tl). **Getty Images:** Jean-Marc Giboux (bl). **171 Getty Images:** Barbara Davidson (t). **176 Getty Images:** Superstock (br). **177 Mary Evans Picture Library:** The National Archives, London, England (l). **Getty Images:** Rischgitz/Stringer (r). **180 Getty Images:** Leemage (tr). **181 Getty Images:** Apic (tc). **182 Getty Images:** Bettmann (c). **183 Getty Images:** ullstein bild (tr). **Getty Images:** Bettmann (br). **184 Getty Images:** New York Daily News (bl). **185 Getty Images:** New York Daily News Archive (tr). **187 Getty Images:** Popperfoto (tc). **Getty Images:** MCT (bl). **189 Getty Images:** Bettmann (tr). **192 Getty Images:** Fresno Bee (tr). **194 Getty Images:** Fresno Bee (t). **195 Getty Images:** Fresno Bee (tr). **Getty Images:** Bettmann (bl). **197 REX Shutterstock:** Sipa Press (tr). **202 Alamy Images:** Sabena Jane Blackbird (cr). **204 Getty Images:** Illustrated London News/Stringer (cr). **205 Mary Evans Picture Library:** (bl). **207 Wikimedia Commons:** The Illustrated Police News (tl). **209 Getty Images:** Chicago Tribune (tl). **211 Getty Images:** Bettmann (tr). Alamy Images: Granger Historical Picture Archive (bl). **214 Mary Evans Picture Library:** (br). **215 Alamy Images:** Chronicle (b). **216 Library of Congress:** (br). **217 Getty Images:** Keystone-France (cr). **220 Getty Images:** Archive Photos/Stringer (bl). **221 Getty Images:** Archive Photos/Stringer (tl). **223 Getty Images:** Bettmann (tr). **225 Getty Images:** Bloomberg (tr). **Topfoto:** Topham/AP (bl). **227 Getty Images:** Bettmann (tr). **228 Getty Images:** Donald Uhrbrock (b). **229 Getty Images:** Shel Hershorn – HA/Inactive (tl). **Science Photo Library:** Sherbrooke Connectivity Imaging Lab (tr). **232 Alamy Images:** Courtesy: CSU Archives/Everett Collection (br). **234 Press Association Images:** AP Photo (t). **236 Alamy Images:** Pictorial Press Ltd. (tl). **237 Getty Images:** Bettmann (tl). **238 Alamy Images:** Avalon/World Pictures (bc). **239 Getty Images:** Fairfax Media (tl). **240** Getty Images: Ron Galelia (cr). **242 Getty Images:** Mladen Antonov (cr). **244 Getty Images:** (cr). **248 Getty Images:** Archive Photos/Stringer (tc). **249 Getty Images:** Archive Photos/Stringer (tl). **Getty Images:** Mike Nelson (bl). **250 Alamy Images:** Reuters (tl). **252 Las Vegas Police Department:** (bc). **253 Alamy Images:** National Geographic Creative (tl). **Alamy Images:** The Science Picture Company (bl). **255 REX Shutterstock:** Film Four/Lafayette Films (tl). **256 Getty Images:** Jon Levy (br). **263 Alamy Images:** imageBROKER (br). **265 Getty Images:** Ipsumpix (tr). **Alamy Images:** INTERFOTO (tr). **269 Bridgeman Art Library:** Jack the Ripper, illustration from "Le Petit Parisien", 1891 (engraving with later colouration), Dete, Beltrand and Clair-Guyot, E. (fl. 1884) / Private Collection / ©Bianchetti / Leemage / Bridgeman Images (br). **271 The National Archives, London, England:** (tr). **273 REX Shutterstock:** The Art Archive (tl). **Alamy Images:** Chronicle (tc). **Getty Images:** Hulton Archive/Stringer (tr). **275 Getty Images:** Bettmann (tr). **278 Getty Images:** Bettmann (tr). **280 Press Association Images:** AP Photo / Steve C. Wilson (t). **281 Press Association Images:** AP Photo (tc). **Getty Images:** Acey Harper (tr). **Getty Images:** Bettmann (br). **283 Getty Images:** Bettmann (tl). **285 Getty Images:** Keystone (tc, tr). **287 Press Association Images:** PA Archive (tr). **289 Getty Images:** Bettmann (tl). **290 Alamy Images:** British News Service (bc). **292 Alamy Images:** Sputnik (cr). **295 Press Association Images:** Elizabeth Cook (tl). **Getty Images:** Bettmann (br). **296 Alamy Images:** TravelStockCollection – Homer Sykes (bl). **298 Getty Images:** AFP (cr). **305 Alamy Images:** Granger Historical Picture Archive (cr). **307 Alamy Images:** Glasshouse Images (tr). **308 Alamy Images:** The Protected Art Archive (bl). **309 Library of Congress:** (b). **311 Alamy Images:** North Wind Picture Archives (tr). **313 Alamy Images:** Apic (tl). **314 Alamy Images:** Niday Picture Library (tl). **318 Getty Images:** Keystone-France (bl). **319 Getty Images:** Rolls Press/Popperfoto (t). **320 Getty Images:** New York Daily News (tr). **321 Getty Images:** Bettmann (br). **323 Getty Images:** Bettmann (tl). **325 REX Shutterstock:** Sipa Press (tr). **328 Getty Images:** Bloomberg (tr). **330 Getty Images:** Natasja Weitsz (tl). **331 Getty Images:** Carl Court (bc).

All other images © Dorling Kindersley
For further information see: **www.dkimages.com**